포이어바흐, 니체, 러셀, 도킨스의

지성적
무신론과
기독교

포이어바흐, 니체, 러셀, 도킨스의

지성적
무신론과
기독교

윤광원 지음

한국학술정보

서 문

어느 날 무신론자들, 반기독교적인 사상을 가진 사람들은 무엇을 주장할까 궁금해졌습니다. 그래서 손쉬운 대로 몇 권의 책을 읽었습니다. 그것이 포이어바흐와 니체와 러셀과 도킨스의 책들이었습니다. 그들의 책들을 읽으면서 내내 그들의 오해와 무지와 왜곡에 대하여 '안이 따갑고 아쉬운' 마음이 들었습니다. '조금만 주의를 기울여서 기독교에 대한 자료들을 살피고, 조금만 더 세심하게 합리적으로 생각하며, 좀 더 객관적인 입장에서 판단했더라면 그런 주장을 하지 않았을 텐데' 하는 생각에 마음이 답답했습니다. 좀 더 신중하고 자기 비판적인 성찰이 있었더라면 그렇게 극단적이고 단정적인 결론을 내리지는 않았을 것입니다.

그들이 무신론을 주장하는 의도는 무엇일까요? '이미 하나님이 존재하지 않는다는 것을 전제(前提)하고 거기에 맞추어서 모든 것을 왜곡한 것은 아닐까?', 그런 생각이 들었습니다. '만일 그렇다면 그들의 주장은 다만 오해와 무지의 차원을 넘어선 건 아닐까?', 그런 생각에 미치게 되었습니다. 그것은 바로 하나님이 존재하지 않는 세상에 살고 싶은, 다르게 말하면 자신이 모든 것의 중심이 되고 자신이 주인이 되는 세상, 자신의 본능이 곧 판단의 기준이 되는 세상에서 살고 싶은 욕망에서 나온 것이 아닐까요?

여기에 더하여 이런 책들을 읽고 공감하고 동조하는 사람들이 많다는 사실에 더욱 가슴이 아팠습니다. 기독교인으로서, 목사로서, 신학자로서 그냥 지나치기에는 큰 부담감을 떨칠 수가 없었습니다. 그래서 사명감을 가지고 그들의 사상을 정리하고 그들의 사상이 지닌 허구들을 다른 많은 고명(高名)한 분들의 지적을 통하여 정리해 보았습니다. 부디 일독하시고 기독교에 대한 오해와 무지와 왜곡에 공감하고 동조하는 대신에 그들의 주장에 대하여 바르고 정확하게 분별하시고, 특별히 기독교 신앙에 대하여 진지하게 살펴보시고 저와 같이 되시기를 간절히 바랍니다. 성경 잠언 18장 17절은 이렇게 말합니다.

> 법정에서는 첫 변론자의 말이 언제나 옳은 것 같지만 그 말을 반박하는 사람의 말을 들어 보면 반드시 그런 것도 아니다. (현대인의 성경)

무신론자들은 초월자에 대한 망상을 버리기만 하면, 새로운 희망과 무한한 자유를 누리게 될 것이라고 장담하지만, 라비 자카리아스(Ravi K. Zacharias)의 지적대로 "초월적인 분을 상실할 때, 실제로는 철학적으로나 실존적으로 삭막하고 파괴적인 공허함이 찾아온다."라는 것을 알아야 합니다.[1] 사실 저도 한때는 철저한 무신론자였습니다. 무신론자로서 제가 인생에 대해 내린 결론은 새로운 희망과 무한한 자유가 아니라 허무(虛無)였습니다. 죽음의 문제에 대한 답을 줄 수 없는 무신론의 결론은 '이 세상이 전부이니 먹고 마시자'라는 쾌락주의가 아니면 허무주의일 수밖에 없기 때문입니다.

---

[1] Ravi K. Zacharias, *End of reason*, 송동민 옮김, 『이성의 끝에서 믿음을 찾다』(서울: 에센티아: 베가북스, 2016), 19. 이후로는 Ravi K. Zacharias, 『이성의 끝에서 믿음을 찾다』, 19. 등으로 표기함.

당시 제 꿈은 유명한 문학가가 되는 것이었습니다. 어느 날 저는 깊은 생각에 잠기게 되었습니다. 유명한 문학가가 되기 위해서는 얼마나 고(苦)되고 길고 많은 노력을 해야 할까? 노력한다고 꼭 될 수 있다는 보장은 있는가? 다행히 된다면 행복할까? 유명한 문학가가 되기 위해서 수십 년의 세월을 고되게 보내는 것이 과연 가치가 있는 것일까? 세상 부귀영화를 누구보다도 많이 누려보았던 세계적인 문호 괴테의 "내 인생 70에 마음이 편한 날이 이틀도 안 된다."라는 고백은 무엇을 의미하는가? "내 인생은 만추의 낙엽이라. 꽃과 열매는 다 떨어지고 벌레와 낡음과 비애만이 내 것이 되었구나!"라는 시인 바이런의 탄식은 무엇을 뜻하며, "사람은 대부분 고요한 절망 속에 살고 있다."라는 문학의 천재 소로의 이 말은 무엇을 의도하고 있는가?

그래서 저는 무신론의 희망과 무한한 자유 대신에 허무와 체념과 절망 가운데 삶을 포기하는 것이 최선이라는 결론을 내리고 자살하려고 시도했습니다. 그러나 실패하고 말았습니다. 죽음 앞에서 용기를 내지 못한 겁쟁이였기 때문일 것입니다. 그래서 방황했습니다. 그러던 어느 날 희망의 빛이 비추었습니다. 제 발걸음은 교회를 향하고 있었습니다. 그리고 새로운 희망과 무한한 자유를 누리게 되었습니다. 그것은 나중에 알고 보니 순전히 은혜였습니다.

무신론이란 무엇일까요? 이렇게 표현해볼 수도 있지 않을까요? 탈종교(脫宗敎, ex-religion), 반종교(反宗敎, anti-religion), 비종교(非宗敎, de-religion), 무종교(無宗敎, non-religion)! 그것이 어떤 형태이든 인간의 필요와 욕망, 곧 인간, 세상, 현실, 물질에 대한 필요와 욕구를 방해하거나 억압하거나 도움을 주지 않는 것에 대한

脫(ex), 反(anti), 非(de), 無(non)라고 생각할 수도 있을 것입니다. 만일 그렇다면 종교란 '신(神), 내세, 영혼, 도덕, 죄와 심판 등으로 인간의 필요와 욕망을 방해하거나 억압하거나 도움을 주지 않는 허구(虛構)'라고 생각할 것입니다. 그래서 이러한 종교로부터 脫(ex), 反(anti), 非(de), 無(non)를 원할 것입니다.

그렇다면 무신론자들은 적어도 인간의 욕망 충족을 추구하거나 그런 도구로 왜곡된 종교에 대해서는 반겨야 할 터인데 꼭 그렇지는 않은 것 같습니다. 오히려 여기에 대해서도 신랄하게 비판합니다. 그 이유가 무엇일까요? 그들이 종교에 대하여 脫(ex), 反(anti), 非(de), 無(non)의 태도를 취(取)하는 이유가 단지 종교가 인간의 필요와 욕망을 방해하거나 억압하거나 도움을 주지 않는 만들어낸 허구라고 생각하는 것 이상이라는 것을 보여줍니다. 그들이 종교에 대하여 그런 태도를 취(取)하는 이유는 인간의 필요와 욕망을 방해하기 때문도, 반대로 인간의 필요와 욕망을 충족시켜주기 때문도 아니라는 사실입니다.

그렇다면 그것은 무엇일까요? 그것은 자신이 신(神)이 되고 싶은 것이 아닐까요? 포이어바흐가 신학을 인간학으로 왜곡시킨 이유도 그럴 것입니다. 니체가 기독교의 도덕을 노예도덕으로 몰아붙이는 이유도 그럴 것입니다. 러셀과 도킨스가 하나님의 존재를 철저하게 부정하는 이유도 그럴 것입니다. 누구에게도 아무것에도 의존하지 않는 자율적인 존재, 그런 존재가 되고 싶은 것이 무신론자들의 마음이고 욕망인데, 그것은 바로 신이 되지 않고는 불가능합니다. 그래서 니체는 초인(超人, Übermensch)을 만들어 낼 수밖에 없었던 것이 아닐까요? 앨빈 플란팅가(Alvin Carl Plantinga)는 무신론의 동기에 대하여 이렇게 지적합니다.

내가 학자라면 나는 여러분보다 더 유명해지고 싶고, 따라서 여러분이 뭔가 주목받는 일을 하면 나는 질투가 나를 찔러대는 것을 느낀다. 나는 부자가 되고 싶다. 틀림없이 말하거니와, 중요한 것은 내가 얼마나 많은 돈을 가졌는지가 아니다. 중요한 것은 내가 여러분보다, 혹은 대다수 사람이나 다른 모든 사람보다 많이 가졌는가 하는 것이다. 하지만 그렇다면 여러분과 다른 모든 사람은 내 욕구 충족을 가로막는 방해자일 뿐이다. 이런 이유로 나는 분개하며 여러분을 증오하게 될 수 있다.

그리고 하나님 자신이, 내 존재 자체의 근원이신 그분도 내게 위협일 수 있다. 자만에 겨워 자율과 자족을 향유하고픈 욕구에 빠진 나는 내 호흡 하나하나까지 의존해야 할 누군가가 있다는 것에, 그 누군가와 비교하면 나는 정말 미물에 불과하다는 것에 분개하게 될 수 있다. 그 때문에 나는 그를 증오하게 될 수 있다. 나는 누구에게도 신세 지지 않고 자율적이고 싶다. 어쩌면 이것이 죄라는 상태를 낳은 가장 깊은 뿌리이며, 소원 충족이라는 무신론의 동기일 것이다[2].

무신론은 자신의 욕망을 방해하는 하나님이라는 존재 개념을 없애고 싶어 하는 소원이 아닐까요? 무신론의 동기는 아무런 제약도 받지 않고, 자기 마음대로 행동할 수 있으며, 자기 행동에 대해 어떤 책임도 지지 않고 오직 자기 자신에게만 집중할 수 있는 세상을 만들고 싶은 그것이 아닐까요? 무신론은 자기 숭배에 방해가 되는 모든 것을 위협으로 간주하여 공격하고 말살하려는 삶의 자세가 아닐까요? 무신론자들에게서 진리에 대한 분별보다는 격렬한 분노를 더 많이 발견하게 되는 것은,[3] 그것을 보여주는 것이 아닐까요? 라비 자카리아스는 "그들의 주장 뒤에는 증오심이 어설프게 숨어 있기 때문에, 일부 독자들은 새로운 유형의 '지성우월주의자'들이 순수 과학의 대변인으로 가장해 나타난 것은 아닌지 염려하기 시작했

---

2) Alvin Carl Plantinga, *Knowledge and Christian Belief*, 박규태 옮김, 『지식과 믿음』 (서울: IVP, 2019), 102.

3) Ravi K. Zacharias, 『이성의 끝에서 믿음을 찾다』, 34.

다."라고4) 지적합니다. 그런 면에서 진화론과 신신학(新神學, 자유주의신학), 영국에서 시작된 이신론(理神論)도 초월적이고 초자연적인 존재를 제거하고 어떤 외부의 도움도 없이 오직 자연법칙과 내재적 능력만으로 자기 스스로를 구원할 수 있는 독립적인 존재로서의 세상을 만들려고 하는5) 무신론적 사고들이라고 보아도 될 것입니다.

무신론자라고 여기시는 분들에게는 무신론의 정체가 무엇인지 바르게 알 수 있도록 도와드리고 싶습니다. 부디 이 책을 읽으시고 진지하게 검토해 보시기 바랍니다. 혹시 종교란 마치 대형마트에 가서 자기가 원하는 물건을 사듯이 그렇게 선택할 수 있는 것이고, 무신론은 마치 마음에 드는 물건이 없어서 아무것도 사지 않는 것과 같은 그런 것으로 생각하시나요? 종교란 마음에 드는 어떤 것을 선택하는 그런 것도 아니고 아무것도 선택하지 않아도 되는 그런 문제가 아닙니다. 종교란 꼭 선택해야 하고 선택하되 진리를 바르게 전하는 구원의 종교를 선택해야 하는 인생 전체가 걸려있는 문제입니다. 종교의 선택이란 마치 죽을병에 걸린 사람이 친절하거나 미모를 갖춘 의사가 아니라 그 병을 고칠 수 있는 의사를 찾는 것과 같습니다. 이 책을 꼼꼼히 읽어보시고 이 문제에 대하여 다시 한번 깊이 진지하게 생각하셔서 이 일에 뛰어들어보시기를 간청합니다.

또한 기독교 신자들에게는 무신론자들의 무지와 오해와 왜곡과 비판을 통하여 자기성찰과 점검의 기회로 삼아 바른 신앙의 삶을

---

4) Ravi K. Zacharias, 『이성의 끝에서 믿음을 찾다』, 142.

5) Herman Bavinck, *Philosophy of revelation*, 박재은(해제) 역, 『계시철학』(군포: 다함, 2019), 70, 77, 78.

살 수 있도록 돕고 싶습니다. 오해하고 있었거나 미심쩍었던 부분들을 구체적이고 명확하게 확인함으로써 더욱 바르고 견고한 믿음을 가질 수 있기를 바랍니다.

또한 무신론자들을 신앙으로 인도할 수 있는 변증의 지식을 공급해드리고 싶습니다. 무신론의 많은 반론, 편견, 오해, 왜곡, 변명과 핑계 등의 장벽을 넘기 위해서는 기독교의 진리를 잘 변증할 수 있어야 합니다. 베드로전서 3장 15절은 "너희 마음에 그리스도를 주로 삼아 거룩하게 하고 너희 속에 있는 소망에 관한 이유를 묻는 자에게는 대답할 것을 항상 예비하되 온유와 두려움으로 하고"라고 말씀합니다. 무신론자들의 비판은 기독교인들로 하여금 기독교 지성을 연마하지 않으면 안 되도록 도전하기 때문에 기독교인에게는 좋은 자극이 될 수도 있고 기독교에 건강한 영향을 끼칠 가능성도 많습니다. 그들은 잘못된 주장을 하기도 하지만 때로는 올바른 비판과 의문을 제기하기도 합니다. 따라서 기독교에 대하여 궁금해하거나 반론을 펴거나 공격하는 사람들에게 방어적이거나 호전적인 태도를 보이는 대신에 오히려 온유와 두려움으로 대답할 것을 준비하여 지혜롭게 대처해야 합니다. 그것은 아무 노력 없이 되는 것이 아니라 기독교의 교리와 역사에 대하여 폭넓고 깊이 있게 그리고 구체적으로 알아야 하고 논리적으로 논증하는 훈련을 해야 합니다. 그렇게 할 때 기독교를 허구라고 주장하는 무신론자들의 허구를 제대로 밝혀 무신론적이고 반기독교적인 주장들의 치명적인 결함들을 밝히고 드러내어 그들의 편견, 오해, 왜곡의 실상을 바로 잡도록 도와줄 수 있을 것입니다. 이 책을 통하여 이러한 일에 도움을 받을 수 있을 것입니다. 팀 켈러(Timothy Keller)는 이렇게 말합니다.

의심을 내포하고 있지 않은 신앙은 항체를 갖추지 못한 몸이나 마찬가지다. 태평하게 열심히 사는 크리스천들은 너무 바쁘거나 무관심해서 믿음을 둘러싼 까다로운 질문들을 던지지 않는다. 그러다 비극적인 일을 경험하거나 영리한 회의주의자들의 탐색적인 물음에 부닥치면 그제야 스스로 무방비 상태임을 깨닫는다. 오랜 세월에 걸쳐 내면의 의심을 참을성 있게 귀를 기울이지 않으면 신앙은 하룻밤 사이에도 무너져 내릴 수 있다. 회의는 반드시 긴 성찰을 통해서 정리해야 한다.

신앙인들은 의심을 자각하고 씨름할 필요가 있다. 제 것만이 아니라 친구와 이웃들의 의심까지 끌어안아야 한다. 선대로부터 물려받은 신앙을 그대로 믿는 것만으로는 충분치 않다. 믿음에 배치되는 생각들과 길고도 힘겨운 싸움을 벌여야만 자신은 물론 회의주의자들의 확신에 맞설 신앙적 기초가 마련되는 법이다. 이러한 과정은 눈앞의 상황을 헤쳐나가는 데도 중요하지만, 믿음이 확고하게 자리를 잡은 뒤에도 의심을 품고 있는 다른 사람들을 존중하고 이해하게 이끌어준다.

B라는 믿음을 갖지 않는다면, A라는 신앙을 의심할 수 없다. "참다운 신앙이 세상에 오직 하나뿐일 이유가 없다."라는 이유로 기독교 신앙을 의심한다면 그 말 자체가 신앙의 행위임을 인정해야 한다. 아무도 그런 주장을 경험적으로 입증할 수 없다. 누구나 받아들여야 할 보편적인 진리도 아니다. … 기독교 신앙이 표방하는 A라는 교리를 의심하는 이유는 B라는 실증할 수 없는 또 다른 믿음을 가지고 있는 까닭이다. 그러므로 모든 의심은 신앙적 비약을 토대로 삼는다. …

무슨 소리를 해도 이렇게 반응하는 이들도 있다. "내 의심들이 신앙적인 비약이라고? 천만에. 이리저리 아무리 뜯어 봐도 하나님이 믿어지지 않아. 하나님 따위는 필요 없고 거기에 대해 생각하는 것도 흥미가 없어." 하지만 이런 사고방식 이면에는 자신의 정서적 필요와 접점이 생기지 않는다면, 하나님의 존재는 신경 쓸 일이 아니라는 이 시대 서구인들의 확신이 깔려있다. … 자기 확신이 옳다는 것을 어떻게 알 수 있는가? 자신의 믿음보다 크리스천이 품은 신앙을 향해 더 큰 소리로 타당한 이유를 대라고 요구하는 일은 불공평하기 짝이 없는 처사이다. … 공평하려면 회의 그 자체에 대해서도 회의해야 한다. …

우선 회의주의자들에게는 무신론의 토대가 되는 '맹목적인 믿음들'을 붙들고 씨름할 것을 권한다. 그리하여 그 믿는 바에 동의하지 않는 이들에게 그 확신을 입증하는 것이 얼마나 어려운 일인지 깨닫기 바란다.6)

본서에는 유난히 많은 인용에 의지하고 있습니다. 가급적(可及的) 직접 인용하고 그 사실을 할 수 있는 한, 일일이 표시하려고 했습니다. 그 의도는 다름이 아니라 될 수 있는 대로 무명(無名)한 저의 권위가 아니라 고명(高名)한 분들의 권위를 최대한 의지하여 무신론의 정체와 기독교에 대한 오해를 풀어보려는 단 한 가지의 염원(念願) 때문입니다. 아무쪼록 본서가 모든 분께 도움이 되기를 간절히 바랍니다.

끝으로 저에게 선한 영향을 주신 존 칼빈과 헤르만 바빙크와 C. S. 루이스와 박윤선 목사님과 故 권기수 목사님과 안명준 교수님, 저를 아끼고 염려해 주는 저의 아내 임재현 사모와 가족들, 절친 오세윤 목사님과 故 김주배 목사님, 친밀한 학문적 교류를 나누는 일병목회 독서 모임의 목사님들, 젊은 시절의 신앙적 열정을 불러일으키는 공주 CCC 81 나사렛 형제들, 사랑하고 아끼는 영성교회 모든 성도님께 감사를 드리며, 본서의 편집에 수고해 주신 양동훈 선생님께도 감사를 드립니다.

2022년 6월
대한예수교장로회 영성교회에서
윤광원

---

6) Timothy Keller, *The Reason for God*, 최종훈 옮김, 『하나님을 말하다』 (서울: 두란노, 2018), 23-25.

목 차

I

포이어바흐의
『기독교의 본질』과
기독교

1 기독교의 본질이 인간의 본질이 될 수 있을까요?

포이어바흐의 주장이 내포하고 있는 전제(前提)의 문제점

포이어바흐(Ludwig Andreas von Feuerbach, 1804-1872)는 기독교의 본질이 인간의 본질이라고 주장했습니다.[1] 그는 『기독교의 본질』(*Das Wesen des Christentums*) 제1부(3-19장)에서는 "종교와 신(神)의 참된 본질은 결국 인간의 본질에 불과하다."라는 것을, 제2부(20-28장)에서는 "인간의 본질과 신의 본질이 서로 다르다는 것을 가정하는 신학 속에 종교적 허위와 오류가 들어 있다."라는 것을 주장했습니다.[2] 이러한 주장은 결국 "기독교가 인간을 닮은 모습으로 창조된 신을 보여주는 최고의 사례를 제공한다는 것"을[3] 철저하게 증명함으로써 기독교의 본질이 다름 아닌 인간의 본질이라는 것을 밝히려 한 것이라고 볼 수 있습니다. 따라서 그에게는 신(神)은 단지 "인간 본성의 전적인 완전성"에 불과했고,[4] "종

---

1) L. Feuerbach, *Das Wesen des Christentums* (Berlin: Akademie-Verlag. 1973), 강대석 역, 『기독교의 본질』 (서울: 한길사, 2011), 47, 62, 63, 67, 76, 81, 82, 87, 421, 이후로는 『기독교의 본질』, 47. 등으로 표기함.
2) 강대석, "폭풍처럼 몰아친 책 『기독교의 본질』", 『기독교의 본질』, 23.
3) Robert Banks, *And man created God: is God a human invention?* 김은홍 옮김, 『그리스도인을 위한 무신론 사용설명서』 (서울: 새물결플러스, 2014), 87, 이후로는 Robert Banks, 『그리스도인을 위한 무신론 사용설명서』, 87. 등으로 표기함.
4) 김현태, 『철학과 신의 존재』 (서울: 철학과 현실사, 2003), 214, 이후로는 김현태, 『철학과 신의 존재』, 214. 등으로 표기함.

교의 초자연적 신비는 사실상 단순하게 자연적 진리에 기반"을 둔 것일 뿐이었습니다.[5]

이러한 주장은 하나님이 존재하지 않는다는 것을 전제(前提)로 한 것입니다. 이러한 전제는 결국 하나님과 같은 '초자연적이고 초월적인 존재를 부정'한다는 것을 의미합니다. 만일 하나님과 같은 초자연적이고 초월적인 존재가 없다면 결국 하나님이란 존재는 "인간의 환상이 만들어 낸 고안물"에 지나지 않을 것이며,[6] 따라서 기독교의 본질이 인간의 본질이라는 주장이 가능할 것입니다.

그러나 이러한 주장이 과연 타당할까요? 이러한 주장은 증명할 수 없는 전제에 근거를 두고 있습니다. 왜냐하면 초자연적이고 초월적인 존재는 인간의 경험이나 관찰이나 실험 등의 방법으로는 증명할 수 없기 때문입니다. 이러한 전제는 자연주의적 방법으로만이 아니라 인간의 사색으로도 증명할 수 없습니다. 초자연적이고 초월적인 존재를 사색한다는 것은 인간이 생각할 수 있는 한계를 넘어서기 때문입니다. 그러므로 증명할 수 없는 전제에 근거를 두고 있는 포이어바흐의 주장은 그 타당성이 의심스러울 수밖에 없습니다.

초자연적이고 초월적인 존재인 하나님의 존재에 대한 증명은 자연주의적인 방법으로만이 아니라 인간의 사색으로도 증명할 수 없다면, 초자연적이고 초월적인 하나님에 대한 증명은 다만 하나님 자신이 증명해 주시는 방법밖에 없을 것입니다. 이런 이유로 기독교 신앙은 자연주의적인 방법으로 하나님에 대하여 증명하지도 않을 뿐만 아니라, "추상적이고 철학적인 신(神)개념"으로 추론하지

---

5) 김성원, 『신은 허구의 존재인가』 (서울: 대한기독교서회, 2003), 147, 이후로는 김성원, 『신은 허구의 존재인가』, 147. 등으로 표기함.

6) Herman Bavinck, *Gereformeerde Dogmatiek 1*, 박태현 역, 『개혁교의학 1』 (서울: 부흥과 개혁사, 2014), 407, 이후로는 『개혁교의학 1』, 407. 등으로 표기함.

도 않습니다.[7] 따라서 기독교 신앙은 다만 하나님이 자신의 존재와 뜻에 대하여 계시(啓示)한 성경에 철저하게 의존할 수밖에 없습니다. 바빙크(Herman Bavinck, 1854-1921)의 표현대로 "하나님과 인간 사이의 격차(隔差)는 무한자(無限者)와 유한자(有限者), 영원과 시간, 존재와 생성, 만유와 허무 사이의 격차"이기 때문에 성경은 하나님의 존재를 증명하는 대신에 다만 그것을 전제(前提)합니다.[8] 하나님이 자연과 성경을 통하여 자신을 계시한 지식이 인간의 자연주의적 방법과 사색을 훨씬 초월한다면,[9] 성경이 하나님의 존재를 증명하는 대신에 다만 하나님은 시간과 공간에 제한을 받지 않으시며 모든 만물 위에 뛰어난 존재라고 선언하는 것은 당연할 것입니다.

이 문제에 대하여 헤르만 바빙크가 『개혁교의학』(*Gereformeerde Dogmatiek*)에서[10] 지적한 바와 같이 기독교의 하나님은 "어느 것에도 의존하지 않고, 스스로 존재하는, 절대적으로 독립적이고 자존적인 자율적 존재"이며, 이로부터 자연스럽게 "하나님의 불변성

---

7) 『개혁교의학 1』, 167.

8) 『개혁교의학 2』, 28, 29.

9) 『개혁교의학 2』, 27.

10) 헤르만 바빙크의 『개혁교의학』은 고대 교부들로부터 중세 스콜라 신학자들과 종교개혁자들을 거쳐 20세기 초에 이르기까지 기독교 교회사의 신학자들과 철학자들의 사상과 당대의 사회, 정치, 교육 등 문화적 이슈들을 종교개혁의 역사적 전통을 따라 '오직 성경으로'(*sola Scriptura*)의 원리를 기반으로 진지하게 분석하고 비평적으로 대화함으로써 유기적 연관성과 논리적 통일성을 지닌 교회의 교리를 정교하고 선명하게 제시하였습니다(박태현, "편역자 서문", 『개혁교의학 1』, 21.); 현대의 대표적인 개혁신학자 팩커(J. I. Packer) 박사는 "벌콥(Louis Verkhof)의 교과서와 벌카우어(Berkouwer)의 『교의학 연구』는 작은 언덕과 변방의 것에 지나지 않는 반면, 바빙크의 명작, 『개혁교의학』은 세계 최고봉인 에베레스트(Everest)","바빙크는 어거스틴, 칼빈, 그리고 에드워즈와 같이 위대한 정신, 박식함, 영원한 지혜와 위대한 강해 기술을 지닌 신학자였다. … 바빙크의 권위 있는 『개혁교의학』은 내용이 알차되 명료하며, 애를 써야 하되 만족스러우며, 넓고 깊고 예리하고 견고하기에 100년이 지난 지금도 여전히 교의학 가운데 최상의 작품성을 지닌다."라고 평가했습니다. (J. I. Packer, "추천", Herman Bavinck, *Gereformeerde Dogmatiek 1.* [Grand Rapids 2003], 뒤표지, 박태현, "편역자 서문", 『개혁교의학 1』, 18에서 재인용)

(시간의 관점에서는 영원성, 공간의 관점에서는 편재성), 곧 하나님의 무한성"이 도출(導出)될 수밖에 없습니다.[11] 또 하나님은 단일성(*unitas*)의 속성을 가지는데, 이는 유일성과 단순성으로 구분되며, 유일성은 "단지 단 하나의 신적인 본질만 있으며, 하나님은 그 본질로 인하여 단 하나 이상의 존재가 될 수 없고, 따라서 그 외의 모든 존재는 단지 그로 말미암았고, 그를 통하여, 그리고 그에 의하여 실재한다."라는 의미이고, 단순성은 "신적 본질의 내적, 질적 단일성"을 뜻합니다.[12] 그러므로 존 칼빈(John Calvin, 1509-1564)이 『기독교강요』(*Institutes of the Christian Religion*)에서[13] 지적한 바와 같이 "무한하며 영적인 하나님의 본성에 관한 성경의 가르침"은, 무신론자들의 주장과 일반 대중의 사색을 일축(一蹴)할 뿐만 아니라 세속 철학의 교묘함을 논박(論駁)하기에 충분합니다.[14]

반 틸(Cornelius Van Til, 1895-1987)의 지적처럼 무신론은 "인간이 모든 인간적 서술의 최종적, 궁극적, 참조적(參照的)이라는 전제에 입각"하지만, 기독교는 "하나님이 최종적, 궁극적, 참조적(參照的)이라는 전제에 입각"하므로,[15] 초자연적이고 비가시적이며 영

---

11) 『개혁교의학 2』, 184, 188, 197.

12) 『개혁교의학 2』, 212.

13) 존 칼빈의 『기독교강요』는 중세 로마가톨릭교회의 부패를 개혁하고 참된 교회를 세우기 위해 교회 개혁에 동참하는 신자들에게 기독교 진리를 바르게 알려 경건한 하나님의 사람들이 성경을 바로 이해할 수 있도록 돕고, 동시에 프랑스에서 박해받고 있던 프로테스탄트 교인들의 신앙을 변증할 목적으로 기독교의 핵심 교리를 조직적이고 체계 있게 정리한 것으로 종교개혁의 신학을 대표하는 최고의 명저(名著)로 손꼽힙니다. 『기독교강요』는 모든 기독교 교리서(教理書)의 기본이 될 만큼 정통 기독교 신학의 핵심을 담고 있기 때문에 기독교를 이해하는데 성경 다음으로 필수적인 저서입니다.

14) John Calvin, *Institutes of the Christian Religion*, ed. John T. McNeil, tr. Ford Lewis Battles (Philadelphia: The Westminster Press, 1960), 1권 13장 1절: "The Scriptural teaching concerning God's infinite and spiritual essence ought to be enough, not only to banish popular delusions, but also to refute the subtleties of secular philosophy.", 이후로는 *Inst.*, 1.13.1. 등으로 표기함.

15) Cornelius Van Til, *Defense of the faith*, 신국원 역, 『변증학』 (3판) (서울: 기독교문서선교회, 1985), 219, 220, 이후로는 Cornelius Van Til, 『변증학』 (3판), 219. 등으로 표기함.

원한 하나님과 관계를 맺고 있는 기독교의 본질을 자연 혹은 인간과 관계를 맺게 하는 인간의 본질을 전제로 하여 설명하려는 시도는 출발부터 잘못된 것입니다.16) 따라서 인간의 경험이나 관찰이나 실험 등의 자연과학적인 방법으로는 증명할 수 없는 초월적인 존재인 하나님을, 자연과학적인 방법으로 증명할 수 없다는 이유로 하나님이 존재하지 않을 것이라고 전제하고 그 전제를 바탕으로 기독교의 본질은 인간의 본질이라고 논리를 전개한다면 그것은 논리적으로 모순입니다.

인간은 원인 없이는 존재할 수 없는 피조물이기 때문에 궁극적일 수도 없고 결정적일 수도 없으며, 따라서 인간의 지식 또한 결정적이거나 궁극적일 수 없습니다. 그러므로 "지식의 문제에 있어서 인간 존재의 한계를 무시하고", "유한한 인간의 지성을 무엇이 가능한 것이고, 무엇이 불가능한 것인지를 판단하는 기준으로 삼는 것"은 잘못된 것입니다.17) 원인 없는 존재인 하나님의 지식은 "결정적"이지만, 원인 없이는 존재할 수 없는 인간의 지식은 "종속적"이기 때문에18) 궁극적일 수도 없고 결정적일 수도 없는 인간의 지식으로 하나님의 존재를 부정하고 그것을 전제로 어떤 주장을 한다는 것은 잘못될 수밖에 없습니다.

성경이 말하는 기독교의 본질과 전혀 다른 주장

기독교의 본질이 인간의 본질이라는 주장은 신적(神的) 본질이 인간적 본질이라는 뜻인데,19) 그렇다면 그것은 곧 하나님의 속성

---

16) 『개혁교의학 1』, 395.

17) Cornelius Van Til, 『변증학』(3판), 50, 56.

18) Cornelius Van Til, 『변증학』(3판), 57.

(屬性)이 인간의 속성이라는 의미로 해석할 수 있습니다. 이런 주장은 뢰비트(Karl Löwith, 1897-1973)가 지적한 바와 같이 "하나님의 초월성을 인간 감정의 내재적 초월성으로, 인간의 자기 자신의 본질에 대한 태도로, 더 나아가 자기의 본질을 타(他)의 본질로 삼는 것"으로[20] 설명하는 것인데, 이는 기독교 신앙의 근거인 성경에서 말하는 기독교의 본질과는 전혀 다릅니다.

고린도전서 2장 13절은 신령한 일은 신령한 것으로 분별할 수 있다고 단언(斷言)합니다(πνευματικοῖς πνευματικὰ συγκρίνοντες). 여기에서 '분별하다'(συγκρίνω)라는 말은 *Strong's Concordance*에 의하면 'join together, combine, compare, interpret, explain' 등으로 영역(英譯)할 수 있는데, 이런 번역을 참고하면 이 구절은 기독교의 본질을 인간의 본질로, 또는 하나님의 속성을 인간의 속성으로 결합하거나 결부시키거나 비교하거나 해석하거나 설명하는 것은 기독교의 본질을, 또는 하나님의 속성을 왜곡(歪曲)시키거나 축소(縮小)시키는 거짓된 주장이 될 수 있다는 뜻으로 해석할 수 있습니다.

적어도 성경에 의하면 인간은 시간과 공간의 제한을 받는 유한한 존재이지만, 하나님은 시간과 공간의 제한을 받지 않고 전지전능(全知全能)하며 무한(無限)하고 초월적(超越的)인 존재입니다. 또한 인간은 불완전한 피조물이지만 하나님은 완전한 창조주입니다. 적어도 성경이 말하는 기독교의 하나님은 인간과는 전적으로 구별되는 속성을 가진 신(神)으로서 다른 것들에 의존하는 인간과 같은 피조물과는 구별됩니다. 칼빈의 표현을 빌리자면 "하나님의 본질은

---

19) 『기독교의 본질』, 421.

20) Karl Löwith, *Von hegel zu nietzsche*, 강학철 역, 『헤겔에서 니체에로』 (서울: 民音社, 1985), 387.

24 포이어바흐, 니체, 러셀, 도킨스의 지성적 무신론과 기독교

불가해(不可解)하고 그의 신성(神性)은 인간의 모든 지각을 훨씬 초월"하며,[21] 따라서 성경(고린도전서 13장 9-12절, 로마서 12장 3절)은 인간이 아는 지식이란 부분적이며 희미할 뿐이기 때문에 마땅히 생각할 그 이상의 생각을 품지 말아야 한다고 경고합니다. 바빙크도 기독교의 본질을 인간의 본질로 설명하려는 시도가 불가능하다는 것을 다음과 같이 지적합니다.

> 신학은 신앙의 토대 위에 수립되고 … 다른 학문에서 관찰에 해당하는 기능은 신앙을 통해서 받아들여지기 때문에 … 신학은 신앙으로부터 그리고 신앙에 의하지 않고서는 어떤 내용도 가질 수 없습니다. … 다른 학문이 관찰에 매여 있고 계속 매이는 것과 같이 신학은 오직 신앙에 매이기 때문에, 만일 신학이 신앙을 포기하는 순간 신학은 더 이상 신학으로서 존재할 수 없습니다. … 신학은 계시 가운데 감추어진 통일된 체계를 발견함으로써 기독교의 본질을 밝히는 것이고, … 신앙의 근거인 계시는 다른 모든 사람에게는 감춰지고 오로지 신앙인에게만 전달된 은밀한 교리들이기 때문에 … 신학은 통찰하고 경탄하되, 결코 이해하거나 꿰뚫을 수 없는 신비들과 항상 연관됩니다. … 그 신비는 자연적 지성이 이해할 수 없는 것이기 때문에 … 자연적 인간의 눈에는 받아들일 수 없고 어리석은 것인 반면, 신자들에게는 계시 되었고, 그들은 신적 지혜와 은혜를 받아들입니다(마태복음 11장 25절, 13장 11절, 16장 17절, 로마서 11장 33절). … 물론 신자들이라고 하더라도 부분적으로 알고 희미하게 보지만 … 그 신비들은 더 이상 어리석음이나 거치는 것이 아니라 … 인간의 사고를 해방하고 경탄하고 경배하는 신앙으로 나아가게 합니다.[22]

하나님의 계시인 성경이 "인간적 이성이나 욕구"로부터 나온 "유치한 것"이고 "미신이며 궤변"이라는 포이어바흐의 주장과는 달

---

21) *Inst.*, 1.5.1: "Indeed, his essence is incomprehensible; hence, his divineness far escapes all human perception."

22) 『개혁교의학 1』, 796, 797, 801, 803, 805.

리23) 기독교는 이 세상과 구별되는 초월적이고 신적인 본질(신성, 神性)은 일반적으로 인간의 연구로 접근할 수 없고 오직 하나님의 계시인 성경에 의해서만 알 수 있다는 것을 전제합니다.24) 이러한 기독교의 신앙에 대하여 몰랐을 리가 없음에도 불구하고 하나님의 계시인 성경을 인간적 이성이나 욕구로부터 나온 유치한 것이고 미신이며 궤변이라고 주장한 이유는 "계시 사상에 내포된 근본적인 난제 때문이라기보다, 인간 자율성에 관련된 함축적 의미 때문"일 것입니다.25) 기독교의 신앙적 전제를 받아들이지 않는다면 누구에게도, 또 아무것에도 간섭이나 제한을 받지 않고 인간의 본능적 욕망을 따라 마음대로 살 수 있는 자율성을 가질 수 있다고 생각할 것이지만, 인간은 엄연(奄然)히 그럴 수 없는 한계를 지닌 존재라는 것을 현실적으로 부정할 수는 없을 것입니다.

자연적 진리만으로는 설명할 수 없는 기독교의 초자연적 신비

초자연적이고 초월적인 존재인 하나님과 그 하나님의 계시는 신비(神祕, mystery)입니다. 신비라고 표현하는 것은 사람의 힘이나 지혜 또는 보통의 이론이나 상식으로는 도저히 이해할 수 없기 때문입니다. 기독교의 본질을 인간의 본질로 설명하려고 하는 것은 사람의 힘이나 지혜 또는 보통의 이론이나 상식으로는 도저히 이해할 수 없는 초자연적이고 초월적인 존재인 하나님과 그 하나님의 계시를 인간이 이해할 수 있는 한계, 곧 자연적 진리 안으로 끌어

---

23) 『기독교의 본질』, 338, 339, 341.

24) 『개혁교의학 1』, 395, 396.

25) Alister E. McGrath, *Passion for truth*, 김선일 옮김, 『복음주의와 기독교적 지성』 (서울: 한국기독학생회 출판부, 2011), 44, 이후로는 Alister E. McGrath, 『복음주의와 기독교적 지성』, 44. 등으로 표기함.

내리는 억지입니다.

물론 기독교는 계시 된 진리뿐만이 아니라 자연에서 발견할 수 있는 진리들도 받아들이지만, "자연적 진리는 성경의 진리와 나란히 서서 각자의 고유한 일련의 진리들을 제공하는 자립적이고 독립적인 원리가 아니라 성경의 빛에 비추어 관찰되어야 한다."[26]라는 것을 전제합니다. 왜냐하면 인간은 유한한 존재로서의 한계를 지닌 존재일 뿐만 아니라, 죄로 인해 그 지성이 어두워져서 자연에서 발견할 수 있는 진리들을 자신의 욕망을 따라서 왜곡하기 때문에 자연적 진리를 올바르게 알거나 깨닫기 위해서는 "칼빈이 안경에 비유한 성경의 특별계시"를 필요로 합니다.[27]

"현대과학은 어떤 대상이나 사실의 본질이 무엇인지를 말해 줄 수는 없고 다만 그것들을 '어떻게' 설명할 수 있는가를 말해 줄 뿐이고", 더구나 "'어떻게'란 이미 그것을 어떻게 이용할 수 있는가가 포함되어 있어서 실용적인 의도"가 숨어 있으며, 따라서 하버마스(Habermas) 등이 지적한 대로 현대과학은 그 자체가 이미 죄성을 가진 타락한 인간의 '지배하려는 욕망'을 드러낼 뿐입니다.[28] 이러한 사실을 받아들인다면, 자연에서 발견할 수 있는 진리들의 한계를 인정해야 할 것입니다.

자연주의자들은 종교의 초자연적 신비를 자연적 진리에 기반을 두고 있다고 주장하지만, 그런 주장이 옳기 위해서는 "모든 존재와 사건은 전체 체계(Total System)에서 낳는 필연적 산물이라는 점이, 적어도 원칙적으로는 예외 없이 설명될 수 있어야" 하지만, 현대

---

26) 『개혁교의학 1』, 137.

27) 『개혁교의학 1』, 418.

28) 손봉호, 『나는 누구인가』 (중판) (서울: 샘터, 1988), 53.

과학자들은 "물질의 개개 단위가 어떤 불확정적이고 임의적인 방식, 독자적이고 자발적으로 움직인다고 생각"하며, 만일 그런 생각이 옳다면 "자연에는 문(門)이 없으며, 자연 바깥에는 아무런 실재도 존재하지 않는다."라는 주장은 무너질 수밖에 없고,[29] 결국 종교의 초자연적 신비는 자연적 진리만으로는 설명할 수 없다는 결론에 이르게 됩니다. 그렇다면 종교의 초자연적 신비를 사실상 단순하게 자연적 진리에 기반을 두고 있다고 주장하는 이유도 사실은 "그것이 죄성을 가진 타락한 인간의 생각과 희망을 훨씬 뛰어넘기 때문"일 것입니다.[30]

논리적 모순, 불합리, 억지

기독교의 본질이 인간의 본질이라는 주장은 제한과 유한으로부터 초월과 무한을, 불완전으로부터 완전을, 피조로부터 창조를 끌어내려는 논리적 모순을 범하고 있습니다. 완전과 불완전 사이의 엄격한 구분을 무시하고 그것을 역전(逆轉)시킬 수 있다고 생각하는 것은 논리적으로 잘못된 것입니다. 이는 마치 체스터턴(Gilbert Keith Chesterton)의 표현대로 "자신의 머릿속에 하늘을 밀어 넣으려고 애쓰는" 것과 같이 불가능하고 어리석은 짓입니다.[31]

우리는 모두 부지불식간(不知不識間)에 우리 자신의 한계를 의식합니다. 아무리 탁월한 인간이라고 하더라도 생로병사(生老病死)와

---

29) C. S. Lewis, *Miracles*, 이종태 옮김, 『기적: 예비적 연구』 (서울: 홍성사, 2008), 28, 29, 이후로는 C. S. Lewis, 『기적: 예비적 연구』, 28. 등으로 표기함.

30) 『개혁교의학 1』, 418.

31) Gilbert Keith Chesterton, *Orthodoxy*, 윤미연 옮김, 『오소독시: 나는 왜 그리스도인이 되었는가』 (서울: 이끌리오, 2003), 30, 이후로는 Gilbert Keith Chesterton, 『오소독시: 나는 왜 그리스도인이 되었는가』, 30. 등으로 표기함.

악(惡)으로부터, 또 시공간(時空間)으로부터 자유로운 사람은 없습니다. 따라서 포이어바흐의 주장은 직관적(直觀的)으로도 불합리합니다. 적어도 종교가 인간이 생로병사와 악으로부터, 시공간으로부터 자유롭지 못함을 인식하는 것과 무관(無關)하지 않다면, 하나님의 속성이 인간의 속성이라고 주장할 수는 없을 것입니다. 왜냐하면 초월과 무한으로부터 제한과 유한을, 완전으로부터 불완전을, 창조로부터 피조를 끌어내는 자연스러운 논리를 역전(逆轉)시킬 수 있다고 주장하는 것은 그 자체가 불합리하기 때문입니다. 로완 윌리엄스(Rowan Williams)의 지적대로 "창조주와 피조물 사이에는 공유할 수 있는 언어가 없다."라는 것을 인정해야 합니다.[32] 종교의 기원을 생로병사와 악, 시공간으로부터 자유롭지 못한 인간의 불가피한 한계를 의식한 것으로부터 찾는다면, 그런 인간의 한계를 자각하는 인간 자신을 완전한 신의 원형으로 삼는다는 것은 근본적으로 자기모순(自己矛盾)에 불과하다는 것을 알 수 있습니다.

기독교 신앙은 완전한 신에 대한 경험을 포함하지만, 그것이 인간의 신적 완전성을 내포하지 않습니다. 포이어바흐식으로 주장한다면 어떤 인간이 신의 완전성을 사유한다면 이는 필연적으로 그 자신이 완전함을 내포해야 하지만, 직관적으로 보아도 인간은 완전할 수 없으므로 그의 주장은 논리적으로도 잘못된 것입니다.

---

32) Rowan Williams, *Christ on trial: how the gospel unsettles our judgement*, 민경찬·손승우 옮김, 『심판대에 선 그리스도: 우리의 판단을 뒤흔드는 복음에 관하여』 (서울: 비아: 타임 교육, 2018), 14, 이후로는 Rowan Williams, 『심판대에 선 그리스도: 우리의 판단을 뒤흔드는 복음에 관하여』, 14. 등으로 표기함.

기독교의 본질을 인간의 본질로 나타내는 것은 우상숭배임[33]

출애굽기 32장에는 금송아지로 하나님을 형상화(形象化)한 내용이 나옵니다. 모세가 율법을 받기 위해 시내산에 올라간 사이 그 산 아래에서는 백성들이 자신들이 아끼던 금패물들을 아낌없이 모아서 하나님을 황소 모양으로 형상화했습니다. 황소는 "힘의 상징"이었기 때문에 "하나님은 능력이 크다."라는 것을 그렇게 표현한 것이며, 이 황소를 그들이 "가장 귀하게 여기고 아끼며 사랑하는 금패물"로 만든 것은 "하나님이 그와 같은 귀한 존재"라는 신앙의 고백이었습니다.[34] 그런데도 그런 행위는 가상(嘉賞)한 것이 아니라 오히려 하나님의 진노를 불러일으켰습니다. 그 이유가 무엇일까요? 하나님을 황소의 힘으로 나타낼 수 있다거나 금패물의 가치로 나타낼 수 있다는 발상(發想) 자체가 하나님께서 어떤 분이신지 전혀 모르는 무지(無知)의 소치(所致)였기 때문입니다. 그러므로 다소라도 하나님의 영광을 훼손하지 않고는 하나님을 형상화할 수 없으므로,[35] 어떤 가시적인 형체로든지 하나님을 나타내는 것은 옳지 않습니다. 신적인 본질은 인간의 본질과는 같을 수 없기 때문입니다.

하나님께서 애굽에 내리셨던 재앙들도 하나님은 모든 신들보다 탁월하신 분이심을 보여준 것입니다. 왜냐하면 그 재앙들은 애굽 사람들이 섬기던 신들과 관계가 있었기 때문입니다. 이 사실은 하나님을 애굽 사람들이 섬겼던 신들의 범주에 넣으면 안 된다는 경

---

33) 본 단락은 윤광원, 『성경해석 바로잡기 500』 (파주: 한국학술정보, 2019), 102의 내용을 요약함.

34) James Montgomery Boice, *Foundations of the Christian Faith*. 지상우 역. 『기독교강요 교리설교(상)』 (서울: 크리스천 다이제스트, 2005), 299.

35) *Inst.*, 1.11.12: "it can not be done without some defacing of his glory."

고였습니다. 하나님을 형상으로 만든다는 것은 하나님을 애굽 사람들이 섬겼던 신으로 만드는 그런 죄를 범하는 것과 마찬가지였습니다. 하나님은 "우리가 이해할 수 없는 하나님을 우리의 감각에 예속(隸屬)시키거나 또는 어떠한 형태로든지 감히 표시하는 것"을 금하시며, "종교의 이름으로 어떤 형상이든지 숭배하는 것을 금하십니다."36) 한 마디로 성경은 분명히 신적(神的)인 본질이 인간적 본질과는 구별되며, 결코 같을 수 없다고 단언(斷言)합니다.

물론 인간으로서 하나님을 인간의 수준에서 이해하는 한계를 벗어나기는 쉽지 않을 것입니다. 고대 그리스 철학자 크세노파네스(Xenophanes)가 "에티오피아 사람은 코가 낮고 피부가 검은 신을 믿으며, 트라키아 사람은 머리카락이 붉고 눈이 파란 신을 숭배한다."라고37) 지적한 바와 같이 서로 다른 문화와 환경 속에서 서로 다른 모습의 신들을 섬기고 있다는 사실은 이 점을 잘 보여줍니다. 그것은 기독교 신자라고 하더라도 예외는 아닐 것입니다.

한 예로 다윗의 경우를 들 수 있습니다. 다윗은 자신이 화려한 백향목 궁(宮)에 거하면서 하나님의 언약궤가 휘장(揮帳) 가운데 있는 것에 대하여 매우 마음 아파하며 웅장한 성전을 지으려고 했습니다. 선지자 나단조차도 여기에 동조했습니다. 하지만 하나님의 뜻은 그렇지 않았습니다. "네가 나를 위하여 나의 거할 집을 건축하겠느냐?"(사무엘 하 7장 5절)라고 반문하십니다. 또 "너는 나의 거할 집을 건축하지 말라. 내가 이스라엘을 올라오게 한 날부터 오

---

36) *Inst.*, 2.8.17: "The first restrains our license from daring to subject God, who is incomprehensible, to our sense perceptions, or to represent him by any form. The second part forbids us to worship any images in the name of religion. But he briefly lists all the forms with which profane and superstitious peoples customarily represent God."

37) Anthony Kenny, *Ancient philosophy*, 김성호 옮김, 『고대철학』 (파주: 서광사, 2008), 459.

늘날까지 집에 거하지 아니하고 오직 이 장막과 저 장막에 있으며 이 성막과 저 성막에 있었나니 무릇 이스라엘 무리로 더불어 행하는 곳에서 내가 내 백성을 먹이라고 명한 이스라엘 어느 사사에게 내가 말하기를 너희가 어찌하여 나를 위하여 백향목 집을 건축하지 아니하였느냐고 말하였느냐"(역대 상 17장 4-6절)라고 반문하십니다. 또 성경은 "여호와께서 이같이 말씀하시되 하늘은 나의 보좌요 땅은 나의 발등상이니 너희가 나를 위하여 무슨 집을 지을꼬? 나의 안식할 처소가 어디랴?"(이사야 66장 1절)라고 반문하십니다. 성경은 인간의 거주와 하나님의 거주를 같은 수준에 놓고 견줄 수 없다는 것을 분명하게 선언합니다. 그렇다면 적어도 성경이 말하는 기독교는 그 본질이 인간의 본질과 같을 수 없다는 것을 분명하게 확인할 수 있습니다.

신학 실종

물론 일부 신학자들을 포함하여 기독교 안에서도 포이어바흐와 같은 입장을 가진 신자들도 있을 것입니다. 마크 트웨인(Mark Twain)이 지적한 바와 같이 인간이 자신에게 부여하는 그럴듯한 많은 자질들이 사실은 "모두 자기만족의 다른 형태"이고 종교도 여기에서 예외일 수 없기 때문일 것입니다.[38] 또한 서양철학과 기독교 안의 일부가 "인간의 자기 확인을 향한 끝없는 욕망의 사상적 포장으로 이루어졌다."라는 점을 고려한다면,[39] 기독교의 본질도 인간의 본질이라고 주장할 수도 있을 것입니다. 또한 "인간학적 관점에서 현대의

---

38) Mark Twain, *What is man?* 노영선 옮김, 『인간이란 무엇인가: 시대를 뛰어넘어 인간을 토론하다』(서울: 이가서, 2011), 54.

39) 정재현, 『신학은 인간학이다: 철학 읽기와 신학하기』(칠곡: 분도출판사, 2003), 7.

지성적 전통이 보여주는 두 가지 특징", 곧 "자연과학적 검증을 통하여 온 세계를 폐쇄적이며 닫힌 체계로 이해하려는 결정론적 사고"와 "인간이 강조되는 호모 압스콘디투스(*homo absconditus*)적 사고"는[40] 포이어바흐의 주장을 거부감 없이 받아들일 수 있을 것입니다. 또한 이러한 경향은 유발 하라리(Yuval Noah Harari)가 지적한 바와 같이 "근대사를 과학과 특정 종교, 즉 인본주의 사이의 계약 과정으로" 본다면, "근대 이후의 사회는 인본주의의 교의(敎義)를 믿고, 그 교의에 의문을 제기하기 위해서가 아니라 그 교의를 실행에 옮기기 위해 과학을 이용"하기 때문일 것입니다.[41]

이러한 경향은 조 부트(Joe Boot)가 지적했듯이 "지금 많은 사람들이 알고 있는 기독교는 사실상 기독교에 대한 오해라는 기가 막힌 현실"일 것입니다.[42] 그것은 신학 실종(神學 失踪)으로써 믿음의 초점이 하나님으로부터 인간의 자아(自我)로 옮겨졌다는 사실,[43] 곧 소위 "인본주의라는 혁명적인 새 종교"가[44] 나타났다는 것을 의미할 뿐입니다.

40) 김호환, 『철학적 신학적 인간학』 (서울: 도서출판 엠마오, 1992), 7; 호모 압스콘디투스(*homo absconditus*)적 사고란 신, 인간, 세계 중에서 인간을 본질적으로 중심에 놓고 생각하는 것인데, 이러한 생각은 인간 자체가 유한하고 항상 제한받는 존재이기 때문에 한계에 직면할 수밖에 없습니다.

41) Yuval Noah Harari, *Homo deus: a brief history of tomorrow*, 김명주 옮김, 『호모 데우스: 미래의 역사』 (파주: 김영사, 2017), 275, 이후로는 Yuval Noah Harari, 『호모 데우스: 미래의 역사』, 275. 등으로 표기함.

42) Joe Boot, *Time to search: discovering meaning and purpose in life*, 지명수 옮김, 『청년들아 무엇을 위해 살 것인가?: 청년들을 위한 기독교 변증』 (서울: 선교 횃불, 2008), 18, 이후로는 Joe Boot, 『청년들아 무엇을 위해 살 것인가?: 청년들을 위한 기독교 변증』, 18. 등으로 표기함.

43) David F. Wells, *No place for truth, or, Whatever happened to evangelical theology?* 김재영 옮김, 『신학 실종: 세속화된 복음주의를 구출하라』 (서울: 부흥과 개혁사, 2011), 161.

44) Yuval Noah Harari, 『호모 데우스: 미래의 역사』, 546.

자기기만과 자기기만을 정당화하기 위한 일방적 자료 선택

로마가톨릭교회 안에서 참된 기독교의 본질을 발견한다는 것은 불가능에 가까울 것이고, 세상 이데올로기와 현실적 유익에 매몰된 현대교회 안에서도 본질적인 기독교에 대한 심각한 왜곡을 발견하지 않을 수 없습니다.[45] 따라서 그런 상황에서는 기독교 밖에서뿐만 아니라 안에서조차도 포이어바흐와 같은 식으로 기독교의 본질을 인간의 본질로 왜곡시킬 위험성이 클 것입니다.

그러나 포이어바흐와 같은 탁월한 사상가가 성경에 대하여, 성경에 바탕을 둔 정통 기독교와 기독교의 신학에 대하여 몰랐을 리는 만무(萬無)할 것입니다. 적어도 성경은, 성경에 바탕을 둔 정통 기독교와 신학은 기독교의 본질이 인간의 본질이라고 말하지 않습니다. 또한 그가 종교개혁사상에 대해서도 몰랐을 리가 없었을 것입니다. 종교개혁이 기독교의 본질에서 벗어난, 다르게 말하면 기독교의 본질이 인간의 본질이 되어버린 것에 대한 개혁이라는 것쯤은 알았을 것입니다. 종교개혁자들은 "기독교(개신교, Protestantism)의 본질에 대하여 급진적이고 과격한 물음과 성찰"을 하였고, 그래서 기독교의 생명과도 같은 기독교의 본질에 대해 끊임없이 묻고 성찰했습니다.[46] 그런데도 만일 그가 성경의 기본 내용조차 모르거나 종교개혁의 "본질로 돌아가자"(*Ad Fontes*)라는 구호가 무엇을 의미하는지조차 알지 못하고 기독교의 본질이 인간의 본질이라고 주장했다면, 그의 주장은 기독교의 본질과는 무관한 것이 분명합니다. 또 만일 이

---

45) T. Bailey Saunders, *Professor harnack and his oxford critics*, 김재현 · 김태익 옮김, 『기독교 본질 논쟁: 하르낙 교수와 그의 옥스퍼드 비평가들』 (대구: 한티재, 2017), 27, 이후로는 T. Bailey Saunders, 『기독교 본질 논쟁: 하르낙 교수와 그의 옥스퍼드 비평가들』, 27. 등으로 표기함.

46) T. Bailey Saunders, 『기독교 본질 논쟁: 하르낙 교수와 그의 옥스퍼드 비평가들』, 28.

런 사실을 알면서도 기독교의 본질이 인간의 본질이라고 주장했다면 그것은 분명히 자기를 기만(欺瞞)한 것이 아닐 수 없습니다.

물론 포이어바흐는 자기의 주장을 성경적으로 정당화시키기 위하여 성경을 인용했지만, 요하네스 뮐러(Johannes von Müller)도 지적한 바와 같이, "로마가톨릭의 문헌과 신비적 경건주의 문헌에서 인증 자료를 일방적으로 선택"했고 "기독교(개신교)로부터는 어떤 증거도 제시하지 않았기 때문에" 그의 주장은 기독교의 관점에서 보면 본질적으로 왜곡된 것입니다.[47] 이러한 사실을 모를 리 없었던 그는 『기독교의 본질』 제2판에서는 "루터로부터 100개 이상의 인용문을 추가"했지만, "이 인용문들은 삽입, 재구성되었다기보다는 장이나 절의 말미(末尾)에 부분적으로 단순히 첨가한 것"에 불과했고,[48] "성경이나 기독교의 문헌들과 사건들을 극히 자의적으로 이용함"으로써 기독교를 심하게 왜곡시켰습니다.[49] 이에 대하여 로버트 뱅크스(Robert Banks)는 다음과 같이 지적합니다.

> 포이어바흐가 루터의 저작을 사용할 때, 그는 분명히 이 종교개혁자를 정확하게 인용한다. 그러나 항상 맥락에 맞게, 혹은 루터의 전체 주장에 비추어 인용한 것은 아니다. 그는 기독교 신앙 안에 있는 믿음의 역량과 능력에 대한 루터의 주장, 그리고 또한 루터가 '하나님 자신'이 아니라 '우리를 위한 하나님'에 부여한 중요성도 정확하게 끌어냈다. 그러나 루터가 이 문제에 집중한 것은 공로에 대한 당시 로마가톨릭의 과도한 강조와 하나님의 본성에 관한 추상적인 중세의 논쟁들을 바로잡기 위해서였다. 물론 루터가 칼빈과 달리 때때로 신과 인간 사이에 있는 차이를 지키는 데 실패했지만, 간혹 주장되는 것만큼 그렇게 심하게

---

47) Sass Hans-Martin, *Ludwig Feuerbach*, 정문길 옮김, 『루드비히 포이에르바하』 (서울: 문학과 지성사, 1993), 86-87, 이후로는 Sass Hans-Martin, 『루드비히 포이에르바하』, 86. 등으로 표기함.

48) Sass Hans-Martin, 『루드비히 포이에르바하』, 87.

49) Hans Küng, *Existiert Gott?* 성염 옮김, 『신은 존재하는가-1-』 (칠곡: 분도출판사, 1994), 304, 이후로는 Hans Küng, 『신은 존재하는가-1-』, 304. 등으로 표기함.

하지는 않았다. … 포이어바흐가 고전적인 유대교, 초기 기독교, 나중의 개신교 저작들에 묘사되어 있는 하나님을 다루는 방식은 기독교에 대한 그의 재해석을 위해 부분적으로 왜곡되었다.50)

로마가톨릭 문헌의 문제점

성경에 충실한 정통적인 기독교인이 보기에는 로마가톨릭 교회는 피조물이 아무리 거룩하다고 해도 뛰어넘을 수 없는 창조자와 피조물 사이에 존재하는 엄연한 구분을 위태하게 만들기 때문에 그것은 일종의 다신론(多神論)과 같습니다.51) 로마가톨릭은 하나님과 같은 외부적인 권위와는 독립적으로 움직이는 자연인 고유의 표준, 곧 인간 자신의 내부에 진리에 관한 최종적 기준이 있다고 여기는 비기독교인의 인간관이나 방법론의 본질적인 진리성을 받아들이기 때문에, 자연인과 함께 기독교와는 전혀 상관없는 철학적인 유신론을 정립하려고 한다는 사실입니다.52) 만일 자연 계시의 영역 안에서의 이성의 자율성에 기독교를 뜯어 맞추고, 인간의 의지를 조금이라도 자율적인 것으로 간주하여 인간이 하나님과 동일한 존재에 참여한 것으로 생각하게 된다면, 거기에는 단계적 차이 이외의 어떠한 차이도 있을 수 없게 됩니다.53) 따라서 로마가톨릭의 "자연신학은 기독교의 복음을 모호하게 만들어 버리는 모든 사변에 문을 열어놓았고", "그것은 하나님을 인간의 형상으로 만들려고 하는 영원한 유혹",54) 곧 기독교의 본질을 인간의 본질로 만들려는 뱀의

---

50) Robert Banks, 『그리스도인을 위한 무신론 사용설명서』, 95.

51) C. S. Lewis, *Mere Christianity*, 장경철·이종태 옮김, 『순전한 기독교』 (서울: 홍성사, 2019), 12.

52) Cornelius Van Til, 『변증학』 (3판), 136, 142, 162.

53) Cornelius Van Til, 『변증학』 (3판), 193, 197, 177.

54) Colin Brown, *Philosophy and the Christian faith*, 문석호 譯, 『철학과 기독교 신앙』 (서울: 기독

유혹에 넘어간 것입니다.

그러므로 포이어바흐가 로마가톨릭의 문헌과 신비적 경건주의 문헌을 근거로 기독교의 본질을 인간의 본질이라고 주장하는 것은 기독교(개신교)의 입장에서는 받아들이기 어렵습니다. 구체적으로 한 예를 들자면 신의 위치로까지 올려놓은 신의 어머니로서의 성모 마리아에 관한 것입니다.[55] 포이어바흐는 이 사실을 잘 알았기 때문에 기독교(개신교)가 "신의 어머니를 옆으로 제쳐놓았다."라는 점을 분명히 지적하면서도[56] 로마가톨릭의 문헌을 근거로 기독교의 본질을 인간의 본질이라고 주장하기 때문에 그는 자신을 기만하고 있는 것입니다.

교문서선교회, 1989), 412.

55) 박도식이 엮은 『가톨릭 교리 사전』 (서울: 가톨릭출판사, 1998), 40-51에 의하면 로마가톨릭은 마리아를 공속자(共贖者, *Coredemptrix*, 예수와 함께 인류의 죄를 대속했다는 주장, 9월 8일은 이를 기념하는 성모 성탄 축일임)로 보며, 마리아에 대하여 성모무염시태(聖母無染始胎, 원죄 없이 잉태되었다는 주장, 12월 8일은 성모의 원죄 없으신 잉태 대축일임), 성모몽소승천(聖母蒙召昇天, 마리아가 미리 부활하여 육체도 영혼과 더불어 승천했다는 주장, 8월 15일은 성모 승천기념일임), 중보자로서의 마리아에 대한 신앙을 고백합니다.

56) 『기독교의 본질』, 154.

2 의식의 투사로 기독교의 본질이 인간의 본질이라는 것을 설명할 수 있을까요?

종교를 투사로 설명하는 심리학적인 방법의 문제

포이어바흐는 기독교의 본질이 인간의 본질이라는 것을 설명하기 위해, "종교는 인간 정신의 꿈"이고, "최고도의 환상이 최고도의 신성함"이며,57) 『종교의 본질에 대하여』(*Vorlesungen über das Wesen der Religion*) 20-22장에서는 "종교가 인간의 상상력과 환상에 근거"한다고 주장했습니다.58)

그는 기독교의 주요 교리들에 대해서도 이와 같은 논리로 주장했습니다. 그는 삼위일체의 교리조차도 "인간이 갈망하는 이성, 사랑, 의지라는 삼위일체의 반영일 뿐"이고, 창조의 교리조차도 "무로부터 무엇인가를 상상하고 만들 수 있는 우리 인간의 능력, 그래서 자연을 정복하고 운명으로부터 벗어나고자 하는 욕구를 충족시키려는 것"을 말해주며, 계시의 교리조차도 "의미에 대한 우리의 가장 깊은 욕구와 추구를 이해하는 데 우리의 생각과 말이 중요함을 알게 하며", 기적에 대한 믿음도 "자연법칙을 극복하는 인간의 환상과 개인적인 소원 성취의 상상력에 대한 찬사에 불과"하며, 성례를

---

57) 『기독교의 본질』, 49.

58) 강대석, "포이어바흐와 종교철학", Ludwig Andreas Feuerbach, *Vorlesungen über das Wesen der Religion*, 강대석 옮김, 『종교의 본질에 대하여』 (파주: 한길사 2006), 34.

38 포이어바흐, 니체, 러셀, 도킨스의 지성적 무신론과 기독교

지켜 행하는 것도 "자연이 가진 신적인 치유력과 감각 대상들에 들어 있는 신적인 본질을 의식을 통해 인정하는 것"에 불과하다고 주장했습니다.[59] 그는 신의 섭리에 대한 믿음도 "자기 자신의 가치에 대한 믿음"이고, 근원적인 기적으로서 무(無)에서의 창조도 "세계나 물질의 영원성이 물질의 본질성을 의미하는 것에 불과한 것처럼 무(無)로부터의 세계창조는 무(無)라는 것 이상의 아무것도 의미하지 않기 때문에", 역시 "상상력의 작품 및 대상일 뿐"이라고 주장했습니다.[60] "무(無)에서의 창조는 기적과 동일한 것으로서 섭리와 일치"하고, "섭리는 본질적으로 인간에게만, 인간 안에서도 종교적인 인간에게만 관계"하므로 "섭리에 대한 믿음은 자기 자신의 가치에 대한 믿음"이며, "결국 신에 대한 믿음은 인간의 존엄성에 대한 믿음, 인간 본질의 신적 의미에 대한 믿음에 불과"한 것이 된다는 주장입니다.[61]

그는 하나님의 속성인 초월성을 인간의 투사로 취급하지만, 과연 하나님이 "우리가 알고 있는 것, 우리에게 도움이 된다고 여겨지는 것, 우리에게 안정감을 가져다주는 것을 상상할 수 있는 최대치로 끌어올려 투사"한[62] 것일까요? 종교를 투사로 설명하는 심리학적인 방법은 "종교가 어떻게 인간 본성 전체에 근거하여 연관되는지를 가르쳐 줄 수는 있지만, 종교의 내용과 그 진리의 정당성에 대해서는 아무것도 말할 수 없고", 그러한 방법은 "단지 마음으로 느끼고, 느끼는 것을 다만 상징적 가치를 지니는 종교적 개념들로 표현할 뿐"이며, 따라서 "종교적 현상들을 오직 심리적이며 환상이라

---

59) Robert Banks, 『그리스도인을 위한 무신론 사용설명서』, 91.

60) 『기독교의 본질』, 196, 191, 192.

61) 『기독교의 본질』, 193, 195, 196.

62) Rowan Williams, 『심판대에 선 그리스도: 우리의 판단을 뒤흔드는 복음에 관하여』, 49.

고 볼 수밖에 없는 한계"가 있습니다.[63] 심리학적인 방법은 다만 "종교적 삶에서 작용하는 정신적 기능들과 거기서 나타나는 정신적 형태들"을 알려줄 수는 있지만, "종교의 존재 이유와 그 가치의 확립이라는 의미의 종교의 본질"에 대해서는 아무것도 알려줄 수 없습니다.[64] 따라서 하르낙(Adolf von Harnack)도 "심리학적이고 민족 심리학적인 연구를 통해 종교의 본질과 정당성을 설명하는 것이 우리의 과제가 되어서는 안 된다."라고[65] 경고합니다.

하나님의 존재에 대한 문제는 인간의 삶에서 최종적이고 궁극적인 문제에 속하기 때문에 심리학적 차원만으로는 해결할 수 없고, 심지어 철학자들이 주장하는 바와 같이 "가장 고상한 형이상학적 차원에서 제기될 수 있는 물음들에 대한 답변을 줄기차게 심화시키는 것"으로도[66] 불가능합니다. 특별히 하나님의 존재를 투사와 같은 인간의 심리적 차원에서 설명하려는 시도는 불가피하게 하나님의 존재를 인간의 심리 현상으로 제한할 수밖에 없기 때문에 그러한 시도는 출발부터 잘못된 것입니다.

기독교의 본질을 인간의 본질이라고 주장할 수 있는 방법이 있다면, 그것은 하나님을 투사, 곧 인간의 의식, 자의식, 자기 인식, 또는 감정 등의 투사로 설명하는 것입니다. 그러나 의식, 자의식, 자기 인식, 또는 감정 등과 같은 개인적인 주관은 "진리에 대한 지식의 근원이 될 수도 없고, 그것은 다만 진리를 수용하여 우리의 소유로 만드는 기관일 뿐"이기 때문에, 만일 기독교 신앙에 인간의

---

63) 『개혁교의학 3』, 734.

64) 『개혁교의학 1』, 344.

65) Adolf von Harnack, *Wesen des Christentums*, 오흥명 옮김, 『기독교 본질』 (서울: 한들출판사, 2007), 26, 이후로는 Adolf von Harnack, 『기독교 본질』, 26. 등으로 표기함.

66) 김현태, 『철학과 신의 존재』, 5.

의식과 같은 "주관적이고 개인적인 지식만 남는다면" 그것은 더 이상 기독교 신앙이나 신학이 될 수 없습니다.[67] 특히 감정은 "결코 선재(先在)하는 것도 아니고" "단지 자기에게 영향을 주는 것에만 반응하고 좋은 것과 싫은 것, 편안함과 불편함에 대한 느낌을 나타내는 것"이기 때문에 "종교적 진리에 대한 지식의 근원"이 결코 될 수 없습니다.[68]

시간과 공간의 제한을 받지 않고 전지전능하고 무한하며 초월적인 존재인 하나님의 본질을 시간과 공간에 제한을 받는 유한한 존재인 인간의 본질이라고 주장할 수 있는 방법은 하나님을 인간 정신의 꿈, 상상력과 환상, 자기 자신의 가치에 대한 믿음, 인간 본질의 신적 의미에 대한 믿음이라고 주장하는 방법이지만, 그러나 그러한 방법은 신의 본질이 인간의 본질이라는 전제로부터 나오기 때문에 필연적(必然的)으로 필요한 억지일 뿐입니다. 만일 인간 정신의 꿈, 상상력과 환상, 자기 자신의 가치에 대한 믿음, 인간 본질의 신적 의미에 대한 믿음이 신이 될 수 있다면 그런 신을 어떻게 신으로 믿을 수 있을까요? 더구나 인간을 신적(神的) 속성들을 가질 가능성이 있는, 곧 신성(神性)을 부여할 정도의 존재로 취급하면서 그런 존재인 인간이 그런 신을 믿는다고 주장하는 것은 더더욱 앞뒤가 맞지 않습니다.

투사는 왜곡된 기독교에 대한 것에 불과

'하나님은 인간 의식의 투사'라는 주장에 대하여 자유로운 기독

---

67) 『개혁교의학 1』, 127.
68) 『개혁교의학 1』, 127.

교 신자는 많지 않을 것입니다. 강단(講壇)에서 온갖 감동적인 미사여구(美辭麗句)와 논리적인 설득으로 외쳐지는 대부분의 설교와 가르침들이 인간의 필요, 욕망, 본능들의 투사는 아닐까 하는 의구심(疑懼心)을 떨쳐버리기가 어렵기 때문입니다. 만일 하나님도 "우리처럼 생각하고 느끼고 행동하기를 바란다면", "인간의 속성을 하나님께 투사하려는 인간의 욕구가 더욱더 입증될" 것입니다.[69] 그렇다면 하나님의 뜻은 명분(名分)일 뿐 실제로는 자신의 기복적(祈福的)인 욕망의 투사일 것이며, 그것은 인간의 욕망을 종교적으로 포장하여 하나님이란 이름으로 절대화한 우상숭배로 전락(轉落)한 것에 불과합니다. "스스로의 목소리에 순종하면서도 자신들은 예수님 또는 하나님의 음성을 듣고 또 그것을 따라 순종한다고 생각"한다면,[70] 그것은 자신의 욕망을 종교적으로 포장한 우상일 뿐, 성경에 계시된 하나님은 분명 아닐 것입니다. 인간이 자기의 욕망과 편견을 투사하여 만들어낸 하나님은 우상일 수밖에 없기 때문입니다. 우상화된 하나님은 "하나님 그대로의 하나님"이라기보다는 저마다의 방식을 따라 "내가 믿고 있는 하나님"일 뿐이며, 더 나아가 그런 하나님도 "아무런 전제나 조건 없이 믿는 것이 아니라 그만한 이유가 있어서 믿는 것"이므로 "내가 믿고 싶은 대로 믿는 하나님"이라고 말할 수 있을 것입니다.[71] 물론 "신을 포함한 어떤 사물이나 사람에 대해 가지는 이해에는 어느 정도의 자기 이해나 자기 왜곡을 주입하거나 투사하는 성향이 있고", 따라서 포이어바흐의 주장은 우리를 돌아보게 합니다.[72]

---

69) Reza Aslan, *God: a human history*, 강주헌 옮김, 『인간화된 신』 (서울: 세종서적, 2019), 8, 11.
70) Cornelius Van Til, 『변증학』 (3판), 166.
71) 정재현, "믿음과 삶", 「제6회 한국 기독자-불자 교수 공동학술대회 자료집」 (2011): 20.
72) Robert Banks, 『그리스도인을 위한 무신론 사용설명서』, 102-103.

그러나 그의 주장은 왜곡된 신앙을 설명하는 데에는 일리(一理)가 있지만, 성경적인 기독교 신앙과는 상반(相反)됩니다. 그런데도 그런 주장을 하려는 의도는 무엇일까요? "무신론자들은 신이 존재하지 않는다는 것을 확신함"에도 불구하고 "많은 지성적인 사람들이 아직도 신을 믿고 있다는 것을 무시할 수 없기 때문에", 그들은 신을 믿는 것에 대하여 심리학적으로 설명할 수밖에 없을 것이고, 그것은 곧 "자기 존재의 최상의 것을 자기 자신으로부터 분리해서 이것을 자기 밖에 있는 지고(至高)의 존재 또는 최고의 존재로 해석"하는 이른바 투사이론일 것입니다.[73]

"하나님 대신 자신을 위하여 어떤 우상이나 환상을 지어내지 않는 사람은 거의 없고", "이성과 학문을 가지고 하늘을 통찰하려고 노력하는 철학자들 가운데서도 서로 불일치가" 있으며, "가장 현명하다고 여겨지는 사람들조차도 다른 의견을 가지고 다투고, 그 다툼은 이러한 불일치, 그리고 심지어는 시시하고 어리석은 가르침으로 말미암은 것"이라고 볼 수 있기 때문에, "인간들이 존재하지도 않는 신을 찾는 것은 헛되고 어리석은 골칫거리를 불러들이는 것"이라고 판단할 수도 있을 것입니다.[74]

그러나 "종교는 초자연적이고 비가시적이며 영원한 능력과 관계를 맺기 때문"에 종교를 인간 자신에 대해 갖는 심리적인 관계로

---

73) William A. Luijpen & Henry J. Koren, *Religion and atheism*, 류의근 옮김, 『현대 무신론 비판』, (서울: 기독교문서선교회, 2005), 41, 42, 이후로는 William A. Luijpen & Henry J. Koren, 『현대 무신론 비판』, 41. 등으로 표기함.

74) *Inst.*, 1.5.12: "For as rashness and superficiality are joined to ignorance and darkness, scarcely a single person has ever been found who did not fashion for himself an idol or specter in place of God. ⋯ But among the philosophers who have tried with reason and learning to penetrate into heaven, how shameful is the diversity! ⋯ For when they saw the wisest persons contending with contrary opinions, from the disagreements of these-and even from their frivolous or absurd teaching-they did not hesitate to gather that men vainly and foolishly bring torments upon themselves when they seek for a god that is not."

이해하려고 시도하는 것은 "종교의 성격을 의도적으로 전도(顚倒)시켜 미신이나 의식이나 환상이나 가상으로 왜곡"시킬 수밖에 없습니다.[75] 하나님의 존재와 계시에 대한 기독교의 신앙은 가장 기본적인 전제이기 때문에, 하나님과 하나님의 계시를 전제하지 않고는 기독교를 이해하는 것이 불가능한데도 불구하고, "어떤 주어진 현상들을 설명하기 위해 하나님께 거슬러 올라가는 것은 비학문적"이라고 몰아붙이면서, 다만 하나님과 하나님의 계시를 인간 정신의 꿈, 가상, 환상 같은 심리적인 것으로 해석한다면, 그것은 기독교의 본질과는 무관한 것이 될 것입니다.[76]

물론 "인간들은 자신을 초월하여 하나님을 찾아야 함에도 불구하고 오히려 자신의 어리석음이라는 척도로 하나님을 판단하고 건전한 탐구를 게을리하며 호기심에 의해 공허한 사색으로 달려감"으로써 "하나님이 보여주신 대로 하나님을 이해하지 않고, 자신의 상상 속에서 지어낸 모습대로 하나님을 상상"합니다.[77] "인간은 헛된 호기심과 그릇된 신념과 결합한 욕망, 즉 적절한 이상을 알고자 하는 터무니없는 욕망"에 의해 "허망함과 사악한 교만에 빠져 스스로 어리석은 자가 되어" "자기 분수 이상(以上)을 주장"합니다.[78] 이는 로마서 1장 21-22절이 지적한 바와 같이 "그 생각이 허망하여

---

75) 『개혁교의학 1』, 395.

76) 『개혁교의학 1』, 383.

77) *Inst.*, 1.4.1: "Indeed, vanity joined with pride can be detected in the fact that, in seeking God, miserable men do not rise above themselves as they should, but measure him by the yardstick of their own carnal stupidity, and neglect sound investigation; thus out of curiosity they fly off into empty speculations. They do not therefore apprehend God as he offers himself, but imagine him as they have fashioned him in their own presumption."

78) *Inst.*, 1.4.1: "For not content with sobriety but claiming for themselves more than is right, they wantonly bring darkness upon themselves-in fact, they become fools in their empty and perverse haughtiness. From this it follows that their stupidity is not excusable, since it is caused not only by vain curiosity but by an inordinate desire to know more than is fitting, joined with a false confidence."

지며", "미련한 마음이 어두워졌고", "스스로 지혜 있다 하나 우준(愚蠢)하게" 된 것입니다.

실증이 불가능한 전제와 요청에 불과

"하나님이 단지 인간의 꿈, 소망, 환상의 산물일 뿐이라는 주장은 순전히 비논리적인 주장"인데, 왜냐하면 "인간의 소망에 따라 있는 것이 없어지거나 없던 것이 새로 생겨나는 것이 아니기 때문"이며, 따라서 "하나님의 존재 여부를 인간의 꿈이나 소망이나 환상과 직결시키는 방법은 잘못된 것"입니다.[79]

또 종교는 '무한성의 의식이고, 인간 자신이 가지고 있는 의식' 이외에 아무것도 아닐까요? 과연 인간의 의식 속에 존재하는 신과 초월적인 존재를 일치시킬 수 있을까요? 의식의 세계에서 존재하는 것이 신의 실재적 존재를 부정할 수 있는 근거가 될 수 있을까요? "어떤 무한자를 향하는 인간 의식의 향방은 의식에서 독립된 어떤 무한한 실재의 존재와 비존재의 확실성에 관하여 아무것도 입증하지 못하고", "지향적 무한성뿐만 아니라 실재적 무한성까지 인간에게 돌리는 것"은 실증 불가능한 무리한 주장에 불과합니다.[80] 포이어바흐는 어디에서도 인간의 능력이나 존재, 혹은 자연의 무한성을 실증하지 못했으며, 다만 그것을 전제하고 있을 뿐이기 때문에 그의 주장은 순전히 요청에 불과합니다.[81]

또한 인간 자신이 가지고 있는 무한에 대한 의식은 인간 본성에

---

79) Josh McDowell & Don Douglas Stewart, *Understanding secular religions*, 이호열 옮김, 『세속종교』 (서울: 기독지혜사, 1987), 38, 후로는 Josh McDowell & Don Douglas Stewart, 『세속종교』, 38. 등으로 표기함.

80) Hans Küng, 『신은 존재하는가-1-』, 293.

81) Hans Küng, 『신은 존재하는가-1-』, 294.

본질적으로 고유한 것이 아니라 인간이 진화하면서 발생했다는 것을 구체적이고 명확하게 설명하는 것은 불가능합니다. 그렇다고 인간이 하나님으로부터 창조되었다는 것과 창조될 때부터 하나님의 형상을 따라 지음을 받았기 때문에 인간은 본래부터 종교적 존재로서 무한에 대한 의식을 가지고 있다는 기독교의 입장을 부정할 방법이 있는 것도 아닙니다.

그렇다면 종교가 인간에게 보편적인 현상이라는 것이 역사적으로 확인이 되고, "항상 인간 안에는 어떤 종교적 성향이 있다는 것이 발견"된다면, 무한에 대한 의식은 "인간적 본성의 본질적 속성으로 본성과 더불어 자연적으로 주어졌으며", 따라서 하나님은 존재한다고 보는 것이 훨씬 더 타당할 것입니다.[82] "천지창조 이후로 종교 없이 산 지역, 도시, 가정이 없었다는 사실은 하나님에 대한 감각이 모든 인간의 마음에 새겨져 있다는 무언의 고백"이며, 심지어 "나무나 돌과 같은 우상을 숭배하는 것을 좋아하는 것조차도 인간의 마음속에 신적 존재에 대한 확실한 인상이 있다는 증거"로 볼 수 있습니다.[83] 한스 큉(Hans Küng, 1928~2021)은 이렇게 반문합니다.

> 내가 바라고 기대하고 열망하는 어떤 사상이 왜 아예 원래부터 존재하지 않아야 하고 존재할 수 없으며 존재해서는 안 되는가? 도대체 왜 수천 년부터 수만 개의 신전, 회당, 교회, 모스크에서 선포, 공경, 경배되어 온 것이 순전히 망상이어야 한단 말인가? 왜 이미 소크라테스 이전 이오니아학파의 사상가들의 최초의

---

82) 『개혁교의학 1』, 385-386.

83) *Inst.*, 1.3.1: "Therefore, since from the beginning of the world there has been no region, no city, in short, no household, that could do without religion, there lies in this a tacit confession of a sense of deity inscribed in the hearts of all. Indeed, even idolatry is ample proof of this conception. We know how man does not willingly humble himself so as to place other creatures over himself. Since, then, he prefers to worship wood and stone rather than to be thought of as having no God, clearly this is a most vivid impression of a divine being."

근원, 모든 사물의 원 근거에 대한 탐색, 그다음에 선의 이데아에 관한 플라톤의 성찰, 최초의 원동자와 모든 사물의 목표에 관한 아리스토텔레스의 성찰, 위대한 '하나'에 관한 플로티누스의 성찰이 애당초 무의미한 행위라는 말인가?[84]

오직 현상계에만 적용되는 인간의 개념[85]

인간의 개념은 "오직 현상계에만 적용되며 실재의 세계에는 적용되지 않고", "지극히 탁월한 실재인 하나님은 인간 훨씬 위에 존재하거나 인간 너머에 존재하므로", 제한된 인간의 지성으로는 도저히 하나님께 도달할 수 없습니다.[86] 칸트(Immanuel Kant, 1724~1804)가 지적한 바와 같이 인간이 하나님에 관하여 말하거나 생각하지 못하는 이유는, 인간은 현상계에 관하여는 생각할 수는 있어도 '사물 자체에 속하는 하나님', '사물 자체의 세계'에 대해서는 생각할 수 없기 때문입니다.[87] 카우프만(Fritz Kaufmann)도 지적한 바와 같이 만일 하나님이 '우주의 창조주이며 궁극의 실재'라면 '우리의 경험 너머에 존재하는 것'이므로, 인간의 개념들을 하나님께 적용할 수도 없고 우리가 사용하는 '하나님'이라는 개념도 하나님을 가리킬 수 없습니다.[88]

실체가 없는 유적 인간을 전제하는 궤변

포이어바흐는 "인간의 본질은 의식이며, 이 의식은 동물과는 다

---

84) Hans Küng, *Was Ich Glaube*, 이종한 옮김, 『나는 무엇을 믿는가』 (서울: 분도출판사, 2021), 155.

85) "Ⅳ. 도킨스의 『만들어진 신』과 기독교, 4. 신가설(神假說)은 과학적 가설일까요?"를 참조 바람.

86) Alvin Carl Plantinga, *Knowledge and Christian Belief*, 박규태 옮김, 『지식과 믿음』 (서울: IVP, 2019), 22, 이후로는 Alvin Carl Plantinga, 『지식과 믿음』, 22. 등으로 표기함.

87) Alvin Carl Plantinga, 『지식과 믿음』, 27.

88) Alvin Carl Plantinga, 『지식과 믿음』, 24.

른 인간만이 가지는 특별한 신적 본질로서 스스로의 종(種) 또는
유(類), 곧 인간 전체를 볼 수 있는 의식"이고, "인간에게는 자신을
기준으로 삼아 대상을 의식('類의 意識')하기 때문에 비로소 본질에
대하여 사고할 수 있으며", "이런 유(類)를 형성하는 이성, 의지, 마
음은 인간 자체의 본질이며, 그 자체는 생존이 목적이기 때문에 참
되고 완전하며 따라서 신적인 것"이라고 주장했습니다.[89] 여기에서
우리는 인간에 대한 그의 주장이 '개개 인간이 아닌 보편적인 유적
(類的) 인간'을 전제로 하고 있다는 것을 알 수 있습니다.

　그렇다면 과연 "신은 인간의 자의식"이라는 것을 유적(類的) 인
간으로 설명할 수 있을까요? 그것은 인간의 제한성을 제거하려는
궤변에 불과합니다. 그런 '유적 인간'이란 그가 배척했던 관념론을
자신의 주장에 끌어들이는 모순을 범하고 있을 뿐이며, 그런 존재
는 현실의 인간과 유리(遊離)된 추상일 뿐 어디에도 존재하지 않습
니다. 유적 인간이 존재한다고 하더라도 인간이란 근본적으로 참되
고 완전할 수 없으며, 따라서 신적인 존재가 될 수 없습니다.

　"어떤 개인도, 혹은 개인들의 집단도 하나님의 무한성(無限性),
전지성(全知性), 편재성(遍在性)과 같은 속성들을 소유할 수는 없
기" 때문에, 포이어바흐는 그런 신적 속성들을 보편적인 유적(類的)
인 인간에게 존재하는 차원들로 묘사했지만, 그런 유적 존재로서의
인간은 존재하지 않으므로 신(神)이 인간의 투사에 불과하다는 그
의 주장은 설득력을 가질 수도 없을 뿐만 아니라 역(逆)으로 그의
주장은 무너질 수밖에 없습니다.[90] 그가 말하는 '유적 인간'이야말
로 추상적인 상상의 산물이며, 이런 인간이 참되고 완전하여 신적

---

89) 『기독교의 본질』, 62, 63.
90) Robert Banks, 『그리스도인을 위한 무신론 사용설명서』, 97.

이라는 것은 그가 배척했던 인간을 우상화한 것에 불과합니다.

그는 개개의 인간을 말하면서 보편적 인간이나 되는 듯이 말하는데, 그것은 추상일 뿐이고 실제로 존재하는 인간은 유한한 개개의 인간일 뿐입니다.[91] 실제로는 존재하지도 않는 무한한 보편적 인간에 투사한 유령 같은 유적(類的) 인간 존재에 대한 개념은 청년 헤겔학파의 막스 슈티르너(Max Stirner)도 배척했고, 카를 마르크스(Karl Marx)까지도 배척했으며,[92] 하르낙(Adolf von Harnack)도 "사변을 통해 보편 개념을 발견하고 이를 따라 기독교를 규정하여 그 본질을 발견하려 했던 포이어바흐의 시도를 비판"하면서,[93] "보편적인 것 속에 함정이 숨어 있다!"라고 지적했습니다.[94]

그가 말하는 유적(類的) 인간이란 "경험적 인간이 아니라 신(神)에게서 도출한 것이기 때문에 오히려 유령의 형상을 띠게 마련"이었고,[95] 따라서 엥겔스(Friedrich Engels)조차도 포이어바흐가 "기독교의 하나님이란 인간의 환상적 반영에 지나지 않는다는 것을 보여 주었지만, 이에 상응하여 하나님의 원형인 인간도 현실적인 인간이 아니라 수많은 현실적 인간들의 정수요 추상적인 인간이며 따라서 그 자체가 생각 속의 형상일 뿐"이라고 지적하지 않을 수 없었습니다.[96] 마르틴 부버(Martin Buber)도 그가 "인간을 문제가 없는 인간 존재로 환원시켰다."라고 비난했으며, 카를 바르트(Karl Barth)도 "실존하는 개인과 인간 전반의 양자를 광범위하게 교차하는 존재로

---

91) Hans Küng, 『신은 존재하는가-1-』, 294.

92) Hans Küng, 『신은 존재하는가-1-』, 294.

93) T. Bailey Saunders, 『기독교 본질 논쟁: 하르낙 교수와 그의 옥스퍼드 비평가들』, 44.

94) Adolf von Harnack, 『기독교 본질』, 27.

95) Hans Küng, 『신은 존재하는가-1-』, 295.

96) Friedrich Engels, *Ludwig Feuerbach und der Ausgang der klassischen deutschen Philosophie*, 강유원 옮김, 『루트비히 포이어바흐의 독일 고전 철학의 종말』(서울: 이론과 실천, 2008), 48.

만들려는 성향이 있어서 개개 인간을 두고 이야기하면서 마치 개개 인간이 인간 전반인 것처럼 말하고, 그러다 보니 개인에게 감히 신성(神性)을 부여할 정도가 되었다."라고 비판했습니다.[97]

만일 인간이 신적(神的) 속성들을 가질 가능성이 있고 신성(神性)을 부여할 정도의 존재라면, "왜 인간이 자신의 한계성을 인식하면서도 자신의 의식의 질적인 내용을 극대화하고 순수화하여 신(神)으로 투사해서 믿을 이유가 어디에 있는지" 포이어바흐는 대답해야 할 것입니다.[98]

슈티르너가 포이어바흐의 유적 인간이라는 개념이 "현실에서 구체적으로 사는 개별적인 인간들을 초월해 있으면서 이들을 억압할 수 있는 메커니즘으로 작용하는 고정관념"으로 보고, "서양의 중세시대에 신의 이름으로 수많은 사람들이 단죄되고 자신을 학대하고 죄책감에 시달렸던 것처럼, 근대에도 보편적인 인류와 민중 그리고 민족 혹은 미래에 실현될 위대한 이상사회 등의 이름으로 수많은 사람들이 단죄되고 살해되며 자신을 학대하고 죄책감에 시달릴 것"이라고 지적한 바와 같이, "정치적인 혁명과 폭력에 의해서 피안을 현세에 실현하려고 할 때 그러한 이상사회의 실현에 장애가 되는 인간들에 대한 억압과 학살 그리고 인간 개개인들 내부의 반동적인 성향에 대한 단죄는 불가피"하게 될 것입니다.[99]

97) Hans Küng, 『신은 존재하는가-1-』, 307.
98) 김성원, 『신은 허구의 존재인가?』, 174.
99) 박찬국, "인간은 자신을 초극해야 하는 존재다", 소광희 외 13인, 『인간에 대한 철학적 성찰』 (서울: 문예출판사, 2005), 323-324.

잘못된 유물론적 전제에 기초한 이데올로기

최고도의 환상이 최고도의 신성함이 된다는 포이어바흐의 생각은 신(神)은 "자연의 신격화, 인간의 신격화 또는 인간 제도의 신성화"일 수밖에 없기 때문에, "신에 대한 긍정은 우상의 긍정이요 사이비의 긍정"이 되고,[100] 따라서 그에게는 그러한 신을 부정하고 사람들을 그로부터 해방하는 것은 정당화되고 마땅한 일이 되며 사명이 되는 것은 말할 나위도 없었을 것입니다. 물론 "자연의 신격화, 인간의 신격화 또는 인간 제도의 신성화로서의 신"으로부터 인간을 해방하는 것은 정당하고 마땅하며 그것은 기독교의 사명이기도 합니다.

그러나 사실주의나 유물론만의 타당성을 인정했던 포이어바흐의 경우, 결국 자신의 유물론적 전제에 기초한 무신론적인 세계관 안에 신을 가두는 결과를 초래하고 말았습니다. 이것은 해방이 아니라 자신의 개인적 이데올로기로 사람들을 통제하려는 것에 불과합니다. 따라서 그의 주장이 "일종의 이데올로기화하고 있다."라는 지적을[101] 피할 수 없을 것입니다.

자연의 영역을 넘어서는 초월을 자연과 같은 것이라고 주장할 방법이 있다면, 그것은 무엇일까요? 마치 빨간 꽃을 노란 꽃과 동일한 것으로 만들기 위해 노란 꽃을 빨간 꽃과 같다고 주장하는 것은 사실상 불가능한 방법이기 때문에, 차라리 빨간 안경을 끼고 노란 꽃을 보는 방법이 훨씬 간단한 것과 같이, 자연과학이란 안경을 통해 초월을 보는 방법일 것입니다.[102] 이러한 방법은 당분간 성공을

---

100) William A. Luijpen & Henry J. Koren, 『현대 무신론 비판』, 12.

101) 秦敎勳, 『哲學的 人間學研究 1』 (서울: 經文社, 1986), 43.

102) 손봉호, 『現代精神과 基督敎的 知性』 (4판) (서울: 성광문화사, 1986), 188, 이후로는 손봉호,

거둔 것같이 보일 것입니다. 왜냐하면 물질은 정신에 비해 더 규칙성이 있고 객관적 측정의 대상이 되기 때문에 객관적이고 가치 중립적인 것으로 받아들여져서 자연과학적 사고방식은 절대적인 권위를 가지게 되었고, 이러한 자연과학과 그 방법에 의해 형성된 유물론적 세계관은 세계를 지배하는 권위의 자리에 위치하게 되었으며, 그 결과 모든 초월적인 가치는 부정되거나 물질적인 것에 종속되거나 환원되게 되었기 때문입니다.[103]

　　그러나 이러한 결과가 남긴 것은 인간의 동물적 본능뿐이고, 따라서 그런 세계관을 가진 인간들에게는 인간의 유물적 욕구, 곧 동물적 욕구가 인생의 전부로 추구될 수밖에 없게 되었고, 심지어 종교조차도 이런 방식으로 존재하는 비극적인 상황이 되었습니다.[104] 그러나 고대로부터 철학자들은 인간이 동물과 구별되는 점을 정신에서 찾으려 했고, 그 정신 때문에 인간은 동물보다 가치 있고, 동물과 다른 대접을 받아야 한다고 여겼습니다.[105] 이러한 생각은 유물론적 세계관에 지배를 받아 모든 초월적인 가치를 부정하거나 물질적인 것으로 종속시키거나 환원시키는 사람들조차도 자신이 동물과 같은 대접을 받는 것에 대해서는 받아드릴 수 없을 것입니다.

　　유물론의 이데올로기화는 하나의 망상이거나 궤변이 될 수밖에 없습니다. 왜냐하면 유물론으로 인간의 정신이나 초월적인 존재인 하나님을 물질이나 자연으로 환원시키거나 종속시키거나 부정하는 것은 무리(無理)이기 때문입니다. 초월적 존재는 물질이나 자연, 감각적 경험, 또는 현실을 토대로 이루어질 수 없습니다. 인간의 모든

『現代精神과 基督敎的 知性』, 188. 등으로 표기함.

103) 손봉호, 『現代精神과 基督敎的 知性』, 190, 191.

104) 손봉호, 『現代精神과 基督敎的 知性』, 192.

105) 손봉호, 『現代精神과 基督敎的 知性』, 195.

사유가 철저하게 감각적 경험과 현실을 토대로 이루어진다는 유물론적인 전제는 초월적 존재에 관한 한 잘못된 것입니다. 만일 신이란 존재가 감각적 경험과 현실을 토대로 사유(思惟)된 것이라면 그것은 우상 또는 사이비 신일 것입니다. 더구나 "감각적 경험과 현실에 의해 획득된 원리들은 항상 새로운 경험과 현실에 의해 검증"될 수밖에 없기에 객관적이고 보편적인 지식이 될 수도 없습니다.106)

106) Josh McDowell & Don Douglas Stewart, 『세속종교』, 36.

3 신이 의식의 투사라는 것을 유물론 (물질에 대한 투사)으로 설명할 수 있을까요?

정신적인 요소를 모두 부정하는 일방성의 문제

포이어바흐는 『기독교의 본질』 제2판 서문에서 자신의 사상은 "언제나 감관(感官)을 매개로만 습득할 수 있는 재료를 기초로 만들어간다. … 유물론만의 타당성을 인정한다.", 제4장에서는 "사랑은 유물론이다. 비물질적인 사랑이란 허깨비다.", 또 제10장에서는 "자연이나 물질은 지성으로부터 설명되거나 도출될 수 없고, 오히려 물질은 지성이나 인격성의 근거이며 그 자체는 다른 근거를 갖지 않으며, 자연 없는 정신은 단순한 환상물이다."라고[107] 주장했습니다.

그는 또 『종교의 본질에 대하여』 10-19장에서도 "물질적인 것이 먼저 있고 거기서 인간이 발생하고 인간 정신이 발전되어 왔으며 종교와 신도 이러한 발전에서 나타나는 부수적인 현상"임을 밝히려고 했고, "종교를 비판하면서 현상 문제 대신에 유물론 철학을 적용하면서 종교의 본질 문제로 파고들었으며", "특히 종교감이 생득적이라는 가설을 유물론 철학을 적용하여 생득 관념이 존재하지 않는다."라고 주장했습니다.[108]

그는 슈트라우스(E. F. Strauss)의 유물론 사상을 계승했기[109]

---

107) 『기독교의 본질』, 43, 123, 176.
108) 강대석, "포이어바흐와 종교철학", 『종교의 본질에 대하여』, 33, 34, 35.

때문에 인간은 "그가 먹는 것(what he eats)"이며 종교는 인간의 발명품이라고 여길 뿐이었습니다.110) 그는 또 『기독교의 본질』 결론 부분에서 기독교의 성찬조차도 유물론적으로 해석했고,111) 헤겔(Georg Wilhelm Friedrich Hegel)의 철학이 "합리화된 신학에 불과하다."라고 비판하면서, 헤겔이 세계의 본질로 내세우는 "절대정신의 자리에 무한한 속성을 지닌 물질을 들여놓음"으로써, "물질과 인간이 중심이 되는 인간학적 유물론"을 정립하면서 기독교 및 종교에 대한 비판을 수행했습니다.112)

이러한 주장은 종교란 신(神) 자체에 대한 믿음이 아니라 인간에 대한 믿음이라는 것을 전제로 하고, 이러한 전제는 인간의 모든 사유가 철저하게 감각적 경험과 현실을 토대로 하여 이루어진다는 생각, 곧 '사변철학이 개념화하는 신과 같은 존재는 현실과 모순되는 유령에 불과'하다는 생각에서 나온 것입니다. 그가 그렇게 주장할 수밖에 없었던 이유는, "사실주의나 유물론만의 타당성을 인정"했기 때문일 것입니다.113) "실재(實在)를 물질로 공공연하게 확인하는 동

---

109) 이석호, 『근세‧현대 서양 윤리 사상사』 (서울: 철학과 현실사, 2010), 299: "성경은 사실적 역사도 아니요 고의적 조작도 아니요, 신자의 열성적인 종교적 상상이 무의식적으로 읊은 시가(詩歌)다. 이는 유대민족의 간절한 소망이던 메시아의 이상과 예수가 제자들에게 준 인상과 가르침에서 나온 것이며, 예수는 역사상의 예수가 아니라 신앙상의 그리스도라는 것이다. 그리하여 신인성(神人性)은 예수 한 개인의 특성이 아니라 인류 전체에 속하는 특성이다."(『예수의 생애』, *Das Leben Jesu*)

110) James W. Sire, *The Universe Next Door: A Basic World view Catalog*, 김헌수 역, 『기독교 세계관과 현대사상』 (서울: 한국기독학생회 출판부, 1985), 111.

111) 『기독교의 본질』, 430: "먹고 마시는 것이 만찬의 비밀이다. 먹고 마시는 것은 실제로 그 자체가 하나의 종교 행위이다. 적어도 그렇게 되어야 한다. 그러므로 그대를 굶주림으로부터 구하는 한 조각의 빵에서 그리고 또 그대의 마음을 즐겁게 하는 한 모금의 포도주에서 그대에게 이들 유익한 선물을 주는 신, 곧 인간을 생각하라! 그러나 인간에 대한 감사를 이유로 자연에 대한 감사를 잊어서는 안 된다! 포도주는 식물의 피며 빵은 식물의 살이며, 그리고 그것들이 그대의 생존과 건강을 위하여 희생으로 바쳐진다는 것을 잊지 말라!"

112) 강대석, 『무신론자를 위한 철학』 (서울: 중원문화, 2015), 233.

113) 『기독교의 본질』, 43.

일시 때문에 포이어바흐는 유물론자가 될 수밖에 없었고", 그 결과
는 "초월적이고 초세계적인 신의 존재를 긍정할 가능성"은 더 이상
없게 되었습니다.[114] 감각주의와 유물론은 "초자연적인 종교를 거부
하는 것으로부터 필연적으로 생겨날 수밖에 없기 때문"입니다.[115]

이러한 유물론은 "물질을 근원적인 것으로 간주하며 인간을 둘
러싸고 있는 세계는 어느 누구에 의해서도 창조되지 않았으며 자연
은 영원히 존재한다."라고[116] 전제하기 때문에 의식과 사유, 종교
와 신앙은 물질의 특성으로 정의될 수밖에 없습니다.

이러한 유물론은 "인간의 정신적인 측면을 완전히 부인하거나
기껏해야 물질의 부산물로 보기 때문에 일방적임"을 면(免)할 수
없고, 그 결과 몸의 작용으로 인간 전체가 모두 파악되는 것처럼
간주함으로써 "인간은 구체적인 현실을 살아가는 인간이 아니라,
객관적 물질로 도착(倒錯)된 인간"에 지나지 않게 되며, 인간의 정
신적인 측면의 특성이 단지 물질적인 객관성의 영역 속에 갇히고
맙니다.[117] 체스터턴은 이러한 유물론이 가지는 편협한 보편성과
정신 이상적인 단순성 때문에 모든 것을 포괄하면서도 모든 것을
벗어난다고 다음과 같이 지적합니다.

> 광인은 이성을 잃은 사람이 아니다. 광인은 자신의 이성을 제외한 모든 것을
> 잃어버린 사람이다. … 즉 그의 정신은 완벽하지만 좁은 원 속에서 움직인다. 작
> 은 원은 커다란 원이나 마찬가지로 무한하다. 그러나 작은 원이 무한하다 할지

---

114) William A. Luijpen & Henry J. Koren, 『현대 무신론 비판』, 60.

115) Johannes Hirschberger, *Geschichte der Philosophie*, 강성위 옮김, 『서양철학사 하권·근세와
현대』 (서울: 이문출판사, 1987), 668.

116) 강대석, 『유물론과 휴머니즘』 (서울: 이론과 실천, 1991), 9, 10.

117) Corlnelis Anthonie Van Peursen, *Lichaam-Ziel-Geest,* 손봉호·강영안 옮김, 『몸·영혼·정신:
철학적 인간학 입문』 (서울: 서광사, 1985), 57, 이후로는 Corlnelis Anthonie Van Peursen, 『
몸·영혼·정신: 철학적 인간학 입문』, 57. 등으로 표기함.

라도 그 크기는 여전히 작다. 그와 마찬가지로 광인의 설명은 실제로 온전한 판단력을 가진 사람의 설명만큼 완벽하다. 그러나 그의 설명은 대다수의 사람이 고개를 끄덕일 만한 것이 아니다. 한 알의 총알은 이 세계만큼 둥근 모양을 하고 있다. 그러나 총알이 세계는 아니다. 이처럼 편협한 보편성이 있다. 이처럼 작고 비좁은 영원성이 있다. … 광인의 이론은 설명하지 못하는 것이 거의 없다. 그러나 그의 이론은 그 많은 것을 많은 방법으로 설명하지 않는다. … 세계에 대한 설명으로서 유물론은 일종의 정신 이상적인 단순성을 가지며 … 유물론의 주장이 모든 것을 포괄하면서 모든 것을 벗어난다는 느낌을 동시에 받는다. … 유물론자의 세계는 매우 단순하고 견고하다.[118]

포이어바흐에게는 "인간의 만남과 관계가 순전히 감각적이고 육체적인 사건"이고, "몸은 곧 영혼"이며, 이 "영혼은 몸의 부대 현상이고 육체적 범주로 환원되며, 따라서 자기 존재의 개인적인 체험에서 생긴 주관적인 착각에 불과"하게 됩니다.[119] 이러한 유물론적인 관점은 "인간을 한 특정한 관점에서 볼 때 가능한 것"으로, "인간을 대상(對象)으로 고정(固定)시키고, 개인의 산 경험의 세계를 무시해버리며, 그리고 인간이 타인과의 관계에서 여러 가지 모양으로 나타날 수 있다는 사실을 묵과해 버림"으로써 필연적으로 "정신적인 요소를 모두 부정"하는 잘못을 초래할 수밖에 없습니다.[120]

유물론은 "언제 어디서나 동일한 기계적 법칙들을 따라 작용하고 연결과 분리를 통해 모든 사물들과 현상들을 발생하고 소멸하게 하는 단지 질적으로 동일한 원자들만 수용"하며, "물질세계를 지배하는 물질과 법칙의 일치를 다른 모든 역사적, 심리적, 종교적, 윤리적 현상들 가운데서 재발견하려고 추구하고, 그렇게 모든 과학을

---

118) Gilbert Keith Chesterton, 『오소독시: 나는 왜 그리스도인이 되었는가』, 33-35, 40, 43.
119) Corlnelis Anthonie Van Peursen, 『몸・영혼・정신: 철학적 인간학 입문』, 62.
120) Corlnelis Anthonie Van Peursen, 『몸・영혼・정신: 철학적 인간학 입문』, 67.

자연과학으로 삼고자 시도"하므로 "실체의 다수, 힘과 물질과 법칙의 다양성이 존재하고 다양성 가운데 통일성을 추구"하는 성경적 세계관을 거부합니다.121) 이러한 유물론은 사물의 기원을 알 수 없는 신비로 고백하는 "창조론의 불가해성 때문에 창조론을 거부하고 지성의 방해물로 여기기" 때문에, 결국 유물론은 "관찰과 연구의 경계선 밖에 놓인 사물의 기원과 종말에 대해서 동일한 형편"에 놓이게 됨으로써, 동일하게 거부되고 지성의 방해물로 여김을 받을 수밖에 없습니다.122)

유물론은 만물의 기원을 물질로부터 설명하고자 "원자들을 모든 것의 궁극적 원리들"로 여기는데, 모든 것의 궁극적 원리들인 원자들은 관찰되지도 않고 아무도 그것을 본 적이 없기 때문에 경험적인 연구로는 그것을 드러낼 수도 없고, 또 만일 원자들이 모든 것의 궁극적 원리들이라면 세상의 시작에 원자들의 움직임이 있어야 하며 그러한 움직임 가운데 원인이 반드시 있어야 하지만, "모든 물질은 본성상 비활동적이며 오직 외부의 충격에 의해서만 움직일 수 있기 때문에" 물질로부터 시작과 움직임을 설명하는 것은 불가능합니다.123) "무의식적이고 생기가 없으며 부자유하고 목적이 없는 물질적인 것, 단순히 원자들의 기계적 연관으로부터 정신적인 세계 전체를 설명"하는 유물론적인 방법은 "세상의 부요와 다양성을 제거하고, 하늘과 땅, 물질과 정신, 영혼과 육체, 인간과 동물, 지성과 의지, 영원과 시간, 창조주와 피조물, 존재와 비존재 사이의 경계선을 파괴하며, 모든 것을 극단적인 균등과 획일로 왜곡시킬 뿐"입니

---

121) 『개혁교의학 1』, 492, 493.

122) 『개혁교의학 2』, 517.

123) 『개혁교의학 2』, 520, 521.

다.124) 칼빈과 같이 우리는 "원자의 집합이 어떻게 음식물과 음료를 분해하여, 일부는 배설물이 되게 하고 또 다른 부분은 혈액으로 되게 하는가? 또한 마치 많은 영혼들이 상의(相議)하여 한 육체를 다스리기나 하는 것처럼, 무엇이 각 지체로 하여금 그들의 임무를 수행할 수 있도록 하는가?"라고 반문하지 않을 수 없습니다.125)

"모든 실재를 물질적 실체로 단순화시키거나 한정하는 것"이 이 세상을 설명하는 방법으로는 간단하고 편할 수는 있겠지만, 그것으로 인간이 동물과 분명하게 구별되는 독특한 존재로서 가지는 이성, 인간의 정신과 역량 등을 설명하는 것은 불가능하고,126) 이 세상의 다채로움과 복잡 미묘함을 설명할 수도 없습니다.127) 오직 물질로부터 이 세상이 만들어졌다는 유물론의 주장으로는 이 세상 속에 존재하는 끝없는 다양성에 대하여 설명할 수 없고, 다만 그 설명은 "이 세계를 이루는 하나의 본질을 오직 신(神)의 경지까지 고양시킬 때에야 비로소 가능"할 것입니다.128) 그렇다면 그 과정은 결국 모든 것을 알고 모든 것을 할 수 있는 인격적인 하나님의 창조를 인정할 그때 비로소 가능하다는 결론에 이르게 됩니다.

"특정한 실체가 특정한 시간에 특정한 속성이나 관계를 갖는 사건"을 일으킬 수 있거나 사건을 변화시킬 수 있는 것이 물질적인 것일 수도 있고, 또 정신적인 사건의 대부분은 물질적인 두뇌의 활

---

124) 『개혁교의학 2』, 521, 547.

125) *Inst.*, 1.5.4: "Let Epicurus answer what concourse of atoms cooks food and drink, turns part of it into excrement, part into blood, and begets such industry in the several members to carry out their tasks, as if so many souls ruled one body by common counsel!"

126) David A. Noebel, *Understanding the Time*, 류현진·류현모 옮김, 『충돌하는 세계관』 (서울: 디씨티와이북스, 2019), 524, 526.

127) Herman Bavinck, *Philosophy of revelation*, 박재은(해제) 역, 『계시철학』, 121-122, 이후로는 Herman Bavinck, 『계시철학』, 121. 등으로 표기함.

128) Herman Bavinck, 『계시철학』, 209.

동으로 일어난다는 것을 부정할 수도 없지만, 그렇다고 하더라도 "정신적 사건은 두뇌 활동이나 다른 신체 활동, 물리적 활동들과는 구분"되어야 합니다.129) 왜냐하면 "뇌를 비롯하여 신체의 다른 물질적인 부분들에 무슨 일이 일어나는지를 아무리 많이 안다고 하더라도 무슨 일이 일어나는지를 필연적으로 아는 것은 아니므로", "이로부터 뇌와 몸을 형성한 물질 이상의 필수적인 것, 곧 지속적으로 뇌와 몸을 인지할 수 있도록 연결해 주는 비물질적인 부분이 반드시 존재해야 한다는 사실"을 유추할 수 있기 때문입니다.130) 그 비물질적인 것을 영혼이라고 할 수 있는데, "이 영혼의 존재와 이 영혼이 신체와 연결되는 방식"은 "자연법칙에 의해 체계화된 물리적 과정에 기인하는 것"으로 볼 수는 없습니다.131)

유물론은 뇌로부터 정신 활동이 어떻게 나오는지 설명할 수 없음

유물론에 따르면 "정신 활동은 물질적인 것의 기능이고 그것은 곧 뇌의 기능"인데, 유물론은 "그런 뇌가 어떻게 우리가 이해하는 정신 활동을 산출할 수 있는지"를 설명할 수 없습니다.132) 물론 정신적 활동이 뇌에 어떤 영향을 받는가, 정신적 활동이 물질적인 것에 의해서 어떻게 달라질 수 있는가, 뇌가 상처를 입거나 노쇠해지면 정신적 활동에 어떤 변화가 있는가 등을 증명할 수 있을 것이고, 또 정신적 활동은 뇌의 어떤 상태를 포함하거나 원자들의 어떤 관계를 포함하는 것은 부정할 수 없을 것입니다.133) 그러나 그런데

---

129) Richard Swinburne, *Is There a God?* 강영안 · 신주영 옮김, 『신은 존재하는가』 (서울: 복 있는 사람, 2020), 128, 129, 130, 131, 이후로는 Richard Swinburne, 『신은 존재하는가』, 128. 등으로 표기함.

130) Richard Swinburne, 『신은 존재하는가』, 135.

131) Richard Swinburne, 『신은 존재하는가』, 156.

132) 강영안, "왜 무엇이 존재하는가", 강영안 · 우종학, 『대화』 (서울: 복 있는 사람, 2019), 127.

도 인간의 정신 활동은 뇌의 기능 그 이상의 무엇입니다. 예를 들어 "누군가가 세계를 정복하겠다는 목적을 가지는 것은 뇌에서 일어난 특정한 발화와 동일하다."라고 볼 수 없고, "만일 어떤 화성인이 나의 뇌에 관한 모든 지식을 얻었다고 하더라도 그는 여전히 내가 의도를 가진 존재인지 아니면 단지 무생물적인 로봇에 불과한지를 알 수 없기" 때문입니다.134)

인간의 정신에 관한 문제를 뇌와 연관시키게 되면 그 문제는 불가불(不可不) 관측 가능한 물질적 측면으로 환원될 수밖에 없습니다. 물론 정신적 활동이 물질적 측면이 있을 수 있고 인간의 정신은 물질적 속성을 가지고 있을 수 있지만, 그렇다고 해서 정신이 물질적 속성들이 만들어 낸 것일 수는 없습니다.135) 유물론자들은 현대의 뇌과학이 절대적으로 자신들의 주장을 뒷받침한다고 여기지만, 유신론적 기독교 세계관은 뇌과학이 밝힌 생물학적 뇌가 "인간의 중요한 측면"이라는 것을 부정하지는 않지만, 물질을 "실재의 모든 것"으로 보는 유물론적 세계관은 받아들일 수 없습니다.136)

유물론은 모든 것의 궁극적인 원인이 물질이라고 주장하는데, 만일 그렇다면 유물론은 "유물론자의 두뇌 뉴런의 결합이라는 형태로 이론의 모습이 드러나야 하지만",137) 그렇게 할 수도 없고, 또 유물

---

133) C. S. Lewis, 『기적: 예비적 연구』, 79, 81.

134) Richard Swinburne, 『신은 존재하는가』, 81.

135) 박해정, "뇌과학이 본 인간 이해", 본 논문은 2021년 4월 22일(목) 오후 2시 남서울교회회당에서 진행된 "고신 설립 70주년 컨퍼런스 2차 세미나"에서 발제 된 것임(http://reformedjr.com/board05_04/28320, 2021. 04. 30. 12:10), 이후로는 박해정, "뇌과학이 본 인간 이해"로 표기함.

136) 박해정, "뇌과학이 본 인간 이해"

137) Markus Gabriel, *Warum es die Welt nicht gibt*, 김희상 옮김, 『왜 세계는 존재하지 않는가』 (파주: 열린 책들, 2017), 56, 이후로는 Markus Gabriel, 『왜 세계는 존재하지 않는가』, 56. 등으로 표기함.

론은 "뇌의 복잡한 정보처리가 왜 내면적 경험을 유발하는지, 왜 의식하는 것만 느껴지는지, 도대체 왜 내면생활이 있는지"를 설명할 수도 없습니다.[138) 왜냐하면 내면적 경험, 의식은 부인할 수 없지만, 물질적인 대상처럼 관찰하거나 증명하거나 파악하기 어렵기 때문입니다.[139) 어떤 학자들은 "의식은 신경 펩티드(peptide)의 작용에 있을 것이기 때문에 뇌의 화학 기제를 더 이해하면 답을 얻을 것"이라고 생각하고, 또 다른 학자들은 "뉴런(neuron) 안에서 발견된 작은 미소관이 의식에 기여할 양자 효과를 창출할 수 있을 것"이라고 믿기 때문에 "양자역학으로 설명"하려고 하며, 어떤 학자들은 "컴퓨터 이론을 연구하면서 의식이 뇌의 복잡한 처리에서 나온다고 믿고" 있고, 또 다른 학자들은 "카오스 이론에서 희망을 찾고" 있지만, 어떤 식으로든지 어떻게 의식과 같이 비물질적인 것이 물질과 같이 무의식적인 것에서 나올 수 있을까에 대한 문제를 해결할 수는 없습니다.[140) "의식이 시간, 공간 및 물질로 구성된 물리 세계에서 나오고 그에 따라 좌우된다는 가정"을 기초로 하는 유물론으로는 이 문제를 해결할 수 없습니다.[141) 우리는 "의식이 존재하려면 뇌나 신경계가 필요할 것이라고 가정"하는데 그것은 "물질적인 메타 패러다임에서 보면 당연"하지만, 의식이 없는 물질이 어떻게 작용해서 의식이라는 것이 생길 수 있는지를 설명할 수는 없습니다.[142) 왜냐하면 "신경계는 의식을 형성하는 게 아니라 의식을

---

138) Peter Russell, *From science to God*, 김유미 옮김, 『과학에서 신으로: 의식의 신비 속으로 떠나는 한 물리학자의 여행』(파주: 북하우스, 2007), 30, 이후로는 Peter Russell, 『과학에서 신으로: 의식의 신비 속으로 떠나는 한 물리학자의 여행』, 30. 등으로 표기함.

139) Peter Russell, 『과학에서 신으로: 의식의 신비 속으로 떠나는 한 물리학자의 여행』, 39, 40.

140) Peter Russell, 『과학에서 신으로: 의식의 신비 속으로 떠나는 한 물리학자의 여행』, 41.

141) Peter Russell, 『과학에서 신으로: 의식의 신비 속으로 떠나는 한 물리학자의 여행』, 41.

142) Peter Russell, 『과학에서 신으로: 의식의 신비 속으로 떠나는 한 물리학자의 여행』, 48.

확대하여 경험의 양과 질을 향상할 뿐"이기 때문입니다.143) 물론 뇌가 없다면 사유와 감정이 중단될 것이지만, 그렇다고 그러한 사실이 "뇌의 물리적 실체들 사이에서 발생하는 복잡한 상호 연결이 사유와 감정의 실체요 근거"라고 믿을 수는 없을 것이고, "물리적 실체들의 작동 자체"는 유물론적으로 설명할 수 있을지 모르겠지만, "어떻게 그러한 작동으로부터 사유와 감정이 생기는가 하는 것"은 유물론적으로 설명할 수는 없을 것입니다.144)

또한 유물론은 "종교적 경험을 인격적 관계성이 아니라 개인 안에서 일어나는 감각적 경험이라고 한정"하므로 "종교에 따르는 여러 행위와 경험은 모두 뇌 안에서 일어나는 뇌의 착각 활동에 지나지 않고", "신비 체험을 뇌의 오작동 또는 착각으로 설명하며", "신앙을 신비 체험이라는 프레임으로 국한하여 그것이 종교의 본질이라고 설정하고 그것을 뇌과학 수준에서 설명이 가능한 것"으로 주장합니다.145) 과연 그럴까요? 종교적 경험은 개인 안에서 일어나는 감각적 경험을 포함하지만, "신과의 만남은 의사소통이 가능한 방식으로 이해되거나 이성적 깨달음을 통해서 진행되는 것"이고, 종교에 따르는 여러 행위와 경험이 뇌의 오작동이거나 착각 활동 등 자신이 조절하여 도달하는 심적 상태라는 주장은 적어도 기독교에서 말하는 종교체험은 아니며, 신비 체험이 종교의 본질이라고 주장하는 종교가 있다면 그것은 정상적인 종교는 아닐 것입니다.146)

모든 것이 물질적 상태라는 것을 입증하기 위해서는 실험을 통해

---

143) Peter Russell, 『과학에서 신으로: 의식의 신비 속으로 떠나는 한 물리학자의 여행』, 48.

144) 정승원, "리처드 도킨스의 『만들어진 신』 비판", 현창학 편, 『현대사회의 이슈』 (수원: 합신대학원출판부, 2013), 55.

145) 박해정, "뇌과학이 본 인간 이해"

146) 박해정, "뇌과학이 본 인간 이해"

귀납적으로 접근해야 하지만, 귀납적인 방법은 모든 대상과 생각을 빠뜨리지 않고 낱낱이 연구하여 물질적으로 증명해야 하는 작업이기에 근본적으로 증명에 한계가 있습니다.[147] 또한 엄격하게 증명이 가능한 지식은 논리학적으로 오직 연역적인 지식뿐이지만, 연역법으로 증명하는 방법도 한계가 있습니다. 왜냐하면 무엇을 연역하기 위해서는 "정확하게 아는 진리에서 시작"해야 하고, 그 정확하게 아는 진리로부터 "추론이라는 논리적 과정을 거쳐야 분명한 사실에 도달"할 수 있는데, 문제는 "이 논리적 추론의 과정을 시작하기 위해서는 먼저 무엇을 정확하게 알고 있는지를 알아야" 하지만 인간은 그렇게 할 수 없기 때문입니다.[148] 그러므로 연역적 방법이 그렇다면, 결코 정확하게 알려진 진리가 아닌 것으로부터 출발하는 귀납적인 방법인 과학적인 방법으로는 무엇을 증명한다는 것이 불가능할 수밖에 없습니다.

18세기 영국의 철학자 데이비드 흄은 "귀납법의 오류 가능성을 처음 제기"하면서, 그는 "농부가 매일 아침 칠면조에게 먹이를 준다. 이것이 반복되면 칠면조는 사람을 절대 위험한 존재로 인식하지 않고 고마운 존재로 생각하게 된다. 그러면 그 믿음이 영원히 진리일까? 아니다. 11월 추수감사절에 요리로 만들어지기 전까지만 진리인 것이다."라고 예를 들었습니다.[149] 연역적인 방법도 마찬가지로 단 하나라도 예외가 발견되는 순간 무용지물이 되고 맙니다. 예를 들면, "모든 백조는 희다. A는 백조다. B도 백조다. C도 백조다. 따라서 A, B, C는 모두 흰 색깔이다. 그러나 17세기 호주에서

---

147) Markus Gabriel, 『왜 세계는 존재하지 않는가』, 54.

148) Joe Boot, 『청년들아 무엇을 위해 살 것인가: 청년들을 위한 기독교 변증』, 49.

149) 이영직, 『행동 뒤에 숨은 심리학』 (고양: 스마트비즈니스, 2018), 50-51, 이후로는 이영직, 『행동 뒤에 숨은 심리학』, 50. 등으로 표기함.

검은 백조가 발견되었다."라는 사실이 이를 보여주었고, 그래서 "확률이 아주 낮기는 하지만 확률이 존재하는 한 언젠가는 나타나는 현상"을 '블랙스완(black swan)'이라고 부릅니다.150)

신의 존재를 전제하지 않고 유물론만으로 설명할 수 없는 것들

앤토니 플루(Antony Flew)가 지적한 바와 같이, "물리적 세계에 담긴 합리성", "자율적으로 행동할 수 있는 능력(생명)", "인식할 수 있는 힘(의식)", "개념적 사고(언어에 담긴 것과 같은 의미 있는 상징을 표현하고 이해할 수 있는 힘)", "의식과 사고와 행동의 중심인 인간 자아에 대한 설명" 등은 신의 존재를 전제하지 않고는 설명할 수 없습니다.151) 그는 또 "잠시 눈앞에 대리석 테이블이 있다고 생각하고, 이 테이블이 1조 년, 아니 무한한 시간이 주어진다면, 갑자기 또는 서서히 의식을 갖게 되고, 주위 환경을 인식하게 되며, 사람처럼 자기 정체성을 인식하게 될 수 있다고 생각하는가?"라고 반문하면서 "의식과 사고가 순전히 물리적인 작용일 뿐이라고 말하는 것은 사리에 맞지 않는다."라고 지적합니다.152)

"생물은 그 이전에 존재하던 무생물 중 어떤 것에서도 볼 수 없었던 목적론적 체계를 가지고 살아가는데", 유물론은 여기에 대해서도 설명을 할 수 없으며, "어떻게 자기 생식 능력이 없는 최초의 생명 형태에서 자기 생식 능력을 갖춘 생명 형태가 출현할 수 있었는지에 대해서도" 설명을 할 수 없기 때문에 "목표 지향적이고 자

---

150) 이영직, 『행동 뒤에 숨은 심리학』, 51.
151) Antony Flew, *There is a God,* 홍종락 옮김, 『존재하는 신』 (서울: 청림출판사, 2011), 167-168, 이후로는 Antony Flew, 『존재하는 신』, 167. 등으로 표기함.
152) Antony Flew, 『존재하는 신』, 168, 170.

기 복제하는 생명의 기원을 설명해 내는 만족스러운 대안은 무한한 지성을 갖춘 존재가 있다는 것"을 받아들여야만 가능합니다.153)

신이 존재한다면 "신은 물질적 존재이거나 그렇지 않거나 둘 중의 하나일 것"이고, 만일 신이 물질적 존재라면 "신은 여러 사물 중 하나"일 것이기 때문에 신일 수 없을 것이며, 만일 "신이 물질적 존재가 아니라면 유물론은 사실일 수가 없습니다."154)

---

153) Antony Flew, 『존재하는 신』, 133, 139.
154) David Berlinski, *The Devil's Delusion*, 현승희 옮김, 『무신론의 과학적 위장』 (가평: 행복 우물, 2008), 69, 이후로는 David Berlinski, 『무신론의 과학적 위장』, 69. 등으로 표기함.

4 자신의 의식을 신으로 투사해서 믿을 이유가 있을까요?

실체가 없는 유적 인간에 신을 투사하는 것은 무의미

만일 인간이 신적(神的) 속성들을 가질 가능성이 있고 신성(神性)을 부여할 정도의 존재라면, 인간이 자신의 한계성을 인식하면서도 자기의식의 질적인 내용을 극대화하고 순수화하여 굳이 신(神)으로 투사해서 믿을 이유가 있을까요? 그 이유를 포이어바흐는 '신과 인간의 대립과 갈등'으로 설명했습니다. 그는 신과 인간 사이에는 대립과 갈등이 있는데, 그것은 "신과 인간의 대립과 갈등이 아니라 인간과 인간 본질 사이의 갈등(自己分裂)"이며, 그 이유는 "만일 종교의 대상인 신적 본질이 실제로 인간의 본질과 다른 것이라면 분열과 갈등은 전혀 일어나지 않을 것"이지만, 신과 인간의 대립과 갈등이 나타나는 것은 인간이 "종교 속에서 스스로의 은밀한 본질을 대상화"한 것이 신이기 때문이라고 주장했습니다.[155]

신과 인간이 서로 본질적으로 다르다면 겹치는 부분도 없고 다른 차원에서 살 것이며, 신이 인간에게 개입할 이유도 없고 인간이 신에게 매달릴 필요도 없으며, 따라서 인간과 신이 대립할 이유가 없다는 것입니다. 결국 신과 인간의 대립과 갈등은 인간이 가진 본질

---

155) 『기독교의 본질』, 103.

가운데 순수하게 결집되어 추출된 신성이 개별적이고 즉각적이고 세속적인 인간성과 갈등하는 것, 곧 인간이 인간 자신의 본질과 갈등한다는 것입니다.156) 서로 상응하며 대립함으로써 분열하는 신성(완전성, 무한성)과 인성(불완전성, 유한성)은 짝을 이루고 있는 하나라는 것입니다. 여기에서 그가 증명하려고 한 것은 "신적인 것과 인간적인 것의 대립은 착각"이고 "그것은 일반적인 인간의 본성과 인간 개인의 본성 사이의 대립에 불과하다는 것", 그리고 "기독교의 대상과 내용은 모두 인간적인 것이라는 것"입니다.157)

과연 그럴까요? 그의 주장은 인간과 인간 본질, 인간이 가진 본질 가운데 순수하게 결집(結集)되어 추출된 신성과 개별적이고 즉각적이고 세속적인 인간성, 곧 일반적인 인간의 본성과 인간 개인의 본성을 구별하여 그 둘 사이에 대립과 갈등이 있다는 것을 전제합니다. 그러나 그러한 전제는 실체가 없는 하나의 상상에서 나온 유적(類的) 인간으로부터 논리적으로 도출된 것이기 때문에 인간이 가진 본질 가운데 순수하게 결집되어 추출된 신성과 개별적이고 즉각적이며 세속적인 인간성을 구별하는 것은 그 자체가 의미가 없습니다. 이러한 구별을 전제로 하여 둘 사이에 대립과 갈등이 있다고 주장하는 것도 역시 전제가 잘못된 것이기 때문에 의미가 없습니다. 물론 인간에게는 이중성이 있고 그 사이에 갈등과 대립이 있지만, 포이어바흐의 주장은 인간의 이중성에 대한 것이 아니라 실제로는 존재하지도 않는 무한한 보편적 인간에 투사한 유령 같은 유적(類的) 인간 존재에 대한 개념을 전제로 한 것이기 때문에 그의 주장은 사상누각(砂上樓閣)에 불과합니다.

---

156) 『기독교의 본질』, 103.
157) 『기독교의 본질』, 77.

신앙은 이성을 초월하는 면이 있지만
이성의 검토로부터 벗어나게 하는 것은 아님

포이어바흐는 인간이 자신의 한계성을 인식하고 자신의 의식의 질적인 내용을 극대화하고 순수화하여 신(神)으로 투사해서 믿는 이유는, 인간에게는 죽고 싶지 않다는 "자기 보존욕"에 대한 소원이 있고, 그것은 이성적으로는 그 확실성을 "인식하거나 증명할 수 없기 때문에" 이성을 넘어서 확실성을 보장해 주는 "직접적, 감성적 보증이나 사실에 의한 확증이 필요하기 때문"이라고 주장했습니다.158)

과연 그럴까요? 신앙이란 "그리스도 안에 있는 하나님의 은혜에 대한 인격적 신뢰"이지만, 그렇다고 하더라도 이성적으로 그 확실성을 인식하거나 증명할 수 없는 조항들을 참된 것으로 여기는 것도 아니고, "하나님과 신적인 일들"에 관하여 이성적으로 그 확실성을 인식하거나 증명하는 어떤 지식을 반드시 포함합니다.159) 물론 "신학은 이해되지 않고 이해될 수 없는 신앙의 진리들"이지만, 결코 이성에 상반되지도 않고 다만 이성을 훨씬 초월할 뿐입니다.160) 신앙의 근거인 계시는 이성과 필연적으로 충돌하는 것도 아니고, 다만 부패와 타락한 성향 때문에 우발적(偶發的)으로 충돌할 뿐이며, 따라서 신학은 어떤 의미에서는 자연적이고 합리적인 면도 있습니다.161)

기독교 신앙이 이성을 초월하는 면이 있다고 해서 그것이 곧 이

---

158) 『기독교의 본질』, 235.

159) 『개혁교의학 1』, 790, 793.

160) 『개혁교의학 1』, 804.

161) 『개혁교의학 1』, 802.

성의 검토로부터 벗어나게 하는 것은 아닙니다. 하나님은 초월적 계시로 자신을 나타내기도 하지만, 이성적 존재인 인간에게 자신을 나타내기 위하여 자신을 이성적 인간의 수준으로 낮추기도 합니다. 그 대표적인 예가 성육신(成育身, incarnation)입니다. 따라서 성경의 내용은 인간의 이성으로 받아들일 수 없는 내용만 있는 것이 아니라 이성으로 받아들일 수 있는 부분들도 많습니다. 대부분의 기독교 신자들은 아무런 납득할 만한 근거도 없이 하나님을 믿는 것이 아니라 가장 정당하다는 어떤 증거에 의해 납득(納得)되었기 때문에 믿습니다.162) 그러므로 자기 보존욕에 대한 소원을 이성적으로는 그 확실성을 인식하거나 증명할 수 없다는 이유로 자기의식의 질적인 내용을 극대화하고 순수화하여 신으로 투사해서 믿는다고 주장하는 것은 타당하지 않습니다. 이 점에 대하여 체스터턴은 다음과 같이 지적합니다.

> 가령 종교적 사고방식에 얽매이지 않는 현대인들은 종교의 권위에 대해 말할 때는 종교에는 이성이 없을 뿐 아니라 종교에는 그 어떤 이성도 이제껏 존재한 적이 없다는 듯이 말한다. 그들은 종교의 철학적 토대를 살펴보기는커녕 종교의 역사적 근원조차 보지 못한다. 종교적 권위가 종종 억압적이거나 비이성적이었던 것은 분명한 사실이다. 그것은 모든 법 체제가 비인간적이고 잔인한 무심함으로 가득 차 있는 것과 마찬가지다. 경찰을 비난하는 것은 이치에 맞는, 아니 유쾌한 일이다. 그러나 종교의 권위에 대한 현대의 비평가들은 마치 노상강도에 대해 들어본 적이라고는 한 번도 없이 경찰을 비난하려는 사람들과 같다. … 이성과 신앙의 양자택일에 대해 말하는 것은 쓸데없는 짓이다. 이성은 그 자체가 신앙의 문제다.163)

---

162) Norman L. Geisler, *Introduction to philosophy*, 위거찬 譯, 『宗敎哲學槪論』 (서울: 기독교문서선교회, 1993), 102.

163) Gilbert Keith Chesterton, 『오소독시: 나는 왜 그리스도인이 되었는가』, 60-61.

하나님을 도덕의 투사나 감정의 차원으로
몰고 가는 것은 지나친 비약

포이어바흐는 이성의 본질로서의 신을 하나님으로 받아들이기 어렵다는 점을 해결하기 위해 도덕을 끌어들여 "신은 도덕의 이념이 실현된 것, 도덕률이 인격화된 것, 인간의 도덕적 본질이 절대적 본질로 정립된 것"에 불과하며, 그 이유는 "도덕적 신은 인간에 대해서 신 자신과 같이 될 것, 곧 '신은 성스러움이므로 너희도 신과 같이 성스러워야 한다.'라고 요구하기 때문"이라고 주장했습니다.164) 그에게는 절대 윤리적인 신은 인간이 가진 '도덕과 윤리의 본질'이 투사된 것입니다. 그에 의하면 배타적 자기 긍정 욕구에 충실한 인간은 '지성의 차원'에서 만난 신 안에서는 이러한 욕구를 제대로 만족할 수 없기 때문에 '의지의 차원'에서 투사된 '신의 도덕적 완전성'에서 인간은 자기 확인을 통해 종교적 만족을 얻으려고 한다는 것입니다.165)

그는 또 인간의 배타적 자기 긍정 욕구 때문에 투사의 준거가 지성적 차원에서 의지적 차원으로 옮겨졌지만, 도덕적 완전성을 표상으로 하는 신 안에서 인간은 자기 확인을 통한 자기만족을 누리는 대신에 도덕적 완전자의 요구 아래 '죄의식만 가중'되었고, 따라서 그것을 해소할 수 있는 신을 요구했으며, 결국 죄의식 중에 괴로워하는 인간을 넉넉히 끌어 안아줄 '용서와 화해의 사랑의 신'을 찾음으로써 인간이 지성적 차원의 신에게서 겪는 이질감을 극복하고 의지적 차원의 신에게서 겪는 괴리감을 해소하여, 화해를 이룰 수 있는 터전을 '감정의 차원'에서 만난 신에게서 비로소 찾게 되었다

---

164) 『기독교의 본질』, 120.
165) 『기독교의 본질』, 120.

고 주장했습니다.166) "도덕적으로 완전한 본질에 대한 의식"은 인간으로 하여금 "이 본질과의 사이에 거리와 간격을 느끼게 하므로" "인간에게 차가움과 공허함을 안겨주지만", 인간은 "인간을 사랑하는, 상냥한, 자체로 주관적인 인간적 본질로서 직관하는 것에 의해서" 이러한 "인간과 완전한 본질 사이의 갈등", "죄의식의 고통", "허무감의 고뇌"로부터 구원받는다는 것입니다.167) 또 도덕적인 완전성을 제시하는 "율법은 나를 추상적인 본질로서 긍정할 뿐이지만 사랑은 나를 현실적인 본질로서 긍정"하고, "율법은 내가 죄인이라는 의식과 무(無)라는 의식을 부여"하여 "인간을 복종"시키지만, "사랑은 인간을 자유롭게" 하므로 "사랑은 인간을 신으로 만들며 신을 인간으로 만든다."라고 주장했습니다.168)

그는 또 "어떤 것을 신 안에서 설정하거나 또는 신으로부터 연역하는 것은 그것이 이성의 검토로부터 벗어나게 하여 그것에 대한 설명을 하는 일 없이 그것을 의심할 수 없는, 손상할 수 없는, 신성한 것으로서 설정하는 것을 의미"하므로, "사악하고 교활한 의도가 없는 곳에서조차 도덕이나 법률을 신학에 의해 확립하려는 모든 노력의 기초에는 자기기만이 들어 있다."라고 주장했습니다.169)

그의 주장이 과연 타당할까요? 기독교의 도덕은 성경을 근거로 합니다. 따라서 세상의 윤리와는 일치하지 않습니다. 뿐만 아니라 이성의 경우와 마찬가지로 신앙은 인간의 도덕을 초월합니다. 따라서 하나님이 인간과는 전적으로 구별되는 속성을 가진 존재라는 것을 부정하고, 하나님을 이상적인 인간성의 투사, 또는 인간의 이성

---

166) 『기독교의 본질』, 122, 123.
167) 『기독교의 본질』, 121, 122.
168) 『기독교의 본질』, 122.
169) 『기독교의 본질』, 426.

이나 도덕의 투사로 몰고 가는 것은 지나친 비약입니다. 기독교 신자들 가운데, 또는 신학자들 가운데 하나님을 그런 식으로 믿는 사람들도 많다는 것을 부정하기는 어려울 것이지만, 적어도 성경이 말하는 신앙은 전혀 그렇지 않습니다. 이러한 주장은 율법주의적인 신앙관을 가진 신자들의 일면(一面)에 해당한다는 것을 부정할 수는 없지만, 진정한 기독교인은 율법 또는 도덕을 통하여 죄를 깨닫지만, 그것으로 죄의식만 가중되는 것이 아니라 예수 그리스도의 복음 안에서 죄로부터, 그리고 율법과 도덕으로부터 자유를 누립니다. 기독교 신앙이란 율법이나 도덕을 존중하지만, 그러나 그것들에 예속되는 것이 아니라 그것들로부터 초월하여 자유하는 것입니다.

또한 인간은 '인간을 사랑하는, 상냥한, 자체로 주관적인 인간적 본질로서 직관'하는 것에 의해서 인간과 완전한 본질 사이의 갈등, 죄의식의 고통, 허무감의 고뇌로부터 구원받는 것이 아니라 예수 그리스도의 복음 안에서 구원받습니다. 그리고 우리를 구원하는 하나님의 사랑인 예수 그리스도의 복음이 우리를 구원하는 것이지 '인간을 사랑하는, 상냥한, 자체로 주관적인 인간적 본질로서 직관'하는 것에 의해서 구원받는 것이 아닙니다.

하나님과 같은 초월적인 존재는 그 존재 여부를 인간의 자연과학적 방법으로 입증할 수 없음에도 불구하고, 하나님은 인간의 자연과학적 방법으로 입증할 수 없기 때문에 존재하지 않는다고 미리 전제하고, 그 전제에 따라서 하나님의 존재를 부정하기 위해서 불가피하게 하나님을 '인간의 의식, 이성, 도덕, 감정, 사랑과 같은 것들의 투사'라고 설명하는 방법은 앞에서 이미 살펴본 대로 많은 문제와 한계가 있기 때문에 받아들일 수 없습니다.

기독교 신앙을 투사로 설명하는 것은 억지

포이어바흐는 성육신은 "신이 인간의 본질과 다르지 않다."라는 표현이며, 그 이유가 "신은 현실적인 인간이 되기 전에 이미 자기 자신 안에서 인간적인 신"이었고, "신이 인간으로 격하되기 전에 인간이 신으로 고양되는 일이 필연적으로 선행"하기 때문이라고 주장했습니다.170) 그는 성육신은 "신이 인간과 함께 존재하는 인간이 된다."라는 뜻이고, 그것은 "신이 인간을 사랑하고 신이 인간 때문에 고통을 받는다는 의미"라고 할 수 있는데, 그것은 "같은 본질을 전제로 하는 공감을 의미"하므로 성육신은 신이 인간의 본질과 다르지 않다는 표현이라고 주장했습니다.171) 그는 그러므로 신 그 자체가 우리를 구원하는 것이 아니라 신적인 인격성과 인간적인 인격성의 구별을 초월한 사랑이 우리를 구원하며,172) 또 사랑이 율법적인 신에게서 인간을 구원하고, 성육신은 율법과 도덕의 무자비함에 대한 신의 동정이기 때문에 성육신은 곧 사랑이라고 주장했습니다.173) 그는 성육신은 인간의 내적 근원 및 중심점, 곧 인간의 본질 중의 본질인 사랑의 표현이며, 신이 자신의 지위를 포기하고 인간적 지위를 획득한 사건이기 때문에 지극히 인간적인 사랑의 본질인 자신을 포기하는 사랑이라고 주장했습니다.174) 그는 또 "인간은 종

---

170) 『기독교의 본질』, 131, 125.

171) 『기독교의 본질』, 130, 131.

172) 『기독교의 본질』, 130: "그러므로 누가 우리의 구원자며 화해자인가? 신인가, 사랑인가? 그것은 사랑이다. 왜냐하면 신 자체가 우리를 구원하는 것이 아니라 신적인 인격성과 인간적인 인격성의 구별을 초월한 사랑이 우리를 구원했기 때문이다. 우리가 사랑을 위해 신을 희생하지 않는다면 신을 위해 사랑을 희생하는 것이 되며 사랑이라는 술어에도 불구하고 종교적 광신의 나쁜 본질인 신을 갖게 되기 때문이다."

173) 『기독교의 본질』, 125.

174) 『기독교의 본질』, 127.

교에서 자신을 신적 대상이나 신적 목적으로 직관"하므로, "인간은 종교에서 단지 자기 자신의 본질, 자기 자신과 관계할 뿐"이라는 것에 대한 "가장 명백하고 가장 반박될 수 없는 증거는 인간에 대한 신의 사랑"이고, "그것은 종교의 근거이고 중심점"이며, "신이 인간을 위해 자신의 신성을 벗어나는 성육신이 주는 고귀한 인상이 여기에 있다."라고 주장했습니다.175)

과연 그럴까요? 성육신은 신이 인간의 본질과 다르지 않다는 것을 보여준다는 주장은 인간의 제한성을 제거하기 위해 도입한, 실제로 존재할 수 없는 보편적인 유적(類的) 인간에 대한 가정으로부터 나오기 때문에 궤변에 불과합니다. 기독교에서 인간이 신으로 고양(高揚)되는 일은 근본적으로 있을 수 없습니다. 성경은 성육신이 신으로 고양된 인간이 다시 인간으로 격하된 것이 아니라, 본래 하나님이신 예수님이 우리의 죄를 대속(代贖)하기 위해서 인간의 몸을 입고 이 세상에 온 것이라고 선언합니다. 따라서 신이 인간으로 격하되기 전에 인간이 신으로 고양되는 일이 필연적으로 선행되어야 한다는 주장은 기독교의 본질이 곧 인간의 본질이라고 주장하기 위해 만들어 낸 억지일 뿐입니다.

그는 예수님의 "부활도 인간이 죽은 뒤에 자신의 인격이 계속된다는 것을 직접 확신하려고 하는 인간의 요구가 만족 된 것"이고, "감성적이고 의심할 수 없는 사실로서의 인격적 불멸"을 의미하며, "자연적 필연성으로 인정되는 죽음, 곧 자연의 한계"를 "기적 활동의 힘으로 제거"함으로써 '정신적'인 기독교를 정신이 빠진 것으로 만들었다고 주장했습니다.176)

---

175) 『기독교의 본질』, 134.

176) 『기독교의 본질』, 236, 239.

과연 그럴까요? 하나님의 초월적이고 초자연적인 속성을 전제하지 않고 기독교의 본질이 인간의 본질이라고 주장하기 위해서는 초월적이고 초자연적인 기적을 부정해야 하고, 그렇게 하기 위해서는 기적을 인간의 투사로 설명할 수밖에 없을 것입니다. 그러나 부활의 기적을 비롯하여 모든 기적은 초월적이고 초자연적인 현상이라서 비개연적이지만, 그런 의미에서라면 기적뿐만 아니라 다른 모든 사건도 마찬가지로 한때는 비개연적인 일들이었고, 따라서 비개연성이 어떤 기적이 실제로 일어났다는 것을 믿을 수 없는 것으로 만들 수는 없습니다.177) 버나드 람(Bernard Ramm)은 성경의 기적이 왜 합당하고 믿을 만한 증거를 가지고 있는가를 알 수 있는지 구체적으로 다음과 같이 설명합니다.

첫째, 많은 기적들이 공적으로 행해졌다. 그것은 한두 사람에게만 비밀로 행해지지 않았고 모두 세상에 알려졌다. 기적은 모두 현장에서 검토할 기회가 있었다. 예수님을 반대하던 자들까지도 그 행하신 기적을 반대하지 않았다는 것은 매우 뜻깊다. 그들은 그런 사실을 사탄의 힘이라고 말한다든지 혹은 나사로가 살아있을 때처럼 많은 증거를 없애려고 했다. 그들은 서로 "사람들이 발생한 사실을 알고 그를 따르기 전에 그리스도를 죽이자!"라고 하였다.

둘째, 어떤 기적은 믿지 않는 자에게도 행해졌다. 다른 사교(邪敎)와 이단의 모임에서 나오는 기적은, 의심하는 자가 있으면 결코 발생하지 않았던 것이 특기할 만하다.

셋째, 예수님의 기적은 한 세대가 지나도록 행해졌고 여러 능력의 양상으로 나타났다. 물을 포도주로 만들 때 그는 자연을 능가했고, 문둥병자와 소경을 고칠 때에는 질병을 이겼고, 귀신을 쫓아냄으로써 귀신까지도 이겼으며, 나다나엘이 무화과나무 아래 있는 것을 미리 알았던 것처럼 초자연적인 지식을 가졌으며, 몇 개의 생선과 떡으로 5,000명을 먹이실 때는 그의 창조의 능력을 과시했고, 또한 나

---

177) C. S. Lewis, 『기적: 예비적 연구』, 197.

사로와 다른 사람도 살려냈을 때는 죽음까지도 이길 수 있는 능력을 과시했다.

넷째, 병을 고친 자들이 증거 했다.

다섯째, 우리는 이교(異敎)도 기적의 엉뚱한 주장 때문에 복음의 기적을 무시할 수 없다. 루이스가 쓴 것과 같이 "당신이 만약 기적적인 것을 제거한다면 힌두교의 모든 기초는 가치가 떨어지지 않은 채 남아 있을 수 있겠지만 기독교에는 그렇지 않다. 그것은 엄밀하게 위대한 기적의 이야기이다. 자연주의적 기독교는 특별히 기독교적인 모든 것에서 떠나 있는 것이다."178)

포이어바흐는 "십자가상(十字架象)은 구원자를 제시하는 것이 아니라 고통받은 사람을 제시할 뿐"이며, "기독교는 고통을 신성화"하고 "인간의 허약함을 신성화한 고통의 종교"이기 때문에, "십자가상은 구원자를 제시하는 것이 아니라 단지 십자가에 못 박혀 있는 사람, 고통받은 사람을 제시할 뿐"이며, "기독교도들 사이에 스스로 십자가에 못 박힌다는 의식이 지배적인데 그것은 심리적으로 깊게 뿌리박혀 있는 그들의 종교관에서 오는 결과"라고 주장했습니다.179)

과연 그럴까요? 십자가상은 구원자를 제시하는 것이 아니라 고통받은 사람을 제시할 뿐이라는 주장은 성경의 가르침과는 정반대입니다. 십자가상은 고통받은 사람을 제시하는 것이 아니라 구원자를 제시합니다. 또한 기독교의 믿음은 자기 자신의 존재와 본질의 진리가 아니라 그것을 뛰어넘는 성경의 계시에 근거한 하나님의 존재와 본질의 진리입니다. 신앙은 신성한 것에 관한 의식이고 신성한 것은 다만 인간의 가장 내부에 있는 것, 가장 고유한 것, 자기

---

178) Paul E. Little, *Know way you believe*, 편집부 譯, 『이래서 믿는다』 (서울: 생명의말씀사, 1992), 95, 96: Bernard Ramm, *The Christian View of Science and Scripture* (Grand Rapids: Wm. B. Eerdmans, 1954), 142, 143에서 재인용.

179) 『기독교의 본질』, 137, 139, 141.

개체의 궁극적인 근거와 본질뿐이라는 주장은 적어도 기독교의 신앙과는 전혀 다릅니다. 만일 신앙이 그의 주장대로라면 그것은 기독교의 신앙이 아닐 뿐만 아니라 기독교의 신앙이 가장 경계하는 것입니다. 그의 주장은 신학을 인간학으로 전도(顚倒)시키려는 의도에서 나온 것이기 때문에 그런 억지를 부릴 수밖에 없었을 것입니다.

포이어바흐는 삼위일체는 "상상된 가상(假象)의 인격이면서 동시에 참된 인격이 되려 하고 되어야 한다고 생각"하므로 "기독교의 세 인격은 표상되고 상상되고 꾸며진 인격일 뿐"이며, 따라서 "삼위일체는 근본적으로 인간이 인간의 본질 속에서 지각하는 근본적인 차이의 총체를 나타내는 데 불과"하다고 주장했습니다.[180] 그는 또 삼위일체의 신은 "인간이 자신의 전체성에 대해 가지고 있는 의식"이며, "공허함과 고독함 때문에 위로를 찾지 못하는 인간의 감정은 서로 친밀하게 사랑하는 본질의 공동생활, 결합이 이루어지는 신을 필요로 하며", 삼위일체의 신은 바로 그런 "인간이 자신의 전체성에 대해 가지고 있는 의식"이라고 주장했습니다.[181] 인간의 본질 모두, 곧 이성적 판단과 동시에 감성적인 사랑을 공유하는 하나님이라야 인간에게 온전한 하나님이 될 수 있는데, 삼위일체의 신은 바로 그것을 나타낸다고 주장한 것입니다. 그는 성부, 성자, 성령이 모두 각자 독립적 인격으로서 서로 다르나 이 셋이 하나라는 기독교의 삼위일체 교리는 이성적으로 모순된 것이지만, 교리의 초이성성(超理性性)은 인간이 요구하는 신적 지성의 자기 대상화의 결과라고 주장했습니다.[182]

---

180) 『기독교의 본질』, 373, 371.
181) 『기독교의 본질』, 145, 155.

과연 그럴까요? 삼위일체 하나님에 대한 이해 또한 신학을 인간학으로 전도시키려는 의도를 담고 있기 때문에 삼위일체를 인간이 자신의 전체성에 대해 가지고 있는 의식으로밖에 달리 설명할 수 없었을 것입니다. 기독교의 삼위일체 하나님은 인간의 이성으로는 이해하고 받아들이기 어렵지만, 적어도 삼위일체 하나님을 인간이 자신의 전체성에 대해 가지고 있는 의식으로 설명하는 것은 성경적으로 용납할 수 없습니다.

포이어바흐는 "성령은 이름이나 언어상으로만 존재하는 인격"이고, "아버지로서의 신은 산출자(産出者)이며 남성적인 자기 활동의 원리"이지만, "아들은 산출되었을 뿐 스스로 산출하지 못한다."라고 주장했습니다.[183]

과연 그럴까요? 그의 주장과는 달리 성경은 성령님도 이름이나 언어상으로만 존재하는 인격이 아니라 제3위의 하나님임을 분명하게 증거 합니다. 성령님은 성부와 성자와 더불어 만물을 창조하셨고, 구약의 경륜 가운데서도 말씀과 행위로, 예언과 기적으로 자신을 계시했던 동일(同一)한 분이시며(마태복음 1장 18절과 4장 1절, 마가복음 1장 12절, 누가복음 1장 35절과 4장 1절, 로마서 1장 4절), 모든 구원, 복과 은총의 삼중적 원인은 성부, 성자, 성령 하나님 안에 있습니다.[184] 예수님은 이 세상을 떠나시기 전에 이 모든 것을 단 하나의 신적 이름(τὸ ὄνομα, 단수형) 가운데 구별된 세 주체들, 아버지, 아들, 성령 모두에게 의도적으로 관사를 언급하시고(τοῦ Πατρὸς καὶ τοῦ Υἱοῦ καὶ τοῦ Ἁγίου Πνεύματος)

---

182) 『기독교의 본질』, 172, 173.

183) 『기독교의 본질』, 148, 152.

184) 『개혁교의학 2』, 334.

'아버지와 아들과 성령의 이름' 가운데 요약하셨습니다(마태복음 28장 19절).185) 성령은 한 인격으로 언급되고, 인칭 대명사 '그'로 지시되고(요한복음 15장 26절, 16장 13-14절), '보혜사'(요한복음 15장 26절), '다른 보혜사'(요한복음 14장 16절)라고 불리며, 자신에 대해 일인칭으로 말하고(사도행전 13장 2절), 성령께 온갖 인격적 능력과 행위들이 돌려지는데, 이는 성령님이 성부와 성자와 동일선상에 놓인다는(마태복음 28장 19절, 고린도전서 12장 4-6절, 고린도후서 13장 13절, 요한계시록 1장 4절) 의미이기 때문에, 만일 성령님이 참된 하나님이 아니라면 이러한 언급은 불가능한 일입니다.186) 또 성자(聖子) 곧 예수 그리스도는 산출되었을 뿐 스스로 산출하지 못한다는 주장은 하나님의 존재를 부정하기 때문에 필연적으로 나올 수밖에 없는 주장으로, 예수 그리스도를 제2위의 하나님으로 받아들이지 않기 때문에 나온 주장이지만, 그것은 적어도 성경적으로는 용납할 수 없습니다.187)

투사와 같은 심리학적 이론으로는
신의 존재를 근본적으로 확증할 수 없음

포이어바흐는 "인간이 자신의 모상(模像, 형상)에 따라 하나님을 창조함으로써 자기소외를 초래"했다고 보고, "자기소외에 이르게 된 심리학적 수수께끼를 좌절과 투사이론으로 풀려고" 했습니

---

185) 『개혁교의학 2』, 335.

186) 『개혁교의학 2』, 345.

187) 이 문제에 대해서는 "Ⅱ. 니체의 『안티크리스트』와 기독교, 4. 기독교는 예수님의 가르침이 아닐까요?"와 "Ⅲ. 러셀의 『나는 왜 그리스도인이 아닌가』와 기독교, 1. 기독교인이라면 적어도 예수가 인간 중에서는 가장 현명한 사람이었다고 믿는 것일까요? 3. 예수님이 역사적으로 존재했다는 사실은 알 수 없을까요?"를 참조 바람.

다.188) 그는 모든 존재를 물질로 공공연하게 확인하는 유물론자이고 따라서 그 결과는 "초월적, 초세계적 신을 긍정하는 가능성은 더 이상 없게 되었으며", 따라서 "신은 투사 이외에 아무것도 아닌 것"으로밖에는 설명할 길이 없게 되었습니다.189) 투사이론이란 신이 존재하지 않는다는 전제로부터 무신론을 주장하기 위해 사용하는 이론이기 때문에 그럴 수밖에 없을 것입니다. 그러나 투사와 같은 심리학의 이론으로는 심리 현상을 설명할 수는 있겠지만, 신이 심리 현상에 불과하다는 것을 결코 확정할 수 없고, 따라서 신이 실제로 존재하는지 그렇지 않은지를 근본적으로 확증할 수는 없습니다.190)

그가 주장하는 신은 "인간의 투사된, 실체화된 영상으로서 떠오르는 사실 그 뒤에는 아무것도 존재하지 않지만",191) "스크린의 실제는 영상의 세계를 받아서 보여주는 것으로서 영상을 넘어서 실제로 존재해야 함에도 불구하고 스크린은 생각하지 않고 투사만 생각"했기 때문에 그의 주장에는 "투사가 비치는 대상으로서의 스크린이 존재하지 않는다."라는 치명적인 문제가 생길 수밖에 없습니다.192) 특별히 하나님은 인간이 알고 있는 가장 이상적인 존재 이상의 존재이기 때문에 형이상학적 범주에 가두거나 객관화하여 제한할 수도 없으며, 따라서 인간 마음의 투사와 신의 속성은 일치시킬 수 없습니다.193)

---

188) Walter Kern, *Atheismus, Marxismus, Christentum Beiträge zur Diskussion*, 김진태 옮김, 『무신론 마르크스주의 그리스도교』 (서울: 가톨릭대학 출판부, 2009), 102.

189) William A. Luijpen & Henry J. Koren, 『현대 무신론 비판』, 60-61.

190) William A. Luijpen & Henry J. Koren, 『현대 무신론 비판』, 53.

191) Hans Küng, 『신은 존재하는가-1-』, 286.

192) 김성원, 『신은 허구의 존재인가?』, 175-176.

193) 김성원, 『신은 허구의 존재인가?』, 176.

신은 인간 마음의 투사라는 주장은 내면세계를 묘사하는 심리학적 주장에 불과한데도 불구하고, 그 주장이 초월적 세계에 존재하는 신까지 부정할 수 있다고 생각한다면 그것은 잘못된 것이며, 더구나 심리학적 입장에서 주장하는 무신론은 신이 존재하는지 신이 존재하지 않는지에 대한 타당성을 이야기할 수 있는 근거가 될 수도 없습니다.[194] 또한 인간 경험의 세계에서 투사는 불가피하지만, 투사이론이 이 세상을 넘어 내세의 세계마저 왈가왈부할 수 있는 무소불위(無所不爲)의 불변하는 이론이 될 수 있다고 생각하는 것은 지나친 것입니다. 인간은 시간과 공간의 제약을 받는 제한된 존재이기 때문에 인간의 내면세계를 묘사하는 심리학적 주장으로 사람이 경험할 수 없는 초월의 세계를 존재하지 않는다고 단정할 수 없습니다.[195] 심리학적 설명으로 지극히 복잡한 하나님이나 신앙의 문제를 다 설명할 수 있다고 주장하는 것은 너무 단편적이고 일방적이며, 물론 인간의 욕구를 인간 밖으로 투사한다는 논리로 종교를 설명하는 것이 무신론자들에게는 어느 정도 설득력이 있을 수도 있겠지만, 정말 그 대상이 되는 신과 같은 실재가 존재할 가능성 역시 배제할 수는 없습니다.[196] 또한 만일 유신론이 투사라면, 투사일 수도 없지만, 그렇다면 종교를 인간의 투사라고 보는 무신론도 똑같은 원리로 그 자체가 하나의 투사입니다.[197]

하나님의 개념이나 속성 중에 인간의 최고 개념과 이성의 자의식, 최고 사유 능력에 해당하는 것이 있다고 하더라도 그것이 곧 "하나님이 이상적인 인간의 본성을 투사시킨 결과물"이라는 무신론

---

194) 김성원, 『신은 허구의 존재인가?』, 179.
195) 김성원, 『신은 허구의 존재인가?』, 179.
196) 이정순, 『신을 묻는다』 (서울: 대한기독교서회, 2019), 235.
197) Hans Küng, 『신은 존재하는가-1-』, 299.

의 주장은 입증할 수도 없을 뿐만 아니라, 오히려 반대로 하나님이 존재한다고 전제하는 경우가 그런 공통된 특성이 하나님이 우리를 하나님의 형상으로 창조하셨다는 성경의 주장을 확증할 수 있을 것입니다.[198] 또 "인간이 이상적인 인간성을 투사함으로써 하나님을 믿게 되었다고 입증한다고 하더라도", 그 신앙은 의심스러운 심리적 과정에 근거하고 있기 때문에 그것으로 하나님이 존재하지 않는다는 것을 입증할 수는 없으며, 그것은 마치 "A라는 사람이 심리적으로 C당 국회의원 모두를 미워하기 때문에 C당 국회의원 B를 부정직한 사람으로 생각할 수 있지만, 그렇다고 해서 그것이 C당 국회의원 B가 부정직한지 아닌지를 실제로 입증할 수 없는 것"과 마찬가지입니다.[199]

신의 존재에 대한 소원이 투사가 아니라 신이 존재한다는 신호일 수도 있음

포이어바흐가 "자연종교에서 기독교에 이르는 인류의 모든 종교를 자연현상에 의존하는 인간의 종속감의 표현으로 해명"한 바와 같이,[200] "의존의 감정, 지극히 다양한 요망(要望)과 필요 그리고 무엇보다도 행복과 자기 보존을 찾는 충동" 등이 종교에서 중요한 역할을 한다는 것은 물론 부정하기 어려울 것입니다.[201] 만일 그렇다면 포이어바흐의 비판과 주장에 대하여 반론을 제기할 수 없을

---

198) John M. Frame, *History of western philosophy and theology*, 조계광 옮김, 『서양철학과 신학의 역사』 (서울: 생명의말씀사, 2018), 423, 이후로는 John M. Frame, 『서양철학과 신학의 역사』, 423. 등으로 표기함.

199) John M. Frame, 『서양철학과 신학의 역사』, 423.

200) 강대석, 『유물론의 과거와 현재: 우리에게 필요한 철학』 (서울: 밥북, 2020), 101.

201) Hans Küng, 『신은 존재하는가-1-』, 297.

것입니다. 한스 큉은 여기에 대하여 이렇게 지적합니다.

> 역사를 통해 보건대 그리스도인들은 자기들의 필요, 염원과 목적을 신에게 적
> 용하고 신을 자기네 범상한 일상사의 필요에다 환원시키지 않았던가? 자칫하면
> 실제로는 '자기들의 모상' 대로 신을 창조하였고 자기 자신들을 신의 자리에 올려
> 놓지 않았던가? 그들은 신을 이야기하면서 실상은 그 말로 자기네 관심사를 가
> 리켰고, 신을 선포하면서 그와 동시에 자기네 소원 성취를 담보해내지 않았던
> 가? 이런 식으로 물질화된 신이라면, 오직 우리 관심사에 얽매이고 우리 관심사
> 만을 향하는 신이라면, 응당 인간의 투사물이며 따라서 당연히 포이어바흐의 종
> 교비판으로 귀결될 것이 아닌가?[202]

그러나 적어도 정통 기독교는 그런 신앙을 성경적이라거나 정상
적인 것으로 받아들이지 않습니다. 성경은 그런 신앙을 단호하게 우
상이라고 선언합니다. 이스라엘 백성들이 줄곧 벗어나지 못했던 신
앙은 바로 그런 우상화된 신앙이었고, 그래서 하나님은 선지자들을
통하여 하나같이 그런 신앙을 잘못된 것으로 지적하시고 책망하셨
습니다. 구약 성경의 선지서들은 온통 그런 내용으로 채워져 있습니
다. 예수님께서 유대 종교 지도자들을 책망하신 것도 바로 그런 우
상화된 신앙이었습니다. C. S. 루이스가 지적한 바와 같이 "기독교
에 대한 모든 의심이 자리 잡고 있는 매우 핵심적인 영역은 신앙 전
체가 마치 이 땅에서 성취하지 못한 진정한 행복의 대체물처럼" 보
인다는 점이고, 그것은 마치 "음반이 실체로 보이고 오케스트라가
대체물로 보이는 것과 같고, 또 전쟁 중에 버터 대신 먹은 버터의
대체물인 마가린을 실체만큼이나 맛있다고 하는 것"과 같습니다.[203]

---

202) Hans Küng, 『신은 존재하는가1-』, 306.
203) C. S. Lewis, *Christian reflections*, 양혜원 옮김, 『기독교적 숙고』 (서울: 홍성사, 2013), 72,
    74, 75, 이후로는 C. S. Lewis, 『기독교적 숙고』, 72. 등으로 표기함.

그렇다고 하더라도 "모든 필요, 요망과 본능들에 상응하는 실재적(實在的)인 무엇이 정말 있으리라는 가능성도 선천적으로 배제할 수는 없고", "우리의 의존 감정, 우리의 자기 보존 본능이란 정말 실재 근거를 갖는 것일 수도 있다."라는 것을 부정할 수도 없으며, "어떤 실재적 객체, 일종의 실재(實在)가 있어서 그것이 우리의 모든 염원과 사고와 상상에 상응할 수도 있다."라는 것을 부정할 수도 없습니다.204) 따라서 콜린스(Francis S. Collins)와 같이 우리는 "신성한 것을 원하는 갈망, 인간이 경험하는 보편적이면서도 알다가도 모를 이 갈망이 혹시 희망 사항이 아니라 우리 너머에 있는 무언가를 가리키는 것은 아닐까요?"라고 반문하지 않을 수 없습니다.205)

"우리가 바라는 것만으로는 아무것도 존재하지 않는다는 말은 옳지만, 그것이 무엇이 존재할 수 없다는 말은 옳지 않으며",206) 신이 인간 요망의 투사라는 주장은 그럴 수도 있지만, 그것이 곧 신이 존재하지 않는다는 것을 입증하지도 못합니다. C. S. 루이스가 제시한 대로, "인간의 일반적인 소원들 - 먹을 것을 달라고 우는 아기, 섹스를 원하는 연인, 지식에 대한 호기심 많은 열망과 같은 것들 - 이 모두가 실제 세계에 상응하는 대상물을 가지고 있다는 사실"은,207) 신의 존재에 대한 소원이 단지 인간 요망의 투사에 불과한 것이 아니라 신이 존재한다는 신호일 수도 있습니다. 혹 배고픈 상태가 빵이 있다는 증거는 아니라고 주장하지만, "누군가가 배가

---

204) Hans Küng, 『신은 존재하는가-1-』, 298.

205) Francis S. Collins, *The Language of God*, 이창신 옮김, 『신의 언어』 (파주: 김영사, 2017), 44-45, 이후로는 Francis S. Collins, 『신의 언어』, 44. 등으로 표기함.

206) Hans Küng, 『신은 존재하는가-1-』, 298-299.

207) Robert Banks, 『그리스도인을 위한 무신론 사용설명서』, 98.

고프다는 사실이 그가 빵을 얻게 될 것임을 보증하지 못할 뿐이지 사람의 굶주림은 그가 음식을 먹음으로써 육신을 유지하는 종족이며 먹을거리가 있는 세상에 산다는 사실을 충분히 입증할 수 있는" 것과 마찬가지로, "낙원을 향한 갈망이 앞으로 내가 누리게 될 것임을 보증하지는 못하지만, 그 갈망은 어딘가 낙원이 존재하며 누군가는 그것을 누리게 될 것임을 보여주는 썩 훌륭한 징조"라는 것을 부정할 수도 없습니다.208) 한스 큉은 그의 『프로이트와 하나님의 문제』(*Freud and the Problem of God*)에서 이 문제에 대하여 이렇게 지적합니다.

사람, 사물, 혹은 신과 관련된 인간의 믿음, 희망, 사랑 등은 모두 투사의 요소를 내포하고 있습니다. 그러나 바로 그런 이유로 그것이 단순한 투사일 필요는 없습니다. … 그러나 그렇다고 해서 신이 존재하지 않을 수 있다는 것을 의미하지는 않습니다. … 심리학적 관점으로 볼 때, 신에 대한 믿음은 항상 투사의 구조와 내용에 나타나는 단순한 투사일 수 있다는 의심을 받을 수 있습니다. 연인들의 경우도 마찬가지입니다. 모든 연인은 자신의 이미지를 자기 연인에게 투사합니다. 그러나 그렇다고 해서 그 연인이 존재하지 않거나 적어도 자신이 보거나 생각하는 모습의 사람으로서는 사실상 존재하지 않는다는 것을 의미합니까? 이런 투사 때문에 그 사람이 자기 연인에 대해서 오히려 객관적인 관점으로 판단하는 중립적인 관찰자보다 더 깊이 있게 이해할 수 없습니까? 그러므로 투사라는 단순한 사실이 그것이 가리키는 대상의 존재나 부재를 결정하지 않습니다. …

실제적인 신은 신에 대한 염원과 분명히 부합할 수 있습니다. 이런 가능성에 대해서는 프로이트조차 배제하지 않았습니다. 그렇다면 왜 소망적 사고가 전적으로 그리고 보편적으로 의심을 받아야 합니까? …

일부 신학자들의 잘못된 결론처럼, 하나님과 내세에 대한 심오한 열망으로부터 신이 존재하고 영생과 행복이 존재하는 것이 아닙니다. 그런 식의 추론으로

---

208) C. S. Lewis, *Weight of glory*, 홍종락 옮김, 『영광의 무게』 (서울: 홍성사, 2008), 19.

부터 신의 부재와 내세의 허구성이 도출된다고 생각하는 무신론자들 역시 크게 잘못 생각하고 있는 것입니다.[209)]

또 신이 단지 인간 요망의 투사에 불과한 것에 지나지 않는다면, "놀라운 영적인 실제들에 대한 강렬한 인식"이나 "개인적으로 선호하는 것과는 전혀 상반되는 방식으로 이루어지는 다른 사람들을 위한 자기희생과 같은 것들"을 설명할 수가 없습니다.[210)]

무신론자들은 "신은 단지 욕구 충족을 위해 만들어진 희망 사항에 불과한 것을 진짜라고 믿고 싶어서 억지로 꾸며낸 것"이고, "뇌 어느 부분에서 깊숙이 전파를 쏘아 보낼 신경전달물질의 조합일 뿐이지 초자연적 존재라는 것을 암시하는 것은 아니다."라고 주장합니다.[211)] 물론 신은 단지 욕구 충족을 위해 만들어진 희망 사항에 불과한 것을 진짜라고 믿고 싶어서 억지로 꾸며낸 것일 수도 있습니다. 세상에 수많은 종교가 있고 그 종교마다 믿는 다양한 신들이 있는데 그 가운데 대부분은 무신론자들의 주장이 맞을 수도 있을 것입니다.

그러나 그렇다고 하더라도 성경에 나오는 하나님은 전혀 다릅니다. 또한 그런 주장이 하나님이 실재할 가능성을 증명하는 것도 아니지만, "내가 사랑스러운 아내를 원한다고 해서 아내가 상상의 인물이 되지는 않고, 농부가 비를 바랄 때 비가 돌연 억수같이 쏟아질 가능성까지 배제하는 것은 아닌 것"과 같이 사실, 신은 희망 사항이라는 주장을 완전히 뒤집어 신이 존재한다는 가능성으로 볼 수도 있습니다.[212)]

---

209) Francis Collins, 『믿음』, 441.

210) Robert Banks, 『그리스도인을 위한 무신론 사용설명서』, 99.

211) Francis S. Collins, 『신의 언어』, 42-43.

212) Francis S. Collins, 『신의 언어』, 44.

신을 인간 요망의 투사라는 주장은 오히려 전도(顚倒)되어 "무신론 자체가 인간의 투사물이라는 혐의"를 받지 않을 수 없습니다.[213] 신은 인간의 요망을 투사한 것이라는 주장은 역으로 무신론이 인간의 요망을 투사한 것이라고 말할 수도 있습니다. 인간에게는 신과 같이 되고자 하는 요망이 있기 때문에 그것을 무신론으로 투사한 것일 수도 있습니다. 그 말은 누구에게도 방해받지 않고 자신이 주관자가 되어 누구에게도 의지하거나 도움을 받지 않고 모든 것을 자기 마음대로 소유하고 지배하며 누리고 싶은 요망이 있다는 사실입니다. 인간이 열심히 일하고 노력하는 이유는 한 마디로 이런 요망 때문일 것입니다. 더 많은 물질과 더 많은 지식과 더 큰 권력과 더 강한 체력과 더 높은 명예를 소유하면 그만큼 더 많은 것들을 자기 마음대로 지배하고 누릴 수 있다는 믿음 때문일 것입니다. 그런데 그것은 많은 경쟁이 필요하고 그 경쟁자들은 자신의 요망을 충족시키는 데 방해가 되기 때문에 분노하고 미워하고 대적할 수밖에 없습니다. 그리고 누구에게도 방해받지 않고 자신이 주관자가 되어 누구에게도 의지하거나 도움을 받지 않고 모든 것을 자기 마음대로 소유하고 지배하며 누리고 싶은 요망에 빠진 인간은 자신의 호흡 하나하나까지 의존해야 할 하나님이 존재한다는 것과 그 하나님과 비교하면 자신은 정말 미물(微物)에 불과하다는 것에 분노하고, 그 때문에 하나님조차도 부정하고 싶을 것입니다.[214] 그것은 로마서 1장 18절의 지적처럼 불의로 진리를 막는 행위, "하나님 없는 세상에서 살고 싶은 요망, 예배하고 순종할 대상이 없는 세상에서 살고 싶은 인간 요망의 결과"로 만들어 낸 투사로서의 무신론일 것입니다.[215]

---

213) Hans Küng, 『신은 존재하는가 1-』, 299.

214) Alvin Carl Plantinga, 『지식과 믿음』, 102.

215) Alvin Carl Plantinga, 『지식과 믿음』, 91.

5 신을 투사해서 믿는 이유는 신앙이 이성에 반대되기 때문일까요?

신앙은 이성에 반대되는 것이 아니라 이성을 초월함

포이어바흐는 "신앙의 특수성과 이성의 보편성이 서로 완전히 일치하거나 만족하지 않고, 그 자체로 이성이 항상 잔존(殘存)하여 신앙이라는 토대에 묶인 이성과 모순을 일으키며, 적어도 특수한 계기를 통해 그것이 느껴질 수 있기 때문"에 "최선의 조화 가운데 서도 이성과 신앙 사이의 충돌은 불가피"하고, 따라서 "신앙의 본질을 기초 짓는 것은 신앙과 일반적 이성과의 일치점이 아니라 그 상이점"이며, 이런 까닭에 기독교는 "정신병리학적으로 다루어져야 한다."라고 주장했습니다.[216]

과연 그럴까요? 이러한 주장은 이성적으로 설명될 수 없는 것은 진실이 아니라는 것을 전제합니다. 따라서 신앙이란 이성적으로 설명될 수 없기에 정신병리학적으로 다루어야 한다는 뜻일 것입니다. 그렇다면 신앙의 대상인 하나님은 이성적으로 설명될 수 있는 존재여야 할까요? 만일 인간의 이성으로 다 설명될 수 있는 존재라면 그 존재가 하나님일 수 있을까요? 무신론자라고 하더라도 그 점에 있어서는 동의할 수 없을 것입니다.

---

216) 『기독교의 본질』, 31, 32, 33.

최선의 조화 가운데서도 이성과 신앙 사이의 충돌은 불가피하므로 기독교는 정신병리학적으로 다루어져야 한다고 주장하는 것은, 기독교의 "신앙이란 반이성적인 것이 아니라 초이성적인 것"이고, "신앙은 이성을 필요로 하지만 이성을 넘어서는 것"이며, "이해의 작용이 필요하지만 논리적 이해 작용을 넘어선다는 것"을 간과하거나 무시하거나 거부하기 때문일 것입니다.217)

　신앙은 이성을 초월하지만 그런데도 "이성과 기억, 그리고 탐구와 학습을 수반"하며, 신앙은 하나님의 약속인 성경의 말씀에 대하여 동의하는 이성의 결과물, 곧 성경의 약속을 고려하여 구체적인 주장과 증거들을 꼼꼼히 따져보고 그 생각과 숙고에 따른 결과에 동의하는 것이기 때문에 신앙은 결코 "맹목적이 아니며", "약속을 한 하나님을 믿을 수 있다는 지식과 증거에 근거"합니다.218) "이성이란 실제의 또는 가능한 하나의 사실과 또 다른 사실 사이의 관계를 보는 인간의 능력"이기 때문에 "신앙의 생성과 지속에서 이성의 역할을 무시하는 것은 성경의 명백한 의도에 어긋나며", 이성이 없이는 신앙을 입증하거나 변호할 수도 없습니다.219) 참된 신앙은 비이성적인 면과 반이성적인 방향으로 가지도 않을 뿐만 아니라 초이성적인 면까지도 받아들입니다. 이성은 "과학이라는 이름으로 모든 것을 무턱대고 믿지 않는" 역할도 하며, 따라서 "비이성적"이란 신앙의 문제가 아니라 "인간 사고의 문제"일 뿐입니다.220)

---

217) 김성원, 『신은 허구의 존재인가?』, 166.

218) Rice Broocks, *God's Not Dead*, 김지수 옮김, 『신은 죽지 않았다』 (서울: 횃서북스, 2016), 41, 43, 이후로는 Rice Broocks, 『신은 죽지 않았다』, 41. 등으로 표기함.

219) Dallas Willard, *The Allure of Gentleness*, 윤종석 옮김, 『온유한 증인』 (서울: 복 있는 사람, 2016), 51, 53.

220) Rice Broocks, 『신은 죽지 않았다』, 34.

하나님은 이성적으로 다 설명될 수 없는 초월적 존재

포이어바흐는 기독교에 대하여 "역사에서 전해지는 모든 옛날이야기를 그럴듯한 사실처럼 꾸며 놓은 것"이며, 그 이유는 "모든 일정한 종교나 신앙방식은 다 같이 하나의 사고방식임이 자명"하고, "어떤 인간이 적어도 자신의 사유 능력이나 표상 능력에 모순되는 어떤 것을 믿는다는 것은 완전히 불가능하기 때문"이라고 주장했습니다.221) 그는 또 "신으로서의 신, 곧 사유할 수 있거나 이성의 대상이 되는 본질은 대상화되는 이성 자체에 불과"하므로, "형이상학적 본질로서의 신은 스스로에 만족하는 지성"이고 "역으로 자기 자신에게 만족하는 지성, 스스로를 절대적 본질로서 사유하는 지성은 형이상학적 본질로서 신"이라고 주장했습니다.222) 그는 "이성은 스스로의 본질과 일치하는 신, 이성의 권위를 벗어나지 않고 이성의 본질을 표현하는 신"만을 믿을 수 있기 때문에, 곧 "이성은 스스로만을 믿고 자기 본질의 실재성과 진리"만을 믿기 때문에, "이성은 자신을 신에게 의존시키는 것이 아니라 신을 자신에게 의존시킨다."라고 주장했는데, 이는 곧 "신은 인간의 최고 개념이고 오성이며 최고 사유 능력"에 불과하다는 것입니다.223)

과연 그럴까요? 하나님은 인간의 최고 개념이고 오성(이성)의 자의식(自意識)이고 최고 사유 능력에 불과한 것이 아니라 그것을 초월하는 실재(實在)입니다. 인간은 인간의 최고 개념이고 오성(이성)의 자의식(自意識)이고 최고 사유 능력에 불과한 존재를 하나님으로 믿지 못합니다. 인간은 이성의 권위를 벗어나지 않고 이성의 본

---

221) 『기독교의 본질』, 30.

222) 『기독교의 본질』, 107, 108.

223) 『기독교의 본질』, 109.

질을 표현하는 하나님을 믿으려고 하지만 그것은 이미 하나님이 아니기 때문에 믿을 수 없습니다. 인간의 이성에 맞춘 하나님은 인간의 이성에 의해 투사된 가공의 하나님일 뿐인데 그런 가공의 하나님을 하나님으로 믿는다는 것은 적어도 포이어바흐가 전제하는 유적 인간에게는 불가능한 일입니다. 왜냐하면 인간을 신적(神的) 속성들을 가질 가능성이 있고 신성(神性)을 부여할 정도의 존재라고 전제하면서, 그런 인간이 자신의 이성에 의해 투사된 가공의 하나님을 만들어 믿는다고 주장한다면 그것은 논리적으로 모순이기 때문입니다. 인간은 이성과 경험에 맞지 않으면 믿지 않지만, 인간의 이성과 경험에 맞는 존재를 하나님으로 받아들이지도 못합니다.

기독교 신앙은 "하나님은 이성적으로 다 설명될 수 있는 존재가 아니라 초월적 세계에 존재하는 영원하고 보편적인 존재"라고 받아들입니다. 물론 "경험에 의존적인 제한된 인식능력을 지닌 인간이 어떻게 그런 시공을 초월한 영원한 절대적 존재를 인식할 수 있는가"하는 문제가 생길 수밖에 없지만,[224] 그렇다고 하더라도 하나님을 이 세상 존재에 적용되는 물리적 개념을 들어서 설명하려고 하는 것이 과연 적절한 것인지 의문을 제기하지 않을 수 없습니다.

"그리스 이후 근대에 이르기까지 주류 철학은 이성을 완전히 자유롭고 자발적인 활동으로 전제하고 이를 통해 마치 삶이나 의지와는 무관한 영원한 지식이 존재하는 것"처럼 주장했고, 이를 정당화하기 위해 "이성주의자들은 충동의 역할을 부정하고, 지식을 통해 삶의 원리를 규정"하려 했으며, 심지어 "근대에 들어서서는 과학만능주의에서 드러나듯이 합리적 이성이 중세의 신(神)의 자리를

---

224) 이태하, 『종교의 미래』 (파주: 아카넷, 2015), 16, 이후로는 이태하, 『종교의 미래』, 16. 등으로 표기함.

대신 차지"했는데, 그 결과 이성을 통한 과학적 인간 이해는 본능적 충동과 물리적 반응만을 하는 동물과 차이가 없게 되었습니다.[225] 물론 일반적인 역사적 사건들은 이성적이고 학문적인 증명들로 어느 정도 입증이 가능하겠지만, 적어도 "합리적인 의심을 뛰어넘는 기독교의 진리성"은 이성적이고 학문적인 증명들로는 충분히 입증할 수 없습니다.[226]

존재라는 말은 "오직 시간과 공간의 제약을 받는 존재들에게만 적용해서 사용"할 수 있기 때문에 하나님이 존재한다고 할 때 하나님도 마찬가지로 시간과 공간의 제약을 받는 존재처럼 생각할 수는 없습니다.[227] 이 문제에 대해 폴 틸리히(Paul Tillich)는 다음과 같이 지적합니다.

> 존재라고 하는 말은 시간과 공간 속의 존재자에 대하여 사용됩니다. 다른 행성이나 태양계 속에 존재하기도 하고, 깊은 바다에 다른 동물이 존재하기도 하는 것을 증명하는 것처럼, 신이라고 하는 존재자가 존재하는 것을 증명할 수 있다고 한다면, 그와 같이 증명될 수 있는 존재는 분명히 신은 아니며 이 세계의 일부일 것입니다. 그런 식으로 우리가 존재한다고 말할 수 있는 신은 실상은 신이 아니며, 신 이하의 상상적 존재자일 뿐입니다.[228]

리처드 스윈번(Richard Swinburne)이 지적한 바와 같이 "색깔을 구별할 수 없는 사람이 존재한다는 사실은 색깔을 구별할 수 있다고 주장하는 대다수의 사람들이 틀렸음을 증명하는 것이 아니라 단

---

225) 박홍순, 『한 문장으로 시작하는 철학수업』(서울: 웨일북, 2019), 240.
226) Herman Bavinck, *De Zekerheid Des Geloofs*, 임경근 역, 『믿음의 확신』 (파주: CH북스, 2020), 90.
227) 이태하, 『종교의 미래』, 45.
228) Paul Tillich, *Theology of Culture*, 이계준 역, 『문화와 종교』 (서울: 전망사, 1984), 47.

지 그 사람이 색맹이라는 것을 나타낼 뿐"이고, "특정한 조형물에
서 멀리 떨어진 일부 여행객들이 그 조형물을 보지 못한다는 사실
은 그 조형물을 볼 수 있다고 주장하는 대다수의 여행객들이 틀렸
음"을 뜻하지 않습니다.[229] 마찬가지로 하나님을 믿지 못하는 사람
들이 있다고 해서 하나님을 믿는 사람들이 틀렸다는 것을 증명하는
것이 아닐뿐더러 단지 그 사람들이 무신론자들이라는 것을 나타낼
뿐입니다. 이러한 문제점에 대하여 앤토니 플루는 '이성의 순례'라
는 주제로 이렇게 비유를 들어 지적합니다.

> 이런 비유로 시작해 보자. 위성 전화 한 대가 외딴 섬의 해변에 떠내려갔다.
> 그리고 그 섬에는 현대 문명과 접촉해 본 적이 없는 부족이 산다. 원주민들은
> 번호판의 숫자를 가지고 놀다가 어찌어찌하여 여러 번호를 연속으로 누르게 되
> 었고 거기서 다른 목소리를 듣게 된다. 처음에 그들은 그 소리가 정체 모를 장치
> 에서 나오는 소음이라고 생각한다. 그런데 부족의 과학자 몇몇이 똑같은 복제품
> 을 조립해서 그 숫자들을 누르자, 똑같은 목소리를 듣게 된다. 이제 결론은 명백
> 해 보인다. 크리스털과 금속과 화학물질을 이런 식으로 조립하면 인간의 음성처
> 럼 들리는 소리를 만들게 된다. 그 음성은 이 장치의 특성일 뿐이다.
>
> 그런데 이 부족의 현인이 과학자들을 소집해 토론을 벌인다. 그는 이 문제에
> 대해 곰곰이 생각하여 다음과 같은 결론에 이르렀다고 말한다.
>
> "이 도구에서 나오는 음성은 우리와 같은 사람들의 것이 분명하네. 다른 언어
> 로 말하고 있을 뿐, 그들은 살아있고 의식이 있는 사람들이라네."
>
> 현자는 그 음성은 전화기의 특성으로 치부하지 말고 어떤 신비한 통신망을 통
> 해 그들이 다른 인간들과 '접촉'할 가능성을 연구해야 한다고 주장한다. 그런 식
> 으로 점점 더 깊이 연구하다 보면 그들의 섬 너머에 있는 세계를 더 깊이 이해하
> 게 될지도 모른다고 말한다. 그러나 과학자들은 현인을 비웃으며 이렇게 말한다.
>
> "보세요, 이 기계에 손상을 가하면 더 이상 소리가 들리지 않습니다. 그러니
> 까 그 음성은 리튬과 회로판과 발광 다이오드의 독특한 결합으로 만들어지는 소
> 리에 불과한 겁니다."[230]

---

229) Richard Swinburne, 『신은 존재하는가』, 208.

합리적이지만 진실이 아닌 믿음,
진실이지만 합리적이지 아닌 믿음

포이어바흐는 최선의 조화 가운데서도 이성과 신앙 사이의 충돌은 불가피하다고 생각하지만, 기독교의 신앙은 계시에 근거하기 때문에 이성과 모순을 일으키지 않은 채 이성을 완전히 초월합니다.[231] 왜냐하면 일반계시인 이성은 특별계시로 우리를 이끌고, 특별계시는 다시 일반계시인 이성으로 이끌며, 이성과 특별계시는 서로를 필요로 하고, 만약 둘 중에 하나라도 없는 경우 불완전하고 난해한 계시가 되어버리기 때문입니다.[232]

아무리 이성을 최대화한다고 하더라도 이성으로 설명되지 않고 이성의 범주에 좀처럼 맞지 않는 부분이 늘 있게 마련이기 때문에, "아무리 억지로 끼워 맞추려 해도 소용없으며", 그럴 경우 "프로크루스테스(Procrustes)의 유혹"이 생길 수밖에 없습니다.[233] 중요한 그 무엇도 이성으로 완전하게 증명될 수 없듯이 기독교 신앙도 이성으로 완전하게 증명될 수 없지만, 그렇다고 하더라도 신앙이 비합리적인 것은 아니며, 다만 신앙에는 이성이 설명할 수 없는 초월적인 부분이 있을 뿐입니다.[234]

"하나의 핵입자가 두 개의 다른 구멍을 동시에 통과할 수 있다는

---

230) Antony Flew, 『존재하는 신』, 99-100.

231) Herman Bavinck, 『계시철학』, 92.

232) Herman Bavinck, 『계시철학』, 95.

233) Os Guinness, *Fool's Talk: recovering the art of Christian persuasion*, 윤종석 옮김, 『풀's 톡』(서울: 복 있는 사람, 2016), 59; Procrustes는 "늘이는 사람"이란 뜻의 인물로 그리스의 여관 주인이었는데, 모든 손님을 기어이 자기네 침대에 정확히 맞추었습니다. 키가 너무 작으면 잡아 늘였고 너무 크면 남아도는 만큼 발을 잘랐습니다. 이성(理性)도 이와 같아서 이성을 왕으로 삼아 최종 권위를 부여하면 똑같은 결과가 벌어질 수밖에 없습니다.

234) Alister E. McGrath, *Mere Apologetics*, 전의우 옮김, 『기독교 변증』 (서울: 국제제자훈련원, 2014), 160.

사실은 합리적이란 단어를 떠올릴 수 없지만" 진실이며, "표현의 자유와 제국주의적 침략 어느 쪽도 그것이 명백하게 좋은 것이라고 실험실에서 증명할 수 없지만" 표현의 자유는 좋은 것이고 제국주의적 침략은 좋은 것이라고 말할 수 없을 것입니다.[235] 하나님이 존재한다면 "실험실에 가져다가 실증적인 방법으로 분석할 수 있는 물건일 리가 없으며",[236] 따라서 "신앙에 대한 '과학적' 혹은 '도덕적' 혹은 '합리적인' 반대"는 과학적이거나 도덕적이거나 합리적일 수 없습니다.[237]

신앙이 비이성적이라는 주장은 널리 공감받고 있는 사실이지만, 사실 그것은 신앙 자체가 아니라 이성적으로 사고하려고 하지 않는 신자들에게 해당이 되고, 참된 신앙은 오히려 인간을 이성에 가두려는 합리주의로부터 자유롭게 합니다. 또한 신앙은 이성을 초월하지만 동시에 합리적인 동의와 정당성의 확보를 위하여 이성을 적극적으로 활용하는 반면 오히려 무신론자 중에는 이념에 사로잡혀 매우 비이성적인 경향을 보이기도 합니다. "오직 자신의 이성만을 믿을 것"이며 "자신의 이성으로 오류를 범하지 않을 자신이 있다."라고 호언장담(豪言壯談)하면서 기독교 신앙을 "광신의 무덤"으로 여겼던 볼테르(Voltaire)는[238] 자신의 이념에 사로잡혀 매우 비이성적인 경향을 보였던 대표적인 인물일 것입니다. 그러므로 이성적으로 사고하지 않는 것은 신앙의 문제에만 국한된 것은 결코 아닐 것입

---

235) Terry Eagleton, *Reason, faith, and revolution: reflections on the god debate*, 강주헌 옮김, 『신을 옹호하다-마르크스주의자의 무신론 비판』 (서울: 모멘토, 2011), 149, 150, 165.

236) Timothy Keller, *The Reason for God*, 최종훈 옮김, 『하나님을 말하다』 (서울: 두란노, 2018), 199, 이후로는 Timothy Keller, 『하나님을 말하다』, 199. 등으로 표기함.

237) David Bentley Hart, *Atheist Delusion*, 한성수 옮김, 『무신론자들의 망상』 (고양: 한국기독교연구소, 2016), 45, 이후로는 『무신론자들의 망상』, 45. 등으로 표기함.

238) Voltaire, *Examen important de milord bolingbroke ou le tombeau de fantasme*, 고선일 옮김, 『광신의 무덤』 (서울: 바오출판사, 2019), 8, 10.

니다. 적어도 "고도의 지적 교양을 지닌 오랜 기독교 철학의 전통"
과 "기독교가 자신의 역사적, 영적, 형이상학적 주장들을 비판적으
로 조사하고 재조사해온 오래되고도 영예로운 전통을 가지고 있다
는 사실"을 안다면 신앙은 이성에 반대되는 현상이라고 단순하게
주장할 수는 없을 것입니다.[239]

신앙은 예수 그리스도의 인격과 사역을 통해 구속과 구원을 얻을
수 있음을 아는 지식이고 비록 신앙이 이성의 활동 이상이지만,
"신앙은 우리의 지성에 계시 되었을 뿐만 아니라 우리의 마음에 인
(印)쳐진 지식"이기도 합니다.[240] 체스터턴은 이러한 기독교의 패
러독스(paradox)를 이렇게 설명합니다.

> 가장 일반적인 문제점은 바로, 이 세계가 합리적이기는 하지만 완전히 합리적
> 이지는 않다는 점이다. 인생은 불합리하지 않다. 그러나 논리에 능한 사람들에게
> 는 인생은 하나의 함정이다. 그들에게는 인생은 현재 그 자체의 모습보다 좀 더
> 수학적이고 규칙적으로 보인다. 다시 말해 그들의 관점에서 보면, 인생의 정확성
> 은 분명하게 드러나 있는 반면에 인생의 부정확성은 숨겨져 있으며 인생의 난폭
> 함은 잠복하여 우리를 기다리고 있다. … 달에서 온 어떤 수학적인 존재가 인간
> 의 신체를 분석한다고 가정해보자. 그는 인간 신체의 본질적인 특징은 바로 뭐
> 든 쌍으로 이루어져 있음을 즉시 알아차릴 것이다. 한 인간은 두 명의 존재이다.
> 오른편의 그는 왼편의 그를 정확하게 닮았다. 오른쪽에 팔 하나가 있고 왼쪽에
> 팔 하나가 있으며 오른쪽에 다리 하나가 있고 왼쪽에 다리 하나가 있다는 사실
> 에 유념하던 그 외계인은 … 마침내 그는 그것을 하나의 법칙으로 채택한다. 그
> 리하여 그는 한쪽 측면에 있는 심장을 발견하고는, 다른 쪽에도 또 하나의 심장
> 이 있을 거라고 추론한다. 그리고 그는 자신이 옳다고 느낄 것이다. 말할 필요도

---

239) David Bentley Hart, 『무신론자들의 망상』, 180.

240) *Inst,* 3.2.7: "Now we shall possess a right definition of faith if we call it a firm and certain knowledge of God's benevolence toward us, founded upon the truth of the freely given promise in Christ, both revealed to our minds and sealed upon our hearts through the Holy Spirit."; Alvin Carl Plantinga, 『지식과 믿음』, 117.

없이 그는 틀렸다. … 사과나 오렌지는 둥글다고 일컬을 수 있을 만큼 충분히 둥글지만 완전히 둥글지는 않다. … 이 세상 만물 속에는 언제나 이처럼 소리 없고 예측할 수 없는 요소가 있다. 그 요소는 합리주의자들을 따돌리지만, 결코 마지막 순간까지 피해 달아나지는 않는다. … 기독교는 논리적인 진실을 추론해 낼 뿐 아니라, 그것이 문득 비논리적이 되면 소위 비논리적인 진실을 발견해냈다. … 기독교는 한 인간이 두 개의 손을 가지고 있다는 사실은 인정하겠지만, 인간이 두 개의 심장을 가지고 있다는 추론은 인정하지 않을 것이다.[241]

과학은 본질상 이성을 초월하는 기독교의 기적적인 요소가 오류임을 보여줄 수 없음

포이어바흐처럼 기적, 곧 초자연적인 현상을 부정하는 사람이라면 그가 직접 어떤 기적을 경험한다고 하더라도 그것을 기적으로 여기지 않을 것인데, 그 이유는 기적이라는 것도 결국은 감각으로 경험하는 것이고 그 감각은 때때로 오류를 범하며, 따라서 믿을 수 없으므로 그것은 언제라도 환각이라고 여길 수 있기 때문입니다.[242] 물론 인간의 선입견은 기적을 경험한다고 하더라도 환각이라고 여길 수도 있고, 반대로 일어나지도 않은 기적을 경험한 것처럼 착각할 수도 있습니다. 그러나 분명한 것은 초자연적인 실재에 대한 믿음은 경험으로 입증되거나 반증될 수 있는 것이 아니라는 사실입니다.[243] 만일 기적이 있다면, 그것은 초자연 현상이기 때문에 자연적인 현상을 다루는 실험으로는 다뤄질 수 없고, 따라서 과학은 본질상 기독교의 기적적인 요소가 오류임을 입증할 수 없습니다.[244] 이 말은 기독교가 실험을 통해 자연현상 속에서 일어나는

---

241) Gilbert Keith Chesterton, 『오소독시: 나는 왜 그리스도인이 되었는가』, 153-155.

242) C. S. Lewis, *God in the Dock*, 홍종락 옮김, 『피고석의 하나님』 (서울: 홍성사, 2018), 14, 이후로는 C. S. Lewis, 『피고석의 하나님』, 14. 등으로 표기함.

243) C. S. Lewis, 『피고석의 하나님』, 15, 17.

일들의 규칙들을 발견해내는 작업을 부정한다는 뜻이 아닙니다. 다만 자연법칙이라고 하더라도 일시 정지될 수 있고, 어떤 충분한 원인이 있을 경우 자연법칙이 일시 정지될 수 있는가의 여부를 자연법칙 자체가 말해 줄 수는 없으며, 또 자연법칙이 기적이 결코 일어날 수 없다는 것을 증명해 주지는 못한다는 의미입니다.245) 과학적인 방법은 일반적으로 인간의 감각 경험을 통하여 지식을 얻는 것이며, 이러한 사실은 "과학의 출발점은 결코 정확하게 알려진 사실이 아니라는 의미"로서 "과학 법칙들은 단지 관찰된 일관된 상태들이 어떠함을 보여주는 결과에 불과"할 뿐 "사실을 증명한 것은 아니기 때문에", "과학은 확실성이 아니라 오직 가능성의 높고 낮음을 이야기할 뿐"이며, 따라서 "과학적 가설은 반대되는 사례가 한 가지만 나와도 가설 전체가 폐기"되므로246) 이러한 과학의 방법으로는 기독교의 기적을 증명할 수 없습니다.

만일 기적이 빈번하다면 자연 질서는 의미가 없게 될 것이고, 그 결과 행위에 대한 결과를 예측할 수도 없을 것이며 결국 세계와 우리 자신에 대한 통제를 상실할 것이기 때문에 하나님은 자연 질서에 자주 개입하지는 않을 것이지만, 그러나 하나님이 인격적인 존재시라면 자연 질서를 통해서만 우리와 교통하시는 것이 아니라, 때로는 기적, 곧 직접적이고 개인적인 방식으로 우리의 삶에 개입하실 것입니다.247) 기적을 부정하는 사람들은, 하나님은 자연법칙을 창조하신 분이시기 때문에 자신이 창조하신 자연법칙을 거스를 수 있다고 생각할 수 없으므로 그분이 자연법칙을 거스를 수 없다

---

244) C. S. Lewis, 『피고석의 하나님』, 171, 172.

245) C. S. Lewis, 『기적: 예비적 연구』, 90-91.

246) Joe Boot, 『청년들아 무엇을 위해 살 것인가?: 청년들을 위한 기독교 변증』, 50, 53.

247) Richard Swinburne, 『신은 존재하는가』, 185.

고 가정하는데, 그것은 순환 논리의 일례, 즉 "기적 자체가 일어날 수 없기 때문에 이 기적이 일어나지 않는다고 가정하는 것"과 같이 모순된 주장입니다.[248)

기적이란 근대적이며 이성적인 세계관과 도무지 조화될 수 없다는 계몽주의의 신념이나 기적은 존재하지 않는다는 것을 과학이 증명해냈다고 전제하는 것은 일종의 맹신(盲信)입니다.[249] 왜냐하면 그러한 전제는 "이전 시대의 사람들이 기적을 믿었던 것은 자연법칙을 몰랐기 때문이라는 생각과 밀접한 관계가 있는데", "만일 그렇다면 그들은 기적에 대한 개념조차 갖지 못했을 것이며, 따라서 설령 기적이 눈앞에서 벌어졌다 해도 특별한 흥미를 전혀 느끼지 못했을 것"이기 때문입니다.[250] 기적에 대한 믿음은 자연법칙에 대한 무지에서 비롯된 것이라고 주장하는 사람들이 있지만, 사실 기적에 대한 믿음은 오히려 자연법칙을 알기 때문에 비로소 생길 수 있으며, 자연법칙을 알지 못한다면 어떠한 기적도 인식할 수 없을 것입니다.[251] 그러므로 "과학은 자연현상의 원인을 검증할 수 있는 유일한 도구"이지만, 자연현상이 아닌 초자연적인 것을 모두 검증하는 것은 과학의 범위를 뛰어넘는 일이며, 특별히 과학이 어떠한 요인도 존재할 수 없음을 입증하는 것은 가능하지도 않습니다.[252]

예수님이 행하신 기적들을 직접 보고 체험했던 사람들은 그 기적들을 믿지 않을 수 없었지만, 유대 종교 지도자들은 그것을 믿을

---

248) Anthony DeStefano, *Inside the Atheist Mind*, 정성묵 옮김, 『무신론자들의 마음속』 (서울: 두란노, 2018), 96, 이후로는 Anthony DeStefano, 『무신론자들의 마음속』, 96. 등으로 표기함.

249) Timothy Keller, 『하나님을 말하다』, 149.

250) C. S. Lewis, 『기적: 예비적 연구』, 92, 93.

251) C. S. Lewis, 『기적: 예비적 연구』, 93, 94.

252) Timothy Keller, 『하나님을 말하다』, 149.

수 없었기 때문에 유언비어(流言蜚語)로 계속 논쟁을 벌였습니다.253) 만일 기적이 거짓이었다면 예수님과 그를 따르던 사람들이 아무리 선동한다고 하더라도 문제가 되지 않았을 것이지만, 계속 문제가 되었던 것은 오히려 그 기적이 사실이었기 때문입니다.254) "신약성경은 대부분 예수님의 삶과 죽음을 목격했던 사람들이 생존해 있을 때 기록된 것"으로, "성경 기자들과 다른 많은 사람들은 실제로 부활하신 예수님을 보았으며, 그분과 함께 대화를 나누었고 식사를 했으며", "지난 2,000년 동안 수없이 많은 책들이 이 역사적 증거가 얼마나 강력한지를 설명"했습니다.255) "만일 기독교의 토대가 되는 기적인 부활에 대하여 많은 역사적 증거들이 있다는 기독교의 가르침이 어느 정도 타당성을 가진다는 사실을 받아들인다면", 기적들은 "신이 존재할 경우에 예상할 수 있는 현상들이기 때문에 기적을 옹호하는 증거와 하나님의 존재에 대한 추가적인 증거"가 되기에 충분할 것입니다.256)

성경은 인간적 이성이나 욕구로부터 발생한 것이 아님

포이어바흐는 신의 계시는 "신 존재의 자기 증명, 신이 존재한다는 문서상의 증거"인데, 그것도 역시 "인간적인 근원을 가지고 있는" 이유는 "신의 계시 내용은 신으로부터 발생한 것이 아니라 인간적 이성이나 인간적 욕구에 의해 규정된 신으로부터, 곧 인간적 이성이나 욕구로부터 발생한 것"이기 때문이라고 주장했습니다.257)

---

253) 김형석, 『어떻게 믿을 것인가』 (고양: 도서출판 이와우, 2016), 186, 187, 이후로는 김형석, 『어떻게 믿을 것인가』, 186. 등으로 표기함.
254) 김형석, 『어떻게 믿을 것인가』, 187.
255) Richard Swinburne, 『신은 존재하는가』, 199, 200.
256) Richard Swinburne, 『신은 존재하는가』, 203.

따라서 그는 "필연적으로 시간성과 유한성의 모든 조건 아래서 기록된 역사적인 책에 영원하고 보편타당한 많은 의미를 부여하는 신앙의 필연적인 결과 및 작용은 미신과 궤변이 될 뿐"이라고 주장했습니다.[258]

과연 그럴까요? 하나님의 직접 계시인 성경을 진지하게 연구한다면 성경이 인간적 이성이나 욕구로부터 발생한 것이 아니라는 것을 분명하게 확인할 수 있습니다. 실제로 성경이 인간적 이성이나 욕구에 의해 구성되었다는 증거는 없습니다. 왜냐하면 조작되고 허구화된 문서를 만들어내는 경우라면 그 문서의 조작과 허구를 반박하거나 폭로할 수 있는 목격자들이 모두 죽은 후에 하는 것이 합리적일 것이지만, 복음서들과 사도행전, 바울 서신들은 예수님 생전에 있었던 일들을 "현장에서 무리 지어 예수님의 말씀을 듣고 그 모습과 행동을 지켜보았던 예루살렘 시민들이 살던 때"였습니다.[259]

또 만일 성경이 인간적 이성이나 욕구로부터 발생한 것이라면 거기에 맞게 내용이 구성되었을 것이지만, 성경의 내용을 보면 인간적 이성이나 욕구에 상반되는 경우가 너무 많습니다. 팀 켈러는 여기에 대하여 다음과 같이 반문합니다.

> 십자가 사건이 정말 일어난 게 아니라면, 기독교 운동을 이끌었던 초기 지도자들은 왜 그런 얘기를 지어낸 걸까? 그리스 문화에서든 유대문화에서든, 복음을 듣는 이들은 십자가 사건 대목에서 반사적으로 범죄를 떠올릴 수밖에 없었다. 사실은 이러저러하다고 말해봐야 소용이 없었다. 예수님이 겟세마네 동산에서 무거운 사명에서 벗어날 수 있을지 하나님께 물었다는 이야기를 꾸며 낼 까닭은

257) 『기독교의 본질』, 333, 338.

258) 『기독교의 본질』, 341.

259) Timothy Keller, 『하나님을 말하다』, 171, 172.

또 무엇인가? 십자가에 못 박힌 예수님이 아버지로부터 버림을 받았다고 부르짖더라는 사연을 굳이 만들어 낼 필요가 있을까? 이런 기사들은 1세기 예비 회심자들을 불쾌하게 하거나 헷갈리게 할 뿐이다. 법정에서 인정받지 못할 만큼 여성에게 낮은 지위를 부여했던 사회에서 하필이면 여인들을 부활의 첫 번째 목격자로 꾸밀 이유는 있겠는가? … 실제로 그런 일이 일어났다고 판단하는 것 말고는 이것을 이치에 맞게 해석할 길이 없다. 그뿐만이 아니다. 어째서 초대교회의 으뜸 지도자들인 사도들을 시종일관 옹졸하고, 시샘이 많으며, 어처구니없으리만치 말귀를 못 알아듣고, 적극적으로든 수동적으로든 결국 주님을 실망시킨 겁쟁이들로 그리는 것일까?[260]

비판적인 학자들은 20세기에 들어서면서부터 줄곧 초기 기독교인들이 대중이 거부감없이 잘 받아들일 만한 민담을 만들어 낼 의도로 비교적 융통성 있는 가공 과정을 동원했으며 옛이야기를 조작하여 현실과 상황에 짜 맞췄다고 추정하지만,[261] 만일 그렇다면 팀 켈러의 반문에 어떻게 대답할 수 있을까요?

현대에 들어와 비판적인 학자들이나 그들에 동조하는 기독교인들은 "성경에서 감정을 상하게 하고 자신들의 뜻에 맞지 않거나" 이성으로 이해할 수 없는 부분들을 마음대로 가감하여 "믿고 싶은 내용만 골라서 믿고 나머지는 거부"하지만, 만일 그렇게 한다면 "인간과 다른 생각을 하는 하나님을 만날 수는 없을 것"이며, 그 하나님은 포이어바흐의 주장대로 본질적으로 인간이 스스로 만들어 낸 허상의 하나님이 되고 말 것입니다.[262]

'고등 비평, 역사 비평, 성경 비평, 혹은 역사 비평적 연구' 같은 여러 이름으로 불리는 성경 연구들은 신앙으로 아는 것은 고려하지

---

260) Timothy Keller, 『하나님을 말하다』, 175.

261) Timothy Keller, 『하나님을 말하다』, 179.

262) Timothy Keller, 『하나님을 말하다』, 187.

않거나 제쳐 놓고, 성경 각 책을 사람들이 널리 인정하는 이성에
의존하는 관점에서 바라보고 이해하려는 노력이기 때문에 하나님의
존재, 창조와 섭리(개입), 삼위일체, 예수님의 성육신과 십자가 대
속(代贖), 부활과 신성, 기적, 성경의 영감 등에 대하여 인정하지 않
거나 피하거나 제쳐놓습니다.263) 이들의 하나님이야말로 포이어바
흐가 주장하는 바와 같이 본질적으로 인간이 스스로 만들어 낸 허
상이 될 것입니다.

극단적으로 말해 무신론자들의 주장대로 성경이 오류로 가득하
다거나 인간적인 근원을 가지고 있다고 치더라도 그것이 곧 하나님
이 존재하지 않음을 증명해 주지는 못합니다. 그 이유는 "성경의
정확성과 하나님의 존재라는 두 명제는 논리적으로 연결되어 있지
않기" 때문입니다.264)

이성으로는 적합하고 충분하게 하나님을 알 수 없지만, 핑계를 댈 수 있을 정도로 어두운 것은 아님265)

로마서 1장 20절은 하나님께서 인간이 하나님을 알 수 있도록
그의 피조물 가운데 자신을 분명하게 나타내 주셨기 때문에 비록
인간의 이성이 적합하고 충분하게 하나님을 알 수 없다고 하더라도
핑계를 댈 수 있을 정도로 어두운 것은 아니라고 선언합니다.266)

263) Alvin Carl Plantinga, 『지식과 믿음』, 181-185.

264) Anthony DeStefano, 『무신론자들의 마음속』, 95.

265) 이 부분은 윤광원, "John Calvin의 『로마서 주석』에 나타난 이성과 계시에 대한 이해", 안명
준 편, 『칼빈신학 2009』 (서울: 성광문화사, 2009), 149-174에서 발췌하였음.

266) John Calvin, *Commentary on The Epistle to The Romans*, The Ages Digital Library Commentary,
Books For The Ages, AGES Software • Albany, OR USA, Version 1.0 © 1998: "So that they
are inexcusable. It hence clearly appears what the consequence is of having this evidence …
that men cannot allege anything before God's tribunal for the purpose of showing that they are
not justly condemned. Yet let this difference be remembered, that the manifestation of God, by

칼빈의 지적대로 인간은 하나님을 알 수 있는 천부적인 능력을 지니고 있는데, 이는 하나님께서 그의 신성한 위엄을 어느 정도 이해할 수 있는 마음, 즉 '종교의 씨앗'을 모든 사람 속에 심어주셨고, 또한 그 기억을 계속 새롭게 하도록 지속적으로 새로움을 더해주시기 때문입니다. 인간에게 하나님을 알 수 있는 천부적인 능력이 하나님으로부터 주어졌다고 하는 증거는 하나님에 대한 보편적 개념이 모든 인간의 마음속에 깊이 자리 잡고 있으며, 그 결과 천지창조 이후로 종교 없이 산 지역, 도시, 가정이 없었다는 것과 우상숭배 등입니다.267) 그러므로 '종교란 순박한 백성을 속박하기 위해 몇몇 사람이 교활함과 간계로 지어낸 것이며, 다른 사람들을 위해 하나님에 대한 예배를 만들어낸 그 사람들 자신은 하나님이 존재한다는 것을 조금도 믿지 않는 자들'이라고 말하는 것은 전혀 터무니없는 주장입니다.268)

인간의 이성은 종교적 진리에 접근할 수 있거나 하나님을 지적으로 파악할 수는 없지만, 하나님의 계시와 관련된 것이 아닌 단지 '신의 존재에 대한 인식, 다른 피조물들과의 구별, 사회적 질서의 측면, 인문과 과학의 학문적 활동'에 있어서 그 기능을 인정할 수 있습니다. 칼빈이 로마서 1장 20절 주석에서 지적한 바와 같이, 이성으로 아는 신지식(神知識)은 신이 존재한다는 것과 신에게 경배해야 한다는 것을 알게 하므로 이에 대하여 핑계할 수는 없지만,

which he makes his glory known in his creation, is, with regard to the light itself, sufficiently clear; but that on account of our blindness, it is not found to be sufficient. We are not however so blind, that we can plead our ignorance as an excuse for our perverseness. We conceive that there is a Deity; and then we conclude, that whoever he may be, he ought to be worshipped:"

267) *Inst.*, 1.3.1.

268) *Inst.*, 1.3.2.

구원에 이르게 하는 신지식에는 이르지 못하므로 하나님이 누구시며 어떤 존재인지(하나님의 본질과 속성)에 대해서는 확인할 수 없으며, 인간의 이성은 하나님을 경배하는 데 실패합니다.[269] 칼빈이 로마서 1장 23절 주석에서 지적한 바와 같이 인간이 이성으로 아는 하나님은 육체적(정욕적) 이성에 맞게 이해할 수 있도록 가공한 하나님이기 때문에 참 하나님을 아는 것과는 매우 동떨어진 것이고, 오히려 허깨비라고 할 수 있는 가공적인 새로운 신을 고안해낸 것이며,[270] 또 로마서 2장 12절 주석에서 지적한 바와 같이 무신론자들은 그들 자신의 이성의 오류들에 의하여 잘못 인도되어 저돌적(豬突的)으로 파멸로 돌진하게 됩니다.[271]

물론 유신론자들 가운데서도 인간의 이성으로 하나님을 알 수 있다고 주장하는 무리가 있습니다. 그 대표적인 예는 중세 로마가톨릭 신학인 스콜라 신학일 것입니다. 스콜라 신학은 하나님에 대한 일반계시를 통하여 특수계시를 설명하려고 하지만, 자연이나 역사로부터 하나님에 관한 일반적인 혹은 피상적인 지식을 얻어내는 것은 가능하지만, 스콜라 신학의 신인식 방법, 즉 인간 이성의 사변적인 추론을 통해 자연이나 역사로부터 시작하여 하나님에게로 거슬러 올라가려는 모든 시도들은 쓸데없거나 불가능합니다. 왜냐하면 타락한 이성은 오로지 단순한 것만을 이해할 수 있도록 제한되었으며, 그리하여 논리의 노예가 되었기 때문에 논리가 이해하지 못하

---

269) "We conceive that there is a Deity; and then we conclude, that whoever he may be, he ought to be worshipped: but our reason here fails, because it cannot ascertain who or what sort of being God is."

270) "Having feigned such a God as they could comprehend according to their carnal reason, they were very far from acknowledging the true God: but devised a fictitious and a new god, or rather a phantom."

271) "As the Gentiles, being led by the errors of their own reason, go headlong into ruin,"

는 것을 수용하지 못하며 역설이나 신비를 모두 거부합니다.272) 또한 타락한 이성은 합리적이고 논리적이라고 주장하는 여러 개의 대립하는 해답들을 산출할 뿐이며, 확실한 하나의 결론을 내리지 못하고 매우 혼란된 복수의 결론을 얻게 됩니다.273) 살루타니도 이점에 대하여 '이성에 의해 파악될 수 있는 모든 진리는 그 반대되는 이성에 의해 의심스러운 것으로 여겨질 수 있다.'라고 지적한 바가 있습니다.274) 타락한 이성은 보편적 정의나 사물의 본질에 대해서는 거의 기만당하지 않지만, 개별적인 경우에 적용할 때는 혼미하게 되어 보편적인 원칙을 망각하고 자기 자신의 경우를 논리적으로 정당화하기 위하여 악용합니다.275) 또한 우리의 타락한 이성은 하나님께 의지하지 않고, 오히려 교만과 무분별에 치우쳐 독자적으로 하나님과 그 뜻을 타락한 기준으로 판단하려고 합니다.276)

인간은 시간과 공간의 제한을 받는 피조물로서 시간과 공간을 초월한 것에 대하여는 제한성을 가지기 때문에, 순수하게 영적이고 초월적인 하나님과 하나님의 뜻을 인간의 이성을 통하여 아는 것에는 일정한 한계를 가집니다. 따라서 인간은 시간과 공간을 초월한 것에 대하여는 철저하게 오직 하나님께서 자신과 자기 뜻을 자연과 성경을 통하여 계시한 범위 안에서만 아는 것이 허용될 수 있습니다. 자연에 나타난 하나님의 계시도 비록 하나님에 대한 무지를 변명하지 못하도록 모든 사람의 입을 막을 만큼 충분하지만, 일반적

---

272) *Inst.*, 3.11.36.

273) *Inst.*, 1.5.12, 2.2.12, 1.15.6.

274) W. J. Bouwsma, *John Calvin: A Sixteenth Century Portrait*, 이양호·박종숙 역, 『칼빈』(재판) (서울: 도서출판 나단, 1993), 348.

275) *Inst.*, 1.5.13~14, 2.2.23; 예를 들면, 간음자도 간음 일반에 대해서는 정죄하지만 자신의 간음에 대해서는 정당화하려고 노력한다는 것입니다.

276) *Inst.*, 1.17.2, 3.22.1, 3.24.17.

이고 제한되어 있습니다. 칼빈이 예리하게 지적한 대로, 인간들은 하나님을 아는 지식에 있어서 지혜롭다는 이성의 자만심을 가지고 있으며, 그 이성의 자만심으로 자신의 이성에 맞춘 가공의 하나님을 만들어 섬기는 우상과 미신에 빠지는 오류와 한계를 가지고 있습니다.

이성의 자만심은 불신자만의 경우가 아닙니다. 이성을 지혜에 이르는 확실한 안내자로 여기는 계몽주의에 뿌리를 내리고 있는 자유주의신학과 그 연장선상에 있는 현대신학은 이성은 어떤 것이 하나님의 계시인가조차도 결정하는 기준의 역할을 한다고 주장합니다.[277] 그들에게는 인간의 이성이 최고의 가치를 가지며 모든 것의 절대 표준입니다. 그들은 우주를 불변적인 법칙에 의해 지배되는 기계로 취급하며, 따라서 초자연을 부정 내지 초자연의 영역을 피하거나 우회하는 방법으로 그 내용을 진술하는 방향으로 나아갑니다.[278] 이성적 사유가 신앙의 문제로 접근해 나가는 통로가 될 수 있다고 생각하는 신학자들은 이성을 통해서도 하나님과 그의 계시를 알 수 있다고 주장합니다. 현대신학의 3대 거장이라고 평가받고 있는 바르트, 불트만, 틸리히와 그를 잇는 판넨베르크와 윙엘 등은 현대교회에 지대한 영향을 미치고 있는데, 그들은 여러 가지 공헌에도 불구하고 이성을 통하여 하나님에 관한 지식을 얻고자 하는 자연신학으로 흐르고 있다는 사실을 부정하기 어려울 것입니다.[279]

277) 임희완, 『서양사의 이해』 (서울: 박영사, 2003), 325; Gerald R. Cragg & Alec R. Vidler, *Church and the age of reason 1648-1789, Church in an age of revolution 1789 to the present day*, 송인설 옮김, 『근현대 교회사』 (서울: 크리스천 다이제스트, 1999), 231; 곽철근, "칼 바르트 이해를 위한 현대 자유주의신학 연구", 「진리논단」 제13호 (2006): 45-46.

278) 곽철근, "칼 바르트 이해를 위한 현대 자유주의신학 연구", 「진리논단」 제13호 (2006): 46.

279) 바르트, 불트만, 틸리히, 판넨베르크, 윙엘 등에 대한 평가는 김영한의 『현대신학과 개혁신학』 (서울 : 도서출판 대학촌, 1990), 459-467의 내용을 요약하였음.

바르트의 신학은 그의 『로마서』에서 키르케고르의 변증법적 사고에 강하게 영향을 받음으로써 성경의 하나님을 초절적(超絶的) 존재로 변형시켰고, 『교회교의학』에서는 범기독론적 사고로 나아감으로써 보편구원론으로 나아갔습니다. 또한 바르트는 하나님은 인간 이성에 대해서는 자신을 완전히 감추셔서 인간은 그 이성으로서는 접근하려고 하여도 불가능하다고 하면서 일반 이성의 타당성을 거부하였으나, 역설적이게도 그의 모든 신학을 계시 의존이나 경건의 원리 위에 세우는 대신에 논리와 일반 이성의 바탕 위에 세움으로써, 자유주의신학과의 단절을 내세우면서도 자유주의신학과 불연속성과 동시에 연속성을 가지게 되었습니다.

불트만은 역사적 비판학과 하이데거의 실존철학에 지배를 받음으로써, 자연과학적 관점에서 성경을 이해하여 예수 그리스도의 동정녀 탄생, 메시아적 사역, 십자가 대속의 죽음, 부활과 승천 등의 역사적 사실을 부정하고 그러한 역사적 사실들을 신화로 취급하면서 케리그마(κῆρυγμα)의 의미성만을 인정하게 되었습니다.

틸리히는 철학과 신학, 이성과 계시, 문화와 종교, 세속과 거룩, 제약적인 것과 무제약적인 것, 사고와 신앙의 경계에서 사고하면서 양자의 분리보다는 연결을 시도하는, 철학은 질문하고 계시는 대답한다는 상관관계의 방법을 취하였는데, 결국 현대의 무종교적 상황을 지나치게 의식하여 기독교적인 개념을 철학적 개념 내지 심층적 심리학의 개념으로 대체했습니다. 그 결과 삼위일체의 인격적 하나님은 '존재 자체', '무제약적인 것', '존재의 힘', '모든 존재의 근거와 의미' 등으로, 예수 그리스도는 구속자가 아니라 '새 존재의 담지자'로, 성령은 인격적 위로자나 구속에 대한 증언자가 아니라 '통일 속에서 존재의 힘과 존재의 의미를 실현하는 존재의 현현'으로 변모됨으로써 범신론적인 혼동이 야기되고 만인 구원론으로 나아갔습니다.

판넨베르크 또한 십자가의 구속과 부활을 믿는다고 하면서도, 헤겔의 이성주의적 계시 이해에 지배를 받아 계시 사건을 역사 사건과 동일시하고 있기 때문에 계시 사건이 지니는 구속론적 은폐성을 탈락시키고, 역사 종국의 의미를 오로지 신성의 보편적 증시로서 파악하기에 이릅니다.

윙엘의 사변적 십자가 신학 또한 바르트의 계시 신학적 사고와 헤겔의 사변적 종교철학에 지배를 받아 십자가 사건을 더 이상 성경적 의미, 곧 인류의 죄를 위한 대속적이고, 역사적인 사건이 아니라, 영원한 신이 자기로부터, 자기에게로, 자기로서 실현하는 필연적 과정의 한 계기로 이해하고 있습니다.

이성을 통하여 하나님에 관한 지식을 얻고자 하는 현대신학은 일반계시와 특별계시를 구별하는 것이 마치 하나님께서 기독교인의 하나님만 되시고 불신자들의 하나님은 안 되시는 것처럼 제한하는 것으로, 다르게 말하면 하나님의 주권을 기독교인들에게만 국한하여 하나님을 제한하는 죄를 범하는 것같이 몰아갑니다. 자연 계시를 이성적으로 신중하게 살펴봄으로써 인간이 하나님과 그의 계시를 알 수 있다는 주장은, 믿음 또는 믿음의 눈을 통해 그리고 성령의 내적 조명에 의해서만 이해되는 신앙의 세계를, 인간의 자연적 이성과 혼동하는 위험성이 있습니다.[280] 일반계시를 강조하는 신학자들은 로마서 1장 19절이나 시편 여러 구절들을 근거로 하여 일반계시로도 하나님과 그의 계시를 알 수 있다고 주장하지만, 그러한 구절들이 강조하는 바는 인간의 이성적 식별력으로 하나님과 그

---

280) 문석호, 『기독교 신앙의 의미 이해』 (서울: 기독교문서선교회, 1999), 65.

의 계시를 알 수 있다는 것이 아니라, 하나님의 일반계시가 너무도 명백하여 그 누구도 자신의 불신앙과 불경건함에 대하여 핑계할 수 없다는 것을 역설적으로 강조하고 있는 것입니다.

신앙은 인간의 이성에 근거하는 것이 아니라 성령의 증거를 통한 성경에 둡니다. 물론 성령의 증거를 통하여 성경의 진정성을 확신한 후에는 성경을 하나님의 말씀으로 인정하는 합리성을 전개하는 많은 이성적 논증들을 용인할 수 있습니다.281) 그러나 성경이 가르치는 것 가운데 창조 기사, 내세론 등을 비롯한 많은 진리들은 인간의 관찰과 이성을 초월하고, 성경이 가르치는 것들 가운데 삼위일체론, 예수님의 동정녀 탄생 등 초이성적인 내용이 많습니다. 그러므로 신앙은 이성이 참되다고 증명하여 주는 까닭에 믿는 것이 아니라, 성령에 의해서 밝혀진 성경이 가르쳐 준 하나님의 증거 때문에 믿는 것입니다.282)

기독교 신앙은 인간의 합리적 사변의 한계를 넘어서서 이성을 초월하지만, 합리적 이성을 무시하는 맹신은 아닙니다. 기독교 신앙은 인간의 이성을 마비시키는 것이 아니라 풍요롭게 하며, 합리성과 초합리성을 동시에 가집니다. 여기에서 신앙이 초합리적이란 말을 사용하는 것은 '신앙을 합리적으로 설명할 수 없다.'라는 말이 '인간의 이성으로 이해할 수 없다.'라는 의미이지 합리적이지 않다는 것을 뜻하지 않기 때문입니다. 신앙은 이성을 통하여 기독교 신앙 자체가 가질 수 있는 오류 가능성에 대하여 늘 비판적 자기 검토의 자세를 취함으로써 맹신이나 미신에 빠지지 않게 하고 또한

---

281) H. Henry Meeter, *The Basic Ideas of Calvinism*, 박윤선·김진홍 역, 『칼빈주의 기본사상』 (서울: 개혁주의신행협회, 2003), 50, 이후로는 H. Henry Meeter, 『칼빈주의 기본사상』, 50. 등으로 표기함.

282) H. Henry Meeter, 『칼빈주의 기본사상』, 51.

더욱 확고해질 수 있습니다. 그러므로 신앙이 전제된 이성, 이성을 동반한 신앙이 요청됩니다.283) 아우구스티누스가 "나는 알기 위해 믿고자 하며, 믿기 위해 알고자 한다."라고 하였듯이 이성 없는 신 앙은 맹목적일 수 있고 신앙 없는 이성은 참 진리로 나아갈 수 없습니다.284)

인간의 정신적 능력은 이성을 초월하는 하나님의 방식을 이해하지 못하는 제한성을 가지고 있고, 따라서 하나님께서는 인간 이성의 제한성을 전제로 하여 성경의 표현을 인간의 능력에 맞게 적응하셨고,285) 성령도 성경을 인간이 이해할 수 있는 수준으로 적응해주었기286) 때문에 성경은 전체적으로 합리적입니다. 그래서 칼빈은 귀납, 분석, 종합의 방법으로 자기 신학을 구성하기 위하여 자연 이성의 논리를 사용하였으며, 또한 그릇된 교리와 신학을 공격하는 데에도 자연적이고 보편적인 이성에 호소하였습니다.287) 그러나 그가 이성의 비판적 기능을 충분히 활용하였다는 것이 신학을 자연적 이성의 학문으로 여겼다는 것을 의미하지는 않습니다.

---

283) 강학순, "신앙과 이성-기독교 철학적 관점-",「신학 지평」제12집 (2000년 봄·여름호): 148, 이후로는 강학순,「신학지평」제12집: 148. 등으로 표기함.

284) 강학순,「신학 지평」제12집: 144.

285) *Inst.*, 2.16.2.

286) *Inst.*, 3.24.9.

287) 이정석, "칼빈의 이성관",「국제신학」2권 (서울: 국제신학대학원대학교, 2000): 152.

II

니체의
『안티크리스트』와
기독교

1 권력에로의 의지(Der Wille zur Macht)가 모든 평가의 궁극적 원리가 될 수 있을까요?

권력에로의 의지는 자연주의 또는 생물주의

니체(Friedrich Wilhelm Nietzsche, 1844-1900)는 "인간에게 항상 어떤 행동을 하도록 만드는 것은 권력에로의 의지"이기 때문에 삶은 "권력에로의 의지(힘에의 의지)"이며, 그러므로 "권력에로의 의지는 가치판단의 기준", 곧 모든 평가의 궁극적 원리라고 주장했습니다.[1] 그러한 까닭에 그는 "선(善)이란 권력의 감정과 권력에 대한 의지 그리고 권력 자체를 인간에게 오도록 증대시키는 모든 것"이고, "악(惡)이란 나약함에서 나오는 모든 것"이며, "행복(幸福)이란 힘이 더 세진 느낌이고 싸워 이긴 느낌이며 어떠한 정점에 도달한 느낌"[2]이라고 볼 수밖에 없었습니다.

그는 이러한 관점을 가지고 있었기 때문에 감히 "인간이란 존재를 진정으로 사랑하고" "인간이 진정 훌륭한 존재가 되려고 한다면" "나약한 인간이나 못난 인간"은 동정해서는 안 되고 오히려 세상에서 "도태(淘汰)되도록 뒤에서 지원해야 한다."라고 주장할 수 있었습니다.[3]

---

1) J. P. Stern, *Friedrich Nietzsche*, 이종인 옮김, 『니체』 (서울: 시공사, 2003), 15, 16, 이후로는 J. P. Stern, 『니체』, 15. 등으로 표기함.

2) NIETZSCHE, Friedrich, *Der Antichrist*, 나경인 옮김, 『안티크리스트』 (개정판) (서울: 이너북, 2008), 14, 이후로는 『안티크리스트』, 14. 등으로 표기함.

3) 『안티크리스트』, 14, 15.

이런 관점에서 볼 때 니체에게는 기독교는 무익한 인간을 동정하는데 앞장서는 대표적인 종교로서 동정을 통하여 항상 강화되어야 할 삶의 본능을 약화시키고, 무가치한 많은 사람들을 결속시켜 삶을 퇴화시키기 때문에 기독교는 악덕보다 더 해로운 것이었습니다. 그는 『안티크리스트』(*Der Antichrist*)의 결론에서 "기독교가 흡혈귀처럼 삶에의 의지의 혈관으로부터 모든 피, 모든 사랑, 모든 희망을 빨아먹고 있다."라고 비난했습니다.4) 따라서 그는 "모든 가치의 재평가 작업"이라는 원대한 계획의 첫째 권으로 집필한 『안티크리스트』에서 기독교를 본능적 진리와 과학적 진리를 포함한 모든 진리를 부정하는 것으로 묘사하면서 반도덕적, 반종교적, 반정신적 가치에 대해 긍정적인 태도를 가질 것을 제안할 수밖에 없었습니다.5)

니체의 관점에서 보면 "권력에로의 의지는 세계의 본질(혹은 본성)이고 세계 자체"이기 때문에 그것은 "인간뿐만 아니라 자연의 모든 생명체의 작용, 인간의 사회적 정치적 활동들은 물론 무생물의 물리적 현상"까지도 지배하는 "유일한 원리"입니다.6) 그렇다면 권력에로의 의지란 다름 아닌 지배하려는 의지라고 말할 수 있으며, 그것은 곧 자신이 주인이 되고 주관자가 되며 지배자가 되는 것, 곧 자신이 신(神)이 되려는 것이라고 볼 수 있습니다. "서양 문화는 기독교적 데카당스(décadence, 퇴폐주의, 頹廢主義) 운동에 헌신해 왔기 때문에" "자기지양(自己止揚)의 상태에서 표류하고 있다."라는

---

4) 정영도, 『칼 야스퍼스의 「니체와 기독교」 읽기』 (서울: 세창미디어, 2016), 128, 이후로는 정영도, 『칼 야스퍼스의 「니체와 기독교」 읽기』, 128. 등으로 표기함.

5) J. P. Stern, 『니체』, 141.

6) 김웅래, "무신론자들의 신", 「누리와 말씀」 제38호 (인천가톨릭대학교 복음화연구소, 2015. 12. 31): 200.

니체의 이해는 이것을 단적으로 잘 보여줍니다.[7] 이러한 니체의 주장은 다분히 "자연주의" 또는 "생물주의"라는 의심을 받을 수밖에 없을 것입니다. 하이데거(Heidegger)도 "이 사상가의 '세계상'은 일반적으로 보아서 그리고 무해(無害)한 학문상의 견해로부터 보아서 뿐만 아니라 그것의 가장 내적이며 사상적 의지로 보아서도 '무조건적 생물학주의'라고 단정하는 것을 피할 수 없는 것 같다."라고[8] 지적했습니다. 니체에게 있어서 "인간은 전적으로 신체적이며 영혼은 다만 신체 속의 어떤 것에 대한 이름에 불과"하기 때문입니다.[9] 물론 "니체의 거의 모든 명제들"에는 "그의 정신이 스스로를 지배하지 못했기 때문에" 야스퍼스(Karl Jaspers)의 지적처럼 "그 자신과 반대되는 주장들이 발견"됩니다.[10] 그러나 그렇다고 하더라도 "자연 세계에서는 약한 생물은 살아남을 수 없기 때문에" 기독교처럼 "약한 자를 동정하면 힘을 상실"하여 결국 "저급한 인간이 세상에 가득 넘치게 만들고 삶의 수준을 바닥으로 떨어뜨린다."[11]라는 주장은 자연주의 내지 생물주의라는 것을 분명히 확인시켜줍니다. 그의 주장들을 살펴보면 그가 인간 현실의 생물학적 측면만을 현실 전체로 보려는 편협한 시각을 가지고 있었던 것은 아닌지 의심하지 않을 수 없습니다. 니체가 "인간 본성의 욕구가 도덕의 목적"이라고 보는

---

7) 정영도, 『칼 야스퍼스의 「니체와 기독교」 읽기』, 129.

8) Martin Heidegger, *Nietzsche 1*, 박찬국 옮김, 『니체 1』 (서울: 길, 2010), 495, 이후로는 Martin Heidegger, 『니체 1』, 495. 등으로 표기함.

9) William A. Luijpen & Henry J. Koren, *Religion and atheism*, 류의근 옮김, 『현대 무신론 비판』 (서울: 기독교문서선교회, 2005), 119, 이후로는 William A. Luijpen & Henry J. Koren, 『현대 무신론 비판』, 119. 등으로 표기함.

10) Johannes Hirschberger, *Geschichte der Philosophie*, 강성위 옮김, 『서양철학사 하권·근세와 현대』 (서울: 이문출판사, 1987), 736, 이후로는 Johannes Hirschberger, 『서양철학사 하권·근세와 현대』, 736. 등으로 표기함.

11) 『안티크리스트』, 19.

한(限), 그의 주장은 "자연주의적인 것으로 볼 수밖에" 없을 것입니다.[12] 그가 "요즘 사람은 타락했다고 생각"했고, 그 이유는 "모두 하나같이 인간의 가치를 저하하는 도구인 동정을 선이라 착각"하고 있기 때문이며, "동정의 목적은 결국 저세상이나 신의 구원과 같은 잘못된 길로 인간을 몰아가려는 것"[13]이라고 주장한 것을 보면 하이데거의 판단이 틀리지 않다는 것을 알 수 있습니다.

인간의 삶은 그렇게 쉽게 생물학적으로만 해석할 수 있을 만큼 단순하지 않습니다. 왜냐하면 권력에의 의지이든 인간 현실의 생물학적 측면이든 그 무엇이든 어떤 한두 가지로 다채롭고 복잡 미묘한 인간을 설명할 수는 없기 때문입니다. "니체의 철학이 쓸모가 있는 것이 되려면" "언제나 커다란 수술을 가하지 않으면 안 된다거나 개념적인 사고의 훈련이 되어 있지 않다."라고 지적받는 이유가 바로 여기에 있을 것입니다.[14] 물론 그의 저술들은 "잡탕이면서, 동시에 모순된 내용으로 가득 차 있고, 또 다양한 형태를 자랑"하므로 일관된 해석을 시도하는 것은 많은 문제를 일으킬 수도 있을 것입니다.[15]

의미도 가치도 원칙도 진리도 없고 다만 자연만 존재하는 권력에로의 의지

니체가 자신의 "모든 정열을 쏟아서 공격하고 있는 인간"은 "병들

---

12) Frank Thilly, *History of philosophy*, 김기찬 옮김, 『틸리 서양철학사: 소크라테스와 플라톤부터 니체와 러셀까지』 (파주: 현대지성, 2020), 632, 이후로는 Frank Thilly, 『틸리 서양철학사: 소크라테스와 플라톤부터 니체와 러셀까지』, 632. 등으로 표기함.

13) 『안티크리스트』, 19, 20.

14) Johannes Hirschberger, 『서양철학사 하권·근세와 현대』, 736, 744.

15) J. P. Stern, 『니체』, 35.

고 고통받고 열등한 인간 존재"인데, 여기에서 "가치들의 전환, 곧 권력에의 의지"를 보게 되며, 그것은 "다윈의 관점에서 보면 자연"으로, 이것이 "니체가 인간상을 근거 짓는 모델"이 됩니다.16) 따라서 그는 "자기가 경멸하는 인간상이 기독교에서 가장 철저하게 구현되고 있다고 보았고"17) 그래서 기독교에 대하여 심하게 비판했습니다.

그러나 만일 그가 추구한 인간이 "사사로운 영역에서도 다른 사람들과 갖는 인간관계는 기능적이고 실용적인 가치들에 의해서만 결정되며 힘의 이해관계에 의해서만 좌우되고 약자들은 어디서나 언제나 희생물로 삼는" 그런 인간이라면 거기에는 의미도 가치도 원칙도 진리도 더 이상 존재할 수 없고 다만 자연만 존재할 것입니다.18) 그렇다면 그것이 과연 바람직할까요? 또한 그가 내세우는 인간상이 과연 바람직한 인간상의 모델이 될 수 있을까요? "선"이란 권력의 감정과 권력에 대한 의지 그리고 권력 자체를 인간에게 오도록 증대시키는 모든 것이고, "악"이란 나약함에서 나오는 모든 것이며, "행복"이란 힘이 더 세진 느낌이고 싸워 이긴 느낌이며 어떠한 정점에 도달한 느낌이라는 니체의 생각은 "훌륭한 존재로서의 인간"이 되기 위해서는 모든 것을 희생시켜야 한다는 전제가 깔려 있습니다. 그의 주장대로라면 "전쟁도 정당화하는 것이 어렵지 않을 것이고 다수의 희생이나 모든 고통의 굴종도 쉽게 정당화할 수 있을 것"입니다.19) 이런 인간상을 누가 감히 바람직한 인간상의 모델이라고 생각할 수 있을까요?

---

16) Hans Küng, *Existiert Gott?* 성염 옮김, 『신은 존재하는가-1-』 (칠곡: 분도출판사, 1994), 565, 이후로는 Hans Küng, 『신은 존재하는가-1-』, 565. 등으로 표기함.
17) Hans Küng, 『신은 존재하는가-1-』, 565.
18) Hans Küng, 『신은 존재하는가-1-』, 566.
19) Hans Küng, 『신은 존재하는가-1-』, 569.

그는 또 진화론을 받아들여 건강한 남녀의 결혼을 통하여 보다 건강한 세대를 산출하고, 퇴화의 징후가 뚜렷한 병약한 사람들은 생식(生殖)의 대열에서 제외시켜야 한다는 등의 사육(飼育)을 통한 인간의 고급화를 구상하기까지 했는데,20) 이런 식이라면 갖가지 질병과 정신병으로 시달렸던 자신에 대해서도 그렇게 생각했는지 반문하지 않을 수 없습니다. 이러한 주장은 힘의 지배를 정당화하는 독재와 인간종(人間種)의 고급화라는 미명(美名)으로 자행한 인간 청소를 미화하는 빌미를 제공할 수밖에 없었으며,21) 또한 제국주의의 식민지 개척과 자본주의의 착취를 정당화시키는 근거로도 악용되었습니다.

오스 기니스(Os Guinness)가 그의 『진리를 위한 시간』(*Time of Truth*)에서 지적한 대로 "진리가 없다면 더 이상 옳고 그름이란 존재하지 않을 것이고, 그 결과 남는 것은 힘을 갖고자 하는 의지일 뿐"이므로 "힘이 정의를 만들게 되며", 따라서 "논리는 오직 힘을 얻기 위한 음모일 뿐"이고 "조작이 게임의 대명사가 되며 승리는 강한 자와 무자비한 자의 몫으로 돌아가게 될 것"입니다.22) 피카소(Pablo Picasso)는 이러한 니체의 사상이 어떤 영향을 주는지를 잘 보여주는 단적인 예가 될 것입니다. 피카소는 아내를 바꿀 때마다 "나는 항상 지난번 마지막 여인을 들볶았지. 그래야 그들에게서 벗어날 수 있으니까. 그렇게 하면 내 생활을 복잡하게 만들기 위해 내 주위를 맴도는 일 따윈 하지 않을 테니 말이야."라고 거친 말을 서슴지 않았고, 그의 파괴적인 성향은 바르셀로나에 있는 친구들을

---

20) 정동호, 『니체』(서울: 책세상, 2014), 34-35, 이후로는 정동호, 『니체』, 34. 등으로 표기함.

21) 정동호, 『니체』, 21.

22) Francis Collins, *Belief: readings on the reason for faith*, 김일우 옮김, 『믿음』(서울: 상상북스, 2011), 149, 이후로는 Francis Collins, 『믿음』, 149. 등으로 표기함.

통해 일찍이 니체를 알게 되면서부터 더욱 심해져서 "진리는 존재할 수 없다. … 진리는 존재하지 않는다. … 내가 신이다. 내가 바로 신이야!"라는 말을 입버릇처럼 중얼거렸습니다.23)

만일 니체처럼 생물학적 관점에서만 인간을 생각한다면 "동물같이 행동하거나 동물처럼 대접받을 때 비난하거나 분노를 느끼면 안될 것이지만", 대부분은 그런 상황에서 비난하거나 분노를 느끼게 됩니다.24) 그렇다면 그 이유가 무엇일까요? 니체와 니체를 추종하는 사람들은 여기에 대하여 대답해야 할 것입니다.

절대적 가치인 신(神)을 부정하는 권력에의 의지

니체의 자연주의 또는 생물주의는 그의 『차라투스트라는 이렇게 말했다』(Also sprach Zarathustra)에서 선언한 "신은 죽었다."(Gott ist tot.)로부터 필연적으로 나올 수밖에 없었습니다. "신은 죽었다."라는 선언은 신을 비롯한 신으로 상징할 수 있는 모든 절대적 가치를 부정하고 거부하는 것으로 해석할 수 있는데, 그렇다면 니체의 사상이 자연주의 또는 생물주의로 흐르는 것은 필연적일 수밖에 없습니다. 물론 그가 부정하고 거부한 것은 신(神)이 아니라 예수의 정신과 어긋난 변질된 기독교라는 해석을 하는 사람들도 있습니다. 그러나 그의 사상의 바탕에 신을 비롯한 신으로 상징할 수 있는 모든 절대적 가치를 부정하고 거부했다는 것을 부정할 수는 없습니다. 절대적 가치의 부정, 형이상학의 부정은 필연적으로 모든 것을 생물학적으로 해석할 수밖에 없기 때문에 절대적 가치, 형이상학은

---

23) Francis Collins, 『믿음』, 151.

24) Rice Broocks, *God's Not Dead*, 김지수 옮김, 『신은 죽지 않았다』 (서울: 횃서북스, 2016), 147, 이후로는 Rice Broocks, 『신은 죽지 않았다』, 147. 등으로 표기함.

밝혀지지 않은 채로 남아 있는 허구 또는 망상으로 간주 될 수밖에 없고, 따라서 "현실에서 드러나는 물질적 행태와 거기에 내재한 가치관과 신조들은 신을 부정"할 수밖에 없습니다.25)

니체의 관점에서 보면 인간은 권력의지에 의해 세계의 주인이 되려고 하지만, 만일 신(神)이 존재한다면 그 신은 이 세상에 개입하여 세상에서 일어나는 모든 일을 간섭하고 규제하기 때문에 인간은 수동적이 되어 주인의 권리를 박탈당하고 모든 것을 신의 뜻에 맡기게 될 것입니다.26) 따라서 권력에의 의지는 "신(神)이 만들고 통치하며 지배하는 세계에 살고 싶지 않은 욕망", "신(神)에게 종속되지 않고" "자신이 삶의 유일한 주인이 되고 싶은" 강한 의지의 표현이며, 결국 "무신론은 이런 의미에서 이론적 탐구의 결과라기보다는 신(神)이 존재하지 않기를 바라는, 그래서 오직 나만이 내 삶의 주인이 되기를 희망하는 의지의 소산"이라고 말할 수밖에 없을 것입니다.27)

"세상에서 벌어지는 모든 일들의 밑바탕"에는 자신이 주인이 되어 지배하고자 하는 욕망이 깔려있는데, 그것은 다른 사람들을 지배하고자 하는 "자기중심성과 교만"으로 나타납니다.28) 이것이 니체가 말하는 권력에의 의지라면, 그것은 결국 다른 사람들을 자신의 마음대로 지배하려는 의지 그 자체에 불과할 것입니다. 이는 C. S. 루이스(C. S. Lewis)가 지적한 바와 같이 "마침내 우리는 정말

---

25) Terry Eagleton, *Reason, faith, and revolution: reflections on the god debate*, 강주현 옮김, 『신을 옹호하다-마르크스주의자의 무신론 비판』 (서울: 모멘토, 2011), 58, 이후로는 Terry Eagleton, 『신을 옹호하다-마르크스주의자의 무신론 비판』, 58. 등으로 표기함.

26) 강대석, 『니체 평전』 (광주: 한얼미디어 · 한즈미디어, 2005), 290-291.

27) Richard Swinburne, *Is There a God?* 강영안 · 신주영 옮김, 『신은 존재하는가』 (서울: 복 있는 사람, 2020), 11, 이후로는 Richard Swinburne, 『신은 존재하는가』, 11. 등으로 표기함.

28) Timothy Keller, *The Reason for God*, 최종훈 옮김, 『하나님을 말하다』 (서울: 두란노, 2018), 273, 275, 이후로는 Timothy Keller, 『하나님을 말하다』, 273. 등으로 표기함.

로 모든 후손들을 자신들이 원하는 모습대로 만들어 낼 수 있는 조작자들을 갖게 되는 것"이며, "그들의 지배를 받는 이들"은 "아예 사람이 아니라 제품일 뿐"이기 때문에 "인간의 최종 정복은 결국 인간의 폐지(Abolition of man)를 의미"할 것입니다.[29] 그러나 누구도 "자기 뜻대로 삶을 이끌어가지는 못하며", "누구나 무언가를 위해 살며, 바로 그 무언가가 삶을 지배하며 삶의 참 주인이 되어" "그 무언가는 끝없이 자신을 억압할 뿐"입니다.[30]

니체는 "삶을 충동적인 것, 능동적인 생성, 그 자체가 복합적이고 모순에 찬 것"으로 묘사하기 때문에 그의 근본원리인 "권력에의 의지는 그 성격 자체가 모순적"일 수밖에 없습니다.[31] 따라서 니체를 비판하는 사람들뿐만 아니라 그의 많은 숭배자들조차도 그의 권력에의 의지에 대한 개념과 기독교에 대한 비판을 '방종과 야수성'이라는 측면에서 해석할 수밖에 없습니다.[32]

---

29) C. S. Lewis, *Abolition of man*, 이종태 옮김, 『인간 폐지』(서울: 홍성사, 2006), 73, 77, 이후로는 C. S. Lewis, 『인간 폐지』, 73. 등으로 표기함.

30) Timothy Keller, 『하나님을 말하다』, 286.

31) Hans Küng, 『신은 존재하는가-1-』, 551.

32) Frank Thilly, 『틸리 서양철학사: 소크라테스와 플라톤부터 니체와 러셀까지』, 634.

2

기독교 도덕은 노예의 도덕이며
디오니소스적인 것이 건강한 대안일까요?

니체가 말하는 주인의 도덕은 동물적인 삶에 불과

니체는 '선(善)'이란 "권력의 감정과 권력에 대한 의지 그리고 권력 자체를 인간에게 오도록 증대시키는 모든 것"이고, '악(惡)'이란 "나약함에서 나오는 모든 것"이라고 정의하면서, "나약한 인간이나 못난 인간은 세상에서 도태(淘汰)되어야 한다."라고 주장했습니다.33) 그는 이러한 관점에서 권력에 대한 의지를 토대로 그의『선악의 저편』(Jenseits von Gut und Böse) 260번에서 도덕을 주인의 도덕과 노예의 도덕, 두 가지 유형으로 구분했습니다.

그는 이 세상은 힘의 원리가 지배하기 때문에 모든 가치체계에 있어서 중요한 점은 선과 악이 아니라 강과 약이라고 간주하고, 강과 약이라는 지배적인 가치 규범을 가지고 삶을 긍정하고 권력에의 의지를 강화하는 자긍심, 강함, 진취성, 도전, 용기 등의 의미를 포함하고 있는 도덕은 "군주도덕", 선과 악이라는 예속적인 가치 규범을 지니고 겸손, 약함, 평온함, 순종 등의 의미를 가지고 있는 도덕은 "가축 도덕" 또는 "노예도덕"이며, "기독교가 모든 생적(生的)인 것과 현실적인 것에 대한 적의를 가지고 삶에의 의지 자체를 파

---

33)『안티크리스트』, 14.

괴하고 노예도덕을 통해서 삶을 고양하는 가치들을 무가치화했다."라고 비난했습니다.34)

만일 그렇다면 그가 말하는 주인의 도덕이란 것이 오히려 본능의 노예가 되는 것을 의미하는 것은 아닌지 반문하지 않을 수 없습니다. 여기에 대해서 C. S. 루이스는 "니체의 윤리는 모든 전통적인 도덕을 단순히 오류로 치부하고, 어떠한 가치판단의 근거로도 발견할 수 없는 위치에 자기 자신을 두려고 하는 사람들만이 받아들일 수 있는 윤리"라고 지적했습니다.35) 니체가 말하는 주인의 도덕이라는 것이 자신이 원하는 대로 행하고 자신이 원하는 것을 갖는 것이라면, 그 도덕은 결국 자신의 본능에 따라 자신이 주인이 되고 다른 사람들을 지배하는 것을 의미할 것이며, 그렇다면 그것을 굳이 도덕이라고 표현할 이유도 없을 것이고, 그것은 다만 본능에 따른 자연도태(自然淘汰), 약육강식(弱肉强食), 적자생존(適者生存)하는 동물적인 삶에 불과할 것입니다.

물론 기독교는 "교리적이고 도덕적인 경계를 넘어서는 이들을 거부"하므로 "결국에는 구성원들을 노예로 만들거나 기껏해야 어린애 취급"하며 "사회통합과 문화적인 적응성, 심지어 참다운 인간성을 해치는 것처럼" 보일 수도 있지만, 이는 "진리와 공동체, 기독교와 자유의 본질에 얽힌 오류"일 뿐입니다.36) 왜냐하면 "어떤 공동체도 완전히 포용적일 수 없고" "어김없이 공공의 신념을 가지고 있게 마련이며 자연히 누구를 그 테두리 안에 넣고 누구를 제외하느냐와 같은 경계가 생기듯이", 기독교도 마찬가지로 "누구에게나

---

34) 정영도, 『칼 야스퍼스의 「니체와 기독교」 읽기』, 162, 163.
35) C. S. Lewis, 『인간 폐지』, 59.
36) Timothy Keller, 『하나님을 말하다』, 77-79.

열려 있는 것이 아니라" "공동체의 구성원이 되기 위해서는 특정한 신념들을 받아들여야" 하기 때문입니다.37) 이것은 어느 공동체든 마찬가지로 "공동체이기 때문에 생기는 현상일 따름"이기 때문에 그런 이유로 기독교를 비판하는 것은 불공평합니다.38)

그는 "기독교는 무엇을 믿고 어떻게 행할지 선택할 자유를 제한하여 개인의 성장과 잠재력을 가로막는다고 비판"하지만, 구속과 제한이 "자유의 통로가 되는 경우도 많고", "더 큰 힘과 능력을 발휘할 기회"를 주기도 하며, "더 깊은 기쁨과 만족"을 가져다주기도 합니다.39) 예를 들면, 서로 사랑하는 경우 더 큰 친밀감을 누리려고 하는데, 그러기 위해서는 독립성과 자유, 개인의 자주성과 선택을 제한해야 하지만, "사랑하는 사람과 관계를 맺고 있을 때 인간은 더없이 자유롭고 생기가 넘치듯이" "그리스도의 사랑은 기독교인을 구속하고 제한"하지만, 오히려 그리스도 안에서 참다운 자유를 누리게 됩니다.40)

니체가 기독교의 사랑을 비난한 이유는 그 사랑이 두려움에서 나오는 것, 곧 이웃이 내게 상처를 줄까 두려워서 이웃에게 사랑한다는 확신을 주는 그런 사랑, 사랑하는 척할 수밖에 없는 무능한 미움의 모방에 불과한 사랑이라고 오해했기 때문일 것입니다.41) 그런 오해는 그 자신이 보편적 증오와 보편적 두려움 속에서 산다고 느끼면서도 귀족다운 오만한 무관심으로 가장(假裝)하고 숨겼기 때문일 것입니다.42) 러셀(Bertrand Russell)은 니체가 '선을 행하는 까

---

37) Timothy Keller, 『하나님을 말하다』, 82, 83.
38) Timothy Keller, 『하나님을 말하다』, 83, 84.
39) Timothy Keller, 『하나님을 말하다』, 91, 92.
40) Timothy Keller, 『하나님을 말하다』, 94, 97.
41) Frank Thilly, 『틸리 서양철학사: 소크라테스와 플라톤부터 니체와 러셀까지』, 631.

닭에 행복해지기 때문에 자발적으로 사랑하는 성인'은 알지 못하고, 다만 '두려움에서 비롯된 성인'만을 상상할 줄 알았다고 지적했습니다.[43] 니체의 주장은 적어도 대부분에게는 자연스럽게 공감되지도 않을뿐더러 보편적인 것도 아닐 것입니다.

자기부정(*Abnegatio Nostri*)은 기독교 신앙의 핵심

니체는 기독교 신자는 "자기 상실을 명예라고 믿는데", 그 원인은 신자의 "지혜와 경험 그리고 허영심"이 결국 "자기 자신을 소홀히 하는 것"이기 때문에, "그들은 외부로부터의 강제나 구속을 필요로 하는 노예"라고 주장했습니다.[44] 그는 기독교는 "죄를 날조하여 신자들로 하여금 죄책감을 느끼게 하고, 신에게 용서를 구하며, 신이 요구하는 것에 복종할 것을 요구하는 노예를 만든다."라고[45] 주장했습니다. 기독교 신자는 고통스러운 현실을 살아가야만 하는 사람들이 스스로 주인이 되어 이 세계를 긍정하지 못하고 외부에 초월 세계를 만들어 그 세계를 통해서 현실의 삶에 의미를 부여하고, 초월 세계로부터 삶에 적용할 도덕과 가치를 끌어와 그것으로부터 지배받기를 자처하기 때문이라는 것입니다.

물론 마태복음 16장 24-26절에서 예수님은 자기를 부정하지 않고는 예수님을 따를 수 없다는 점을 분명히 밝히셨습니다.[46] 그렇

---

42) Bertrand Russell, *History of Western philosophy*, 서상복 옮김, 『서양철학사』 (서울: 을유문화사, 2009), 969, 이후로는 Bertrand Russell, 『서양철학사』, 969. 등으로 표기함.

43) Bertrand Russell, 『서양철학사』, 971.

44) 『안티크리스트』, 131.

45) 김성원, 『신은 허구의 존재인가』 (서울: 대한기독교서회, 2003), 42, 이후로는 김성원, 『신은 허구의 존재인가』, 42. 등으로 표기함.

46) 마태복음 16장 24-26절: "이에 예수께서 제자들에게 이르시되 아무든지 나를 따라오려거든 자기를 부인하고 자기 십자가를 지고 나를 따를 것이니라. 누구든지 제 목숨을 구원코자 하

습니다. 기독교의 신앙이란 내가 주인으로서 하나님을 귀빈(貴賓)으로 극진히 섬기는 것이 아니라 하나님을 자신의 주인으로 받아들이는 것입니다. 왜냐하면 신앙은 주권(Lordship)의 문제인데 하나님의 주권을 놓치고 인간의 주권으로 흐르게 되면 기독교의 본질로부터 벗어나기 때문입니다. 그런 의미에서 자기부정(*Abnegatio Nostri*)은 기독교 신앙의 핵심이며 본질입니다. 따라서 기독교 신자는 자기상실을 명예라고 믿는다는 말은 맞는 주장입니다. 그리고 그것이 기독교 신자는 자기 자신을 소홀히 하는 것으로 보일 수도 있고, 외부로부터의 강제나 구속을 필요로 하는 노예로 보일 수도 있을 것입니다. 실제로 성경은 선지자들과 왕들과 사도들과 이스라엘 백성과 기독교 신자들을 '종'이라고 표현하기도 합니다.

이사야 1장 3절은 "소는 그 임자를 알고 나귀는 주인의 구유를 알건마는 이스라엘은 알지 못하고 나의 백성은 깨닫지 못하는도다."라고 탄식합니다. 이사야 선지자가 소와 나귀를 하나님의 백성 이스라엘과 비교한 것은, 그렇게 함으로써 더욱더 엄하게 이스라엘 백성이 짐승들보다도 더 어리석다는 것을 책망하기 위함이었습니다.[47] 우리(한국인)도 윤리 도덕적으로 인간으로서는 도저히 용납할 수 없는 경우에 '짐승만도 못하다'라거나 '개, 돼지만도 못하다.'라는 말을 사용하는 것처럼, 이사야 1장 3절은 하나님의 형상으로 지음을 받고 하나님의 특별한 사랑의 대상으로 선택되었음에도 하

면 잃을 것이요 누구든지 나를 위하여 제 목숨을 잃으면 찾으리라. 사람이 만일 온 천하를 얻고도 제 목숨을 잃으면 무엇이 유익하리요? 사람이 무엇을 주고 제 목숨을 바꾸겠느냐"

47) *Commentary on the Prophet Isaiah*. Vol. 1. *The Ages Digital Library Commentary*. Books for the Ages, AGES Software, 1998: "This comparison marks the more strongly the criminality of the revolt; for the Lord might have compared his people to the Gentiles; but he is still more severe when he compares them to dumb beasts, and pronounces them to be more stupid than the beasts are."

나님의 주인 되심을 모르거나 무시한다면 그것은 소나 나귀만도 못하다는 의미입니다. 현대 그리스도인들은 자기 중심성이 어느 때보다도 강하여 하나님의 주인 되심을 부정하고 자신이 자기 삶의 주인이라고 여기는데, 이는 기독교 신앙과는 거리가 멉니다. 왜냐하면 기독교에서 '죄'란 자기를 부정하지 않고 자기가 주인이 되어 자기가 원하는 대로 사는 자기 중심성이기 때문입니다. 이러한 사실은 니체와 같은 무신론자들로부터 '기독교는 노예들의 종교'라는 비난을 피할 수 없을 것입니다. 그러나 그러한 비난은 하나님이 만물의 창조주이시고 주권자이신 것과 인간이 하나님의 피조물이라는 것을 전제하지 않고, 인간이 모든 것의 주권자라는 것을 전제할 때만 가능할 것입니다. 그러나 인간이 모든 것의 주권자가 되는 것은 사실상 불가능할 뿐만 아니라 그것은 입증할 수도 없습니다.

또 기독교 신자가 자기 상실을 명예라고 믿는 것은 니체의 비판처럼 그 원인이 신자의 허영심도 아니고 자기 자신을 소홀히 하는 것도 아니며, 천국이나 내세는 고통스러운 현실을 살아가야만 하는 사람들이 이 세계를 긍정하지 못하기 때문에 외부에 만든 가공의 세계도 아닙니다. 물론 '종교적인 세계에서 가치관의 변화가 현실을 등한시하는 모습으로 나타날 수도 있고' 실제로 주변에 그런 사람들도 있지만, 그러나 기독교가 현실을 소홀히 하게 한다는 지적은 기독교에 대하여 잘못 알고 있는 일부 기독교인에게서나 찾아볼 수 있는 일일 뿐이며, 성경의 가르침을 바르게 알고 믿는 기독교인들에게는 '보편적인 현상'이 아닙니다.[48] 고린도전서 15장 58절은 이 세상에서 신앙으로 사는 현실적인 삶이 결코 헛되지 않다고 분

---

48) 김정원, 『신은 허구의 존재인가』, 155; 이 문제에 대해서는 "3. 기독교는 영혼만을 믿기 때문에 현실을 멀리하며 인간의 정신과 문화를 경멸할까요?"를 참조 바람.

명하게 가르칩니다. 다만 기독교가 천국과 내세를 강조하는 것은 이 세상에서의 모든 삶은 천국과 내세가 전제되지 않는다면 헛될 뿐이기 때문입니다(전도서 1장 2절, 12장 8절).

무신론자들은 천국과 내세에 대한 망상을 버리기만 하면, 새로운 희망과 무한한 자유를 누리게 될 것이라고 장담하지만, 라비 자카리아스(Ravi K. Zacharias)의 지적대로 실제로는 "철학적으로나 실존적으로 삭막하고 파괴적인 공허함"만 찾아옵니다.[49] 저도 한때는 무신론자였습니다. 그 당시 제가 인생에 대해 내린 결론은 새로운 희망과 무한한 자유가 아니라 허무(虛無)였습니다. 죽음의 문제, 죽음 이후의 문제에 대한 답을 줄 수 없는 무신론의 결론은 허무일 수밖에 없기 때문입니다.

고등학교 시절 제 꿈은 유명한 문학가가 되는 것이었습니다. 어느 날 저는 깊은 생각에 잠기게 되었습니다. 유명한 문학가가 되기 위해서는 얼마나 고(苦)되고 많은 노력을 해야 할까? 노력한다고 꼭 될 수 있다는 보장은 있는가? 다행히 된다면 행복할까? 유명한 문학가가 되기 위해서 수십 년의 세월을 고되게 보내는 것이 과연 가치가 있는 것일까? 세상 부귀영화를 누구보다도 많이 누려보았던 세계적인 문호 괴테의 "내 인생 70에 마음이 편한 날이 이틀도 안 된다."라는 고백은 무엇을 의미하는가? "내 인생은 만추의 낙엽이라. 꽃과 열매는 다 떨어지고 벌레와 낡음과 비애만이 내 것이 되었구나!"라는 시인 바이런의 탄식은 무엇을 뜻하며, "사람은 대부분 고요한 절망 속에 살고 있다."라는 문학의 천재 소로의 이 말은 무엇을 의도하고 있는가?

---

49) Ravi K. Zacharias, *End of reason*, 송동민 옮김, 『이성의 끝에서 믿음을 찾다』 (서울: 에센티아: 베가북스, 2016), 19, 이후로는 Ravi K. Zacharias, 『이성의 끝에서 믿음을 찾다』, 19. 등으로 표기함.

노벨문학상을 받은 헤밍웨이가 그의 『노인과 바다』에서 '사력(死力)을 다하여 얻은 가시만 남은 대어(大魚)'로 표현한 인생의 허무는 결국 자살로 인생을 마감하게 했습니다. 이것이 천국과 내세가 전제되지 않는 삶이 어떻게 결론 날 수밖에 없는지를 적나라(赤裸裸)하게 보여줍니다.

자연의 질서를 도덕이라고 주장하는 것은 억지일 뿐

니체는 기독교 도덕은 "재난을 당하면 우연한 불행"이라고 생각하는 대신에 "죄에 대한 벌"이라고 단정하고, "기분이 좋은 것을 악마가 유혹하기 때문"이라고 하며, "기분이 나쁜 이유는 양심의 가책을 느끼기 때문"이라고 함으로써 "인간의 자연스러운 모습을 왜곡시켰다."라고 주장했습니다.[50] 그렇다면 그에게 있어서 도덕이란 자연스러운 것, 다르게 말하면 자연의 질서를 의미할 것이며, 그것은 곧 본능에 따른 동물적인 삶에 대한 다른 표현일 것입니다.

그를 긍정적으로 평가하는 일부에서는 "니체는 모든 도덕을 거부하고 비판하는 반도덕주의자가 아니라 종래의 노예도덕을 다만 군주도덕으로 복귀시키려는 도덕 혁신주의자"라고 평가하기도 하며, 그렇게 평가하는 것은 "주관적인 의도가 자연법칙을 어길 수 없으며 정의는 항상 승리자들의 편에 서기 때문"에 니체는 "자연법칙에 부합하는 진리(도덕)를 말했다."라는 것입니다.[51] 또 그는 "새로운 도덕, 즉 삶의 도덕을 정립하기 위해, 종래의 도덕인 관념론적이고

---

50) 『안티크리스트』, 56.

51) 강대석, 『망치를 든 철학자 니체 vs. 불꽃을 품은 철학자 포이어바흐』 (파주: 들녘, 2016), 105, 113, 이후로는 강대석, 『망치를 든 철학자 니체 vs. 불꽃을 품은 철학자 포이어바흐』, 105. 등으로 표기함.

행복주의적이고 기독교적이고 시민적인 도덕을 부정할 뿐"이기 때문에 "니체의 철학 체계는 도덕철학"이라고 평가하기도 합니다.52)

과연 그럴까요? 자연법칙에 따르는 것을 새로운 도덕이라든가 군주도덕이라고 말하는 것은 억지일 뿐입니다. 만일 그렇다면 자연법칙에 따르는 짐승들의 세계에도 도덕이 있다고 인정해야 할 것입니다. 그러나 거기에는 질서만 있고 동물적인 삶만 존재할 뿐, 그것을 도덕이 있다고 말할 수는 없을 것입니다. 자연의 질서를 도덕이라고 말한다면 그야말로 그것은 언어도단(言語道斷)일 것입니다.

자연의 질서, 자연의 법칙이 도덕이고, 죄의식이나 양심의 가책은 인간의 자연스러운 모습을 왜곡시키는 것, 곧 자연의 질서, 자연의 법칙을 어기는 것이므로 잘못된 것이라는 주장이 과연 타당할까요? 죄의식이 없거나 부족하거나 양심의 가책이 없다면 결코 도덕은 설 자리가 없을 것입니다. 우리의 죄를 대신하여 십자가에 돌아가신 예수님은 우리로 하여금 죄의식을 갖게 하지만, 그 죄의식은 정신분석학적인 의미에서 억압적인 것이 아니라 오히려 죄로부터 자유롭게 하는 민주적인 가치이기 때문에, "유럽 문명에서 기독교의 원죄론은 민주주의적이고 사회 해방적 역동성으로 작용"했고, "하나님 앞에서 모든 인간은 평등하고 그분의 형상인 동시에 죄인"이라는 기독교 신앙은 자유와 평등의 도덕을 탄생시켰습니다.53) 무죄하지만 인간의 죄를 대신하여 십자가에 돌아가신 예수님 앞에서 "자신의 폭력성과 죄악을 인정하고 참회함"으로써 "유럽의 평등과 자유의 도덕적 계보"가 세워졌습니다.54)

---

52) Johannes Hirschberger, 『서양철학사 하권·근세와 현대』, 717.
53) 정일권, 『우상의 황혼과 그리스도』 (서울: 새물결플러스, 2014), 145, 이후로는 정일권, 『우상의 황혼과 그리스도』, 145. 등으로 표기함.
54) 정일권, 『우상의 황혼과 그리스도』, 146.

본성과 욕망을 찬양하는 디오니소스적인 것은
기독교 도덕에 대한 건강한 대안이 될 수 없음

니체는 기독교는 "정직, 남자다움, 자부심, 아름다운 마음 등을 이 세상의 악으로 단정하고 싸움을 걸기" 때문에 "기독교의 가치관이나 목표는 해로운 반면, 그들이 증오하는 것은 오히려 가치가 있다."라고 주장했습니다.[55] 그래서 그는 "십자가에 달리신 자가 불러일으키는 죄의식과 기독교적 도덕주의"에 불만을 품고 "디오니소스(Dionysos)[56]적인 것을 명랑한 것으로 제시"하면서,[57] 기독교가 멸시하고 천박하게 여기는 "인간의 본성과 욕망을 찬양하는 광적인 면을 지닌 아테네의 디오니소스를 등장시켜" 기독교에 도전했습니다.[58]

"디오니소스는 술의 신인 바쿠스를 의미"하고, "궁극적으로 무질서(*Kaos*)를 뜻하는 동시에 생명력, 활동력, 생성과 변화, 예술 발달의 근원적이고 원초적인 힘을 의미"하는데, "니체는 이러한 원천적인 힘이 인간을 지배해야 한다."라고 주장했습니다.[59] 그러한 주장을 하게 된 이유는 그는 "사실상 유대-기독교적 전통을 데카당스, 곧 부패한 전통으로 본" 반면, "고대 그리스 전통, 특히 그리스 비극 전통과 그 우상인 디오니소스적인 것들을 건강한 대안으로 생각"

---

55) 『안티크리스트』, 108.

56) "로마 신화에서는 박카스라고 한다. … 디오니소스는 대지의 풍요를 주재하는 신인 한편, 포도 재배와 관련하여 술의 신이 되기도 한다. 이 술의 신에 대한 의식(儀式)은 열광적인 입신(入神) 상태를 수반하는 것으로, 특히 여성들이 담쟁이덩굴을 감은 지팡이를 흔들면서 난무하고, 야수(野獸)를 때려죽이는 등 광란적인 의식에 의해 숭배되는 자연신이었으나, 그리스에 전해져서는 이 신의 제례에서 연극이 발생했다는 점에서 매우 중요시되고 있다. 로마 시대에 와서도 이 신앙은 계속되어 점차 비교적(秘敎的) 경향이 강해졌다." [네이버 지식백과, 디오니소스(Dionysos)] (두산백과)
https://terms.naver.com/entry.naver?docId=1086101&cid=40942&categoryId=31538

57) 정일권, 『우상의 황혼과 그리스도』, 225.

58) 김성원, 『신은 허구의 존재인가?』, 33.

59) 조한규, 『그리스도교 신론 연구』 (서울: 서강대학교 출판부, 2019), 266, 267.

했기 때문입니다.60) 그러나 "십자가에 달리신 예수님을 버리고 디오니소스를 새로운 우상으로 택함으로써 소위 유쾌한 가치 전복을 시도"한 결과는 "건강한 유럽 문화의 갱신이 아니라, 폭력적이고 잔인한 독일 나치의 야만적 테러"였습니다.61) 그러므로 "니체는 망치라는 과도한 해석학적 혹은 해석학적 폭력으로 이천 년 동안에 축적된 유대-기독교적 가치들을 전복하고 해체하고자 했기 때문에" 그는 "기독교적 세계관에 도전을 한 무신론자이며, 객관적 진리를 향한 형이상학적 전통에 반기를 든 반형이상학자이며, 보편적 도덕 가치를 정초(定礎)하는 시도 자체를 무망(無望)하다고 생각한 비도덕주의자"라는 평가를 받습니다.62) 따라서 니체의 철학은 다만 나치들에 의해 악용된 정도가 아니라, 그의 철학 안에는 파시즘적 요소가 있다는 것과 또한 그의 철학과 하이데거의 철학에서 "디오니소스적인 것은 동물성 혹은 야수성"이라는 것을 확인할 수 있을 것입니다.63)

디오니소스적인 야수성 혹은 동물성은 니체의 인간 이해에 있어서 결정적인 개념으로 "도덕성의 반대 개념"64)입니다. 왜냐하면 "니체는 감각적 쾌락과 육체적 행복을 금기하고 억제하는 금욕적인 유럽 도덕, 곧 기독교적 도덕의 기능을 '반자연적 개선'이라고 비판"하면서 "탈자연화된 유대-기독교적 도덕을 다시 자연화시키고자" 했으며, "인간의 육체성뿐만 아니라 야수성까지도 긍정하고 장려"했기 때문입니다.65)

그는 기독교가 "인간의 신체적, 자기극복적, 초인적인 삶의 내용

---

60) 정일권, 『우상의 황혼과 그리스도』, 78, 79.
61) 정일권, 『우상의 황혼과 그리스도』, 79.
62) 정일권, 『우상의 황혼과 그리스도』, 65.
63) 정일권, 『우상의 황혼과 그리스도』, 65.
64) 정일권, 『우상의 황혼과 그리스도』, 97.
65) 정일권, 『우상의 황혼과 그리스도』, 97.

과 목적을 이행하지 못하게 할 뿐만 아니라 왜곡하고", "주권적 개인의 힘을 약화하며", "자연적 본성에 역행하게 하고", "공격하지 못하는 무기력과 비공격성과 비겁을 선과 인애와 겸허의 도덕으로 평가하며", "생명력의 퇴화를 조장하고", "관용과 친절과 상호 신뢰에 근거한 '유약한 인간성'을 제시"했다고 비판했습니다.66) 그는 또 "인간을 인간답게 만들고 문화적이고도 사회적인 존재로 만드는 기독교 도덕의 기능"을 "짐승 같은 인간을 순화시키고 데카당스 유형의 인간으로서의 인간 퇴화를 초래한다고 비판"하면서 "문화 대신에 '자연으로의 회귀'를 선언"했는데, "이 회귀는 '상승과 강화를 꾀하는 권력에의 의지의 상태'로의 돌아감이며 이 목적을 위해 순화 대신에 인간 사육의 역할을 강조"했습니다.67)

유대-기독교적 가치는 "거대한 군중과 집단에 의해 살해당하고 추방당하며 희생당하는 약자, 희생자, 소수자, 객, 고아, 과부, 나그네와 외국인을 변호"하지만, 신화는 "거대한 군중과 집단의 전체주의적 가치를 변호하고", 광란에 도취한 신 디오니소스는 "윤리에 무관심" 함에도, 니체는 "기독교 전통에서 발견되는 진리에의 의지나 윤리에의 의지가 아니라 권력에의 의지를 선택"했습니다.68) "희생양 메커니즘을 비판적으로 인식하고 고발하는 것도 윤리적 행위"이고, "억울한 희생자들을 변호하는 것도 윤리적 선택"이지만, "니체와 하이데거 이후 철학에서는 점진적으로 윤리적인 것과 도덕적인 것이 폄하되고 실종되었으며", "모방 욕망과 성 욕망이 소위 해방이라는 이름으로 극도로 고삐 풀린 상태가 되어" "욕망이 선을

---

66) 정일권, 『우상의 황혼과 그리스도』, 97.
67) 정일권, 『우상의 황혼과 그리스도』, 98.
68) 정일권, 『예수는 반신화다』 (서울: 새물결플러스, 2017), 174, 이후로는 정일권, 『예수는 반신화다』, 174. 등으로 표기함.

압도(壓倒)"하게 되었습니다.69) "남신과 여신의 통음난무(通飮亂舞, 集團性交)와 집단 폭력 이야기로 가득한 불륜 드라마와 막장 드라마인 신화와 축제 그리고 이교(異敎)"에서는 유대-기독교 전통에서 발견되는 십계명과 같은 윤리적 계명을 발견하기란 불가능합니다.70) 그리스-로마의 신들의 부도덕성은 익히 잘 알려진 사실일 뿐만 아니라 니체조차도 '디오니소스가 부도덕성 혹은 반도덕성을 의미한다는 것'을 잘 알고 있었으며, 아우구스티누스도 이미 그리스-로마 신들의 부도덕성을 지적한 바가 있습니다.71)

윤리성과 도덕성은 죄의식을 전제하기 때문에, 인간의 죄를 폭로하는 기독교 대신에 죄의식이 결여된 디오니소스적인 것을 대안으로 선택한 니체의 사상은 결국 비도덕적이거나 비윤리적이거나 때로는 반윤리적일 수밖에 없었습니다. "군중폭력을 대변하는 텍스트로서의 신화에는 집단 폭력과 희생양 만들기에 대한 윤리적-도덕적 비판 또는 폭력에 대한 진실이 증발"해 있고 "도덕이나 진리도 상실"되어 있기 때문에, "신화를 복원시키고자 했던 니체와 하이데거 철학에는 윤리와 도덕의 실종"은72) 필연적일 수밖에 없었습니다.

니체가 비판한 것과는 정반대로 "기독교는 성적(性的)인 것을 거세하는 것이 아니라, 그것을 창조 질서의 아름다운 것으로 긍정"하지만, 디오니소스적인 통음난무적 죄악으로 떨어지는 것에 대해서는 저항합니다.73) 또 "기독교는 인간 제물과 동물 제사를 종식"시켰고, "여신들을 탈신성화(脫神性化)시켜서 인간의 위대함과 아픔을 함께 지닌 여성과 소녀로 보았으며", "몸 보시(布施, 檀那)하는 창녀

---

69) 정일권, 『우상의 황혼과 그리스도』, 289.
70) 정일권, 『예수는 반신화다』, 182.
71) 정일권, 『예수는 반신화다』, 185.
72) 정일권, 『예수는 반신화다』, 173.
73) 정일권, 『우상의 황혼과 그리스도』, 249.

를 보살이나 여신으로 신성화하고 우상화하는 것"에 저항했습니다.74) 물론 니체의 비판대로 성직자 중에는 도덕을 이용하여 사람들을 지배한 위선자들, "사람들의 죄와 두려움의 감정과 죄책감을 먹고 사는 기생충들", "감성과 과학을 둘 다 두려워하고 자유와 삶을 둘 다 말살하는 자들"75)이 있는 것도 부정할 수 없을 것입니다. 그러나 그것이 일반적이고 보편적인 사실일까요? 오늘날에 와서도 그런 식으로 설교하고 가르치며 사람들을 지배하는 성직자들이 얼마나 있을까요? "그들의 악한 행동은 인간 자체의 악한 본성 외에 아무것도 증명해 주지 못하며", "기독교가 악하다거나 하나님을 믿는 것이 잘못되었다는 것을 증명"할 수도 없습니다.76) 앤서니 데스테파노(Anthony DeStefano)는 과학에 빗대어 이렇게 반문합니다.

> 과학이 인류에 '해로웠기' 때문에 과학적 연구를 법으로 금해야 한다고 주장하는 사람이 있는가? 실제로 과학의 역사는 흠 없이 깨끗하지 않았다. 과학을 발전시키기 위해 유대인 아이들에게 몹쓸 의학적 실험을 한 사악한 나치 의사들의 이야기를 다 알 것이다. … 과학은 버튼 하나만 누르면 온 인류를 단번에 사라지게 할 끔찍한 능력을 낳았다. 과학은 잔혹한 테러로 극심한 고통을 낳을 능력을 주었다. 하지만 이런 파괴적인 잠재력 때문에 과학 자체가 나쁘다고 말하는 것이 옳은가? 정말로 과학을 금지해야 하는가? 과학이 인류에게 끼친 막대한 선을 무시해야 하는가?77)

---

74) 정일권, 『우상의 황혼과 그리스도』, 264.

75) Hans Küng, 『신은 존재하는가-1-』, 562.

76) Anthony DeStefano, *Inside the Atheist Mind*, 정성묵 옮김, 『무신론자들의 마음속』 (서울: 두란노, 2018), 100, 이후로는 Anthony DeStefano, 『무신론자들의 마음속』, 100. 등으로 표기함.

77) Anthony DeStefano, 『무신론자들의 마음속』, 101.

보편적이고 객관적인 도덕이 존재할 수 없는 무신론

니체는 "어떤 보편적인 도덕이 존재하는 것이 아니라 단지 환상에 지나지 않으며, 세상은 무의미하고 무질서하게 흘러가는 것"이라고 보면서도 성취 불가능한 하나의 가상적(假想的) 허구에 불과한 "초인(超人, Übermensch)을 고안"해내어 그 초인에게 "인간이 따라야 할 도덕적 규범과 이상을 담음"으로써 "논리적으로 모순되는 주장"을 했습니다.[78]

니체의 주장과는 달리 오늘날도 여전히 "인권과 근본 가치, 정의, 공정과 평등, 상도덕과 정치 도덕을 두고 공공연한 토론들이 벌어지고 있다고 하는 사실"은, 여전히 "어떤 객관적이고 보편적인 규범과 가치와 방향과 의미의 순수한 필요성을 부인할 수 없다."라는 사실을 반증합니다.[79] 그러나 니체처럼 하나님의 존재를 부정하는 사람들에게는 보편적이고 객관적인 도덕은 존재할 수 없을 것입니다. 왜냐하면 "초월적인 전능자가 없다면 절대 어겨서는 안 될 초월적인 법 같은 것은 있을 수 없기 때문"입니다.[80] "하나님이 없으면" "도덕률은 입맛에 맞는 아이스크림을 고르는 것처럼 취향이나 의견의 문제와 같이 단순히 개인적인 규칙의 집합일 뿐 모든 사람에게 도덕적으로 구속력을 갖는 객관적인 명령은 될 수 없으며", 그런 도덕은 "개인적인 취향과 편의에 따라 변하는 상대적인 개념일 뿐"이기 때문에 "어떤 종류의 일관된 도덕 체계도 유지할 수 없고" "오직 무자비한 힘으로 특정한 행동을 강요할 수만 있을 뿐"입니다.[81] 그가 보편적 도덕을 부정하는 것은 '하나님이 존재하지 않

---

78) 김성원, 『신은 허구의 존재인가?』, 31.

79) Hans Küng, 『신은 존재하는가-1-』, 568.

80) Anthony DeStefano, 『무신론자들의 마음속』, 123.

기 때문에 객관적인 진리 같은 것은 없다.'라는 전제로부터 나온 것입니다. 만일 하나님이 존재하지 않는다면 인간은 마음대로 자신만의 법을 만들어도 되고, 성경의 명령을 지키지 않아도 상관이 없으므로 죄라는 개념이 사라지며, 따라서 회개할 필요성이 사라지게 될 것입니다. 니체가 원하는 것은 바로 그런 세상일 것입니다.

"니체의 철학은 '내 마음대로 할 거야'라는 풍조로 가득한 문화적 환경을 만드는 데 적잖게 일조하였고," 이러한 니체의 풍조는 "예수님을 개별 해석자들의 개인적인 규범이나 아니면 자신들이 속한 이데올로기 집단의 규범을 순응시키려는 또 하나의 시도", "즉 기독론이 새롭게 자율성을 갖춘 집단의 자기 이익을 반영하는 이데올로기적 규범들로 통제되는 지경에 이르는 결과"를 초래하고 말았습니다.[82] 이러한 사실에 대하여 앤서니 데스테파노는 이렇게 지적합니다.

> 당신은 오만하고 버릇없는 아이들을 본 적이 있을 것이다. 부모와 선생, 어른도 알아보지 못하고, 친구들에게 함부로 구는 어린 친구들을 본 적이 있을 것이다. 자신이 모든 것을 알고 있다고 생각하지만 실상 그들은 아무것도 모른다. 거들먹거리기 좋아하고 밉살스러운 행동과 툭하면 못된 말을 일삼는 이기적인 아이들이다. 자신이 가진 모든 것이 친구들보다 좋다고 자랑하길 좋아하며 겸손이라고는 눈곱만큼도 찾아볼 수 없는 아이들이다. 항상 대장이 되려고만 하고, 관심의 중심에 서고 싶어 한다. 자신이 최고라고 외치고 우기지만 사실 그들은 어리석기 짝이 없다. 이런 녀석들이 믿는 데는 대개 아무런 근거가 없다. 대개 그들의 태도는 일종의 미성숙함이나 불안함에서 비롯한다.[83]

---

81) Anthony DeStefano, 『무신론자들의 마음속』, 123, 124.

82) Alister E. McGrath, *Passion for truth*, 김선일 옮김, 『복음주의와 기독교적 지성』 (서울: 한국기독학생회 출판부, 2011), 38, 이후로는 Alister E. McGrath, 『복음주의와 기독교적 지성』, 38. 등으로 표기함.

83) Anthony DeStefano, 『무신론자들의 마음속』, 13, 14.

3

기독교는 영혼만을 믿기 때문에 현실을 멀리하며 인간의 정신과 문화를 경멸할까요?

플라톤적으로 잘못 해석된 기독교

니체는 "기독교는 육체를 가진 자에게 반발하고 영혼만을 믿기 때문에" "훌륭한 마음 자세, 기력과 자유, 편안한 마음, 상쾌한 기분, 기쁨" 등 "풍요로운 대지와 정신적으로 여유로운 사람들에게 노골적으로 적의를 드러내고" "인간의 정신과 문화에 대해 경멸하며", "다른 문화를 인정하지 않고 자신들과 사고방식이 다른 사람들을 미워하며 철저히 박해한다."라고 주장했습니다.[84] 그는 또 "스스로를 지키는 것, 수치를 아는 것, 자기의 이익을 추구하는 것, 자신에게 긍지를 가지는 것 등은 인간이 태어날 때부터 가지고 나온 소중한 본능"임에도 불구하고 기독교는 사람들을 지배하기 위해 "저세상, 최후의 심판, 영혼 불멸, 영혼의 구원과 같은 거짓말을 무기로 사용"하여 이러한 것들을 외면하고 현실에 저항하게 만듦으로써 "우리의 행복을 파괴하고 고귀한 인간성을 말살했다."라고 주장했습니다.[85] 그는 또 기독교 신자의 정신구조는 "현실의 고뇌와 자극에 지나치게 민감"해진 결과, "불안과 공포를 느끼고", "현실에 대하여 증오하고 원망하며", "현실에 존재하는 모든 것에 반항하고

84) 『안티크리스트』, 46, 47.
85) 『안티크리스트』, 84, 86, 94.

내적 세계, 참된 세계, 영원의 세계로 안주"하려 하고, "맨 마지막으로 현실 세계와는 다른 사랑이라는 장소로 도피하는 은둔형 외톨이"라고 주장했습니다.[86]

그의 주장을 요약하면 신(神)은 현실적 삶의 대안(代案)으로 존재하기 때문에 결국 허무주의로 이끌 수밖에 없으므로 부정하지 않으면 안 된다는 것입니다. 기독교는 플라톤주의의 이원론적 세계관인 현상의 세계와 이데아의 세계를 닮은 이 세상(*Diesseits*)과 저세상(*Jenseits*)의 이원론적 세계관을 가지고 있으며 이러한 세계관은 현실적으로 추구해야 할 가치를 일방적으로 저세상에 두고 이 세상은 저세상을 위한 도구로 취급함으로써 현실의 삶을 경멸하고 현실로부터 은둔하게 한다는 것입니다.

그는 또 "삶의 본질"은 "권력에의 의지"이고, 이것이 가장 잘 나타나는 것은 "육체의 본능"이며, 이 "욕망이 삶의 근원으로 작용하여 삶의 희열과 기쁨을 느끼게 하고 인간으로 존재하게 만드는데", 기독교는 "영혼을 중시하고 육체를 천시하며, 내세를 구실로 현실 세계를 멀리하게끔 만들고", "창조적인 정열과 의지를 약화시키기 때문에" "권력에의 의지를 제거하여 삶의 존재 자체를 부정한다."라고 주장했습니다.[87] 또한 기독교는 "진리로 향해 있는 길이 막혀 있기 때문에", "관찰이나 연구를 거부"하고 어떤 것을 있는 그대로 보지 않는 상태인 희망과 사랑 안에서 "꿈이나 환상을 보도록 사람들에게 사랑받을 수 있는 이야기를 고안해냈다."라고 주장했습니다.[88]

---

86) 『안티크리스트』, 65.

87) 이정순, 『신을 묻는다』 (서울: 대한기독교서회, 2019), 68.

88) 『안티크리스트』, 49, 50.

과연 그럴까요? 니체의 주장은 19세기 기독교가 받아야 했던 비난일 수는 있지만, 본래 기독교가 받아야 할 비난은 아닐 것입니다. "플라톤과 아리스토텔레스는 둘 다 일상 세계를 초연(超然)하는 것을 주저하지 않았고", 이러한 사상은 19세기 기독교에 유입되었기 때문에, 그런 면에서 긍정적으로 보면, 니체는 본래 기독교에 대하여 돌아보게 하는데 일종의 도전을 주었다고 말할 수도 있지만, 그러나 그가 저주했던 기독교는 "본래 기독교가 저주해야 할 플라톤적으로 잘못 해석한 기독교인 것"에[89] 불과합니다.

　그의 주장은, 이 세계를 경험 세계와 초월 세계로 나누어 보는 기독교와 플라톤주의의 형이상학적 이원론은 기본적으로 이 세상과 괴리된 초월적 가상의 저세상을 상정하고 거기에서 산출되는 초월적 가치들로 이 세상을 규정하기 때문에 이 세상보다 초월적인 가상의 저세상에 더 가치를 두고, 동시에 현실 삶의 터전인 이 세상에 대하여 부정하기 때문에 사람들을 나약하게 만들고 노예와 같은 삶을 살아가게 만든다는 것입니다. 그는 이러한 형이상학적 이원론의 초월적 가상의 저세상은 심리적 불안과 고통을 회피하기 위해 인간이 스스로 만들어낸 가상의 세계일 뿐이고, 오랜 세월 동안 절대적 가치로서 군림했던 기독교와 플라톤주의는 사실 그 시대 안에서 나타난 한 해석의 결과물이자 오류이고 거짓이라는 것입니다. 그러나 이러한 주장은 "초월적인 존재와 세상이 존재하지 않는다."라는 전제로부터 나온 것이기 때문에 그러한 주장이 사실이라는 것을 입증할 수 없습니다.

　또한 기독교가 저세상을 바라보면서 현실을 무시하고 금욕적이고 희생적인 삶을 요구한다는 주장은 기독교의 일반적이고 보편적

---

89) William A. Luijpen & Henry J. Koren, 『현대 무신론 비판』, 138-139.

인 모습은 아닙니다. 물론 일부에서 이런 경향을 보였지만 그것이 성경적인 근거를 가진 본래 기독교의 모습은 결코 아닙니다. 예를 들면, 기독교는 동성애나 간음 등에 대해서는 가차 없이 질책하지만, 니체의 비판과는 달리 결혼이나 성생활, 경제활동 등 현실의 삶 그 자체에 대해서는 전혀 금욕적이지도 않을 뿐만 아니라 부정하지도 않습니다.

물론 초기 기독교를 "물질세계나 육체 속의 생명에 관한 과도한 불안으로 특징"지을 수도 있지만, 이러한 특징은 "2세기와 3세기에 동방과 서방 모두에서 일어난 영지주의의 소종파들"로부터 교회 안으로 들어온 것이며, 마찬가지로 이러한 특징은 "기독교 밖의 공동체들과 철학들"도 받아들였던 것입니다.90) 본래 기독교가 선포한 "구원이란 육체의 궁극적 변화와 피조 세계 전체가 영광스럽게 되는 것(로마서 8장)"이었으며, 기독교가 "내핍과 절제를 통해서 몸의 기호(嗜好)를 훈육한 것"은 현실의 삶을 경멸하거나 현실로부터 은둔하기 위한 것이거나 육체를 천시하기 때문이거나 몸의 '감옥'이나 '무덤'으로부터 해방되기를 추구했기 때문이 아니라 "몸이 하나님의 선한 피조물이고 영혼의 온전한 터전이며 성령이 머무는 성전이라고 여겼기 때문에, 신적 영광을 담는 그릇으로써 그것의 참된 존엄성을 회복하고, 하나님의 왕국에 참여하기 위해서 거룩하게 됨이 필요했기 때문"이었습니다.91)

니체는 기독교인들이 "자신들의 참담한 생활을 신의 은총, 하나님의 구원과정이라고 말하는데", "그것은 한낱 유치한 속임수에 지

나지 않고", 기독교는 "육체를 오해하라고 가르치는 종교, 영혼의 미신을 버리지 않는 종교, 영양실조를 당연시하는 종교, 건강을 적대시하고 공격하는 거짓 종교"라고[92] 주장했지만, 이러한 주장은 전혀 근거가 없습니다. 만일 "저세상", "최후의 심판", "영혼 불멸"은 거짓된 발상이며, 고귀한 인간성을 말살하여 "인생에 있어서 귀중한 가치가 있는 영양, 주거, 질병의 치료, 청결, 기후 등에 관한 모든 문제들을 경솔하게 대하도록 만든다면" 기독교는 배척받아야 마땅합니다.[93] 물론 니체의 비판은 "인간을 마비시키는 지식, 옹졸한 도덕적 미신, 신을 향하는 억압적인 사랑에 항거하여 인간 정체를 보호하기 위한 것"일 수도 있지만,[94] 그의 비판은 "그리스의 세계관에 영감 된" 왜곡된 기독교일 뿐이지 본래 기독교는 아닙니다.[95] 니체는 기독교의 현세 경멸적인 성질을 일방적이고 과장되게 매도할 뿐, 기독교의 쾌활하고 적극적인 속성에 대해서는 무시했고, 또 "인간의 유한함을 가치 있는 것으로 만들어주기 위한 수단인 그리스도의 성육신의 능동적인 의미"에 대해서도 언급하지 않는 편향성을 보였으며,[96] 기독교의 현세 경멸적인 성질이 가지는 천국과 내세가 전제되지 않는 삶의 허무성에 대한 깊은 성찰도 없었습니다. 신(神)은 현실적 삶의 대안으로 존재하기 때문에 결국 허무주의로 이끌 수밖에 없으므로 부정하지 않으면 안 된다는 니체의 주장과는 달리, 물론 천국 또는 하나님을 현실적 삶의 대안으로 믿는 기독교 신앙은 왜곡된 신앙으로 배척받아야 할 잘못된 것이지만,

92) 『안티크리스트』, 123, 119.
93) Hans Küng, 『신은 존재하는가-1-』, 563.
94) Hans Küng, 『신은 존재하는가-1-』, 562.
95) William A. Luijpen & Henry J. Koren, 『현대 무신론 비판』, 141.
96) J. P. Stern, 『니체』, 135.

역으로 천국 또는 하나님을 전제하지 않는 현실적 삶은 결국 허무주의로 치달을 수밖에 없다는 것을 알아야 합니다. 이 문제에 대해서는 이미 제 개인적인 경험을 통해서 충분히 말씀드렸습니다.

현실에 대한 부정이 아닌 내세에 대한 묵상
(*Meditatio Futurae Vitae*)[97]

신앙이란 죄악 된 본성에 따른 자기중심의 삶을 부정하고 하나님 중심의 삶을 사는 것이며 그러한 삶을 살기 위해서는 현세 축복을 경멸하고 내세의 삶을 묵상해야 합니다. 눈에 보이지 않는 영적인 세계, 이 세상 너머 초월적인 영원한 내세를 도외시하고 다만 눈에 보이는 이 세속적인 것에 집착한다면, 이는 이미 성경적인 기독교로부터 벗어난 것이며, 눈에 보이지 않는 영적인 세계, 이 세상 너머 초월적인 영원한 내세와 관련지을 수 없는 이 세속적인 것들은 기독교 신앙과는 무관한 것이기 때문입니다.

내세의 삶을 묵상한다는 것은 이 세상으로부터의 도피, 또는 유기가 아니라 정욕으로 묶여있는 죄악으로부터 떠나는 것을 의미합니다.[98] 그러한 삶은 영지주의자들처럼 물질 세상을 죄악시하는 관점이 아니라, 현세도 하나님의 선물로 존중하지만, 그러나 현세보다는 내세의 복에 치중(置重)하는 삶입니다. 칼빈은 신자들도 땅에 속한 일에 너무 얽매어있다고 느꼈기 때문에 가장 강경한 언어로

---

97) 이 부분은 윤광원의 『존 칼빈의 자기부정의 렌즈로 본 신앙생활의 핵심』(파주: 한국학술정보, 2009), 207-224를 요약 정리한 것임.

98) *Inst.*, 3. 9. 4: "Of course it is never to be hated except in so far as it holds us subject to sin; although not even hatred of that condition may ever properly be turned against life itself. In any case, it is still fitting for us to be so affected either by weariness or hatred of it that, desiring its end, we may also be prepared to abide in it at the Lord's pleasure, so that our weariness may be far from all murmuring and impatience. For it is like a sentry post at which the Lord has posted us, which we must hold until he recalls us."

이런 매혹적인 끈을 끊어버려야 할 것을 "이 양극단 사이에서 중간적인 것이 없고, 땅에 속한 것은 우리가 보기에 아주 나쁜 것이 되지 않으면 안 되며, 그렇지 않으면 그것은 우리가 지극히 사랑하는 것으로 남아 있을 것임에 틀림없다."라고99) 말했습니다. 우리의 본성은 이 세상에 대하여 야수와 같이 끈질기게 집착하기 때문에 우리의 마음이 이 세상 부귀영화의 광채에 마비되고 무감각해져서 더 먼 것을 바라보지 못하고, 우리의 영혼 전체가 육의 유혹들에 빠져서 이 세상이 전부인 것같이 착각하며 지상에서의 행복을 추구하므로 이 세상이 전부가 아니며, 이 세상은 타락하였고 나쁜 욕망에 의해 지배받고 있음을 알기 위하여 내세를 묵상해야 합니다.100)

인생이 연기나 그림자와 같이 허무하다는 것은 학식이 있는 사람들뿐만 아니라 평범한 사람들도 다 알고 인정하며, 때로는 현세의 무상(無常)함에 대하여 아주 명석하게 철학화하기도 하지만, 그런 생각은 순간적이고, 현실로 돌아오면 정욕에 사로잡혀 그러한 사실을 까마득히 잊고 허망한 이 세상 부귀영화를 끈질기게 추구합니다. 왜냐하면 이 세상에는 즐겁고 아름답고 사랑스러운 모습으로 우리를 유혹하는 것들이 많고 우리의 육은 그러한 이 세상을 좋아하기 때문입니다. 그래서 기독교는 '영원한 내세의 삶을 묵상하지 않으면 안 된다.'라고101) 가르칩니다.

이러한 현세의 삶에 대한 멸시는, 비관주의자들이 절망 가운데 현세의 삶을 부정하는 것과는 달리, 이 세상과 비교할 수 없는 내세에 대한 소망 때문에 나오는 것입니다.102) 기독교는 이 세상 부

---

99) *Inst.*, 3. 9. 2.

100) 이오갑, "칼빈의 종말론", 「말씀과 교회」 30 (2001): 55.

101) *Inst.*, 3. 9. 2.

102) *Inst.*, 3. 9. 4.

귀영화로 인하여 자기 영혼을 빼앗기거나 그것에 몰두해서는 안 되며, 이 땅을 영원한 것으로 생각하지 말고 이 세상의 세속적 조건들과 영광을 상대화시킬 것을 가르칩니다. 이 문제에 대한 C. S. 루이스의 말은 매우 설득력이 있습니다.

> 무인도에 사는 사람이 기독교의 교리를 따라 살면 어떤 영향을 받을까요? 그가 편안한 오두막을 지을 가능성이 줄어들까요? 그렇지 않습니다. 물론 기독교가 그에게 오두막에 대해서는 신경을 좀 덜 쓰라고 말하는 순간이 다가올 수 있습니다. 그가 오두막이 우주에서 가장 중요한 것으로 생각할 위험에 처한다면 그럴 수 있을 것입니다. 그러나 기독교가 오두막을 짓지 못하게 막을 거라는 증거는 전혀 없습니다.[103]

잘못된 추론

니체는 "현실 세계를 무시하는 기독교"는 "인간의 생각하는 능력을 망가뜨리려 하며 원인과 결과라는 과학의 기본 개념을 공격하고", "전쟁은 과학의 발전을 방해하기 때문에 성직자는 늘 전쟁을 필요로 하며", "성직자들은 사람을 지배하는 도구로 죄를 고안해내어 과학과 문화에 대하여 공격"하고, "인간이 훌륭해지고 긍지를 가지고 살아가는 것을 방해"한다고 주장했습니다.[104]

과연 그럴까요? 정통적인 기독교는 현실 세계를 무시하지도 않고, 인간의 이성이나 과학과 문화에 대해 공격적이지도 않습니다. 그러한 사실은 기독교 역사를 조금만 진지하게 살펴보면 확인할 수 있습니다. 물론 일부 왜곡된 기독교 신앙의 소유자에게 그런 현상이

103) C. S. Lewis, *God in the Duck*, 홍종락 옮김, 『피고석의 하나님』(서울: 홍성사, 2018), 59, 이후로는 C. S. Lewis, 『피고석의 하나님』, 59. 등으로 표기함.

104) 『안티크리스트』, 109, 113-115.

있을 수 있지만, 그러한 현상은 어느 종교에나, 또 종교를 떠나서도 인간들 사이에 늘 있는 일입니다. 그렇다면 니체가 "기독교가 과학의 최대의 적"이라고 주장한 저의(底意)는 하나님이 존재한다는 과학적 증거가 없음에도 불구하고 기독교인들이 하나님의 존재를 믿기 때문일 것입니다. 그러나 이러한 주장은 잘못된 것입니다. 왜냐하면 과학적 증거만 증거라고 증거의 의미를 축소하기 때문입니다. "과학을 통해서만 진실에 도달할 수 있다는 개념은 경험적으로 관찰하거나 실험적으로 증명할 길이 없기 때문에" 그런 입장은 그 자체가 비과학적이며 그들이 싫어하는 일종의 또 다른 신념에 불과합니다.105) 니체의 주장이 잘못된 추론이라는 것은, 어떤 사실이 어떻게 그릇되게 추론될 수 있는지를 지적하기 위해 앤서니 데스테파노가 들었던 예를 참고하면 보다 분명하게 알 수 있을 것입니다.

> 존 스미스가 가난하다는 것이 사실이라고 해도 차를 갖고 있지 않다는 것이 그 사실을 증명해 주지는 못한다. 그는 차를 임대해서 사용할 수도 있다. 그의 나이가 열 살밖에 되지 않아서 차를 살 수 없을 수도 있다. 그가 도시에 살며 늘 대중교통을 이용하기 때문에 차가 필요하지 않을 수도 있다. 오히려 너무 부자라서 매번 리무진과 기사를 부를 수도 있다. 그가 부자지만 탈세로 감옥에 있을 수도 있다. 그가 운전을 무서워할 수도 있다. 존 스미스가 차를 소유하지 않는 데 대해서는 여러 가지 합당한 이유가 있을 수 있다. 그런데도 그가 가난하다고 단정하는 어리석은 사람들이 있다. 그들은 지금 부족(不足)만이 이 상황에 대한 합당한 설명이라고 생각한다.106)

---

105) Anthony DeStefano, 『무신론자들의 마음속』, 163.

106) Anthony DeStefano, 『무신론자들의 마음속』, 93.

니체의 주장이 의도한 것은 인간 본성에 대한 충실

니체는 무엇을 성취하고자 하는 욕구나 무엇을 해낼 수 있는 힘의 의지가 이성보다 우월하다고 주장하면서, 존재의 본질을 이성으로 파악했던 소크라테스의 주지주의적 전통을 거부했고, 또 플라톤과 기독교의 형이상학은 인간의 삶을 억압하여 인간성을 상실하게 하고 이 세상에서의 인간 문화를 몰락하게 만든다고 비판했습니다. 왜냐하면 현실의 세계와 참된 세계를 나누고, 이성의 주된 임무는 참으로 존재하는 이데아의 세계를 인식하는 것이라고 한 플라톤의 형이상학은 이상주의로서 현실의 유용성과 효용을 간과하며, 기독교 역시 이 세상과 저세상을 나누고, 신앙은 참된 세계인 저세상을 인식하는 것이라고 함으로써 현실을 간과하기 때문이라는 것입니다.

니체가 이토록 신(神)개념을 포함하여 초현실적, 초지상적, 형이상학적인 관념이나 가치를 인간의 삶에 적대적인 것으로 본 이유는 무엇일까요? 물론 그것은 긍정적으로 보면 플라톤의 형이상학이나 기독교의 신앙 자체를 비판하려는 것보다는 현실의 삶을 강조하기 위함이었을 수도 있을 것입니다. 그러나 단지 그것뿐이었을까요? 신개념을 포함하여 초현실적, 초지상적, 형이상학적인 관념이나 가치를 인정하면 인간의 본성에 충실할 수 없었기 때문이 아니었을까요? 다르게 말하면 자기 자신이 주인이 되고, 자기 자신이 왕이 되며, 자기 자신이 신이 되어 인간 본성에 충실한 삶을 살려는 것을 방해하기 때문이 아니었을까요?

과연 니체의 목적은 무엇이었을까요? 기존의 가치체계를 비판, 부정, 거부, 전도(顚倒)시키고 기존의 가치체계로부터 변화된 삶을 추구하려는 인간의 의지가 중심이 된 삶이 아니었을까요? 당시 기독교적 영향 아래 있었던 서구사회의 최고가치인 신(神)에의 의존과 신에 의해 가치가 결정되는 것이 인간을 나약하게 만든다고 비판했던 것을 보면 그렇게 평가하는 것이 가능할 것입니다. 어찌 되었든 이러한 목적에 맞지 않는다면 무엇이든지 비판하려 했기 때문에 한스 퀑의 비판처럼 "사람들을 황당하게 만들고 그의 주장은 너무 일반화한 것이고 지나치게 치우친 반(反)기독교적인 광신성(狂信性)을 드러내놓고 있어서 일일이 논박할 만한 가치가 없다."라고[107] 말해도 과언이 아닐 것입니다. C. S. 루이스는 이렇게 지적합니다.

> 그 사람이 기독교의 소위 현세 지향적인 활동들을 먼저 본다고 해봅시다. 그는 역사적으로 이 종교가 로마제국의 멸망 후 남은 세속 문명을 보존한 주체였음을 알게 될 것입니다. 그 같은 위험한 시대들을 거친 유럽이 이 종교 덕분에 농업과 건축 기술, 법률과 읽고 쓰는 능력을 건질 수 있었음을 알게 될 것입니다. … 이 종교가 퍼진 곳마다 예술과 철학이 번성하는 경향이 있음도 알게 될 것입니다. … 그러나 그 사람이 기독교 안의 전혀 다른 현상들을 가지고 조사를 시작했다면 어떻게 될까요? 그는 고문을 당해 서서히 죽어가는 한 사람의 모습이 모든 기독교 예술의 중심 이미지이고, 그를 고문했던 도구가 기독교 신앙의 전 세계적인 상징이고, 순교가 거의 명확하게 기독교적인 행위이고, 교회력에 축제만큼이나 금식일이 가득하고, 신도들이 그들 자신뿐만 아니라 온 우주의 유한성을 끊임없이 묵상하고, 그들의 모든 보화를 다른 세상에 쌓으라는 명령을 받으며, 때로는 자연 질서 전체에 대한 경멸조차도 기독교적 미덕으로 여겨진다는 것을 알게 될 것입니다. … 어느 쪽이건 그가 증거의 반쪽만 가지고 있다면 둘 중 하나로 결론을 내릴 수밖에 없을 것입니다.[108]

107) Hans Küng, 『신은 존재하는가-1-』, 558.
108) C. S. Lewis, 『피고석의 하나님』, 190, 191.

니체의 비판은 "썩은 과일 찾기"

기독교 역사 가운에 반(反)문화적 그룹들도 있었는데, 그들은 "스스로의 경향성으로 인해서든지 아니면 교육을 받아서든지 혹은 스스로의 경험이나 외부의 영향을 통해서든지 금욕주의적 삶의 가치를 배운 자들"로서 "어느 정도 현재 문화에 대해 반대하거나 애통해하는 성향을 보였고", 이 그룹들은 "현재의 삶과 예수 그리스도 당시의 삶 사이를 비교하며 이 두 삶 사이에 어떤 연결점이나 조화 점도 찾지 않은 채 오로지 그 둘 사이를 반대하며 대비"하는 데만 집중했습니다.109) 그러나 예수님은 금욕적 삶을 살지 않으셨습니다. 오히려 결혼식 잔치와 식사 초대에도 기꺼이 참석하셨기 때문에 '먹기를 탐하고 포도주를 즐기는 사람이요 세리와 죄인의 친구'라는 오해를 받기도 했습니다(눅 7장 33-34절). 앤서니 데스테파노는 이 문제에 대하여 이렇게 지적합니다.

> 무신론자들은 역사 속에서 '썩은 과일' 찾기를 좋아한다. 단지 몇 개를 찾으면 전체 역사를 제대로 이해하지 못하고 성급한 판단을 내린다. 단세포적으로 성경을 읽은 그리스도인들의 사례를 찾아 종교가 과학의 적이라고 섣불리 결론을 내린다. 특정한 책들을 신성모독으로 금지한 그리스도인들의 사례를 보고서 종교가 교육의 적이라고 속단한다. 멀쩡한 그림들을 외설적이라고 매도한 그리스도인들의 사례를 보고서 종교가 예술의 적이라고 속단한다. 노예를 소유했던 그리스도인들의 사례만 보고서 종교가 자유의 적이라고 결론을 내린다. 천국의 행복에 관한 글을 쓴 그리스도인들을 보고서 종교가 이 땅에서의 행복을 방해하는 적이라고 주장한다.110)

---

109) Herman Bavinck, *Philosophy of revelation*, 박재은(해제) 역, 『계시철학』(군포: 다함, 2019), 438, 이후로는 Herman Bavinck, 『계시철학』, 438. 등으로 표기함.

110) Anthony DeStefano, 『무신론자들의 마음속』, 46.

니체는 신신앙(新信仰)[111]을 주장한 슈트라우스(David Strauss)에 대하여 "마음에 역설이 깃들어 있는 사람, 중요하지 못한 일에 쏟을 시간은 많은데 정말 중요한 일에는 도무지 시간을 낼 수 없는 그런 자가당착적인 것이 깃들어 있는 인간"이라고 비판했지만, 그의 슈트라우스에 대한 비판은 오히려 그 자신에게 적절한 것은 아닌지 반문하고 싶습니다.[112] 또한 "신신앙만이 아니라 신신앙의 모든 후속 결과들도 극복되어야 하고", "신격화된 자연도 경계하라." 라고 한 니체의 주장은 "유기적 의미든 기계적 의미든 간에 여하한 궁극적 질서, 기능, 목적성도 믿어서는 안 된다."라는 의미인데[113] '그것이 과연 가능한 것인지'에 대하여, 그리고 '니체는 그러했는지' 반문하지 않을 수 없습니다.

---

111) 슈트라우스는 새 신앙인들의 천당은 여기 지상에 있고, 불멸하는 생명에 관한 기독교적인 희망은 착각이며, 예수는 괴벽(怪癖)스러운 광신자요, 그의 부활은 세계 역사에 유례가 없는 사기극이고, 고대 세계의 은수자들과 성직자들의 자기부정은 때에 맞지 않은 유물이 되었다고 주장하였습니다.

112) Hans Küng, 『신은 존재하는가-1-』, 483.

113) Hans Küng, 『신은 존재하는가-1-』, 513.

4 기독교는 예수님의 가르침이 아닐까요?

기독교는 제자들이 예수님을 왜곡한 것이 아니라 예수님의 말씀에 근거함

니체는 "예수는 모든 규칙을 일절 인정하지 않았고", "예수는 죄, 죄의 용서, 신앙, 신앙에 의한 구원과 같은 유대교의 모든 가르침을 부정"했으며, "예수의 가르침 속에는 죄와 벌, 보상과 같은 개념은 없고, 예수의 가르침에서 사람의 아들이라는 개념은 역사상의 구체적 인물이 아니라 현실적인 모든 것에서 해방된 하나의 상징"이며, "신, 신의 나라, 천국, 신의 아들이란 말들도 모두 마찬가지"이고, "천국은 지구상 어디에도 없고 저세상에도 존재하지 않는 마음의 상태"이며, "삼위일체 안에 있는 신의 아들과 같은 기독교의 개념은 실은 예수의 가르침과는 전혀 관계가 없다."라고 주장했습니다.114)

그는 또 "예수의 제자들이 보복, 벌, 심판과 같은 예수의 가르침에 반하는 말들을 사용"하여 "언젠가는 신의 나라가 도래하여 적을 심판한다는, 대중이 좋아할 만한 구세주라는 대망론을 만들어, 신의 나라가 현실에 존재한다는 예수의 가르침은 약속된 세계 또는 종말의 시기에 찾아오는 세계로 바뀌었다."라고 주장했습니다.115)

---

114) 『안티크리스트』, 75-79.
115) 『안티크리스트』, 89.

그는 또 제자들이 예수님의 죽음을 "신이 예수를 죄의 희생양으로 삼은 것으로 말함"으로써 예수님의 가르침 속에 "최후의 심판, 희생적 죽음, 부활이라는 이상한 것들이 섞이게 되어" "진정한 예수의 가르침은 어디론가 모습을 감추고 말았으며", "바울은 이 문제를 만약 그리스도가 죽은 자 가운데서 부활하지 않는다면 우리의 믿음은 헛것이라고 논리화시켜 사람은 죽지 않는다는 교의로 만들어 버리고 그것을 보상이라고 가르치기까지 했다."라고 주장했습니다.[116]

그는 또 심지어 "바울은 예수를 포함하여 모든 것을 원한(증오)의 희생으로 삼았고", "정작 본인은 믿지 않으면서도" "예수가 부활했다는 헛소문까지 흘렸는데" 그것은 "오직 권력을 갖고 싶은 자기의 목적을 실현하기 위함"이었고,[117] 기독교란 예수님이 특별히 강한 어조로 배척한 원한 감정, 즉 복수의 감정을 보다 심화하여 예수님과는 반대 방향으로 데카당화한 천민의 권력 추구의 수단에 불과하며,[118] 예수님의 가르침은 무능력과 퇴폐(décadence)적 사랑을 특징으로 하지만, 제자들은 예수에게는 없는 원한을 그 기본 특징으로 하므로 기독교에서 창조적 역할을 하는 것은 복수의 원한이고, 원한에 의해서 기독교가 탄생한 것이라고 주장했습니다.[119]

그는 또 기독교는 그 당시 권력을 쥐고 있던 유대교의 신학자에게 대항하기 위하여 "자신들에게 편리한 신(神)을 고안하여 재림이나 최후의 심판 같은, 예수의 가르침과 전혀 관계없는 것들을 아무

---

116) 『안티크리스트』, 90, 91.

117) 『안티크리스트』, 92.

118) 정영도, 『칼 야스퍼스의 '니체와 기독교' 읽기』 (서울: 세창미디어, 2016), 63.

119) 최순영, 『니체와 도덕의 위기 그리고 기독교』 (서울: 철학과 현실사, 2012), 186, 187, 이후로는 최순영, 『니체와 도덕의 위기 그리고 기독교』, 186. 등으로 표기함.

거리낌 없이 교회가 자신들을 선전하는 데 편리하도록 예수를 계속 변화시켰기 때문에", "오랜 역사 속에서 숭배의 대상인 예수의 특징이나 결점을 보지 않도록, 곧 보이는 대로 보지 않도록 예수를 왜곡했다."라고 주장했습니다.120)

과연 그럴까요? 예수님께서 구약 성경의 율법적 규칙들이 당시의 유대교 지도자들에 의해 왜곡된 부분들에 대하여 신랄(辛辣)하게 지적하시고 바로잡으신 것은 사실이지만, 모든 규칙을 일절 인정하지 않았다는 니체의 주장은 전혀 근거가 없습니다. 예수님은 마태복음 5장 17-18절에서 분명하게 "내가 율법이나 선지자나 폐하러 온 줄로 생각지 말라. 폐하러 온 것이 아니요 완전케 하려 함이로라. 진실로 너희에게 이르노니 천지가 없어지기 전에는 율법의 일점일획이라도 반드시 없어지지 아니하고 다 이루리라."라고 선언하심으로 구약 성경의 모든 가르침을 받아들이셨습니다. 누가복음 10장 25-28에서도 예수님은 분명히 율법을 행하라고 말씀하셨습니다.

또 니체가 예수님께서 부정했다고 주장한 '죄, 죄의 용서, 신앙, 신앙에 의한 구원, 죄와 벌, 보상, 사람의 아들(人子), 신, 신의 나라, 천국, 신의 아들'에 대한 내용은 4복음서의 예수님의 말씀에서 얼마든지 찾아볼 수 있습니다. 제자들이 예수님의 말씀에 반(反)하여 사용했다고 주장하는 '보복, 벌, 심판, 신의 나라, 부활, 재림, 최후의 심판' 등도 마찬가지로 4복음서의 예수님의 말씀에서 그 근거를 얼마든지 찾아볼 수 있습니다.

예수님은 '죄'와 '죄의 용서'에 대하여 분명하게 말씀하셨습니다. 예수님은 주기도문을 통하여 "우리가 우리에게 죄지은 자를 사하여

---

120) 허호익, 『안티기독교 뒤집기』 (서울: 동연, 2015), 71-73, 이후로는 허호익, 『안티기독교 뒤집기』, 71. 등으로 표기함.

준 것 같이 우리 죄를 사하여 주옵시고"라고(마태복음 6장 12절, 누가복음 11장 4절) 친히 가르쳐 주셨고, 질병들을 고쳐주시면서도 "네 죄 사함을 받았느니라"라고 말씀하셨으며(마태복음 9장 5절, 마가복음 2장 5절, 누가복음 5장 20절), 예수님께 향유를 부은 여인에게도 "네 죄 사함을 얻었느니라"라고 말씀하셨고(누가복음 7장 48절), 또 '예수님의 이름으로 죄 사함을 얻게 하는 회개가 예루살렘으로부터 시작하여 모든 족속에게 전파될 것'이 기록되었으니 '제자들은 이 모든 일의 증인'이라고 말씀하셨으며(누가복음 24장 47절), '하늘에서 난 자, 이 세상에 속하지 아니한 자'이심을 믿지 아니하는 자는 "너희 죄 가운데서 죽으리라."라고 말씀하셨습니다 (요한복음 8장 24절).

예수님은 '천국'에 대해서도 분명하게 말씀하셨습니다. 예수님은 천국 복음을 전파하셨고(마태복음 4장 17절, 4장 23절, 9장 35절, 10장 7절), "심령이 가난한 자는 복이 있나니 천국이 저희 것임이요", "의를 위하여 핍박을 받은 자는 복이 있나니 천국이 저희 것임이라", "그러므로 누구든지 이 계명 중에 지극히 작은 것 하나라도 버리고 또 그같이 사람을 가르치는 자는 천국에서 지극히 작다 일컬음을 받을 것이요 누구든지 이를 행하며 가르치는 자는 천국에서 크다 일컬음을 받으리라. 내가 너희에게 이르노니 너희 의가 서기관과 바리새인보다 더 낫지 못하면 결단코 천국에 들어가지 못하리라"라고 가르치셨습니다(마태복음 5장 3절, 5장 10절, 5장 19-20절). "나더러 주여 주여 하는 자마다 천국에 다 들어갈 것이 아니요 다만 하늘에 계신 내 아버지의 뜻대로 행하는 자라야 들어가리라."라고 말씀하셨고(마태복음 7장 21절), "또 너희에게 이르노니 동서로부터 많은 사람이 이르러 아브라함과 이삭과 야곱과 함께 천국에

앉으려니와"라고 말씀하셨으며(마태복음 8장 11절), "내가 진실로 너희에게 말하노니 여자가 낳은 자 중에 세례 요한보다 큰 이가 일어남이 없도다. 그러나 천국에서는 극히 작은 자라도 저보다 크니라. 세례 요한의 때부터 지금까지 천국은 침노를 당하나니 침노하는 자는 빼앗느니라"라고 말씀하셨고(마태복음 11장 11-12절), 마태복음 13장 1-52절에서는 씨 뿌리는 자의 비유를 통하여 천국에 대하여 가르쳐주셨습니다. 예수님은 "천국에서는 누가 크니이까?"라는 제자들의 질문에 대하여 "진실로 너희에게 이르노니 너희가 돌이켜 어린아이들과 같이 되지 아니하면 결단코 천국에 들어가지 못하리라. 그러므로 누구든지 이 어린아이와 같이 자기를 낮추는 그이가 천국에서 큰 자니라."라고 가르쳐주셨고(마태복음 18장 1-4절), "주여, 형제가 내게 죄를 범하면 몇 번이나 용서하여 주리이까? 일곱 번까지 하오리이까?"라는 베드로의 질문에 예수님은 "일곱 번뿐 아니라 일흔 번씩 일곱 번이라도 할지니라. 이러므로 천국은 그 종들과 회계하려 하던 어떤 임금과 같으니"라고 비유로 가르쳐주셨으며(마태복음 18장 21-23절), 사람들이 예수님의 안수하고 기도하심을 바라고 어린아이들을 데리고 오자 제자들이 꾸짖었는데, 그때 예수님은 "어린아이들을 용납하고 내게 오는 것을 금하지 말라. 천국이 이런 자의 것이니라."라고 말씀하셨습니다(마태복음 19장 13-14절). "내가 무슨 선한 일을 하여야 영생을 얻으리이까?"라고 문은 청년에게 예수님은 "네가 온전하고자 할진대 가서 네 소유를 팔아 가난한 자들을 주라. 그리하면 하늘(천국)에서 보화가 네게 있으리라. 그리고 와서 나를 좇으라."라고 말씀하셨는데, 그 청년은 재물이 많으므로 이 말씀을 듣고 근심하며 돌아가자 예수님은 제자들에게 "내가 진실로 너희에게 이르노니 부자는 천국에 들어가

기가 어려우니라. 다시 너희에게 말하노니 약대가 바늘귀로 들어가는 것이 부자가 하나님의 나라(천국)에 들어가는 것보다 쉬우니라." 라고 말씀하셨습니다(마태복음 19장 16-24절). 예수님은 "천국은 마치 품꾼을 얻어 포도원에 들여보내려고 이른 아침에 나간 집 주인과 같다."라고 말씀하셨고(마태복음 20장 1절), 예수님은 "천국은 마치 자기 아들을 위하여 혼인 잔치를 베푼 어떤 임금과 같으니"라고 말씀하셨으며(마태복음 22장 2절), 예수님은 서기관들과 바리새인들을 향하여 "화 있을진저 외식하는 서기관들과 바리새인들이여! 너희는 천국 문을 사람들 앞에서 닫고 너희도 들어가지 않고 들어가려 하는 자도 들어가지 못하게 하는 도다."라고 책망하셨고(마태복음 23장 13절), 예수님은 "이 천국 복음이 모든 민족에게 증거되기 위하여 온 세상에 전파되리니 그제야 끝이 오리라"라고 말씀하셨습니다(마태복음 24장 14절).

니체는 또 예수님은 "인간을 구원하기 위해 죽은 것이 아니라 인간이 어떻게 살아야 하는가 하는 방법을 가르치기 위해 죽었기 때문에", "기적을 일으키는 사람과 구세주와 같은 것들은 머리 나쁜 사람들이 쉽게 이해할 수 있도록 가르친 것을 점점 간단하고 통속적이며 저급하게 상징주의를 왜곡한 것"이라고 주장했습니다.[121]

과연 그럴까요? 예수님은 최후의 만찬을 통하여 "이것은 죄 사함을 얻게 하려고 많은 사람을 위하여 흘리는바 나의 피 곧 언약의 피니라"라고 자신이 대속(代贖)으로 죽으실 것을 말씀하셨습니다(마태복음 26장 28절, 마가복음 14장 24절). 또 "인자가 온 것은 섬김을 받으려 함이 아니라 도리어 섬기려 하고 자기 목숨을 많은 사람의 대속물로 주려 함이니라"라고 예수님이 우리의 죄를 대신하

---

121) 『안티크리스트』, 81.

여 돌아가실 것을 직접 언급하셨습니다(마태복음 20장 28절, 마가복음 10장 45절). "나는 선한 목자라, 선한 목자는 양들을 위하여 목숨을 버리거니와"라는 말씀이나(요한복음 10장 11절) "인자의 영광을 얻을 때가 왔도다. 내가 진실로 진실로 너희에게 이르노니, 한 알의 밀이 땅에 떨어져 죽지 아니하면 한 알 그대로 있고 죽으면 많은 열매를 맺느니라."라는 말씀도 역시 예수님께서 우리의 죄를 대신하여 돌아가셨다는 의미라는 것을 부인할 수 없을 것입니다(요한복음 12장 23-24절).

니체가 부정했던 주장들이 사실이 아니라는 것을 예수님께서 직접 하신 말씀 가운데서 해당 구절들을 구체적으로 열거한다면 너무도 많아서, 그리고 이에 대한 저술들과 논문들은 차고 넘쳐서 새삼 언급할 필요조차 없을 것입니다. 조금만 관심을 가지고 노력을 기울인다면 이 문제에 대해서는 너무도 분명하게 확인할 수 있을 것입니다. 요즈음은 전산화된 성경에서 해당하는 내용을 검색하면 쉽게 확인할 수 있습니다. 그러므로 기독교는 예수님의 가르침을 왜곡했다고 전제하고, 최소한의 노력도 없이 피상적으로 자기 생각을 나열한 니체의 주장을 구체적인 검토도 없이 받아들인다면 그것은 지성적인 자세가 아닐 것입니다.

예수님은 신화화(神話化)된 것이 아님

니체의 주장들은 한 마디로 후대 사람들이 예수님을 신화화(神話化)했다는 의미인데, 그것은 다르게 표현하면 우상화했다는 의미일 것입니다. 그러나 요한복음 1장 1-14절은 하나님이신 예수님이 인간의 몸을 입고 이 세상에 오신 분이라고 증거합니다. 예수님은 자신을 하나님의 아들이라고 선언하셨고 베드로를 비롯한 제자들도 예수님을 하나님의 아들로, 곧 하나님으로 고백했으며(요한복음 20장 28절, 로마서 9장 5절, 디도서 2장 13절, 요한일서 5장 20절), 예수님이 처형된 이유는 다름 아닌 하나님처럼 말하고 행동했다는 신성모독죄(神性冒瀆罪)였습니다. "네 죄가 사해졌다.", "인자는 땅에서 죄를 사하는 권세를 가지고 있다."(마가복음 2장 10절, 누가복음 5장 24절)라는 사죄(赦罪)의 선언은, 죄를 사하는 권세가 오직 하나님께만 있다고 확신한 유대인에게는 신성모독이었기 때문입니다.

물론 "4세기에 '예수님이 어떤 의미에서 하나님인가?'라는 예수님의 신성에 대한 오랜 논쟁 과정에서 희랍철학의 본체론에 입각하여 예수님의 신성에 대한 아타나시우스(Athanasius)와 아리우스(Arius) 사이의 동일본질론(同一本質論)과 유사본질론(類似本質論)이 논쟁 되었지만", 예수님을 따르던 자들이 그를 참 하나님으로 고백한 것은 후대가 아니라 예수님께서 부활하신 직후인 것만은 확실하며, 후대에 "예수님의 신성에 대한 희랍철학의 본체론적 설명을 보완하여 아리우스처럼 비본체론적으로 설명"하기도 했지만, 아리우스조차도 예수님의 신성을 부정하지는 않았습니다.[122]

예수님은 하나님과 같은 권위와 권능을 가지고 가르치셨고, 그 내용은 하나님만이 선포할 수 있는 것이었습니다. 선지자들(예언자들)은 하나님의 말씀을 대언(代言)하는 자로서 "여호와가 이렇게 말씀했다.", "이는 여호와의 말씀이다."라는 표현 형식을 통해 하나님의 권위에 의존했지만, 예수님은 스스로 하나님과 같은 권위를 가지시고 하나님이 말씀하듯이 "나는 너희에게 말한다."라는 표현 형식을 사용했습니다. 예수님은 놀랍게도 하나님과 같은 권위를 가

---

122) 허호익, 『안티기독교 뒤집기』, 137.

지고 '인자는 안식일의 주인'(마태복음 2장 28절)이라고 선언하셨습니다. "예수님께서 종말론적인 메시아의 권위를 가지시고 창조시(時) 만드시고 시내산 언약을 통해 제정하신 안식일의 실제 주인이 자신이라고 주장했다면, 이 역시 예수님이 생전에 자신의 신적인 권위를 드러낸 또 다른 증거"입니다.[123] 또 "예수님께서 하나님의 성전을 헐라고 한 것과 성전이 무너질 것이라고 말씀하신 것은 자신이 하나님과 동등한 권위를 가지고 있음을 자각한 것임"을 알 수 있고, "예수님이 최후의 만찬에서 자기 죽음을 새 언약(누가복음 22장 20절)으로 선언하신 것은 하나님께서 이스라엘과 맺은 옛 언약을 새로운 계약으로 대체하는 것으로, 이것 역시 하나님과 동등한 권위를 가지지 않고는 불가능한 행위"였습니다.[124] 맥 켈빈(Floyd C. McElveen)은 예수님의 신성에 대하여 다음과 같이 증거합니다.

> 1) 예수님처럼 태어난 사람은 없었다. 출생하기 약 700년 전에 이미 예언되었던 대로, 예수님은 성경이 말한 역사의 한 정확한 시점에(다니엘 9장 25절), 처녀의 몸에서(이사야 7장 14절), 유대인의 특정 지파의 가문을 통하여 베들레헴에서(미가 5장 2절) 태어나셨다. …
>
> 2) 예수님처럼 산 사람은 없었다. 예수님의 전 생애는 아주 세세하게 예언되어 있었다. 출생, 오신 목적, 삶, 죽음의 모양, 사역, 그리고 부활까지. 그분은 이 땅에서 유일하게 완벽한 인생을 사신 분이다. … 오직 그분 한 분만이 절대적으로 흠이 없으시고 죄가 없으시다. …
>
> 3) 예수님처럼 말한 사람은 없었다. … 자신이 육신을 입은 하나님이라고 하셨고(요한복음 8장 58절), 하나님께로 가는 유일한 길이라고 하셨으며(요한복음 14장 6절), 하나님처럼 죄를 사해주셨고(마태복음 9장 2-8절),

---

123) 허호익, 『안티기독교 뒤집기』, 142.
124) 허호익, 『안티기독교 뒤집기』, 143, 144.

하나님이 받으실 경배를 받아들이셨다(마태복음 28장 17절).

4) 예수님처럼 죽은 사람은 없었다. 이미 수백 년 전 성경에 예언되었듯이, 예수님은 십자가에 못 박혀 돌아가셨다. 이것은 예언이 주어질 당시에는 알려지지 않았던 사형의 방법이었다(시편 22편 16절). 예수님의 출생, 생애, 죽음, 부활에 관한 총 300여 개의 예언이 문자적으로 정확하고 완벽하게 성취되었는데 그 가운데 30개 정도가 예수님이 십자가에 못 박히시던 바로 그날에 이루어졌다. ··· 피터 스토너(Peter Stoner)는 그 자신의 책『과학은 말한다』(*Science Speaks*)에서 예수님에 관한 구체적인 예언들 가운데 8가지만 갖고 본다고 하더라도, 그것들이 한 사람 안에서 오직 우연으로만 성취될 확률은, 텍사스주 전역에 걸쳐 60cm 깊이에 은화를 쭉 파묻되 그 가운데 딱 하나에만 특정한 표시를 해놓은 뒤, 한 사람이 눈가리개를 하고서 그 표시된 은화를 단 한 번에 찾아내는 확률과 거의 비슷하다고 말했다.

5) 예수님처럼 우리의 죄를 위하여 죽은 사람은 없었다. ···

6) 예수님처럼 죽음을 정복하고 무덤에서 부활한 사람은 없었다. 부처, 공자, 마호메트 등 세계의 모든 종교의 창시자들은 다 죽었다. 오직 예수 그리스도만이 무덤에서 부활하셨다.[125]

예수님의 부활은 예수님을 신화화한 것이 아니라 "성육신(成肉身, Incarnation)하셨던 예수님이 하나님"이라는 사실을 입증하는 역사적으로 실제 일어났던 일입니다. 물론 예수님의 부활을 부정하기 위해 예수님의 십자가 죽음을 기절이라고 주장하는 사람들도 있습니다. 이러한 주장은 7세기 기록된 코란, 1929년 D. H. 로렌스의 단편 소설, 1965년 휴즈 숀필드의 베스트 셀러 『유월절의 음모』(*The Passover Plot*), 1972년 도노반 조이스의 『예수 두루마리』(*The Jesus Scroll*), 1982년의 『보혈과 성배』(*Holy Blood, Holy Grail*),

---

125) Floyd C. McElveen, *Compelling Christ*, 윤종석 옮김, 『안 믿을 수 없는 예수』 (서울: 두란노, 1991), 19-21.

1992년 바바라 씨어링의 『예수와 사해 사본의 수수께끼』(*Jesus and the Riddle of the Dead Sea Scrolls*) 등에서 볼 수 있지만,126) 이러한 주장이 허위(虛僞)라는 것은 메드럴(Alexander Metherell)의 의학적이고 과학적인 설명으로도 충분합니다.

예수님은 최후의 만찬 다음에 겟세마네 동산에 올라가셨습니다. … 그곳에서 밤새도록 기도하셨습니다. … 겪어야 할 고통이 얼마나 큰 고통이었는지를 잘 아셨기 때문에, 그분은 엄청난 심리적 스트레스를 받고 있었습니다. … 복음서에는 그때 땀이 핏방울이 되었다고 말합니다. … 그것은 의학적으로 혈한증(血汗症, hematidrosis)이라 불리는 상태입니다. … 땀샘으로 소량의 피가 들어오게 됩니다. 그리고 땀을 흘릴 때 피가 섞여 나오는 겁니다 … 그로 인해 피부가 매우 약해집니다. …

(예수님이 받은 로마의 태형에 대해) … 3세기에 역사가였던 유세비우스가 이렇게 설명했습니다. "태형을 당하는 사람의 정맥이 밖으로 드러났고, 근육, 근골 그리고 창자의 일부가 노출되었다." … 당시에 많은 사람들은 십자가에 달리기도 전에 태형만 당하고서도 죽었습니다. 죽지는 않더라도, 희생자는 극도의 고통을 느끼게 되고 저혈량성 쇼크(hypovolemic shock) 상태에 빠집니다. … 저혈량성 쇼크란 많은 양의 피를 흘리고 나서 고통을 겪는 상태를 의미합니다. 피를 많이 흘리면 네 가지 증상이 일어납니다. 첫 번째로, 심장이 더 이상 피를 퍼 올리지 않습니다. 두 번째로, 혈압이 떨어져 정신이 몽롱하거나 기절하게 됩니다. 세 번째로, 신장은 피의 양을 유지하기 위해서 소변 만드는 일을 중단합니다. 네 번째로, 몸은 흘린 피를 보충하기 위해 액체를 요구하기 때문에 목이 마르게 됩니다. … (복음서에는 그것들에 대한 증거가) 아주 명확하게 나옵니다. …

로마 군인들은 7인치에서 5인치 정도 되는, 끝이 가늘고 뾰족한 대못을 손목에 박았습니다. … 만약 손바닥에 못이 박히면, 몸무게 때문에 손바닥이 찢겨 나가서 십자가에서 떨어져 버리기 때문입니다. … 또 하나 중요한 사실은 중추신

---

126) Lee Strobel, *Case for Christ*, 윤관희・박중렬 옮김, 『예수는 역사다』 (서울: 두란노, 2002), 252-254, 이후로는 Lee Strobel, 『예수는 역사다』, 252. 등으로 표기함.

경이 지나가는 위치에 못이 박혔다는 것입니다. 그 신경은 손으로 나가는 가장 큰 신경인데, 못이 그곳을 내리 칠 경우 완전히 파괴됩니다. … 그다음에는 예수님의 발에 못이 박혔습니다. 또다시 발에 있는 신경이 완전히 으깨졌고 손목에 못이 박힐 때와 비슷한 고통을 느끼셨을 것입니다. … (십자가에 매달렸을 때) 무엇보다 먼저 팔이 늘어납니다. 아마 6인치 정도 늘어났을 겁니다. 그리고 양쪽 어깨가 탈골됩니다. …

일단 희생자가 십자가에 수직으로 매달리게 되면 질식하면서 서서히 고통스럽게 죽게 됩니다.

질식하게 되는 이유는 근육에 충격이 가해지면서 횡격막이 가슴의 상태를 숨을 들이쉬는 상태로 만들어 놓기 때문입니다. 숨을 내쉬기 위해서는 십자가 위에서 발을 세워야 합니다. 그래야 근육이 잠시 이완될 수 있습니다. 그러나 그렇게 하면 발에 박혀 있는 못이 발을 점점 깊이 찌릅니다.

결국에는 못이 발 근육에 붙어 있는 뼈를 고정하게 되죠. 간신히 숨을 내쉰 후에는, 세웠던 발을 내리고서 잠시 쉴 수 있었을 겁니다. 그리고서는 다시 숨을 들이마시게 되죠. 그러면 또다시 숨을 내쉬기 위해서 발을 세워야 하고 동시에 십자가의 거친 나뭇결에 피 묻은 등이 긁히게 됩니다. 완전히 지칠 때까지 이런 식으로 계속되다가 결국 발을 세울 수 없게 되고 더 이상 숨을 쉴 수 없게 됩니다. 호흡수가 점점 줄어들기 시작하면 희생자는 소위 호흡 산독증에 빠집니다. 이렇게 되면 결국 심장 박동이 불규칙적으로 됩니다. … 그리고서는 심장이 정지되며 돌아가셨습니다. …

또 한 가지 중요한 사실은 예수님께서 돌아가시기 전에 저혈량성 쇼크는 심장 박동수를 지속적으로 빠르게 만들었습니다. 이것도 심장을 정지시킨 원인 중의 하나였죠. 그렇게 되면 심장 주위에 있는 막 조직에 액체가 고이는, '심낭삼출'이 일어납니다. 그리고 폐 주위에도 액체가 고이는데 이것은 '늑막삼출'이라고 불리죠. … (이 사실이 중요한 것은) 로마 군인들이 와서 예수님이 돌아가셨다는 것을 알고서, 오른쪽 옆구리를 창으로 찔러 확인했던 사건 때문입니다. … 창을 뺄 때 물처럼 보이는 액체 – 심낭삼출과 늑막삼출 – 가 나왔습니다. 요한이 증거하고 있는 것처럼, 물처럼 투명한 액체가 흘러나온 다음에 많은 양의 피가 쏟아졌을 겁니다. …

「하버드 신학비평」에 실린 한 논문은 이렇게 결론을 내렸습니다. '놀랍게도 십자가형에 처해진 사람의 발에 못이 박혔다는 증거는 거의 없다.' … AD 70년 경에 로마에 대항한 반란이 일어났습니다. 그런데 1968년 예루살렘에서 고고학 자들이 그때 희생된 36명 정도 되는 유대인들의 유골을 발견했는데, 그중 요하 난이라는 이름의 인물이 십자가 처형을 당했습니다. 고고학자들이 그의 발에 그 때까지도 꽂혀있었던 7인치 크기의 못을 발견했는데, 거기에는 십자가로부터 떨 어진 올리브 나무 조각들이 붙어 있었습니다. …

(예수가 죽었다고 단정했을 때 혹시 착각하지 않았을까요?) … 혹시라도 죄 수가 탈출을 하면 군인들은 대신 목숨을 내어놓아야 했습니다. 따라서 십자가 위에서 희생자를 끌어내릴 때 반드시 그가 죽었는지를 꼭 확인했습니다. …

예수님은 십자가에 달리시기 전에 피를 많이 흘렸기에 이미 저혈량 쇼크 상 태에 빠져 있었다는 사실을 기억하십시오. 사람이 오랫동안 숨을 쉬지 않는 척 하는 일이 불가능하듯이 예수님은 죽은 체할 수가 없었습니다. 더구나 창이 그 의 심장을 찔렀습니다. 이것만으로도 예수가 죽은 체한 게 아니냐는 식의 주장 은 이미 끝난 논쟁입니다. 또한 로마 군인들의 입장에서는 만약 예수가 살아서 도망갈 경우 자신들의 목숨을 내놓게 될지도 모르는데 그런 위험을 감수하면서 까지 확인을 안 하겠습니까? …

그렇지만 만약 살아남았다고 칩시다. 그러나 못이 박혀서 구멍이 뚫린 발로 어떻게 걸을 수 있었겠습니까? 어떻게 잠시 후에 멀리 떨어져 있는 엠마오 도 상에 나타날 수 있었겠습니까? 이미 탈골되어 버린 팔을 어떻게 사용했을까요? 또한 등엔 심한 상처가 있었고 창이 그의 허리를 찔렀다는 사실을 기억하십시 오. … 들어보십시오. 그렇게 애처로운 상태에 있는 예수님을 만난 후에, 밖에 나가 예수께서는 죽음을 이기신 생명의 주님이라고 선포할 제자는 아무도 없습 니다. … 몸 안에 있는 피를 다 쏟고 그렇게 끔찍한 상처를 입은 애처로운 모습 을 본 제자들이 죽음을 이기신 승리자라고 그에게 환호할 수는 없습니다. 오히 려 미안함을 느끼면서 그를 간호하려고 애썼을 것입니다. 따라서 예수님께서 그러한 흉측한 모습으로 제자들에게 나타났는데도, 제자들이 언젠가는 자신들 도 예수님처럼 부활한 몸이 될 것이라는 희망을 품고서 세계적인 조직을 만드는 일에 착수했다고 생각하는 것은 터무니없는 생각입니다.[127]

---

127) Strobel Lee, 『예수는 역사다』, 256-267.

윌리엄 D. 에드워즈 박사도 「미국 의학협회 저널」에 기고한 논문에서 "역사적, 의학적 증거들을 살펴볼 때 예수님은 창에 허리를 찔리기 전에 분명히 죽어 있었다. … 따라서 예수님이 십자가 위에서 죽지 않았다는 가정에 기반을 둔 해석들은 현대 의학적 관점에서 볼 때 잘못된 주장이다."라고 결론지었습니다.[128]

하버마스(Gary Habermas)의 지적대로 예수님이 십자가에 돌아가셨다는 것과 그 후에 사람들에게 나타나셨다는 것을 입증할 수 있다면 예수님이 정말로 부활하셨다는 것을 증명할 수 있는데, 왜냐하면 죽은 사람이라면 사람들 앞에 나타날 수 없기 때문일 것입니다.[129] 고린도전서 15장에는 죽었던 예수님이 다시 살아나신 것을 목격한 구체적인 개인들의 이름과 그룹들이 등장하고 있으며, 그들이 생존해 있었기 때문에 바울의 말을 얼마든지 확인해 볼 수 있었습니다.[130] 무신론자였던 마이클 마틴은 '예수가 오백 명의 군중 앞에 나타났다는 것은 거의 믿기 어려운 사실임에 틀림없다.'라고 주장했지만, 이에 대하여 하버마스는 '만일 오백 명에 관한 구절이 부활을 논증하는 데 아무런 도움도 되지 않는다고 바울이 생각했다면 이 구절을 고린도전서에 넣지는 않았을 것'이라고 반박합니다.[131]

복음서들과 사도행전에는 부활하신 예수님이 누구에게 나타나셨는지 매우 구체적으로 기록하고 있습니다. 막달라 마리아(요한복음 20장 10-18절), 다른 여자들(마태복음 28장 8-10절), 엠마오 도상의 글로바를 포함한 두 제자(누가복음 24장 13-32절), 열한 제자를 포

128) Strobel Lee, 『예수는 역사다』, 268.

128) Strobel Lee, 『예수는 역사다』, 268.
129) Strobel Lee, 『예수는 역사다』, 301-302.
130) Strobel Lee, 『예수는 역사다』, 302.
131) Strobel Lee, 『예수는 역사다』, 306-307.

166 포이어바흐, 니체, 러셀, 도킨스의 지성적 무신론과 기독교

함한 여러 사람(누가복음 24:33-49), 도마를 제외한 열한 사도와 여러 사람(요한복음 20장 19-23절), 도마와 다른 사도들(요한복음 20장 26-30절), 제자들(마태복음 28장 16-20절), 승천하시기 전 사도들(누가복음 24장 50-52절, 사도행전 1장 4-9절) 등입니다. 사도행전과 신약성경은 예수님의 부활을 교회의 핵심 메시지로 선포했다는 사실을 보여줍니다. 하버마스가 지적한 바와 같이 초기 기독교인들은 단순히 예수님의 가르침을 확신하는 정도가 아니라 자신들이 직접 부활한 예수님을 목격했고 믿었으며 그로 인해 삶이 변화되었고 그 신앙고백 위에 교회가 세워졌습니다.[132]

모어랜드(J. P. Moreland)는 "자신들이 체험한 것을 위해서 죽음마저도 불사(不辭)했던 제자들, 야고보와 사울 같은 회의론자들의 삶이 완전히 뒤바뀌었던 것, 유대인들이 수 세기 동안 소중하게 간직해왔던 사회 제도의 혁명적 변화, 성찬과 세례의 갑작스러운 등장, 교회의 출현과 놀라운 성장", 이 다섯 가지의 정황들은 예수님의 부활을 증거하기 때문에, 만일 예수님이 부활하지 않았다고 주장하려면 먼저 이 다섯 가지 사실을 모두 반박해야만 할 것이라고 지적합니다.[133]

고린도전서 15장은 예수님의 빈 무덤과 부활이 사흘 만에 있었던 일이었고, 부활하신 예수님은 몇몇 개인들과 소그룹들에 나타나시는 데 그치지 않고 500명이나 되는 군중들에게 동시에 모습을 드러내셨으며, 대다수는 바울 사도가 고린도전서를 쓸 당시까지 여전히 살아있어서 확실한 증거가 필요하면 얼마든지 확인을 할 수 있었다고 예수님의 부활에 대하여 소상히 기록하고 있습니다. 만일

---

132) Strobel Lee, 『예수는 역사다』, 312.
133) Strobel Lee, 『예수는 역사다』, 337-338.

"초대교회에서 가르친 예수님에 관한 사실들이 동시대 사람들이 보기에 과장되었거나 틀렸다고 알려졌다면, 초대교회는 예루살렘에서 뿌리를 내리고 발전할 수 없었을 것"입니다.[134] 바울서신은 교회에 보내는 공문서로서 온 회중에게 공개적으로 알리도록 기록된 객관적인 서신이기 때문에 주관적인 개인의 상상이나 생각을 나열한 것이 아니며, 예수님의 부활에 대한 기록도 그것을 실제로 목격했던 수많은 사람들의 증언을 바탕으로 했습니다. 만일 예수님의 부활이 거짓이었다면 의심을 품은 사람들이 그냥 두고 보지 않고 예수님의 무덤으로 달려가 부패한 예수님의 시신을 금방 꺼내 보였을 것이며, 바울 역시 공개문서에 수많은 증인들이 살아있노라고 장담하지 못했을 것이기 때문에, 세월이 흐르면서 부활에 관한 이야기가 조작되었으리라고 추측하는 것은 근거가 없는 억지입니다.

"인간은 자신을 박해하는 자들에게 굴복하는 약한 신을 이해할 수 없기 때문에" 예수님이 십자가에 돌아가신 것은 예수님을 하나님으로 받아들이는 데 있어서 "하나의 스캔들론(skandalon, 걸림돌, 장애물)"이 될 수밖에 없었고,[135] 따라서 예수님을 따르던 많은 추종자들은 예수님의 십자가의 죽음 앞에서 등을 돌렸습니다. 고린도전서 1장 23절의 지적대로 "십자가에 못 박힌 예수"가 "유대인에게는 거리끼는 것이고 이방인에게는 미련한 것"이었습니다. 당시 그리스-로마의 세계관은 마음과 영혼은 선하지만, 육신과 물질계는 연약하고 부패하며 불결하다고 보았기 때문에 그들에게 부활은 불가능할 뿐만 아니라 전혀 바람직한 일도 아니었고 신체적인 부활은 상상할 수도 없는 일이었습니다. 또 유대인의 세계관에서 보아도

---

134) Lee Strobel, 『예수는 역사다』, 344.
135) René Girard, *Origines de la culture*, 김진식 옮김, 『문화의 기원』 (서울: 기파랑, 2006), 144.

부활은 온 세상이 완전히 새로워지는 과정의 일부에 지나지 않았고, 개인의 부활을 믿지도 않았으며, 인간을 신성을 가진 존재로 믿는 것은 신성모독으로 여겼기 때문에 세상이 질병과 부패, 죽음의 짐을 그대로 지고 있는 상황에서 특정한 한 개인이 부활한다는 것은 도무지 용납할 수 없는 일이었습니다. 그런데도 많은 사람들이 예수님의 부활을 받아들일 수 있었다는 것은 예수님의 부활이 역사적 사실로서 그들이 직접 목격(目擊)했다는 것 이외에는 어떤 것으로도 설명이 불가능합니다. 따라서 예수님의 부활은 바울의 조작이라는 니체의 주장은 일고(一考)의 가치도 없습니다. C. S. 루이스는 『피고석의 하나님』과 『순전한 기독교』에서 이렇게 지적합니다.

> 누군가 부처를 찾아가 "당신은 브라마의 아들입니까?"라고 물었다면 그는 이렇게 말했을 것입니다. "아들이여, 그대는 여전히 환상의 속세에 빠져 있구나." 소크라테스에게 찾아가 "당신이 제우스입니까?"라고 물었다면 그는 우리를 비웃었을 것입니다. 우리가 마호메트에게 가서 "당신은 알라입니까?"라고 물었다면 그는 옆 사람에게 옷을 맡겨 놓고는 우리의 목을 잘라버렸을 것입니다. 공자에게 가서 "당신이 천제(天帝)입니까?"라고 물었다면 그는 "본성에 합하지 않는 말들은 적절하지 않다."라고 대답했을 것입니다. 위대한 도덕적 스승이 그리스도가 한 말과 같은 말을 한다는 것은 불가능합니다. 제가 볼 때, 그런 종류의 말을 할 수 있는 사람은 하나님이거나, 정신을 완전히 망가뜨리는 망상에 시달리는 미친 사람입니다.[136]
>
> …
>
> 인간에 불과한 사람이 예수님과 같은 주장을 했다면, 그는 결코 위대한 도덕적 스승이 될 수 없습니다. 그는 정신병자이거나, 아니면 지옥의 악마일 것입니다. 이제 여러분은 선택해야 합니다. 이 사람은 하나님의 아들이었고, 지금도 하나님의 아들입니다. 그게 아니라면 미치광이이거나 그보다 못한 인간입니다. …

---

136) C. S. Lewis, 『피고석의 하나님』, 205.

당신은 그를 바보로 여겨 입을 틀어막을 수도 있고, 악마로 여겨 침을 뱉고 죽일 수도 있습니다. 아니면 그의 발 앞에 엎드려 하나님이요 주님으로 부를 수도 있습니다. 그러나 위대한 스승이니 어쩌니 하는 선심성 헛소리에는 편승하지 맙시다. 그는 우리에게 그런 여지를 주지 않았습니다. 그에게는 그럴 여지를 줄 생각이 처음부터 없었습니다. … 우리는 두려운 양자택일의 갈림길에 직면해 있습니다. 우리가 이야기하고 있는 이 사람은 그 자신의 주장대로 하나님이거나, 아니면 미치광이 내지 그보다 더 못한 자일 것입니다. 그런데 제가 보기에는 미치광이나 악마가 아닌 것이 분명합니다. 따라서 정말 이상하고 경악스러우며 있을 법하지 않은 일이긴 해도, 그가 하나님이었고 지금도 하나님이라는 입장을 받아들이지 않을 수 없습니다.137)

초월성의 영역을 배제하면
예수님에 대한 이해는 편향, 왜곡됨

초월성의 영역을 배제한다는 것은 예수님에 대한 연구에서 예수님의 신성을 철저히 부정한다는 의미이고, 그것은 예수님의 신성에 대한 주장을 사기(詐欺)로 일축한다는 것을 뜻할 것입니다. 그러나 초월성을 배제하는 것이 과연 과학적인가, 과학이 과연 초월의 영역을 다룰 수 있는가에 대하여 반문하지 않을 수 없습니다.138) 따라서 초월성이 배제된 '권력에의 의지'의 관점에서 바라보는 한(限) 예수님에 대한 이해는 편향, 왜곡될 수밖에 없습니다.139) 초월성을 배제하고 권력에의 의지로 인간을 분석한다면 그 결과는 단지 생리학적 분석으로 나타날 수밖에 없으며, 결국 인간은 더 이상 영적 존재나 정신적 존재로서 고찰될 수 없고 단지 독

---

137) C. S. Lewis, *Mere Christianity*, 장경철·이종태 옮김, 『순전한 기독교』 (서울: 홍성사, 2019), 93, 94, 95.

138) 최순영, 『니체와 도덕의 위기 그리고 기독교』, 193.

139) 최순영, 『니체와 도덕의 위기 그리고 기독교』, 203.

특한 동물이 될 뿐입니다.140)

기독교를 비판하는 사람들은 "성경의 진정한 내용보다는 기독교 자체에 대한 무지와 편견으로 하잘것없는 희화화(戲畫化)에 근거를 두기 십상(十常)"이고, "신학의 전통적인 주장과 교리에 대해서는 한심할 정도로 조잡하고 유치한 수준의 지식"을 가지고 있기 때문에, 그들은 "다른 주제에 대해서는 섬세한 분별력을 역설"하면서도 기독교와 관련해서는 "멋대로 조잡하게 논리를 펴고 마음껏 떠벌려도 되는 것처럼" 생각하면서 본래의 기독교는 그렇지 않은데 제자들이 "왜곡시켰다고 멋대로 주장"합니다.141) 마찬가지로 니체도 의아(疑訝)스러울 만큼의 적은 지식, 근거 없는 하찮은 지식, 기독교에 대한 반감, 자기 생각이나 욕구에 부합하는 주장들을 가지고 그럴듯한 논리로 기독교를 왜곡한 것은 아닐까요?

로마가톨릭교회조차도 "1907년 7월 3일 회칙 서신에서 계시를 가리켜 하나님과의 관계에 대한 인간의 의식이 만들어지는 것 이상을 포함한다는 개념을 주저함 없이 거부했으니",142) 그런 관점에서 보면 반기독교적 무신론자인 니체가 기독교는 예수님의 가르침이 아니라는 말을 해도 할 말이 없을 것입니다. 로마가톨릭교회뿐만 아니라 기독교 안에서도 '예수 세미나' 같은 경우는 복음서에서 예수님이 한 말은 단지 2%이고, 82%는 실제 예수님이 한 말이 아니라고 주장합니다.143) 그들은 종교적으로 헌신한 사람들보다 편견 없이 진리를 탐구한다고 주장하지만, 그러한 주장은 보이드(Gregory A. Boyd)가 지적한 바와 같이 그들이 복음서에 나오는 기적과 같은 초자연적인

---

140) 최순영, 『니체와 도덕의 위기 그리고 기독교』, 191.

141) Terry Eagleton, 『신을 옹호하다-마르크스주의자의 무신론 비판』, 4, 72, 74, 75.

142) Herman Bavinck, 『계시철학』, 83.

143) Lee Strobel, 『예수는 역사다』, 143.

것은 제외하고 자연적인 것만을 받아들인다는 것을 의미할 뿐입니다.144) 그러한 주장을 하는 사람들은 예수님의 주장과 행동이 완전히 독특한 것이 아니라는 것을 증명하기 위해 예수님과 다른 유대 역사의 인물들과 유사점을 찾아냄으로써 예수님도 그런 부류의 사람들에 지나지 않는다고 주장하지만, 보이드의 지적대로 예수님의 생애에서 초자연적인 것이 차지하는 철저한 중심성과 급진성과 권위는 전혀 비교 대상이 될 수 없습니다.145)

보이드가 지적한 바와 같이 '예수 세미나'는 역사적 예수님과 신앙적 대상으로서의 예수님 사이에는 큰 차이가 있다고 전제하기 때문에, 예수님의 신성, 십자가 대속, 부활 등은 실제로 일어난 역사적 사실이 아니지만, 그런데도 그런 것들은 상징으로써 사람들로 하여금 착한 삶을 살고, 불안을 이겨내며, 새로운 잠재력을 실현하고, 절망 가운데서도 소망을 가지도록 격려해 줄 수 있다고 주장합니다.146) 이러한 주장은 예수님을 신화화했다는, 다르게 표현하면 우상화했다는 니체의 주장과 일맥상통(一脈相通)할 것입니다. 그러나 신앙적 대상으로서의 예수님이 역사적 예수님이 아니라면 그것은 사실에 뿌리를 두지 않은 것이므로 무력하고 무의미할 것이며 단지 산타클로스처럼 아무 관계가 없는 좋은 느낌을 주는 상징에 불과할 것입니다.147)

---

144) Lee Strobel, 『예수는 역사다』, 149.
145) Lee Strobel, 『예수는 역사다』, 153-154.
146) Lee Strobel, 『예수는 역사다』, 161-162.
147) Lee Strobel, 『예수는 역사다』, 165.

심리학의 한계 내에서 종교와
형이상학을 이해함으로 인한 문제

니체는 심리학의 한계 내에서 종교와 형이상학을 이해하려 했는데, 만일 심리학의 시각으로 이해하려고 한다면 심리학적으로는 입증할 수 없는 형이상학적 주장이나 기독교의 믿음과 같은 것들은 하나의 심리 현상에 불과하게 될 것입니다. 심리학은 인간의 심리 현상에 대해서는 어느 정도 설명할 수 있을 것이지만, "신이 심리 현상에 불과하다는 것"을 입증하는 것은 불가능합니다.[148] 스턴(J. P. Stern)은 "예수님에 대한 묘사가 감상적인 오해에서 비롯되었다면, 심리적 정교함의 역작(力作)으로 의도된 바울에 대한 그의 묘사는 한 마디로 바보스럽다고 할 수밖에 없다."라고 평가했습니다.[149] 니체가 그런 평가를 받을 수밖에 없는 이유는 그가 신학을 공부했다고 하나 실제로는 "한 번도 진지하게 신학을 공부해본 적도 없고", 단지 그가 "신학에 흥미를 느낀 것은 오직 복음 비판주의의 문헌학적 측면에 매료당한 점" 때문일 것이며,[150] 종교와 형이상학적인 사실을 심리 현상으로 입증할 수 있다고 착각했기 때문일 것입니다.

기독교에 분노하는 이유는 기독교가 예수님의 가르침을
왜곡했기 때문이 아니라 자기 자신이 하나님이 되는 것을
방해하기 때문

예수님을 하나님으로 받아들인다는 것은 그에게 절대적으로 순

---

148) William A. Luijpen & Henry J. Koren, 『현대 무신론 비판』, 53.

149) J. P. Stern, 『니체』, 146.

150) Hans Küng, 『신은 존재하는가-1-』, 489.

종해야 한다는 뜻이고, 그것은 니체의 표현을 빌리자면 인간이 신의 노예가 되는 것을 뜻하는 것이요, 인간의 권위와 존엄성에 근본적으로 어긋나는 것이기 때문에 인간들은 예수님을 하나님으로 받아들이는 것을 거부합니다.[151]

니체는 기독교를 전적으로 부정하고 배척하면서도 예수님에 대해서는 그렇지 않았는데, 그 이유 또는 의도가 무엇이었을까 반문하지 않을 수 없습니다. 적어도 본래 예수님의 가르침이 무엇인가를 돌아보게 한다는 점에서는 긍정적으로 평가할 수도 있을 것입니다. 혹시 우리의 신앙이 본래 예수님의 가르침과는 너무 거리가 멀어진 것은 아닐까요? 그렇다면, 그의 주장이 너무 일방적이고 근거도 부족하며 터무니없다고 무시하기 전에 먼저 그가 왜 기독교는 예수님의 가르침이 아니라고 그토록 분노했는지 진지하게 생각해보아야 할 필요도 있을 것입니다. 만일 그런 이유에서라면 예수님의 가르침에 충실한 기독교를 원하는 모든 기독교인들은 본래 예수님의 가르침과는 너무 거리가 멀어진 현재의 기독교에 대하여 분노해야 할 것입니다.

그러나 하나님이 언급될 때 무신론자들이 마음에 불만과 분노를 드러내는 근본적인 이유는 하나님의 가르침이 왜곡된 것에 대한 것이라기보다는 자기 자신이 주인이 되고 자기 생각과 욕구를 진리로 삼으려는 그들의 노력이 방해를 받기 때문이 아닐까요? 기독교의 도덕을 노예도덕이라고 몰아붙이는 것을 보면 그런 이유가 확실해 보입니다.

---

151) 손봉호, 『나는 누구인가』 (중판) (서울: 샘터, 1988), 27.

Ⅲ

러셀의 『나는 왜
기독교인이 아닌가』와
기독교

1 기독교 신앙은 적어도 예수가 인간 중에서는 가장 현명한 사람이었다고 믿는 것일까요?[1]

정통 기독교와는 다른 소위(所謂) 자유주의자들의 주장에 불과

러셀(Bertrand Russell, 1872-1970)은 "기독교인이란 선량한 생활을 하려고 하는 사람이라는 정도"가 아니라 "매우 엄격하게 표현된 교의(敎義)의 집성(集成)을 긍정"하고, "그 교의의 상세한 부분에 이르기까지 전면적인 확신을 가지고 믿는 사람"을 의미한다고 주장했습니다.[2] 그는 또 "하나님과 불멸을 반드시 믿지" 않는다면 "기독교도라고 정확히 말할 수 없을 것"이라면서도, "아무리 격하시키더라도 예수가 하나님은 아닐지 모르나, 적어도 인간 중에서는 가장 현명한 사람이었다고 하는 신앙을 가지고 있어야 될 것"이라고 주장했습니다.[3]

그의 주장은 좁은 의미에서의 기독교인과 넓은 의미의 기독교인을 구별하여 정의한 것으로 보이지만, 예수님을 인간 중에서는 가장 현명한 사람이었다고 믿는 정도로 기독교인이라고 보는 것은 정통 기독교에서는 받아들일 수 없습니다. 이보다 더 근본적인 문제

---

1) "Ⅱ. 니체의 『안티크리스트』와 기독교, 4. 기독교는 예수의 가르침이 아닐까요?"를 참조 바람.
2) Bertrand Russell, *Why I Am Not a Christian*, 이재황 옮김, 『나는 왜 기독교인이 아닌가』 (파주: 범우사. 2015), 15-16, 이후로는 『나는 왜 기독교인이 아닌가』, 15. 등으로 표기함.
3) 『나는 왜 기독교인이 아닌가』, 16, 17.

는 "하나님과 불멸을 반드시 믿지 않는다면 기독교도라고 정확히 말할 수 없다"라는 말과 "아무리 격하시키더라도 예수가 하나님은 아닐지 모르나, 적어도 인간 중에서는 가장 현명한 사람이었다고 하는 신앙을 가지고 있는 것"이란 말은 서로 조화될 수 없는 모순된 주장입니다.

그는 자신이 왜 기독교인이 아닌가에 대하여 두 가지를 설명할 필요가 있었는데, "첫째는 하나님과 불멸을 믿지 않고, 둘째는 예수를 가장 높은 도덕적 선이라고 인정하면서도, 예수를 인간 중에서 가장 선량하며 현명한 사람으로는 생각지 않기 때문"이라고 말했습니다.4) 그가 지적한 대로 기독교인이라면 매우 엄격하게 표현된 기독교 교의의 집성(集成)을 긍정해야 합니다. 하나님과 불멸을 믿지 않는다면 정확히 기독교인이라고 말할 수 없다는 지적도 맞습니다. 그는 자신이 기독교인이 아닌 이유가 하나님과 불멸을 믿지도 않을 뿐만 아니라 예수를 하나님으로 믿는 것은 고사(姑捨)하고 가장 현명한 사람이었다는 것조차도 믿지 않기 때문이라고 주장했는데, 그 주장도 맞습니다.

그러나 적어도 기독교인이라면 예수님이 인간 중에서는 가장 현명한 사람이었다고 하는 신앙을 가지고 있어야 한다는 주장은 성경적 가르침과는 다른 소위 자유주의자들의 주장에 불과합니다. 물론 자신이 기독교인이라고 주장하는 사람들 가운데서도 그렇게 생각하는 사람들이 많은 것도 사실이지만, 그런 사람들이 많다는 이유로 기독교인을 그렇게 정의할 수는 없습니다.

러셀은 20세기 지식인 가운데 가장 다양한 분야에서 탁월한 지식을 발휘했음에도 불구하고5) "신학의 전통적인 주장과 교리에 대

---

4) 『나는 왜 기독교인이 아닌가』, 17.

해서는 한심할 정도로 조잡(粗雜)하고 유치한 수준의 지식"만을 가졌다는[6] 평가를 받아야 할 것입니다. 왜 그런 평가를 받는 것이 마땅할까요? 카렌 암스트롱(Karen Armstrong)이 지적한 바와 같이 그는 기독교의 심층이 아니라 일반적으로 관찰되는 종교의 표층(表層), 표층적 신앙에 속하는 사람들을 보고 그런 표층 기독교가 전부인 것처럼 알고 공격했는데, 그것은 사실 기독교가 아니라 기독교의 이름을 가진 일종의 허수아비이기 때문에 그것은 헛다리를 짚은 것과 같습니다.[7]

---

5) [네이버 지식백과] 버트런드 러셀 (해외 저자 사전, 2014. 5.): "버트런드 러셀은 20세기 지식인 가운데 가장 다양한 분야에서 지속적으로 영향을 미쳤던 인물로 철학, 수학, 과학, 역사, 교육, 윤리학, 사회학, 정치학 분야에서 40권 이상의 책을 쉬지 않고 출간할 정도로 왕성한 지식욕을 가진 인물이었다. 그는 1872년 영국 몬머스셔의 명문 귀족의 아들로 태어나 케임브리지 대학을 졸업하고 그 대학의 강사가 되었다. 그러나 제1차 세계대전 중 반전운동(反戰運動)에 참여한 것이 화근이 되어 사직했고, 그 후 유럽 및 러시아와 미국 등을 방문하여 대학의 강의를 맡기도 했으나 주로 저술 활동에만 전념했다. 그의 탁월함은 자신의 지능을 최대한 사용하는 놀라운 능력(그는 하루에 거의 고칠 필요가 없는 3,000 단어 분량의 글을 썼다고 한다)과 기억력이 밑받침 되었지만 그의 활동력의 원천은 심오한 휴머니즘적 감수성이었다. 그의 사상은 분리된 두 개의 주제를 갖고 있었다. 그 하나는 절대 확실한 지식의 탐구이고, 다른 하나는 인간의 삶에 대한 관심이었다. 전자는 그의 스승이며 협력자였던 화이트 헤드와의 공저 『수학 원리』로 결실을 보아 현대의 기호논리학과 분석철학의 기초를 이루었다. 이 책은 수학적 대상을 실재라고 간주하여 논리에 의해 기초를 세우고 수학을 논리로부터 도출하려는 그의 시도를 담고 있었다. 철학자로서의 그의 업적은 특히 이론철학에서 두드러지고 있다. 그는 무어, 비트겐슈타인 등과 더불어 케임브리지학파의 일원으로 19세기 말부터 영국에서 유력한 학설이었던 관념론에 대한 실재론을 주장했었다. 하지만 그는 곧 헤겔학파, A. 마이농 등 당대의 철학적 흐름의 변화를 따라 자신의 사상을 조금씩 발전시켰으며 신실재론을 주장하기에 이른다. 그는 인식론과 존재론을 사상의 소재로 활용했으며 영국 고유의 경험론을 그 바탕에 깔고 있었다. 그의 사상은 빈 학파나 논리적 실증주의를 중시하는 철학자 및 논리학자에게 자극을 주게 된다. 논리학자로서의 러셀은 프레게의 업적을 계승했으며, 페아노와 쿠츨러 등의 영향을 받았다고 전해지며 데데킨트와 칸토어 등의 현대 수학의 성과를 근거로 19세기 전반에 비롯된 기호논리학을 집대성했다. 현실 사회에 대한 진솔한 관심과 스스로가 자유로운 무정부주의, 좌파, 회의적 무신론적 기질이라고 불렀던 그의 성향은 제1차 세계대전 때에는 평화주의자로, 제2차 세계대전 후에는 핵 무장 반대자로서 사회변혁 운동에서 일관성 있게 표현되었으며 1950년 노벨문학상을 수상하고 1979년 웨일스에서 사망할 때까지 문필가, 철학자, 무정부주의자 등 다양한 이름으로 불리게 되었다."

https://terms.naver.com/entry.naver?docId=2077379&cid=44546&categoryId=44546

6) Terry Eagleton, *Reason, faith, and revolution: reflections on the god debate*, 강주현 옮김, 『신을 옹호하다-마르크스주의자의 무신론 비판』(서울: 모멘토, 2011), 72, 이후로는 Terry Eagleton, 『신을 옹호하다-마르크스주의자의 무신론 비판』, 72. 등으로 표기함.

7) Karen Armstrong, *Case for God*, 정준형 옮김, 『신을 위한 변론: 우리가 잃어버린 종교의 참 의미를 찾아서』(서울: 웅진지식하우스, 2010), 5, 6.

성경과 예수님 자신은 분명히 예수님이 가장 현명한 사람 정도가 아니라 하나님이라고 선언합니다. 예수님께서 십자가에 돌아가신 죄목은 신성모독죄(神性冒瀆罪)였습니다. 그 이유는 예수님 자신이 하나님이라고 주장하셨기 때문입니다. 요한복음 8장 56-59절의 "너희 조상 아브라함은 나의 때 볼 것을 즐거워하다가 보고 기뻐하였느니라. 유대인들이 가로되 네가 아직 오십도 못되었는데 아브라함을 보았느냐? 예수께서 가라사대 진실로 진실로 너희에게 이르노니 아브라함이 나기 전부터 내가 있느니라 하시니 저희가 돌을 들어 치려 하거늘"이라는 기록을 보면 그것을 확인할 수 있습니다. 예수님 당시를 기준으로 아브라함이 나기 전부터 존재하셨다면 예수님은 하나님 이외에 다른 존재일 수 없기 때문입니다. 요한복음 8장 58절의 "내가 있느니라."라는 표현도, 불이 붙었으나 타지 않는 떨기나무 아래에서 하나님께서 모세에게 말씀하실 때 하나님 자신을 지칭하기 위해 사용하셨던 것(출애굽기 3장 1-10절)을 예수님 자신에게 적용하신 것으로 예수님께서 하나님이심을 의미하는 표현입니다.

예수님은 "나와 아버지는 하나이니라."(요한복음 10장 30절)라고 말씀하셨고, 유대인들은 여기에 대하여 "네가 사람이 되어 자칭 하나님이라 함이로라."(요한복음 10장 33절)라고 받아들였으며, 그래서 유대인들은 예수님을 하나님을 모독한 것으로 여겨 돌로 치려고 했습니다. 요한복음 5장 18절도 "유대인들이 이를 인하여 더욱 예수를 죽이고자 하니 이는 안식일만 범할 뿐 아니라 하나님을 자기의 친아버지라 하여 자기를 하나님과 동등(同等)으로 삼으심이러라."라고 설명합니다.

또 예수님은 한 중풍병자를 향하여 "네 죄 사함을 받았느니라."라고(마가복음 2장 5절) 말씀하셨고 그 중풍병자는 즉시로 나았습니다. 그래서 논란이 되었습니다. 왜냐하면 죄를 용서하는 일은 하나님께만 속한 권한이라는 것을 유대인들은 모두 알고 있었기 때문입니다. 또 예수님은 한 여인을 향해서도 "네 죄 사함을 얻었느니라."라고(누가복음 7장 48절) 말씀하셨고, 그 때문에 논란이 되었습니다. 역시 죄를 용서하는 일은 하나님께만 속한 권리라는 것을 바리새인들은 잘 알고 있었기 때문입니다.

예수님은 자신을 향하여 메시아를 의미하는 표현인 "다윗의 자손"을 사용하여 외치는 아이들의 찬양에 대하여 꾸짖지 않으셨을 뿐만 아니라, 이 일로 매우 분노한 유대인들을 향하여 오히려 "그렇다. 어린 아기와 젖먹이들의 입에서 나오는 찬미를 온전케 하셨나이다 함을 너희가 읽어 본 일이 없느냐?"라며 하나님의 영광을 찬양하기 위해 기록된 시편 8편을 인용하여 반문하셨습니다(마태복음 21장 14-16절). 그렇다면 예수님을 단지 세상에서 가장 현명한 사람으로 존경은 하지만 하나님으로는 받아들이지 않는 사람을 기독교 신자라고 말하는 것은 잘못된 것입니다. 예수님의 주장을 사실로 받아들여 하나님으로 믿든지 아니면 오히려 거짓말쟁이 또는 정신병자 취급을 하는 것이 마땅합니다. C. S. 루이스(C. S. Lewis)는 이렇게 말합니다.

누군가 부처를 찾아가 "당신은 브라마의 아들입니까?"라고 물었다면 그는 이렇게 말했을 것입니다. "아들이여, 그대는 여전히 환상의 속세에 빠져 있구나." 소크라테스에게 찾아가 "당신이 제우스입니까?"라고 물었다면 그는 우리를 비웃었을 것입니다. 우리가 마호메트에게 가서 "당신은 알라입니까?"라고 물었다면 그는 옆 사람에게 옷을 맡겨 놓고는 우리의 목을 잘라버렸을 것입니다. 공자에게 가서 "당신이 천제(天帝)입니까?"라고 물었다면 그는 "본성에 합하지 않는 말들은 적절하지 않다."라고 대답했을 것입니다. 위대한 도덕적 스승이 예수님께서 하신 말씀과 같은 말을 한다는 것은 불가능합니다. 제가 볼 때, 그런 종류의 말을 할 수 있는 사람은 하나님이거나, 정신을 완전히 망가뜨리는 망상에 시달리는 미친 사람입니다.[8]

성경은 유대인들의 반응을 통하여 예수님의 주장은 다름 아니라 바로 "예수님 자신이 하나님"이라는 것을 분명하게 확인해 줍니다. 예수님은 그런 주장을 한 적도 없다거나 하나님도 아니신데 후대의 저자들이 그렇게 왜곡했다는 주장은 성경의 사실과 전혀 다릅니다. 그러므로 예수님을 현명한 사람 정도로 믿는 사람은 진정한 의미에서 기독교 신자일 수 없습니다.

초자연적인 지식의 근거 없이는 예수님이 하나님이라는 사실을 받아들일 수 없음[9]

러셀은 절대 확실한 지식을 탐구하려고 했기 때문에 초월적인 문제인 하나님의 존재, 특별히 예수님이 하나님이시라는 사실은 받아들일 수 없었을 것입니다. 그러나 절대 확실한 지식의 문제에 대하여 "오늘날의 철학은 절대적인 확실성의 개념을 거부하는 경향을 띠고", 이러한 경향은 해체주의나 포스트모더니즘에 지배받고 있는 이 시대에는 당연하고 일반적인 것으로 받아들일 뿐만 아니라, "일반 철학자들 가운데서도 미해결의 문제"로 남아 있습니다.[10] "뉴턴

---

8) C. S. Lewis, *God in the Duck*, 홍종락 옮김, 『피고석의 하나님』 (서울: 홍성사, 2018), 205; "Ⅱ. 니체의 『안티크리스트』와 기독교, 4. 기독교는 예수의 가르침이 아닐까요?"에서 이미 인용했지만, 독자의 편의를 위해 반복하여 인용함.

9) 이 문제에 대해서는 "Ⅰ. 포이어바흐의 『기독교의 본질』과 기독교, 5. 신을 투사해서 믿는 이유는 신앙이 이성에 반대되기 때문일까요?"를 참조 바람.

10) John M. Frame, *History of western philosophy and theology*, 조계광 옮김, 『서양철학과 신학의 역사』 (서울: 생명의 말씀사, 2018), 819, 이후로는 John M. Frame, 『서양철학과 신학의 역사』, 819. 등으로 표기함.

이후의 학문이 알게 된 가장 큰 발견은 객관성이 사실상 존재할 수 없다는 점"일 것입니다.11) 러셀도 평생을 수학적 방법을 통해 확실한 지식을 추구했지만, 그도 결국 그런 방법에 대하여 회의적인 결론을 내릴 수밖에 없었습니다.12) 왜냐하면 이 문제는 절대적인 존재인 하나님을 지식의 기초로 하지 않으면 근원적(根源的)으로 해결될 수 없기 때문입니다.

"절대적인 확실성은 본질적으로 초자연적인 속성을 지니지만 세속주의자들은 그 어떤 초자연적인 지식의 근거도 인정하려고 하지 않기 때문"에 "절대적인 확실성을 거부"하지만, 적어도 성경적 기독교인은 "하나님의 말씀을 진리와 거짓, 옳은 것과 그른 것을 판단하는 궁극적인 근거"이자 "절대적인 확실성을 지닌 것"으로 받아들입니다.13) 성경은 기독교인이라면 하나님과 하나님의 계시를 확실하게 알 수 있고, 알고 있으며, 또 마땅히 알아야 한다고 가르치고(마태복음 9장 6절, 11장 27절, 13장 11절, 요한복음 7장 17절, 8장 32절, 10장 4-5절, 14장 17절, 17장 3절), 하나님의 계시인 성경은 하나님의 약속이며 하나님은 거짓말을 하실 수 없는 분이시고 성경과 예수님께서 진리라고 자증(自證)하시기 때문에(요한복음 17장 17절, 시 33편 4절, 119편 160절) 성경의 지식은 확실하다고 말할 수 있습니다(히브리서 6장 19절, 베드로후서 1장 19-21절).14) 따라서 기독교 신앙은 반드시 예수님을 하나님으로 믿는 신앙을 전제로 합니다.

---

11) Francis Collins, *Belief: readings on the reason for faith*, 김일우 옮김, 『믿음』 (서울: 상상북스, 2011), 163, 이후로는 Francis Collins, 『믿음』, 163. 등으로 표기함.

12) Bertrand Russell, *Bertrand Russell autobiography*, 송은경 옮김, 『러셀 자서전』 (하) (서울: 사회평론, 2003), 558-559.

13) John M. Frame, 『서양철학과 신학의 역사』, 823.

14) John M. Frame, 『서양철학과 신학의 역사』, 819.

2 하나님의 존재는 증명할 수 없으므로 하나님이 존재한다는 것을 믿을 수 없을까요?

1) 우주론적 논증의 타당성[15]

초월적인 하나님을 시간과 공간 안에 존재하는 것과 같은 것으로 설명하는 것은 잘못

러셀은 이렇게 주장했습니다.

> 만약 모든 것이 원인이 있다면 하나님도 원인이 있어야 할 것이다. 원인 없이 어떤 것이 있을 수 없다면 하나님도 세계도 원인이 없이 있을 수 있는 것이다. 그렇게 되면 아무런 타당성도 있을 수 없다. … 세계가 원인 없이 생겨나지 못할 이유가 전혀 없을 뿐만 아니라, 반대로 세계가 반드시 존재했다고 할 수 없는 어떤 이유도 없다. 세계는 그 시초가 있어야 한다는 생각을 할 이유가 전혀 없다.[16]

러셀의 주장을 요약하면 '모든 것은 원인이 있고, 따라서 제1 원인이 틀림없이 존재한다.'라는 논증은 '무엇인가가 원인을 가지고 있다면 제1 원인은 어떻게 원인을 가지지 않는가'라는 문제가 발생하기 때문에 모순된다는 것입니다. 만일 신(神)이 자기-원인적인 원

---

15) "Ⅳ. 도킨스의 『만들어진 신』과 기독교, 5. 하나님은 원인으로부터 벗어나 있다는 가정은 매우 부당할까요?"를 참조 바람.
16) 『나는 왜 기독교인이 아닌가』, 20, 21.

인이라면 그 전체 논증이 의거하는 인과성의 원리는 거짓이며, 왜 유일하게 그러한 원인이 있어야만 하는지 설명할 수 없기 때문이라는 것입니다.[17]

러셀의 반문은 이미 흄(David Hume, 1711-1776)이 제기했습니다. 흄은 "모든 것이 스스로의 원인으로 존재한다고 보면 되는데 왜 갑자기 조건 없이 존재하는 궁극적 원인을 끌어들여야 하느냐"라고 반문했지만, 우주의 근원에 대하여 과학자들조차도 빅뱅이론(大爆發說, Big bang theory)에서 '시작이 있었다.'라고 주장하듯이 우주에는 시작이 있었고, 시작이 있었다면 그 시작은 원인이 없이는 불가능합니다.[18] 무신론자들은 모든 확실성을 과학 법칙 위에 정립하려고 하지만, 적어도 그 법칙들에 따른다면 물질은 "스스로 펑 소리와 함께" 생겨날 수는 없으며, 그러한 까닭에 무신론자들은 "왜 아무것도 없어야 할 우주에 무엇인가가 있는가?"라는 질문에 대하여 근본적으로 대답할 수 없습니다.[19] 물론 그것은 분명히 과학적 태도가 아닙니다.

또 흄은 "세상에 존재하는 모든 것이 원인이 있다면, 왜 꼭 하나의 원인이라는 것만을 생각해야 하느냐"라고 반문했지만, 근본적인 원인이 여러 가지라면 그것은 궁극적이고 절대적인 존재를 상대적인 존재로 인식하는 오류를 범하게 됩니다.[20] 흄은 또 세상에 존재하는 것이 "이미 영원 속에 존재하는 것이라면 굳이 세상의 시작을 논할 필요가 없다."라고 주장했지만, 그것은 시간으로부터 초월한

---

17) A. C. Grayling, *Bertrand Russell*, 우정규 옮김, 『러셀』 (서울: 시공사, 2000), 151.

18) 김성원, 『신은 허구의 존재인가?』 (서울: 대한기독교서회, 2003), 333, 334, 이후로는 김성원, 『신은 허구의 존재인가?』, 333. 등으로 표기함.

19) Ravi K. Zacharias, *End of reason*, 송동민 옮김, 『이성의 끝에서 믿음을 찾다』 (서울: 에센티아: 베가북스, 2016), 39.

20) 김성원, 『신은 허구의 존재인가?』, 333-335.

"영원을 시간의 연장으로 보는 오류"를 범하는 것으로, "시간과 공간 안에 존재하는 것을 무한과 영원 안에 존재하는 것과 같은 것으로 인식하는 것"이기 때문에 잘못된 것입니다.21)

이에 대하여 칸트(Immanuel Kant, 1724-1804)도 이미 유사한 문제를 제기했습니다. 그는 우리가 경험할 수 없는 세상 밖에서 경험이 가능한 이 세상의 원인을 찾는 것은 불가능하고 무의미하며, 인과관계의 끝이 한 번도 없었던 것이 경험되고 있는 세상을 넘어서 신의 존재를 주장하는 것은 모순이고, 신은 결정적인 존재가 안 되는데 신의 속성이 원인적 필연성으로 묘사되는 것은 앞뒤가 맞지 않으며, 그것은 논리적 가능성과 실재적 가능성을 혼동하는 것이라고 비판했습니다.22) 칸트의 지적대로 "인간의 개념은 오직 현상계에만 적용되고 실재의 세계에는 적용되지 않기 때문에" 오직 현상계에만 적용되는 인간의 제한된 지식으로 초월적인 실재이신 하나님에 대하여 아는 것은 오류와 한계가 있습니다.23)

또 '모든 것이 원인이 있다면 하나님도 원인이 있어야 한다.'라는 러셀의 주장은 시간을 전제로 한 것이기 때문에 시간이라는 개념이 없어지면 원인이라는 개념도 설 자리가 없어지므로 그의 주장은 논리적으로 성립될 수 없습니다. 만일 하나님이 존재한다면 하나님은 시간과 공간을 초월하는 존재일 수밖에 없고, 그렇다면 모든 것이 원인이 있다면 하나님도 원인이 있어야 한다는 주장은 불가능하게 되기 때문입니다.

더그 파웰(Doug Powell)은 『빠른 검색 기독교 변증』(*Holman*

21) 김성원, 『신은 허구의 존재인가?』, 333, 334.

22) 김성원, 『신은 허구의 존재인가?』, 335, 336.

23) Alvin Carl Plantinga, *Knowledge and Christian Belief*, 박규태 옮김, 『지식과 믿음』 (서울: IVP, 2019), 22, 이후로는 Alvin Carl Plantinga, 『지식과 믿음』, 22. 등으로 표기함.

quicksource guide to Christian apologetics)에서 '잠재적(추상적) 무한은 결코 실제적(구체적) 무한이 될 수 없다.'라는 점을 이용해서 '우주에는 반드시 시작점이 있어야 한다.'라는 사실을 입증함으로써(Kalam 논증) '영원한 인과관계라는 것은 있을 수 없다.'라는 사실을 밝혔습니다.24) 조건 없는 필연성의 문제는 초월적 자유 혹은 절대적 자유의 개념으로 이해해야 하고, 최초의 원인자는 논리적 가능성이면서 실재적 가능성으로 이해해야 하므로,25) "우주 안의 모든 사물에는 원인이 있지만, 그 연쇄적 인과관계는 어딘가에서 멈춰야 하기에 신에게서 멈춘다."라고 볼 수 있으며, "이 논증을 신의 존재에 대한 증거로 오해하지만 않는다면 이 논증이 신에 대한 믿음의 합리적 가능성을 증명한다."라고 볼 수 있습니다.26)

자연주의적이고 물리주의적인 무신론의 한계

"모든 사건은 원인이 있고", "물리적 세계를 아무리 온갖 방법으로 설명해도 자체 바깥에 자체보다 먼저 존재한 어떤 부분이 남게 마련이며", "배후의 원인이 무한하다면 결코 마지막 도미노에 도달할 수 없으므로" "시리즈의 원인 가운데 최초의 것은 반드시 독립적이어야 하며, 따라서 물리적 사건이나 자연적 사물이어서는 안됩니다."27) 이러한 사실은 항상 자연주의적이고 물리주의적인 현

---

24) Doug Powell, *Holman quick source guide to Christian apologetics*, 이용중 옮김, 『빠른 검색 기독교 변증』 (서울: 부흥과 개혁사, 2007), 51-56, 이후로는 Doug Powell, 『빠른 검색 기독교 변증』, 51. 등으로 표기함.

25) 김성원, 『신은 허구의 존재인가?』, 335-337.

26) Julian Baggini, *ATHEISM*, 강혜원 옮김, 『무신론이란 무엇인가』 (서울: 동문선, 2007), 147, 148, 이후로는 Julian Baggini, 『무신론이란 무엇인가』, 147. 등으로 표기함.

27) Dallas Willard, *The Allure of Gentleness*, 윤종석 옮김, 『온유한 증인』 (서울: 복 있는 사람,

대의 무신론으로는 세상을 이해하는 데 한계가 있다는 것을 보여 줍니다.[28]

"모든 사건에는 반드시 원인이 있다는 것은 상식이고 일반 법칙" 이고, "어떤 일들은 다른 일들이 시작되게 하거나, 계속 존재하게 하거나, 혹은 시작도 시키고 계속 존재하게도 하는데", 이와 같은 사실은 "현재 있는 모든 것들은 그 자체가 아닌 다른 것에 의해 존재하도록 인과(因果) 된 것"이라는 것을 의미합니다.[29] "어떤 주어진 순간에 존재하는 모든 것은 원인을 필요로 하고", 그 모든 것들을 있게 하는 것이 존재해야 하는데, "그에 대한 유일한 이성적 해결책은 원인이 없는 자존적이고 독립적이며 영원한 최초의 원인이 있어야만 하고", 그렇다면 그것은 하나님일 수밖에 없습니다.[30]

만일 하나님이 존재한다면 하나님은 다른 원인에 의해 생겨나는 피조물과는 다르게 다른 어떤 원인으로도 말미암지 않아야 합니다. 왜냐하면 하나님이 다른 어떤 원인으로 말미암는다면 그는 하나님일 수 없기 때문입니다. 그러므로 하나님도 어떤 원인에 의해서 존재해야 한다는 러셀의 주장은 논리적으로 모순될 수밖에 없습니다.

원인이 없이 존재하는 것은 없고, 우연도 궁극적으로는 우연이 있게 하는 원인이 없이는 있을 수 없으며, 그 원인의 원인을 무한하게 거슬러 올라갈 수는 없으므로 궁극적인 원인인 최초의 원인을 가정하지 않을 수 없습니다. 이 궁극적인 원인인 최초의 원인이 하나님일 수밖에 없다고 생각하는 것은 하나님이라면 무한하고 완전하고

2016), 80, 81, 이후로는 Dallas Willard, 『온유한 증인』, 80. 등으로 표기함.

28) Dallas Willard, 『온유한 증인』, 82.

29) Joe Boot, *Time to search: discovering meaning and purpose in life*, 지명수 옮김, 『청년들아 무엇을 위해 살 것인가?: 청년들을 위한 기독교 변증』 (서울: 선교 햇불, 2008), 65, 이후로는 Joe Boot, 『청년들아 무엇을 위해 살 것인가?: 청년들을 위한 기독교 변증』, 65. 등으로 표기함.

30) Joe Boot, 『청년들아 무엇을 위해 살 것인가?: 청년들을 위한 기독교 변증』, 67.

전지하고 전능한 존재여야 하기 때문입니다. 최초의 원인은 창조의 능력과 의지가 있지 않으면 안 될 것이며, 또 우주의 원인이 되는 우주 밖의 초월적 존재이지 않으면 안 되기 때문에 이 최초의 원인은 인격적 존재일 수밖에 없고, 그렇다면 기독교에서 말하는 하나님일 수밖에 없습니다.31) "무한한 일련의 원인은 불가능"하므로 "우주의 원인은 우주를 넘어서는 초월적인 원인이 있어야 하고", "이 초월적인 원인은 스스로, 원인 없이 존재해야 하며", "이 원인은 우주(시공간)를 창조했으므로, 시공간을 초월해야 하고", "이 원인은 비물질적이고 비물리적이어야 하며", "이 원인은 모든 물질과 에너지를 창조했기 때문에" 전능해야 할 뿐만 아니라 독립적이고 자유로운 의지를 가진 인격적인 존재여야만 합니다.32) "우주가 영원하지 않고 시작이 있었으며, 우주의 원인이 영원한 것은 그 원인이 의지를 가진 인격적 존재이기 때문이고", "이 존재가 우주를 창조하는 것은 어떠한 이전의 전제 조건에도 얽매이지 않는 독립적이고 자유로운 행위이며", "그의 창조 행위는 자발적이고 새로운 것일 수 있으므로" "우리는 우주의 원인이 단지 초월적이기만 한 것이 아니라, 인격적인 창조자라는 결론"에 도달할 수밖에 없습니다.33)

---

31) Doug Powell, 『빠른 검색 기독교 변증』, 55.

32) William Lane Craig, *On guard: defending your faith with reason and precision*, 오성민 외 3인 옮김, 『복음주의 변증학: 정교한 이성을 통하여』 (서울: CLC, 2019), 140, 이후로는 William Lane Craig, 『복음주의 변증학: 정교한 이성을 통하여』, 140. 등으로 표기함.

33) William Lane Craig, 『복음주의 변증학: 정교한 이성을 통하여』, 141.

하나님이 자연법칙을 만들었다면
하나님도 거기에 지배를 받아야 한다는 주장은 억지

러셀은 이렇게 주장했습니다.

> 이 자연법칙들은 우연의 법칙에서 나올 수 있는 그러한 통계학적 평균치
> 다. … 즉 '하나님은 왜 그러한 자연법칙은 만들고 다른 법칙들은 만들지 않았
> 는가?' 하는 것이다. 만약 이것이 하나님의 단순한 기분에 의해서 그렇게 되
> 었을 뿐 다른 이유가 없다고 한다면, 여러분은 어떤 것은 법칙의 지배를 받지
> 않는다는 것을 알게 되며, 결국 자연법칙의 일관성은 깨지고 만다. … 즉 하
> 나님이 만든 법칙에는 어떤 이유가 실제 있었다고 한다면 그때는 하나님은 그
> 법칙에 지배를 받는 셈이 되며, 따라서 하나님을 중간에 개입시켜보았자 아무
> 런 유리한 입장에 서지 못한다. 여러분은 사실 하나님의 명령 이외에 또는 그
> 이전에 어떤 법칙을 가지고 있으며, 하나님은 여러분의 목적에 맞지 않는다.
> 그것은 하나님이 궁극의 법칙의 제정자가 아니기 때문이다.[34]

과연 그럴까요? 하나님이 하나님이 되시려면 모든 것으로부터
자유로워야 합니다. 그렇지 않다면 하나님일 수 없습니다. 그럼에
도 하나님이 자연법칙을 만들었기 때문에 하나님도 거기에 지배를
받아야 한다고 주장한다면, 그것은 하나님의 존재를 부정하기 위해
만들어낸 억지 주장일 것입니다. 하나님을 자연법칙에 지배를 받는
대상으로 가정하고, 그렇다면 하나님일 수 없다고 주장하는 논리는
성립될 수 없는 궤변(詭辯, sophism)일 뿐입니다.

러셀은 "자연법칙들은 우연의 법칙에서 나올 수 있는 그러한 통
계학적 평균치"라고 주장했을 뿐만 아니라, "우연의 법칙이 뜻밖의
원자 결합으로 지성을 지닐 수 있는 유기체를 만들어냈다는 것은

---

34) 『나는 왜 기독교인이 아닌가』, 23, 24.

매우 불가능하지만, 그럼에도 역시 우주에는 극소수의 이러한 유기체가 있을 수 있다."라고 주장했습니다.[35] 그는 또 「자유인의 신앙」에서도 "사람은 예측할 수 없는 원인들의 산물에 지나지 않고", "사람의 출생, 성장, 사람이 가지고 있는 희망과 두려움, 사람의 사랑과 미움은 원자들의 우연한 배열에 지나지 않으며", "어떠한 정열도, 어떠한 용맹도, 어떠한 강렬한 사유와 감정도 내세에서는 개인의 삶을 보존할 수 없을 뿐 아니라 모든 세대의 사고와 헌신과 영감과 번쩍이는 천재성도 태양계의 종말이 오면 소멸할 수밖에 없고", "인간의 업적을 자랑하는 전당도 우주의 파멸과 함께 분토가 되어버릴 것이며", "따라서 이러한 진리에 근거해서, 다시 말해 절망에 기초해서만이 인간 영혼의 거처가 안전하게 세워질 수 있다."라고 주장했습니다.[36]

러셀의 이러한 주장은 "생명의 기원에 관하여 진화론적인 입장"을 가지고 있음을 보여주는데, 그것도 잘못된 논리입니다. 왜냐하면 "진화론은 생명이 어떻게 시작되었는지에 대한 것, 곧 생명의 기원에 대한 것이 아니기 때문"에 그것은 마치 "누가 불을 켰지?"라는 물음에 대하여 "불이 켜진 것은 전압이 낮은 전류가 에너지를 전구 안의 이온 가스로 옮겨 가스 원자들을 고(高)에너지 궤도로 올렸다가 다시 낮춰 에너지를 복사의 형태로 다시 발산했고, 그 에너지가 전구 튜브 안을 덮은 형광체를 자극시켜 빛이 발산된 것입니다."라고 대답하는 것처럼, "과정(過程)을 작인(作人)과 혼동하는 것"이기 때문입니다.[37] 진화론으로는 그 주장이 설령 옳다고 하더

---

35) 『나는 왜 기독교인이 아닌가』, 23, 59.

36) 『나는 왜 기독교인이 아닌가』, 115-133; 강영안, "왜 무엇이 존재하는가", 강영안·우종학, 『대화』 (서울: 복있는사람, 2019), 124, 이후로는 강영안·우종학, 『대화』, 124. 등으로 표기함.

37) Anthony DeStefano, *Inside the Atheist Mind*, 정성묵 옮김, 『무신론자들의 마음속』 (서울: 두란노,

라도, 옳지도 않지만, 하나님의 존재를 증거하거나 부정할 수도 없습니다. 이에 대하여 앤서니 데스테파노(Anthony DeStefano)는 "초콜릿 케이크의 요소들이 그 케이크 안의 다른 모든 요소에 대한 과학적 실험을 한다면 그 케이크를 구운 사람을 찾을 수 있을까?"라고 반문합니다.38)

러셀의 주장처럼 "물질세계뿐만 아니라 인간조차도 원자들의 우연한 배열"에 지나지 않는다면 "이 땅에 있는 모든 것의 기원뿐만 아니라 삶의 목적과 의미를 묻는 것조차 무의미한 행위에 지나지 않을 것이며", "만일 자연주의가 참이라면 삶의 의미와 목적뿐만 아니라 물음을 묻고 지적으로 탐구해 가는 지적 행위, 지적 추구가 과연 가능한가?" 반문하지 않을 수 없습니다.39) 따라서 자연주의는 "무엇이 정상적이며 무엇이 비정상적인지, 어떤 상태가 제대로 돌아가는 상태이며 어떤 상태가 제대로 돌아가지 않는 상태인지를 분별할 수 있는 기준"이 되지 못하기 때문에 "설계나 의도와 같은 올바른 기능의 개념뿐만 아니라 건강이나 질병, 정신건강과 같은 것"도 말할 수 없게 됩니다.40) 만일 이 세계를 원자들의 우연한 배열로 말미암은 것으로 본다면, 모든 것이 규칙도 질서도 없이 제멋대로 일어나야 한다고 믿어야 하지만, 그렇다면 "자연과학자의 이성적 관찰들은 실상 비이성적인 것들에 관한 것"이라는 모순이 발생하기 때문에, "자연현상 안에 그리고 자연현상을 통해 작용하는 어떤 이성적이며 창조적인 힘이 존재하고", "그러면서도 그것은 그 스스로의 존재에 있어서 그 어떤 현상들로부터 독립되어 있는 것"

2018), 102, 103, 이후로는 Anthony DeStefano, 『무신론자들의 마음속』, 102. 등으로 표기함.

38) Anthony DeStefano, 『무신론자들의 마음속』, 104.

39) 강영안, 『대화』, 125.

40) 강영안, 『대화』, 129.

이라고 보는 것이 오히려 타당할 것입니다.[41]

바빙크(Herman Bavinck)는 "어떻게 자연이 영원히 혼돈스러운 먼지와 소용돌이와 안개로 남아 있는 것이 아니라, 원자들의 물리적 화학적인 기제를 통해 볼 수 있는 눈, 들을 수 있는 귀, 느낄 수 있는 신경, 구부리고 펼 수 있는 근육, 생각할 수 있는 뇌, 그리하여 마침내 어떤 논리, 어떤 이성, 어떤 윤리를 만들어낼 수 있는가?"라고 반문합니다.[42] 러셀의 주장대로라면, "물리적 질료는 본질상 다른 무엇으로부터 발생"하므로 아무것도 없는 데서 우주가 발생했다는 "빅뱅이론은 신화"일 수밖에 없고, 진화는 항상 질서를 전제해야만 가능한데 진화론은 질서를 설명할 수 없으므로 또한 신화일 수밖에 없습니다.[43]

2) 목적론에 의한 증명(설계론적 논증)의 타당성[44]

목표 지향적이고 자기를 복제하는
생명의 기원을 설명할 수 있는 대안은 설계론적 논증

러셀은 이렇게 주장했습니다.

목적론에 의한 증명법이란 세상을 살아나가기에 꼭 알맞도록 만들어졌다는 것이며, 만약에 조금이라도 다르다면 우리는 이 세계에서 살아갈 수 없다는 것이다. ⋯ 그것은 환경이 생물에 적합하도록 되어 있기 때문이 아니라, 생물이 환

---

41) Colin Brown, 『철학과 기독교 신앙』, 45, 46.

42) Herman Bavinck, *Christelijke Wereldbeschouwing*, 김경필 옮김, 『기독교 세계관』 (군포: 다함, 2020), 153, 이후로는 Herman Bavinck, 『기독교 세계관』, 153. 등으로 표기함.

43) Dallas Willard, 『온유한 증인』, 83, 84.

44) 더 자세한 내용은 "IV. 도킨스의 『만들어진 신』과 기독교, 6. 설계 논증과 자연선택에 의한 진화론 중 어느 쪽이 옳을까요?"를 참조 바람.

경에 적응하여 갔기 때문이며, 이것이 적응의 기본 원리인 것이다. 거기에는 아무런 목적의 증거도 없다. 이 목적론에 의한 증명법의 내용을 조사해 볼 때 놀라운 일은, 사람들이 이 세상 속에 사는 삼라만상(森羅萬象)과 그 많은 결함(缺陷)들을 보면서도 전지전능의 신이 수백 년 걸려서 만들어 놓은 최선의 것이라고 어떻게 믿을 수 있느냐 하는 것이다.[45]

이 문제에 대해서도 이미 흄이 반문을 제기했습니다. 그는 "세상에는 애매한 것들이 많기 때문에 항상 디자인된 것들이 있다는 증거는 없고", "신의 마음이 질서 정연하게 부합되었다는 사실"은 설명할 수 없으며, "질서를 만드는 것 혹은 질서가 있다는 것은 오직 지성적인 것만 할 수 있는 것은 아니고", "각 객체는 지성적 틀을 넘어서 자유롭게 존재할 수 있는 무목적인 자연현상"으로 생각할 수도 있다고 주장했습니다.[46]

그러나 그것이 지성적 디자이너인 신을 부인할 수 있는 것도 아니고, "양자(quantum)가 자유로운 존재이지만 양자 존재 자체가 목적을 가지고 있는 것"과 같이 "자유가 무목적인 것이 될 수도 없으며", "목적이 없이 존재하는 것이 과연 존재할 수 있는지" 반문하지 않을 수도 없습니다.[47] 그러므로 이 모든 것 뒤에 지성적인 신적 존재가 존재한다고 믿는 것은 결코 "이성과 증거에 역행하는 것"이라고 말할 수 없습니다.[48] 칸트가 지적한 대로 "세상의 질서와 목적을 생각하면서 지성적 설계자로서 신을 생각"하는 것은 충분히 가능한 일이고,[49] 따라서 "목표 지향적이고 자기를 복제하는

45) 『나는 왜 기독교인이 아닌가』, 25, 26.
46) 김성원, 『신은 허구의 존재인가?』, 341, 342.
47) 김성원, 『신은 허구의 존재인가?』, 341, 342.
48) Julian Baggini, 『무신론이란 무엇인가』, 150.
49) 김성원, 『신은 허구의 존재인가?』, 343.

생명의 기원을 설명할 수 있는 만족스러운 대안은 무한한 지성을 갖춘 하나님뿐이라는 것"을 부정하고는 불가능하다고 보는 것이 오히려 타당할 것입니다.[50]

미세조정에 대한 자연주의적 설명의 한계

목적론에 의한 증명법은 설계론적 논증이라고도 불리는데, 이 논증을 옹호하는 이들은 우주의 정교함(설계로서의 질서), DNA(정보로서의 질서), 최소한의 복잡성(복잡성으로서의 질서) 등을 하나님이 존재하는 증거로 제시합니다. 천체물리학자들에 의하면 "생명체를 만드는 우주가 있으려면 세밀하게 미세 조정되어야 하는 (중력과 같은) 물리적 상수와 (엔트로피와 같은) 양(quantities)"이 있어야 합니다.[51]

물리학자 브랜든 카터(Brandon Carter)가 1974년 출간된 「큰 수의 동시 발생과 우주론의 인간 원리」라는 논문에서 "살아있는 체계들의 출현을 허용하도록 우주의 많은 물리적 속성들이 미세 조정된 것으로 보인다."라고 말한 바와 같이, 만일 우주의 팽창을 조절하는 숫자인 "우주상수가 지금보다 더 크다면 우주는 지나치게 빨리 팽창했을 것이고", "지금보다 작다면 너무 일찍 붕괴했을 것이며", "그렇다면 살아있는 체계들이 출현하도록 허용하지 못했을 것"입니다.[52] "중력이나 소립자 간의 상호작용이 지금과 비교해

---

50) Antony Flew, *There is a God,* 홍종락 옮김, 『존재하는 신』 (서울: 청림출판사, 2011), 139, 이후로는 Antony Flew, 『존재하는 신』, 139. 등으로 표기함.

51) Rice Broocks, *God's Not Dead,* 김지수 옮김, 『신은 죽지 않았다』 (서울: 횃서북스, 2016), 94, 이후로는 Rice Broocks, 『신은 죽지 않았다』, 94. 등으로 표기함.

52) David Berlinski, *The Devil's Delusion,* 현승희 옮김, 『무신론의 과학적 위장』 (가평: 행복우물, 2008), 129, 130.

10의 40제곱분의 1만 달랐어도 우주가 폭발적으로 팽창해 은하들이나 우주가 붕괴했을 것이며" "중력 상수와 자기장 상수 그리고 양성자 질량과 전자의 질량 간의 결합 비율이 지금과 비교해 10의 39제곱분의 1만 달랐어도 현재와 같은 태양은 형성될 수 없었을 것"입니다.[53] "유기적인 생명체가 존재하려면, 기초적인 규칙성과 물리학의 상수들이 극단적이리만치 좁은 범위 안에서 한데 어우러지는 값을 가져야 가능"하므로 "우연히 이렇게 눈금이 정확히 맞아떨어질 가능성은 너무나 희박해서 통계적으로는 무시해도 좋을 것"입니다.[54]

"유기적인 생물체가 발생한 우주에 우연히 들어와 살게 된다는 것은 기술적으로 불가능한 일이 아닐 수도 있고", "우주의 미세조정에 일종의 설계에 따라 진행되었음을 입증하기도 힘들 것"이며, "창조주 없이 생명체가 우연히 생길 수도 있지만", 그것은 "가능성이 거의 없는 매우 희박한 가정"임에도 불구하고 "그토록 희박한 가정을 절대적인 사실이라고 믿는다면 그것이 과연 합리적이고 타당한 주장인지" 반문하지 않을 수 없습니다.[55] 또 "생명의 모든 다양성을 동반한 놀라운 구조들을 생산한 모든 공로는 자연 선택에게 돌리고, 시스템상의 어떤 고장이나 불발(不發)은 다 설계자가 부재(不在)한 증거로 보는 것"은, 마치 "자동차가 지성에 의해 설계되고 만들어질 수 있음에도 불구하고 다수의 요인이 고장이나 오작동을 일으키는 것"에 대하여 "지성의 불완전성이나 지성적 존재가 아예

---

53) Alister E. McGrath, *Mere Apologetics*, 전의우 옮김, 『기독교 변증』 (서울: 국제제자훈련원, 2014), 168, 169.

54) Timothy Keller, *The Reason for God*, 최종훈 옮김, 『하나님을 말하다』 (서울: 두란노, 2018), 208, 이후로는 Timothy Keller, 『하나님을 말하다』, 208. 등으로 표기함.

55) Timothy Keller, 『하나님을 말하다』, 211.

존재하지 않는다고 우기는 것"과 같이 잘못된 것입니다.56)

스티븐 D. 스와츠는 "과학이 목적론적 논쟁을 뒷받침할 뿐만 아니라 또한 우주론적 논쟁을 지지하여 하나님의 존재를 옹호하는 네 가지 과학적 발견"을 언급했는데, 그 첫째는 열역학 제2 법칙(우주 내에 사용 가능한 에너지가 고갈되고 있으며 무한히 존재할 수 없음), 둘째는 자연 발생이 무생물에서 생물로 진행됨이 불가능하다는 점(파스퇴르가 150년 전에 입증), 셋째는 유전 정보 이론(DNA에서 발견되는 것처럼 명시된 복잡함은 어떤 정신에서 기인되며, 결코 우연의 산물이 아니라 상정함), 넷째는 인류 원리(지구라는 행성뿐만 아니라 우주도 생명체를 수용하기에 좋도록 분명히 미세조정이 되어 있음)이며, 이는 과학 법칙이 하나님의 존재를 옹호하는 타당한 논증으로 제시될 수 있다는 것을 보여줍니다.57)

지적 설계론은 "자연 만물의 환원 불가능한 복잡성과 질서정연함을 전제하고 그 배후에 어떤 의도적인 설계자가 있다고 주장함으로써 진화론을 반박하는 이론"으로 이 이론은 비록 직접 하나님의 존재를 증명할 수는 없지만, "창조 만물의 배후에 어떤 의도적 설계자로서 하나님이 존재함을 암시하고 지시"할 수 있습니다.58) 지적 설계론은 "초월적이고 인격적이며 지적인 설계자가 존재한다는 것을 받아들이지 않고 단지 자연주의적으로 설명하는 것은 한계가 있다."라는 것과, "오직 성경에 묘사된 하나님만이 이 논증에 적합하다."라는 것을 보여줍니다.59) 왜냐하면 "자연법

---

56) Rice Broocks, 『신은 죽지 않았다』, 125.

57) David A. Noebel, *Understanding the Time*, 류현진·류현모 옮김, 『충돌하는 세계관』 (서울: 디씨티와이북스, 2019), 124.

58) 정성욱, 『(티타임에 나누는) 기독교 변증』 (서울: 홍성사, 2014), 157.

59) Doug Powell, 『빠른 검색 기독교 변증』, 74, 89, 90.

칙, 목적론적 구조를 가진 생명과 우주의 존재는 그 자체의 존재 뿐만 아니라 세계의 존재를 설명하는 초월적 지성의 빛 아래에서 만 설명될 수 있고", "하나님에 대한 발견은 실험과 방정식을 통 해서가 아니라, 실험과 방정식이 보여주는 구조를 이해함으로써 가능"하기 때문입니다.[60]

3) 도덕론적 논증의 타당성

무신론은 하나님의 존재를 부정하기 위한 의지의 소산에 불과

러셀은 이렇게 주장했습니다.

> 만약에 옳고 그른 것에 차이가 있다고 생각한다면 결국 다음과 같은 입장에 도달하게 된다. 즉 그 차이가 하나님의 명령에 의해서 생겨났는가, 그렇지 않은 가? 만약 하나님에 의해서 처음 생겨났다면, 그때는 하나님 자신에게는 그 차이 가 없다는 이야기이니까, 하나님이 이야기한 선이라는 말은 벌써 뜻이 없는 말 이 되고 만다. 신학자들이 말하듯이 하나님이 선이라고 한다면, 옳고 그른 것은 하나님의 명령과는 상관없는 어떤 뜻을 가지고 있다고 해야 할 것이다. 그 까닭 은 하나님의 명령은 하나님이 단순히 이런 명령을 내렸다는 사실과는 상관없이 선한 것이며 악한 것은 아니기 때문이다. 이렇게 말하려면 또 다음과 같이 말해 야 할 것이다. 옳고 그른 것이 생겨난 것은 하나님을 통해서만이 아니라 그 본질 에 있어서는 논리적으로 하나님에 앞선다고 해야 할 것이다. 물론 이 세상을 만 든 하나님에게 명령을 내릴 수 있는 더 높은 신이 있다고 가정할 수도 있고, 일 부의 그노시스파의 설명 방식(이 세상은 하나님이 보지 않는 사이에 악마에 의 해서 만들어진 것이라는 주장)을 택할 수도 있다.[61]

---

60) Antony Flew, 『존재하는 신』, 161.
61) 『나는 왜 기독교인이 아닌가』, 29.

그는 또 이렇게 주장했습니다.

> 그러나 우주 전체를 공평하게 하려면 이 지구에서의 인생의 차액을 보상받기 위하여 내세를 상상해야만 한다. 그러니까 결국 정의가 있게 하기 위하여 하나님이 있어야 하며, 천국과 지옥이 있어야 한다고 그들은 말한다. … 그러나 확률적으로 증명할 수 있는 한, 아마 이 세상이 적당한 표본일 것이다. 그러니 이곳이 불공평하다면 다른 곳에도 역시 불공평이 있을 것은 뻔하다. 여러분이 귤 상자를 하나 받아서 열어보았다고 하자. 그럴 때 맨 윗줄의 귤이 다 상한 것을 알게 되면, 여러분은 '차액을 보상받기 위해서 밑에 있는 귤들은 좋아야 한다.'라고 말하지는 않을 것이다. … 대다수의 사람들이 하나님을 믿는 것은 어릴 때부터 그렇게 해야 한다고 배워 왔기 때문이며, 그것이 주요 이유인 것이다. 다음으로 가장 유력한 이유로 생각되는 것은 안전을 원하는 마음, 나를 돌봐줄 든든한 형이 있다는 느낌인 것이다.[62]

러셀은 이미 앞에서 살펴본 바와 같이 모든 것이 원인이 있다면 하나님도 예외가 되어서는 안 되기 때문에 하나님의 존재에 대한 우주론적 증명은 잘못된 논증이라고 주장했습니다. 그러나 그의 주장은 이미 칸트에 의해 잘못된 주장임이 드러났습니다. 이 세상의 제한적이고 상대적인 존재들을 초월적이고 절대적인 존재인 하나님에게 적용하는 것은 타당하지 못하기 때문입니다. 러셀이 그 자신보다 1세대 이상 앞서 살았던 칸트의 책들을 조금만 주의를 기울여 읽었더라면 결코 그런 말도 안 되는 주장은 하지 못했을 것입니다. 옳고 그름에 대해서도 마찬가지로 하나님도 예외가 되어서는 안 된다는 러셀의 주장은 우주론적 논증에서 범한 것과 똑같은 이유로 잘못된 것입니다.

인간은 누구든지 자신이 말하고 행한 것에 대해 궁극적인 책임을

---

62) 『나는 왜 기독교인이 아닌가』, 30, 31.

져야 한다는 부담감을 느끼고, 양심을 어기면 죄책감이 들지만, 양심에 따르면 기쁘거나 행복한 느낌이 든다는 사실은 인간에게 도덕적 의무감이 있다는 것과 인간은 양심을 가진 도덕적 존재라는 것을 의미하며, 이 모든 것은 인간에게 도덕 법칙을 주신 도덕적 통치자를 암시하기 때문에, 인간의 도덕적 본성은 칸트가 지적한 바와 같이 하나님의 존재를 요청할 수밖에 없고 또한 하나님이 존재한다는 것을 암시할 수밖에 없습니다.[63]

"만일 전능하고 완벽하게 선한, 세상을 창조한 신이 존재하지 않는다면" "삶의 궁극적인 의미와 가치, 또는 목적이 있을 수 없을 것이고", "도덕적 성품들은 그저 개인적인 입맛에 맞는 표현일 뿐이거나, 생물학적 진화와 사회적 요건들에 의한 부산물일 뿐이며", "옳고 그름의 절대적인 기준이란 없을 것이고", 그것은 "전쟁, 억압, 범죄를 악으로 규탄할 수 없게 된다는 의미이며", "한 사람을 죽이는 것과 사랑하는 것이 도덕적으로 같은 것"이 된다는 뜻이 되고 "인간의 삶은 동물의 삶과 질적으로 다를 바가 없게 될 것"입니다.[64]

러셀은 어떻게 해서든지 하나님의 존재를 부정하기 위해 억지를 부립니다. 우주 전체를 공평하게 하려면 이 지구에서의 인생의 차액을 보상받기 위하여 내세를 상상할 수밖에 없지만, 확률적으로 증명할 수 있는 한, 이 세상이 불공평하다면 다른 곳에도 역시 불공평이 있을 것은 뻔하기 때문에, 내세를 상상하는 것은 의미가 없고 따라서 그것으로 하나님이 존재한다는 것을 말하는 것도 무의미하다고 주장합니다. 이 세상이 불공평하다면 다른 곳에도 역시 불공평이 있을 것은 뻔하다는 주장은 입증할 수 없는 러셀의 생각일

---

63) Joe Boot, 『청년들아 무엇을 위해 살 것인가?: 청년들을 위한 기독교 변증』, 63.
64) William Lane Craig, 『복음주의 변증학: 정교한 이성을 통하여』, 45, 52, 53, 55.

뿐입니다. 이 세상에 불공평이 존재하는 이유는 이 세상에는 악이 존재하기 때문입니다. 그러나 내세에는 하나님의 악에 대한 심판으로 말미암아 악이 없어지므로, 따라서 불공평도 있을 수 없습니다.

그는 또 대다수의 사람들이 하나님을 믿는 주된 이유는 어릴 때부터 그렇게 해야 한다고 배워왔기 때문이라고 주장했지만, 그러한 경우는 오랜 기독교적 전통을 가진 지역에서나 가능하고, 특별히 이러한 주장은 성장한 후에 기독교 신앙에서 벗어나거나 나이가 들어 신앙을 가지는 경우, 기독교 이외의 종교 또는 무신론적 환경에서 기독교 신앙을 받아들이는 경우 등에 대해서는 설명할 수 없습니다. 러셀은 기독교 신앙을 가지는 둘째로 가장 유력한 이유로 생각되는 것은 안전을 원하는 마음, 나를 돌봐줄 든든한 형이 있다는 느낌이라고 주장했는데, 물론 그런 심리적인 설명도 어느 정도 일리가 있을 수 있겠지만, 그런 정도를 기독교 신앙이라고 말할 수는 없습니다.

러셀은 어떻게 해서든지 하나님이 존재한다는 것을 부정하려고 신의 존재 증명 방법에 토를 달며 억지를 부립니다. 그래서 신의 존재를 수용하는 유신론이 지성의 자연스러운 반응이라면, 신의 존재를 부정하는 무신론은 강한 의지의 표현으로 여겨질 수밖에 없습니다. 왜냐하면 무신론은 당연하게 수용해야 할 것을 일부러 부정하는 강한 의지의 발동이기 때문입니다.

네이글(Ernest Nagel)이 지적한 대로 "무신론은 지적 탐구의 결과가 아니라 신이 만든 우주, 신이 만들고 통치하고 지배하는 세계에 살고 싶지 않은 바람, 그의 희망에서 비롯된" 것입니다.[65] "신

---

65) Richard Swinburne, *Is There a God?* 강영안·신주영 옮김, 『신은 존재하는가』 (서울: 복 있는 사람, 2020), 10, 이후로는 Richard Swinburne, 『신은 존재하는가』, 10. 등으로 표기함.

의 통치에 따르는 세계 속에서 살아간다면 당연히 자신이 삶의 유일한 주인이 될 수 없고", 그 결과 자기 마음대로 살 수 없는, 곧 "나의 삶은 신에게 종속된 삶에 지나지 않는다는 결론에 도달"할 수밖에 없고, 따라서 "무신론은 이론적 탐구의 결과라기보다는 신이 존재하지 않기를 바라는, 그래서 오직 자신이 모든 것의 주인이 되어" 자기 마음대로 살려고 하는 "의지의 소산"이라고 밖에는 달리 말할 수 없을 것입니다.66)

4) 하나님의 존재에 대한 실마리들

존 폴킹혼(John Polkinghorne)은 그의 『살아계신 하나님에 대한 신앙: 대화』(*Faith in the Living God: A Dialogue*)에서 하나님의 존재에 대한 가능성을 다양한 형이상학적 창문으로 매우 설득력 있게 설명합니다. 하나님의 존재에 대한 가능성을 짐작할 수 있는 좋은 설명이라고 사료(思料)되어 참고로 소개합니다.

> 1) 우주의 질서: 신이란 우주의 질서를 암시하는 암호의 기능만을 할 뿐이라고 주장하는 신개념에 대해 우리는 이미 거부한 바 있지만, 그럼에도 불구하고 그런 질서가 존재한다는 사실은 유신론적 신념을 지지하는 축적된 사례의 일부분을 제대로 형성한다고 볼 수 있습니다.
>
> 2) 우주의 비옥함: 실제적인 생명체가 출현하기 수십억 년 전에 이미 초기 우주는 탄소에 기반을 둔 생명체의 가능성으로 가득 차 있었다는 것입니다. … 우주의 비옥함에 대한 더 깊은 식견들은 초기 단계에 있는 복잡성 이론이란 학문의 발견들로부터 생겨났을 수도 있습니다. 이 새로운 학문 분야는 현재 컴퓨터 모델 연구에 깊이 의존하고 있는데, 복잡한 체계들이 종합적인 동작을 통해 깜짝 놀랄 정도로 전체적인 질서를 자동으로 발생

---

66) Richard Swinburne, 『신은 존재하는가』, 11.

시킬 가능성을 보여줍니다.

3) 의식의 자각: 우주의 역사에서 가장 충격적이고 의미심장한 사건은, 우리가 알고 있는 빅뱅 이후에 여기 지구 위에서 자기 인식에 이르게 되었다는 점입니다. 우주가 스스로 자기를 의식하게 되었습니다.

4) 종교적 체험: 모든 시대, 모든 장소에는 우리가 성스럽다고 부르는 초월적인 실체와의 만남을 증언하는 사람들이 있었습니다. 때로는 그런 사람들이 다수를 형성했습니다. 이런 증언을 어떻게 평가할 것인가 하는 문제를 자세히 다루는 것은 이번 장의 범위를 넘어서는 일입니다. 그렇지만 그 증언의 무게만큼은 인상적이라고 할 수 있습니다.

5) 도덕적 악: 인간의 역사와 개인의 자기반성은 모두 인성 속에 뒤틀려진 무언가가 존재한다는 사실을 반영합니다. 로마서 7장 15절. … 기독교의 유신론은 이런 도덕적 왜곡을 '죄'라고 부르며, 자유의지라는 하나님의 선물을 인간적으로 사용함으로써 창조주의 삶으로부터 스스로 자신을 소외시킨 데서 기인한 현상이라고 진단합니다.

6) 물리적인 악: 이 세상에서 악의 존재는 신의 무정함이나 무능력의 표시가 아닙니다. 그것은 바로 스스로 만들어가도록 허용한 세계가 필연적으로 지불하는 대가인 셈입니다.

7) 무익함: 과학은 믿을 만한 목소리로 우리에게 이렇게 말합니다. 우주는 붕괴를 통해서든 부패를 통해서든 간에 점점 죽어가고 있으며, 우리가 수십 년의 세월을 걸쳐 죽어가듯이 우주도 수백억 년의 세월에 걸쳐서 죽어가고 있다고 말합니다. … 단순한 진화론적 낙관론-현재의 과정이 궁극적인 완성으로 인도할 것이라는 생각-은 망상일 뿐입니다. 우리 자신을 위해서든, 피조계 전체를 위해서든 간에, 진정한 완성에 대한 희망이 존재한다면, 그것의 뒷면에는 죽음이 놓여 있습니다. … 골로새서 1장 15-20절. … 우주 질서의 아름다움은 물리적인 악의 존재로 인해 야기되는 추악하고 고통스러운 장면과 대조를 이룹니다. 현재까지 진행된 우주 역사의 비옥함은 궁극적인 우주의 무익함의 확실성과 대조를 이룹니다. 인간 의식의 두드러진 출현은 도덕적 악에 대한 인간의 잠재력을 동시에 생산하는 결과를 낳았습니다.67)

---

67) Francis Collins, 『믿음』, 342-348.

또 알리스터 맥그래스(Alister McGrath)도 그의 『하나님의 얼굴을 얼핏 보기: 우주의 의미에 대한 탐구』(*Glimpsing the Face of God: The Search for Meaning in the University*)에서 하나님의 존재에 대한 실마리 3가지를 설득력 있게 제시했는데 참고할 만합니다.

마치 인간의 지성이 우주의 패턴과 구조를 파악할 수 있도록 디자인된 것이 아닌가 하는 생각이 들 정도입니다. 알베르트 아인슈타인도 이 점을 인정했습니다. … 1915년 11월, 마침내 아인슈타인은 일반 상대성이론을 발견했습니다. 이 이론은 수학적인 용어들로 아름답게 표현될 수 있었습니다. 그러나 이것은 단순히 아름다운 이론에 그치지 않았습니다. 수성의 운행에서 발견되는 불규칙성(아이작 뉴턴의 개념들에 바탕을 둔 고전 천문학의 예측들과 일치하지 않는 방법으로 운행)을 정확하게 설명할 수 있는 이론입니다. 그는 이 이론을 통해 우주에 관한 매우 중요한 사실을 표현할 수 있다고 확신했습니다. 이것이 우주가 하나님의 지성을 반영하는 실마리가 아니고 무엇이겠습니까? …

두 번째 실마리는 소위 우주의 '미세조정'이라고 일컬어지는 것으로부터 얻을 수 있습니다. 우주의 구조는 일련의 '기본 상수들'에 의해 결정되는데, 이런 상수들이 우주의 윤곽을 구체화시켜 갑니다. 기본 상수가 달랐다면, 우주는 전혀 다른 형태를 취하고 있었을 것이며, 우리가 아는 대로, 생명체가 출현하지 않았을 가능성도 있습니다. 우주의 구조는 생명체의 가능성을 확립하기 위해 디자인되었던 것처럼 보입니다. … 이것이 정말 우연일 수 있을까? 자연법칙들이 생명체의 존재를 가능하도록 작용하는 것이 순전히 우연의 일치일까? 이것이야말로 자연과 인간의 운명을 이해하는데 중요한 실마리가 아닐까?

또 다른 실마리는 의미를 추구하는 인간의 깊은 열망에서 찾을 수 있습니다. 이 세상에 있는 그 어떤 것도 우리를 진정으로 만족시켜 줄 수 없는 것 같습니다. 인간의 본성 속에는 공허함이 존재하며, 그것은 충족과 의미를 갈구합니다. 하지만 모든 피조물은 덧없이 흘러가기에 이런 갈망을 만족시켜 줄 수 없을 듯합니다. … (블레즈 파스칼, 히포의 아우구스티누스, 캔터베리의 안셀름 등도 고백-인간 심성에 자리 잡은 심연을 채울 수 있는 유일한 방법은 하나님과의 개인적인 만남 뿐) … 이런 인물들에게서 알 수 있는 사실은, 인간의 깊은 갈망이

하나님에게 그 기원을 두고 있으며, 하나님 안에서만 충만함을 얻을 수 있다는 사실입니다.[68]

5) 하나님의 존재에 대한 논증의 불가능성과 가능성

아퀴나스(S. Thomae Aquinatis)는 그의 『神學大全』(Summa theologiae)에서 하나님의 존재에 대한 논증의 불가능성과 가능성에 대하여 다음과 같이 지적합니다.

하나님이 존재한다는 것은 논증이 가능하지 않은 것으로 생각된다.

1. 사실 하나님이 존재한다는 것은 신앙조항(信仰條項)이다. … 히브리서 11장 1절. … 논증은 〈지식으로〉 알게 하는 것인데 반해, 신앙은 나타나지 않는 것에 관한 것이기 때문이다. 그러므로 하나님이 존재한다는 것은 논증될 수 없는 것이다.

2. 그 밖에도 논증의 매사(媒辭)는 그것이 무엇인가이다. 그런데 하나님에 대해서는 다마스케누스도 말한 바와 같이, 그것이 무엇인가는 알 수 없고 다만 무엇이 아닌가를 알 수 있을 뿐이다. 그러므로 우리는 하나님이 존재한다는 것은 논증할 수 없다.

3. 그 밖에도 하나님이 존재한다는 것이 논증된다고 가정된다 할지라도 그것은 그 결과에서 이루어지는 것일 것이다. 그런데 하나님의 결과는 하나님에게 비례되지 않는다. 그 이유는 하나님 자신은 무한하고 결과는 유한한 것이니 유한은 무한에 비례하지 않기 때문이다. 원인은 그것에 비례되지 않는 결과를 통해 논증될 수 없기 때문에, 하나님이 존재한다는 것은 논증될 수 없는 것으로 생각된다. … 로마서 1장 20절. … 그런데 이런 것은 창조된 것을 통해서가 아니면 하나님이 존재한다는 것이 논증될 수 없다는 것이다. … 사실 어떤 결과는 그 원인보다 우리에게 더 명백하기 때문에 우리는 결과를 통해 원인의 인식에로 전진한다. 그 결과가 우리에게 더 명백하게 알려진 것이라면 어떠한 결과에서든

---

68) Francis Collins, 『믿음』, 378-379.

지 그 결과의 고유한 원인이 존재한다는 것을 우리는 논증할 수 있다. 그것은 결과는 원인에 속한 것이니 결과가 주어지는 한 원인이 선재(先在)해야 하는 것은 필연적이기 때문이다.

따라서 하나님이 존재한다는 것은 우리에게 자명한 것이 아니지만 우리에게 알려진 결과를 통해 논증될 수 있다. … 원인에 비례하지 않는 결과를 통해서는 원인에 대한 완전한 인식을 얻을 수 없다. 그러나 어떤 결과에서도 원인이 있다는 것이 명백하게 논증될 수 있다. … 이렇게 우리는 하나님의 결과들에서 하나님이 존재한다는 것을 논증할 수 있다. 우리가 그런 결과들을 통해 하나님을 그 본질을 따라 완전하게 인식하지 못한다고 할지라도 하나님이 존재한다는 것을 그 결과들에서 논증할 수 있는 것이다.[69]

---

69) S. Thomae Aquinatis, *Summa theologiae*, 鄭義采 譯, 『神學大全. 1, 第1部 第1問題-第12問題』 (서울: 바오로딸, 2002), 141, 143, 145, 147; 번역상 '하느님'을 '하나님'으로 표기하였음.

3 예수님이 역사적으로 존재했다는 사실은 알 수 없을까요?

어떤 고대 문헌들보다 신뢰성이 높은 성경의 증언

러셀은 "역사적으로 예수가 도대체 생존하였는가? 의심스러운 일이다. 그리고 생존하였다고 하더라도 우리는 예수에 대해서는 아무것도 모른다."라고 주장했습니다.[70] 그는 또 1963년 2월 19일 편지에서 "예수라는 인물이 실재한 것을 증명하는 역사적인 증명은 참으로 천박하다. … 그와 같은 견해란 그것을 믿는 사람으로 하여금 한 개인을 가설의 인간으로도 실재의 인간으로 평가케 한다. … 그가 신격(神格)을 갖추고 있었다는 환상적인 신념은 이 시대의 많은 방황하는 신비주의자와 광기에 찬 사람들이 품고 있었다. 이 문제는 주로 심리학자들에게 흥미 있는 일이다."라고 주장했습니다.[71]

물론 고명(高名)한 무신론자들의 설득력 있는 주장도 많고, 사람들의 소망이나 고대의 신화, 원시적인 미신 등을 감안(勘案)할 때 예수님도 미신적인 사람들이 단지 상상으로 지어낸 인물일 가능성이 커 보이기 때문에, 러셀처럼 주장하고 그런 주장에 동조할 수도 있을 것입니다. 암스트롱도 그의 『하나님의 역사』에서 예수님에 대

---

70) 『나는 왜 기독교인이 아닌가』, 34, 35.

71) Bertrand Russell, ed. Barry Feinberg & Ronald Kasrils, *Dear Bertrand Russell*, 최혁순 옮김, 『러셀의 철학 노트』 (서울: 범우사, 1990), 56, 이후로는 Bertrand Russell, 『러셀의 철학 노트』, 56. 등으로 표기함.

해 아는 바가 거의 없고, 예수님의 생애에 대한 첫 번째 책인 마가복음은 예수님이 죽은 후 약 40년이 지난 뒤인 AD 70년경에야 비로소 기록되었으며, 역사적 사실에 신화적 요소가 가미되어 있었다고 주장했습니다.[72]

과연 그럴까요? 이해를 돕기 위해 예수님의 역사성에 대하여 「나무위키」에 게재한 일반 학자들의 견해 몇을 소개합니다.[73] 바트 D. 어만(Bart D. Ehrman)은 스스로를 불가지론자라 밝히며 예수님의 신성에 대해서는 부정했지만, 그럼에도 불구하고 예수님은 역사적으로 확실히 존재했으며 이러한 사실은 고대사를 연구하는 사실상 모든 권위 있는 학자들이라면 그가 기독교인이든 아니든 동의하는 사실이라고 말했습니다. 사해문서와 역사적 예수 연구, 유대교 연구의 거장이며 그의 세대에서 가장 위대한 역사적 예수 연구가라는 평을 받는 유대인 종교학자 게저 베르메시도 예수님이 역사적 인물임을 받아들이는데, 그 이유는 예수님의 실존을 부정하는 데서 초래되는 문제점이 그것을 받아들이는 데서 오는 것들보다 훨씬 더 크기 때문이라고 말했습니다. 미국 펜실베이니아 주립 대학 인문학 교수이자 역사학자인 필립 젠킨스(Philip Jenkins)는 성경학자는 아니지만 예수님이 신화적 인물이라는 가설은 그 근거가 가치 없는 주장으로 논증으로 볼 때 잘못된 비학술적인 주장이고, 학문적 논쟁에서 진지하게 존중받을 수 없다고 말했습니다. 1세기 역사 연구에 대해 잘 알지 못하는 사람들에게는 예수님이 역사적 인물이 아니라 신화적 인물이라고 하는 주장이 그럴듯하게 들릴지 모르지만,

---

72) Lee Strobel, *Case for Christ*, 윤관희·박중렬 옮김, 『예수는 역사다』 (서울: 두란노, 2002), 41-42, 이후로는 Lee Strobel, 『예수는 역사다』, 41. 등으로 표기함.

73) "예수/실존여부", namu.wiki, 2022.02.21.14:33:44, https://namu.wiki/w/%EC%98%88%EC%88%98/%EC%8B%A4%EC%A1%B4%20%EC%97%AC%EB%B6%80

그 당시의 역사를 세밀히 연구한 실제 학자들에게는 약간 우스꽝스러운 주장으로 여겨집니다.

예수님을 신화적 인물이라고 주장하는 사람들은 예수님에 대한 성경의 기록을 신뢰할 수 없다고 전제를 합니다. 그러나 만일 성경의 기록이 신뢰할 만한 것이라면 당연히 예수님을 역사적 인물이라고 받아들여야 할 뿐만 아니라 하나님으로 받아들여야 할 것입니다. 그러면 과연 성경은 믿을 수 없는 조작된 문서일까요? 적어도 고대 문서들을 보고 판단하는 것처럼 성경을 대한다면 그렇게 단정할 수는 없습니다. 역사가들이 고대 문서들의 역사적 가치를 인정하기 위해서 적용하는 일반적인 판단기준에 따라서 성경을 판단한다고 해도 성경은 그런 기준에서도 미흡(未洽)하지 않습니다.[74]

복음서에 관한 한 미국에서 가장 권위 있는 학자 중 하나인 크레이그 블룸버그(Craig Blomberg)가 지적한 바와 같이, 가장 초기의 알렉산더 대왕의 전기 두 편은 BC 323년, 그가 죽은 지 무려 400년 이상이 지난 후에 아리안과 플루타르크에 의해 기록되었음에도 불구하고 역사가들은 그 자료를 신뢰할 만한 것으로 여긴다면, 예수님의 생애에 대해 복음서가 기록된 시기는 예수님이 처형당한 때로부터 30~60년이라는 매우 짧은 공백이 있었기에 전설이나 잘못된 기억의 영향을 받을 가능성이 그만큼 줄어들고 따라서 그만큼 신뢰할 수 있습니다.[75] 바울이 고린도교회에 보낸 서신인 고린도전서 가운데 15장 3-7절에는 예수님이 그리스도(Messiah, 救世主)라는 것과 우리의 죄를 위해 돌아가셨다는 것(代贖)과 죽음에서 부활

---

74) 여기에 대한 자세한 내용은 Edward K. Boyd & Gregory A. Boyd, *Letters from a skeptic*, 정옥배 옮김, 『어느 무신론자의 편지』(서울: 미션월드 라이브러리, 2006), 117-151을 참조 바람.

75) Lee Strobel, 『예수는 역사다』, 43.

하셨다는 것을 기록하고 있습니다. 이 사실은 바울이 회심한 것이 예수님이 처형당한 때로부터 2년경이었고, 그로부터 3년 후인 AD 35년경에 예루살렘에 있는 사도들을 만났으며, 그 무렵 이미 예수님이 그리스도라는 것과 우리의 죄를 위해 돌아가셨다는 것과 부활하셨다는 기독교의 핵심 교리가 확립되었다는 것을 보여줍니다. 이러한 사실은 예수님이 신화적인 인물에 불과하다는 주장이 더 이상 설득력이 없다는 것을 보여줍니다.

성경은 예수님이 역사적으로 존재했다는 것을 분명하게 밝힙니다. 누가복음 1장 1-3절은 "우리 중에 이루어진 사실에 대하여 처음부터 말씀의 목격자 되고 일꾼 된 자들의 전하여 준 그대로 내력을 저술하려고 붓을 든 사람이 많은지라 그 모든 일을 근원부터 자세히 미루어 살핀 나도 데오빌로 각하에게 차례대로 써 보내는 것이 좋은 줄 알았노니"라고 말함으로써 그 기록 의도가 역사적 사실을 전달하려는 것이었음을 분명히 했습니다. 특별히 누가복음은 데오빌로에게 보낸 공식 문서였기 때문에 그 내용의 역사성은 부정할 수 없습니다. 복음서 기자들은 그 목적이 실제로 일어난 역사적 사실을 전하려는 것이었음을 분명하게 밝혔습니다. 따라서 성경은 고대의 다른 기록들에서 볼 수 있는 신화적 요소를 찾아볼 수 없는 역사적 기록이고 그러므로 역사적 사실입니다.

어떤 사람들은 예수님의 제자들이 예수님의 재림이 곧 일어날 것이라고 믿었기 때문에 어떤 역사적 기록도 보존할 필요가 없었을 것이라고 반론을 제기합니다. 그러나 예수님의 말씀에는 세상의 끝이 오기까지는 상당한 시간이 남아 있다는 전제가 깔려있습니다. 또 블룸버그가 지적했듯이 유대의 선지자들을 추종하던 자들이 스승의 말을 기록하고 전달하고 보존했다는 사실을 감안(勘案)한다면, 예수님의 제자들이 예수님을 선지자들보다 더 위대한 사람으로 받아들였기 때문에 그들 역시 당연히 예수님의 말씀을 기록, 전달, 보존하려고 했을 것입니다.[76] 따라서 이러한 반론은 의미가 없습니다.

또 어떤 사람들은 복음서 간의 불일치가 상호 간에 모순이 있다는 것을 보여주고 따라서 역사적 사실이 아니라고 주장합니다. 그런 주장은 그럴듯합니다. 그러나 시몬 그린리프(Simon Greenleaf)가 지적한 바와 같이, 만약 복음서가 단어마다 똑같았다면 저자들끼리 공모해서 사전에 조정했을 것이란 의심을 받았을 것이며, 따라서 복음서 간의 불일치는 오히려 저자들 간에 합의가 전혀 없었고 동일한 사건을 독립적으로 기록했다는 것을 보여줄 뿐입니다.[77] 거짓으로 꾸며낸 이야기는 완전한 일관성과 조화를 갖추려는 경향이 있기 때문에, 기본적 자료가 일치하고 세부 사항에서 차이를 보이는 것은 오히려 신빙성을 가지고 있다는 점을 한스 스티어도 고전 역사가의 관점에서 동의했습니다.[78]

복음서 간의 일치하지 않는 부분들이 있다는 것을 근거로 성경은 역사적 사실이 아니라고 주장하기도 하지만, 세밀하게 살펴보면 상호 간에 모순된 것이 아니라는 것을 확인할 수 있습니다. 마태복음 8장 5-13절에서는 백부장이 자기의 하인을 고쳐 달라고 직접 예수님께 부탁한 것으로 기록되었지만, 누가복음 7장 2-10절에서는 백부장이 유다의 장로 몇 명을 보냈다고 기록되었기 때문에 언뜻 보면 모순처럼 보이지만, 블룸버그가 지적했듯이 고대 세계에서 어떤 행동이 사실은 하인이나 전갈을 통해 일어났더라도 종종 주인에게

---

76) Lee Strobel, 『예수는 역사다』, 53.

77) Lee Strobel, 『예수는 역사다』, 58.

78) Lee Strobel, 『예수는 역사다』, 59.

일어난 일이라고 여기는 것은 충분히 이해할 만하고 용인되었기에 큰 문제가 되지 않았습니다.[79] 마태복음 8장 28-34절에는 예수님께서 가다라 지방에서 귀신들을 돼지 떼에 들어가게 하신 사건이 나오는데, 마가복음 5장 1-20절과 누가복음 8장 26-39에서는 가다라가 아니라 거라사 지방이라고 기록하고 있기에 서로 모순된 것처럼 보이지만, 거라사는 가다라 지방에 있는 한 지역이기 때문에 서로 모순되지 않습니다.[80] 또 무신론자들은 마태복음과 누가복음의 족보가 서로 다른 것에 대하여 성경이 모순된다는 증거라고 주장하지만, 두 족보가 서로 일치하지 않는 것은 마태복음은 요셉의 혈통을 따라 기록했으나 누가복음은 마리아의 혈통을 따라 기록했기 때문이고, 몇 명의 이름이 생략된 것은 블룸버그의 연구에 의하면 고대 세계의 기준으로 볼 때 완전히 용납되는 것이었습니다.[81]

또 성경에는 설명하기 어렵거나 모순되는 듯한 내용이 있기 때문에 후대 사람들이 조작한 것이라고 무신론자들은 주장합니다. 마가복음 6장 5절에 보면 예수님이 나사렛 지방에서는 사람들이 거의 믿지 않았기 때문에 기적을 행하지 않았다고 하는데, 그것은 예수님의 능력(全能)이 제한되어 있다는 뜻이고, 따라서 예수의 신성과 모순된다고 주장합니다. 또 마가복음 13장 32절에 보면 예수님은 자신이 재림할 날과 시간을 모른다고 했으니, 그것 또한 예수님의 능력(全知)이 제한되어 있다는 뜻이고, 따라서 예수의 신성과 모순된다고 주장합니다. 그러나 이 문제는 빌립보서 2장 5-8절에 의하면 쉽게 해결됩니다. 왜냐하면 "하나님이 그리스도 안에서 자신의

---

79) Lee Strobel, 『예수는 역사다』, 59.

80) Lee Strobel, 『예수는 역사다』, 60.

81) Lee Strobel, 『예수는 역사다』, 61.

신성을 독립적으로 사용하는 것을 자발적으로 그리고 의식적으로 제한"하셨기 때문입니다.82) 사람들은 자신이 본 사건을 증언할 때 설명이 어렵거나 모순된 것 같은 세부 사항은 자신의 편의에 따라 언급하지 않음으로써 본능적으로 자신이나 남을 보호하려는 경향이 강하기 때문에, 만일 저자들이 생략했더라면 더 편하고 도움이 될 만한 내용을 임의로 생략하지 않았다면 어떤 자료를 첨가하거나 조작하지 않았을 것으로 보는 것이 더 타당할 것입니다.83)

　　무신론자들은 성경은 원본이 존재하지 않고 필사본으로 전해지기 때문에 성경은 믿을 수 없다고 주장합니다. 그러나 본문을 비평할 때 필사본이 많을수록 원래의 본문도 더 정확하게 복원할 수 있고, "신약성경은 고대의 다른 문헌과 비교해보면 엄청난 양의 필사본을 확보하고 있고 집필 시기와 가장 오래된 사본 사이의 시간 간격이 극히 짧아서" 신뢰성이 그만큼 큽니다.84) 신약성경 다음으로 필사본이 많은 호메로스(Homeros)의 『일리아드』(Iliad)는 기원전 900년경에 기록되었고 643개의 필사본이 존재하는데, 가장 오래된 사본은 기원전 400년경의 것으로 약 500년의 격차가 나지만, 내용은 약 95%가 일치합니다.85) 이에 비하여 신약성경은 원어 필사본이 단편까지 포함하여 5,300부가 넘고 라틴어 불가타역 사본도 약 8,000개나 되며 기타 초기 번역본도 9,300개나 되고, 물론 그 가운데 이문(異文)이나 오기(誤記)나 내용이 무엇인지 확실하게 알 수 없는 구절들도 있지만, 기독교 신앙의 본질적인 교리와는 별 관련이 없으며, 따라서 학자들은 신약성경의 원래 내용을 97-99% 정도 확실하게 복원할

---

82) Lee Strobel, 『예수는 역사다』, 63-64.
83) Lee Strobel, 『예수는 역사다』, 63-64.
84) Doug Powell, 『빠른 검색 기독교 변증』, 178.
85) Doug Powell, 『빠른 검색 기독교 변증』, 178.

수 있었습니다.86) 도로시 L. 세이어즈(Dorothy L. Sayers)는 그의
『후 기독교 세계에 보내는 그리스도인의 편지들』(*Christian Letters
to Post-Christian World*)에서 이렇게 지적했습니다.

> 예를 들어, 버나드 쇼가 미스터 윌리엄 아처에 관한 회상록을 오늘날 출간한
> 다고 한번 가정해봅시다. 아처와 동시대 인물들 대부분이 사망했다는 이유로, 혹
> 은 조지 버나드 쇼의 문체가 타임스지 부고란의 문체와 너무나 다르다는 이유로,
> 혹은 그 책이 이전에 발간된 회상록들 속에 등장하지 않는 친밀한 대화들을 엄
> 청나게 포함하고 있는 반면에 '인명사전'을 참고하면 쉽게 확인할 수 있는 많은
> 사실들은 제외해버렸다는 이유로 그 기록을 의심스러운 눈으로 보아야만 한다고
> 이의를 제기해야 할까요? 아니면 (보기보다 건강이 안 좋아 보이는 80대 노인
> 이라서) 미스터 쇼가 자기 자료 중 일부를 존경받는 성직자에게 받아 적게 했고,
> 그 성직자는 쇼가 진짜 저자이며 아처의 가장 친한 친구였기에 독자들은 그 회
> 상록의 정확성을 믿어도 되며 또 이런 사실을 알아야 된다는 말을 특별한 메모
> 로 남겼다면, 그로 인해 유능한 이 두 사람이 스스로 거짓말쟁이임을 자인했다
> 고 여기고 그들의 공동 작업을 무가치한 날조로 간단히 결말을 지어야 할까요?
> 아마도 아닐 것입니다. 그렇지만 미스터 쇼는 실존 인물이며, 성경 속에 나오지
> 않지만 웨스트민스터 사원에 안장되어 있습니다. 그를 의심하는 일 따위는 없습
> 니다.87)

성경 기록과 고대 문헌들의 증거가 일치함

러셀을 비롯한 무신론자들은 예수님이 역사적 존재라면 그에 대
한 기록이 기독교회 밖에서도 발견되어야 하지만, 그렇지 않기 때문
에 예수님이 역사적 인물이라는 것을 믿을 수 없다고 주장합니다.
1979년 찰스 템플턴은 그의 소설 『하나님의 역사』(*Act of God*)에서

---

86) Doug Powell, 『빠른 검색 기독교 변증』, 177, 179-184.
87) Francis Collins, 『믿음』, 179.

소설 속의 어떤 고고학자를 통하여 예수님이 메시아라는 주장은 예수님 자신과 기독교회의 주장일 뿐 세속 역사에는 그에 대해 단 한 마디의 언급도 없고 심지어 요세푸스(Flavius Josephus)조차 언급이 없다고 함으로써 많은 사람들이 그렇게 믿는 것같이 묘사했습니다.

과연 그럴까요? 고대 역사의 뛰어난 전문가인 에드윈 야마우치(Edwin Yamauchi)에 의하면, 널리 알려진 1세기에 살았던 유대인 역사가인 요세푸스는 그의 가장 야심적인 작품인『고대사』(*The Antiquities*)에서 창세부터 그의 시대까지 유대인의 역사를 기록했는데, 그곳에서 "대제사장 아나니아는 산헤드린 공회를 소집한 후에 당시 그리스도라 불린 예수의 형제인 야고보와 어떤 사람들을 데리고 와서 그들이 율법을 어겼다고 고소를 하고 돌로 쳐 죽이도록 그들을 넘겨주었다."라고 기록했습니다.[88] 그가 또 지적한 바와 같이 요세푸스가 쓴 예수님에 관한 긴 분량의 책『플라비우스의 증언』(*Testimonium Flavianum*)에서 예수님의 일생, 기적, 십자가의 죽음, 부활 등에 대해 철저히 확증하고 있습니다.[89] 야마우치의 지적대로 유대 역사에 대한 요세푸스의 기록이 매우 정확하다고 증명되었고, 따라서 그는 매우 신뢰할 만한 역사가로 인정을 받기 때문에 예수님에 관한 언급도 매우 중요하게 여겨지고 있습니다.[90]

요세푸스뿐만 아니라 로마의 행정관 타키투스(Publius Cornelius Tacitus)도 십자가에 못 박혀 죽임을 당한 예수님이라는 역사적 인물에 근거를 두고 있는 기독교가 어떻게 성공하고 전파되었는가에

---

88) Strobel Lee,『예수는 역사다』, 99-100.

89) Strobel Lee,『예수는 역사다』, 100-101.

90) Strobel Lee,『예수는 역사다』, 104.

대해 증언했고, 총독 폴리니(Pliny the Younger)도 기독교가 모든 계층의 사람들 사이에서 그리고 전 지역에서 빠르게 확산되었다는 점, 예수님을 하나님으로서 경배했다는 점, 그리스도인들이 높은 윤리적 수준을 가지고 있었다는 점, 쉽게 신앙이 흔들리지 않았다는 점 등을 언급했습니다.[91] 탈루스는 자신의 역사서 세 권에서, 폴 마이어는 『본디오 빌라도』(*Pontius Pilate*)의 각주에서 예수님이 십자가에 달린 시간 중에 땅이 어두워졌던 점에 대하여 기록했고, 탈무드에도 부정적인 방법이지만 예수님에 관하여 확증하고 있습니다.[92]

게리 하버마스(Gary Robert Habermas)는 『역사의 평결』(*The Verdict of History*)에서 예수님의 생애를 기록한 총 39개의 고대 자료에서 예수님의 생애, 가르침, 십자가에 못 박힌 사건, 부활에 관해 보고된 100가지 이상의 사실을 상세히 기술하고 있고, 그가 인용한 24개의 자료에는 가장 초기 교회의 교리에 관한 7개의 세속적 자료와 몇 가지 자료가 포함되어 있으며 특별히 예수님의 신성을 다루면서 "교회가 단지 한 세대 이후에야 예수의 신성을 가르친 것은 아니라는 것이 밝히 드러난다."라고 기록하고 있습니다.[93]

러셀을 비롯한 무신론자들은 복음서의 저작권이 의심스럽기 때문에 복음서의 내용을 받아들일 수 없다고 주장하지만, "사람들은 가짜 작가들을 만들기 위해 유명하고 훌륭한 이름을 선택"하는데, "만약에 4복음서의 저자가 가짜라면 저작권을 덜 유명한 사람들에게 부여할

---

91) Strobel Lee, 『예수는 역사다』, 105-108.

92) Strobel Lee, 『예수는 역사다』, 108-110.

93) Strobel Lee, 『예수는 역사다』, 116-117.

이유가 없었을 것"입니다.[94] 그 당시 이레니우스(Irenaeus of Lyons)가 AD 180년경에 쓴 글에서는 "성경의 전통적인 저작권이 옳다고 확인"되고 있습니다.[95] "초대교회에서 가르친 예수님에 관한 사실들이 동시대 사람들이 보기에 과장되었거나 틀렸다고 알려졌다면, 초대교회는 예루살렘에서 뿌리를 내리고 발전할 수 없었을 것"입니다.[96] 세계적인 학자인 브루스 메쯔거(Bruce Manning Metzger)는 "다른 고대의 문서와 비교해 볼 때 신약성경의 사본은 전례가 없을 정도로 많으며, 기록 연대도 원본과 가장 가깝고", "현대의 신약성경은 99.5%에 이를 정도로 본문 간의 차이가 없고, 중요한 기독교 교리는 전혀 의심할 여지가 없다."라고[97] 증거했습니다.

러셀은 예수님이 역사적 인물인지에 대하여 의문을 제기하면서, 예수님이 "신격(神格)을 갖추고 있었다."라는 것은 이 시대의 많은 방황하는 신비주의자와 광기에 찬 사람들이나 품고 있는 환상적인 신념이라고 주장했지만, 로마서 1장 3-4절에서 예수님은 "육신으로는 다윗의 혈통에서 태어나신 분이며, 영으로는 죽은 자 가운데서 부활하신 분"이라고 분명하게 선언합니다. 그뿐만 아니라 세상 역사가들도 예수님은 역사적 인물이며, 신격을 갖추고 있었다는 것을 언급하고 있습니다. AD 70년을 전후하여 예수님의 역사적 생애를 기록한 4복음서 외에도 "유대 역사가 요세푸스가 AD 76-79년 사이에 쓴『유대고대사』,『유대전쟁사』, 또 로마의 역사가 타키투스(Publius Cornelius Tacitus)가 AD 55(56)-120년경에 쓴『연대기』에서도 유대 총독 빌라도에 의해 나사렛 예수가 십자가에 처형당한 것이 기록되

---

94) Strobel Lee,『예수는 역사다』, 29.
95) Strobel Lee,『예수는 역사다』, 31.
96) Strobel Lee,『예수는 역사다』, 344.
97) Strobel Lee,『예수는 역사다』, 344.

어 있고", "AD 170년경 헬라의 풍자 작가인 루시안(Lucian)도 예수님이 '십자가에 달려 죽은 현자'라고 기록"하고 있습니다.[98] 특별히 로마의 역사가 벨레이우스 파테르쿨루스(Velleius Paterculus)의 『빌라도의 보고서』(*Report of Filate*)는 로마 황제 디베료 가이사 치하에서 유대 총독으로 임명된 빌라도가 예수님에 관한 사건을 황제에게 보고한 객관적인 공문서인데, 그 공문서의 내용은 성경의 기록과 일치합니다. 빌라도는 여기에서 예수님의 신성에 대해 언급했으며 예수님에 관한 성경의 내용이 역사적 사실이라는 것을 보여줍니다. 빌라도는 공문서의 처음을 이렇게 시작했습니다.

> 각하께 문안드립니다. 제가 다스리는 지역에서 최근 수년 동안에 일어난 사건은 너무나 독특한 일이어서 시간이 흐름에 따라 우리나라의 운명까지 변하게 할지도 모르는 일이기 때문에, 저는 사건이 일어난 대로 소상히 알려 드리고자 합니다. 왜냐하면 최근에 일어난 사건은 모든 다른 신(神)들과는 조화될 수 없는 일처럼 보이기 때문입니다.[99]

과학적인 학문 분야로서 고고학은 한때 잘못되었거나 허구라고 여겨졌던 신약성경의 기록들이 사실이라는 것을 계속 밝히고 있습니다. 고고학적 발굴의 결과 어떤 고대 문서의 저자가 특정한 장소나 사건을 정확하게 언급했다는 것이 밝혀진다면, 그 문서의 신뢰성은 더욱 증가하는데, 이러한 사실은 성경의 내용도 마찬가지입니다. 맥레이(John McRay)가 지적한 바와 같이 누가복음 3장 1절에서 누가는 '루사니아'가 AD 27년경 아빌레네의 분봉왕이었다고 기

---

98) 허호익, 『안티기독교 뒤집기』 (서울: 동연, 2015), 21, 22.

99) Velleius Paterculus, *Report of Filate*, 구영재 역, 『빌라도의 보고서』 (서울: 아가페출판사, 2009), 7.

218 포이어바흐, 니체, 러셀, 도킨스의 지성적 무신론과 기독교

록했는데, 루사니아는 분봉왕이 아니라 반세기 이전의 찰시스 (Chalcis)의 통치자였기 때문에, 학자들은 누가가 그처럼 기본적인 사실도 모르기 때문에 그의 기록은 믿을 수 없다고 주장했지만, 나중에 티베리우스의 통치 기간인 AD 27년부터 37년 사이에 기록한 비문에 누가의 기록과 동일한 내용이 발견됨으로써 '루사니아'라는 이름을 가진 정부 관리가 2명이었다는 사실이 증명되어 누가의 기록이 정확하다는 것이 입증되었습니다.[100] 또한 사도행전 17장 6절에 '읍장(Politarchs)'이라는 기록도 그런 칭호가 고대 로마 문서 어디에도 없다는 이유로 누가의 실수라고 간주되었지만, 1세기 지도자의 비문에서 '읍장의 시대에'라는 기록이 발견되었고, 고고학자들은 읍장을 언급하는 비문을 35개 이상이나 발견했으며, 누가가 언급한 동일한 시대의 비문을 데살로니가에서 몇 개 발견함으로써 비평가들이 틀렸고 누가가 옳았음이 입증되었습니다.[101] 누가가 언급한 32개 나라, 54개 도시 그리고 9개의 섬을 면밀히 조사한 결과 단 하나의 실수도 찾아내지 못했습니다.[102]

요한복음 5장 1-15절에는 예수님께서 베데스다 연못가에 누워 있었던 38년 된 병자를 고치셨다는 사실이 기록되었지만, 그 가운데 행각이 다섯이 있었다는 기록은 부정확하며, 따라서 요한이 부정확하다고 주장하는 사람들이 있었습니다. 그러나 그러한 주장은 그런 장소가 발견되지 않았다는 것을 근거로 한 것이지만, 맥레이의 지적처럼 최근에 지하 40피트에서 행각 다섯이 확실하게 발견되어 요한의 기록이 확실하며 신뢰할 만하다는 것을 보여주었습니

---

100) Strobel Lee, 『예수는 역사다』, 126.

101) Strobel Lee, 『예수는 역사다』, 126.

102) Strobel Lee, 『예수는 역사다』, 127.

다.103) 또 요한복음은 예수님 사후(死後) 오랜 시간이 지난 2세기에 기록되었기 때문에 정확할 수 없다고 주장하는 사람들도 있지만, 파피루스 학자들이 AD 125년경으로 추정한 요한복음 18장의 사본 조각을 발견함으로써 그런 주장을 일축(一蹴)했습니다.104) 무신론자 마이클 마틴은 마가복음 7장 31절을 인용하여 마가가 팔레스타인의 지리를 잘 몰랐다고 비난하면서 그것을 근거로 마가복음의 신뢰성을 의심했지만, 맥레이는 적절한 문맥 속에서 고려한다면 지도상에서 마가의 묘사와 정확히 일치하는 논리적 경로를 추적할 수 있다는 것을 지적했습니다.105)

또 구약의 전통적인 연대 측정에 대하여 무신론자들은 출애굽(出埃及) 시기와 가나안 정복 시기를 훨씬 더 늦은 시기로 설정하고, 모세가 살았을 때 히브리 알파벳이 존재하지 않았기 때문에 모세가 성경에서 주장하는 것처럼 모세 오경을 기록할 수 없었다고 주장하면서, 따라서 성경의 진실성에 의문을 제기해 왔습니다. 그러나 최근 고고학의 발견들은 구약성경의 신빙성을 확인시켜주고 있습니다. 크리스천 헤드라인 뉴스는, 텍사스 케이티에 있는 성경 신학교 고고학 연구소의 스콧 스트리플링(Scott Stripling)이 2022년 3월 24일 발표한 바에 따르면, "3,000년 된 하나님의 이름이 새겨진 서판을 발견"했는데, 이번 발견은 고대 서판과 관련된 이스라엘의 새로운 발견으로 현대사에서 가장 중요한 고고학적 발견 중 하나가 될 수 있으며, "이는 성경 본문을 확인하고 구약 시대의 전통적이고 보수적인 이해를 뒷받침"하고, 따라서 "페르시아 시대(BC 559~331년)

---

103) Strobel Lee, 『예수는 역사다』, 128.
104) Strobel Lee, 『예수는 역사다』, 129.
105) Strobel Lee, 『예수는 역사다』, 129.

나 헬레니즘 시대(BC 323~30년)까지 성경이 기록되지 않았다고 더 이상 주장할 수 없게 되었다.”라고 보도했습니다.[106]

고고학적 발견으로 구약성경의 신빙성을 확인시켜주었다는 것이 예수님이 역사적으로 실존했던 인물이라는 것과 무슨 상관이 있다는 말인가 반문할 수도 있을 것입니다. 그러나 모세 오경이 메시아에 대하여 예언했고 그 예언들이 예수님에게서 그대로 성취되었다는 사실을 안다면 그러한 반문은 할 수 없을 것입니다. 창세기 3장 15절은 사단을 정복하시는 메시아, 창세기 9장 25-27절은 사람과 함께 하시는 메시아, 창세기 12장 1-3절과 22장 1-19절은 대속과 복의 근원으로서의 메시아, 창세기 49장 8-12절과 민수기 23장 21-24절, 24장 15-19절은 왕으로서의 메시아, 신명기 18장 15, 18절은 선지자로서의 메시아, 출애굽기 26-27장은 성막에 계시 된 사람과 함께 하시는 하나님으로서의 메시아, 레위기 8-9장은 제사 제도에 계시 된 제사장적 메시아에 대하여 예언했습니다. 그리고 그 예언들은 역사적 실존 인물인 예수님에게서 그대로 성취되었습니다. 이 사실은 어떤 고대 문헌보다도 신뢰성이 높은 성경이 증언하고 있고 고대 문헌들이 증거하고 있으며 고고학적 발견들이 뒷받침하고 있습니다. 따라서 예수님의 역사성을 받아들이는 것보다 예수님의 역사성을 의심하는 것이 더욱 어려울 것입니다.

유명한 장군이며 문학적인 천재였던 류 월리스(Lew Wallace)와 그의 친구 잉거솔(Ingersoll)은 기독교의 신화를 영원히 없애버릴 책을 쓰자고 약속하고 유럽과 미국의 유명한 도서관에서 기독교를 파괴할 자료들을 찾으면서 2년 동안 연구를 하다가 예수님의 역사성

---

106) 정준모, “고고학자, 3,000년 된 하나님의 이름이 새겨진 서판 발견”, newspower, 2022.03.29. 09:20, http://www.newspower.co.kr/sub_read.html?uid=51836&section=sc4&section2=

과 신성을 더 이상 부인할 수 없어서 그 책 제2장을 쓰다가 예수님을 구세주와 하나님으로 믿게 되었습니다.107) 그 후 월리스는 그리스도의 생애에 관한 위대한 문학작품 중의 하나인 『벤허』(Ben-Hur)를 썼습니다. 스탠 텔친(Stan Telchin)은 대학에 간 자신의 딸이 예수님을 메시아로 영접했다는 사실을 알고서 기독교가 사교(邪敎)라는 것을 밝히기 위해 기독교를 조사하다가 자신마저도 그의 부인과 둘째 딸과 함께 예수님을 메시아로 영접하였고, 그는 후에 목사가 되었으며 그의 이야기를 담은 책 『배신자』(Betrayed!)는 20개 이상의 언어로 번역되었습니다.108) 피터 그리스판은 예수님이 메시아라는 사실을 부정하는 증거를 찾기 위해 토라와 탈무드를 연구하다가 예수님은 믿게 되었는데, 그는 "저는 험담하는 사람들의 글을 읽고서 예수님을 믿게 되었다고 생각합니다."라고 고백했습니다.109)

러셀에 대하여 "여러 면에서 아무리 빈틈이 없는 사람이라고 하더라도 어느 구석엔가는 엄청난 편견에 아주 쉽게 빠져버리는 주제나 대상이 있게 마련이다.", "다른 주제에 대해서는 섬세한 분별력을 역설하는 자유주의적 합리주의자들이 하나님과 관련해서는 멋대로 조잡하게 논리를 펴고 마음껏 떠벌려도 되는 걸로 알고 있다."라고110) 평가한다면 너무 심할까요? 절대적 지식을 추구하는 것을 인생의 목적처럼 여겼던 러셀과 같은 대학자가 적어도 역사적 사실을 조금이라도 정직하게 조사하고 연구했더라면 예수님이 역사적으로 존재하지 않았던 가설의 인간이라고 허튼 주장을 하지는 않았을 것입니다.

---

107) 한국대학생선교회 엮음, 『C.C.C. 10단계 성경교재』(서울: 순출판사, 2003), 33; 예수님의 신
    성에 대한 내용은 "Ⅱ. 니체의 『안티크리스트』, 4. 기독교는 예수의 가르침이 아닐까요?"를
    참조 바람.
108) Strobel Lee, 『예수는 역사다』, 246.
109) Strobel Lee, 『예수는 역사다』, 246.
110) Terry Eagleton, 『신을 옹호하다-마르크스주의자의 무신론 비판』, 74, 75.

기독교인들이 대개 매우 악해서 모든 방면의 진보와
개선을 가로막는 일을 했을까요?

1) 기독교인들의 악행과 전쟁에 대한 검토

인간 일반의 문제를 기독교만의 문제로 왜곡

러셀은 이렇게 주장했습니다.

> 기독교를 지켜온 사람들이 대개 매우 악했다. … 세상을 돌이켜 볼 때, 여러
> 분은 인간 감정의 조그마한 발전도, 형법상의 모든 개정도, 전쟁을 적게 하는 모
> 든 방안도, 유색 인종의 대우 개선을 위한 모든 대책도, 또는 노예제도의 완화나
> 이 세상의 모든 도덕적 진보도 세계의 조직화 된 교회에 의해 반대되어 왔음을
> 발견하게 될 것이다. 많은 교회로 조직된 기독교도의 종교가 세계의 도덕적 진
> 보의 으뜸가는 적(敵)이었고, 지금도 그러하다는 것을 신중히 말하는 바다. …
> 현재 이 순간에도 교회는 자칭 '도덕'이라고 부르는 것을 강요함으로써, 모든 사
> 람들에게 죄 없는 불필요한 고통을 주는 일이 매우 많다. … 교회의 주요 역할
> 은 아직도 이 세상의 고통을 덜어 주는 모든 방면의 진보와 개선을 가로막는 일
> 이다.[111]

과연 그럴까요? 무신론자들이 "종교적 그룹이나 종교인들에 의
한 모든 악행들을 줄줄이 말하며 그들의 주장을 내세우는 것은 소

---

111) 『나는 왜 기독교인이 아닌가』, 41-43.

수의 행동에 근거해 세계인구 90%가 묘사되는 경우와 같고", "종교적이라고 여겨지면 가장 나쁜 부분들만을 골라내 그것이 실체인 양 공격하는 것은 지저분한 정치 전략처럼, 진지한 역사의 논평을 피하려는 시도"와도 같습니다.112) 기독교의 악행만을 부각(浮刻)시키고 선한 영향력들에 대하여 침묵하는 것도 잘못된 것입니다. 기독교가 "인간의 숙명론, 우주적 절망, 그리고 신비한 마술적 행위자들의 공포로부터 제공한 해방, 인간의 인격에 부여한 무한한 권위, 이방인들 사회의 가장 잔혹한 측면들을 뒤엎어 버린 것", "정치권력에 대한 비신화화, 전에는 아무것도 없었던 곳에 도덕적 공동체를 만들어낸 능력, 다른 모든 도덕적 덕목들 위에 적극적인 사랑과 자비를 올려놓은 것" 등은 어떤 종교나 어느 운동보다도 크게 도덕적 진보와 문화적 창조에 영향을 주었습니다.113)

물론 "기독교의 실패와 결함에 대한 지적은 항상 틀린 것은 아니지만", 그러나 "하나님을 믿고 선과 악을 안다고 하더라도 항상 악을 이겨 선을 선택"할 수 있을 만큼 완벽한 사람은 이 세상 어디에도 없습니다.114) 기독교인들 가운데는 "종교의식과 선행을" "다른 사람들과 하나님을 움직이는 도구로 삼으려는 사람들"도 있었고, 그런 사람들은 세속적인 욕망과 주도권을 포기하는 대신에 그것으로 "자연스럽게 다른 이들에게 존경을 받고 영향력을 행사할 자격이 있다고 생각"하여 "사람들을 억압"하기도 했습니다.115) 그러나 "역사적으로 교회가 보여 준 결점들은 복음의 원리들을 불완전하게

---

112) Rice Broocks, 『신은 죽지 않았다』, 202, 203.

113) David Bentley Hart, *Atheist Delusion* 한성수 옮김, 『무신론자들의 망상』 (고양: 한국기독교연구소, 2016), 9, 10, 이후로는 David Bentley Hart, 『무신론자들의 망상』, 9. 등으로 표기함.

114) Rice Broocks, 『신은 죽지 않았다』, 205.

115) Timothy Keller, 『하나님을 말하다』, 110.

적용하고 실천하는 데서 비롯된" 것이거나 인간이 가지는 한계로부터 불가피한 것이었으며, 성경은 이미 이러한 문제에 대하여 적나라하게 밝히고 있으며 또 거기에 어떻게 대처해야 하는지도 누누(累累)이 구체적으로 가르치고 있습니다.116) 따라서 악은 인간의 한계, 자유의 오용, 또는 본능적 욕구를 추구한 결과일 뿐, 기독교 자체의 문제가 아닙니다.117)

더구나 국가사회주의나 마르크스주의와 같은 21세기 현대 무신론 이데올로기가 저지른 악행들이 인류 역사 전체를 통틀어 종교가 저지른 악행보다 훨씬 많았다는118) 사실을 안다면 러셀의 주장은 받아들이기 어려울 것입니다. 무신론 독재자들이 지배하던 세계가 역사상 가장 폭력적이고 야만적이었다는 사실은 외면하면서, 반대로 기독교 역사에 대해서는 그 전체를 냉정하고 철저하게 조사하지도 않고 고작 종교전쟁이나 몇몇 종교재판관들의 죄악을 근거로 "기독교인들이 대개 매우 악했다고 일반화하는 것"은 매우 게으르고 통찰력이 부족하며 무지하고 러셀의 '신중히'라는 표현과는 전혀 어울리지 않는 확증 편향(Confirmation Bias)적인 태도라고 말해도 과언이 아닐 것입니다.

"불교와 신도(神道)의 영향이 깊이 스민 문화를 배경으로 성장했던" "20세기 중엽의 전체주의적이고 군국주의적인 일본"이 행한 폭력, 이슬람교를 배경으로 하는 국가들이 행한 각종 테러, "온갖 제도 종교와 신에 대한 믿음 자체를 배격했던" 20세기 공산정권들의 폭력은 "기독교의 이름으로 저질러진 폭력과 마찬가지로 끔찍한

---

116) Timothy Keller, 『하나님을 말하다』, 113.

117) Joe Boot, 『청년들아 무엇을 위해 살 것인가: 청년들을 위한 기독교 변증』, 228.

118) Alvin Carl Plantinga, 『지식과 믿음』, 11.

일임에 틀림이 없으며", 이러한 사실은 결국 인간의 악이란 "인간의 마음에 깊이 뿌리를 박고 있어서 어떤 사회가 어떤 신념을 좇느냐와 상관없이 어떤 형식으로든 드러나게 마련"이라고 보는 것이 타당할 것입니다.119) 팀 켈러(Tim Keller)는 그의 『하나님에 대한 이유(살아있는 신)』(*The Reason for God*)에서 이렇게 지적합니다.

> 기독교의 이름으로 자행된 폭력은 가공할 만한 실제 사실이며, 이런 폭력에 대해서는 반드시 밝혀야 할 뿐만 아니라 시정해야만 합니다. … 하지만 20세기에는 도덕적 절대주의로 인해 야기된 폭력 못지않게 세속주의로 인해 야기된 폭력도 많았습니다. 모든 종교를 제거해버린 공동체들도 종교에 몰입해 있던 공동체만큼이나 강압적인 모습을 띠고 있습니다. … 인간의 마음속에 어떤 폭력적인 충동이 너무나 깊이 뿌리를 내리고 있기 때문에 특정 공동체가 어떤 신념을 표방하든 간에, 즉 사회주의든 자본주의든, 종교적이든 비종교적이든, 개인주의적이든 계급주의적이든 간에 그것에 상관없이 그런 충동을 스스로 표현하게 된다는 것입니다. 궁극적으로는, 어떤 공동체 속에 폭력과 싸움이 존재한다고 해서 그 공동체의 지배적인 신념들을 반드시 비난할 필요는 없습니다.120)

종교전쟁들은 대부분 신앙과는 관계가 없는 왕권 다툼이나 이데올로기의 충돌에 의한 것

종교전쟁들은 대부분 왕권 다툼이나 이데올로기의 충돌에 의한 것이고, 다만 지역 군주들이 종교적 충성, 불안, 혐오감 등을 이용해서 단지 그런 충돌의 구실로 삼았던 것이었으며, 따라서 신앙이나 충성심 고백과는 아무런 관계가 없었다는 것을 알아야 합니다.121) 대부분의 전쟁과 학살과 유혈극은 종교 때문이 아니라 한결

---

119) Timothy Keller, 『하나님을 말하다』, 104-106.

120) Francis Collins, 『믿음』, 287-288.

121) 구체적인 내용은 David Bentley Hart, 『무신론자들의 망상』, 159-170을 참조 바람.

같이 "경제적 이익이거나 영토적 이익"이었으며, 대부분의 전쟁은 내전(內戰)과 혁명전쟁으로 대부분은 정치권력을 얻는 것과 관련이 있을 뿐이고 "종교와 신앙, 신과 결부되는 경우"는 극소수에 불과했습니다.[122] BC 8,000년과 AD 2,000년 사이에 벌어진 1,763번의 전쟁을 정리한 필립스와 액설로드의 세 권짜리 책『전쟁백과사전』에 따르면, 그중 "겨우 123번의 전쟁만 종교전쟁"으로 분류될 수 있고, "비율로 따지면 겨우 6.98%"로써 "이슬람 전쟁을 빼면 그 수치는 다시 3.23%"까지 낮아지는데, 그럼에도 불구하고 "대부분의 전쟁이 마치 종교 때문인 것처럼 주장하는 것"은 지나친 과장입니다.[123] "전쟁과 대학살로 인한 사상자의 대다수는 무신론자 리더들이 죽인 사람들"이라는 사실은 스테판 쿠르투아(Stéphane Courtois)의 책『공산주의흑서』에서도 확인할 수 있듯이 "무신론 공산 정부들은 20세기에만도 1억 명 이상을 죽였으며, 시어도어 빌에 의하면 1917년에서 2007년까지 90년간 무신론자 52명의 피비린내 나는 손에 사라진 목숨이 약 1억 4천5백만 명"이나 됩니다.[124]

역사상 가장 폭력적인 세 번의 전쟁인 제2차 세계대전, 제1차 세계대전, 러시아 내전에서 각각 8,500만 명, 2,200만 명, 900만 명 이상의 사상자를 냈으며, 지난 20세기에 일어난 모든 전쟁의 희생자를 합친 수보다 몇 배 더 많은 약 2억 6,000만 명의 사람들이 같은 기간 정부에 의해 집단살해를 당했는데, 그 가운데 구소련과 중국, 캄보디아에서만 8,500만에서 1억 1,000만 명이 처형되거나 노동수용소에서 목숨을 잃었고 굶주림으로 죽었으며 인종청소의 희생

---

122) Anthony DeStefano,『무신론자들의 마음속』, 55, 56.

123) Anthony DeStefano,『무신론자들의 마음속』, 57.

124) Anthony DeStefano,『무신론자들의 마음속』, 58, 59.

양이 되었습니다.125) 이러한 역사적 사실들은 종교전쟁이라고 하더라도 대부분은 외적으로 종교적인 명분을 걸었을 뿐 실제적인 원인은 종교적인 것이 아니었을 뿐만 아니라, 대부분의 전쟁은 그 원인이 종교와 직접 관련이 없었다는 것을 보여줍니다.

종교재판들은 과장되거나 허구들임

종교전쟁과 마찬가지로 종교재판도 데이비드 벤틀리 하트(David Bentley Hart)의 지적대로 "지난 40년간 학문 연구가 밝혀준 바에 의하면, 종교재판에 대한 우리들의 많은 이미지는 상당히 과장된 것들과 섬뜩한 허구들이라는 것, 또한 300년 넘도록 존재했던 종교재판은 한때 상상했던 것보다 훨씬 관대했고 힘이 적었었고, 또한 많은 경우에서 그 종교재판은 세속 법정들의 잔혹함에 대한 자비로운 억제로 작동"했었습니다.126) 또 폭력은 "국가가 행사한 통치력의 정도에 비례하여 증가"했고, "불의와 잔혹성이 넘쳐났던 때는 언제나 기독교가 도덕적 권위를 세속적 권력에 넘겨주었을 때"였습니다.127)

종교재판은 이단의 근절이라는 종교 문제였지만, 그것은 단순히 종교 문제가 아니라 종교 문제라고 하는 형식 뒤에는 항상 정치 문제와 권력자의 의도가 담겨있었습니다.128) 로마 황제 콘스탄티누스 1세에 의해 기독교가 공인된 이후에는 기독교와 로마제국의 통치

---

125) Ian Goldin & Robert Muggah, *Terra incognita: 100 maps to survive the next 100 years*, 추서연 외 옮김, 『앞으로 100년: 인류의 미래를 위한 100장의 지도』 (서울: 동아시아, 2021), 271, 291.

126) David Bentley Hart, 『무신론자들의 망상』, 140.

127) David Bentley Hart, 『무신론자들의 망상』, 157.

128) 이 단락은 Wikipedia®의 "종교재판"(Wikipedia®, 2022/03/07/20:35, https://ko.wikipedia.org/wiki/%EC%A2%85%EA%B5%90_%EC%9E%AC%ED%8C%90)에서 발췌하였음.

체제가 통합해 가면서 기존의 정통과는 다른 사상을 용인하는 것이 통치 체제의 안정을 위험하게 만드는 것으로 여겨졌고, 12세기 이후 서유럽의 각 세력이 자신들의 영토에서 권력을 집중할 때도 이단 문제는 다분히 정치 문제, 치안의 문제로 다루어졌습니다. 또한 교회에는 일반적인 사법권이나 처벌권이 없었기 때문에 이 제도가 그만큼 엄밀하게 적용되지 않았지만, 세속 영주들이 교회의 종교재판을 보조하는 형태로 종교재판에서 유죄 판결을 받은 죄수를 인수하여 처벌했습니다. 물론 15세기가 끝나면서, 아라곤의 페르난도 2세와 카스티야의 이사벨 1세의 결혼을 통해 탄생한 에스파냐 연합 왕국의 페르난도 왕은 정치적 공세를 통해 교황으로부터 에스파냐 국내에서의 독자적인 종교재판 기관의 설치를 승인받았고 그 결과 수많은 처형자가 속출했고, 종교재판의 부정적 이미지가 부각(浮刻)되었습니다.

2004년 5월 16일 BBC방송 인터넷 판에 따르면[129] 교황 요한 바오로 2세의 특별지시로 로마 교황청의 의뢰를 받아 지난 수백 년간의 종교재판기록을 6년간 조사하여 800페이지에 달하는 종교재판에 관한 보고서를 작성한 이탈리아의 역사학자 아고스티노 보로메오는 "잔혹하게 사람을 산 채로 화형에 처했다는 종교재판의 기록을 조사한 결과 사실 그렇게 잔인한 형벌은 받은 사람은 소수에 불과하다는 것을 알아냈다."라고 밝혔습니다. 중세시대 새로운 사상이나 발명을 한 사람을 공포의 도가니로 몰아넣은 종교재판이 사실은 전해져 내려오는 이야기와는 달리 그다지 잔혹하지는 않았습니다. 이 보고서에서 보로메오는 "종교재판이 가장 심했다는 스페

---

129) 이 단락은 노컷뉴스 이서규 기자의 "중세 종교재판, 잔혹한 사형도 고문도 없었다."(노컷뉴스, 2004/06/16/16:38, https://www.nocutnews.co.kr/news/19676)에서 발췌하였음.

인의 경우에도 전체 인원 가운데 사형을 당한 사람은 1.8%에 불과"했고, "실제로 심문 방법이나 용의자를 검거하는 것도 전해져 내려온 전설과는 다르다."라고 덧붙였습니다. 또, 영화에서 흔히 볼 수 있는, 사람을 산 채로 화형에 처하는 형벌도 거의 일어나지 않았고, 궐석재판의 경우 사형선고가 떨어져도 인형을 대신 태우는 식이었으며, 피고가 사형을 당할 경우 먼저 교수형을 시켜 숨지게 한 뒤 시신만 태우기도 했습니다.

기독교가 고대의 이방 서적들을 파괴했다는 주장은 총체적인 무지임

무신론자들은 중세 기독교가 고대의 이방 서적들을 '서둘러 불태워버렸다.'라고 주장하지만, 실제로는 중세 기독교인들은 이방인 저술들을 태워 없애버리지 않았을 뿐만 아니라, 서로마 세계가 해체되어 갈 때도 고대 로마의 문예 유산들을 열심히 간직하고 보호했던 것은 수도원 도서관들이었고, 보다 많은 자료들이 보존되지 못한 것은 부주의, 무관심, 불운, 정치적 봉기, 반란, 전쟁, 침략, 약탈, 혹은 단순한 소실(消失), 또는 글씨로 써진 문서들의 공학 기술적 제한들(파피루스의 취약성, 홍수, 오염, 곰팡이, 혹은 벌레들 등) 등이었으며, 이러한 일은 세상 어디에나 흔한 일반적인 일이었습니다.[130]

물론 세상 황제들뿐만 아니라 기독교인 황제들도 때때로 기독교 신앙에 어긋나는 서적들을 파괴한 것도 사실이지만, "그들 가운데 오늘날 우리처럼 지식의 보존에 민감한 사람들은 아무도 없었고",

---

130) David Bentley Hart, 『무신론자들의 망상』, 100, 103.

기독교가 고대 이방인들의 문학적 유산들을 박멸했다는 주장들은 증거가 없습니다.131)

"기독교가 고전 문명을 배척했고, 심지어 그 뿌리와 가지들을 모두 파괴해서 암흑시기를 가져왔다."든가, "기독교의 발생이 후기 로마문화의 쇠퇴에 대한 책임이 있다."든가, "도그마가 이성에 대해 승리했다."든가, "과학의 발전에 방해가 된 것에 대해 기독교가 책임이 있다."라고 말하는 것은 전혀 말이 되지 않는데, 왜냐하면 "4세기 그리고 5세기 초에 고전문학의 문화가 마지막으로 꽃 피어난 것은 대체로 교회 교부들의 업적이었고", "서로마제국의 붕괴와 함께 그대로 두었으면 전체적으로 소멸될 것을 구해준 것은 오직 수도원들뿐이었으며", "동방에서는 그리스와 이집트와 시리아의 지성적인 문화들을 통합하고, 또한 그리스, 시리아, 소아시아의 아카데미나 도서관들에서 헬레니즘의 지혜를 보전한 것은 기독교 문명이었고", "로마 문명을 앗아가 버린 재앙들에도 불구하고 헬레니즘 세계가 이룩한 가장 위대한 지성적, 미학적, 영적 성취들은 기독교의 형이상학, 신학, 윤리학, 예술들이 떠맡았고, 그 과정에서 때로는 그것들을 발전"시켰기 때문입니다.132)

모든 악의 원인은 하나님이 아니라 인간의 한계와 자유의지에 의한 선택의 결과임

무신론자들은 '선하시고 완전하시다는 하나님이 왜 악을 행할 수 있도록 허용하셨는지' 반문합니다. 그러나 적어도 인간에게 '자유의지'가 허용된다면 악을 행할 수도 있어야만 합니다. 왜냐하면 악

---

131) David Bentley Hart, 『무신론자들의 망상』, 102, 103.
132) David Bentley Hart, 『무신론자들의 망상』, 104, 105.

은 행할 수 없고 선만 행할 수 있다면 그것은 선택의 자유가 없다는 의미이고, 따라서 그것은 진정한 의미에서 선도 아니고 자유도 아니기 때문입니다. 로봇이나 AI가 아닌 이상, 인격을 가진 존재로서 자유롭기 위해서는 자유를 오용(誤用)할 가능성도 함께 주어져야 할 것입니다. 오용할 때마다 그것을 막는다면 그것이 무슨 선이나 자유로서 의미와 가치가 있을까요?

물론 하나님은 때때로 우리의 자유에 간섭하시고 막으시기도 하시기 때문에 우리의 자유는 완전한 의미에서 자유롭지 못하다고 말할 수도 있을 것이지만 항상 그런 것은 아닙니다. 물론 우리는 근본적으로 시간과 공간의 제한을 받는 존재이기 때문에 하나님처럼 완전한 자유를 누릴 수는 없으므로, 악은 자유의지에 의한 인간의 선택일 뿐만 아니라 피조물로서의 인간이 가지는 한계와 연약함과 불완전성 때문입니다. 만일 어떤 인간이 악으로부터 완전히 자유롭다면 그는 또 다른 하나님일 수밖에 없을 것입니다. 왜냐하면 부족함이 없고 전능하며 완전한 하나님만이 악으로부터 완전히 자유로울 수 있기 때문입니다.

"하나님이 지으신 세상에서는 자유의지와 자연법이 있어 악의 가능성이 공존"하는데, 이것은 "세상에 선의 가능성도 가장 크게 존재한다."라는 것을 의미합니다.133) 왜냐하면 인격과 성품의 가치는 지극히 크고, 그것은 고난과 악이 허용되어 선택할 수 있는 자유가 있어야만 가능하기 때문에 "하나님 자신은 결코 극악한 범죄를 인정하거나 실현하거나 요구하지 않으시지만 온전한 도덕성을 길러 주시려면 그런 범죄를 허용하지 않기란 불가능"하고, "악을 언제라도 선택할 수 있는 선택권이 주어지지 않으면서 성품의 사람

---

133) Dallas Willard, 『온유한 증인』, 127.

을 빚어내기란 불가능"하기 때문입니다.[134]

세상에 있는 모든 악은 하나님으로부터가 아니라 인간의 한계와 자유의지에 의한 선택의 결과이고, 교회가 역사적으로 저지른 악한 일들도 마찬가지이며, 그것은 기독교의 이름으로 행해진 모든 것들이 기독교적인 것이 아니라는 것을 보여줄 뿐입니다. 기독교의 이름으로 행해진 많은 악한 일들을 부정할 수는 없지만, 그것은 기독교의 문제가 아니라 인간 일반의 문제입니다. 따라서 "이 세상 모든 종교적 신앙과 행위를 그룹으로 묶어 다 싸잡아 비난하는 것"은 잘못이며, "형편없는 정치가들이 있다고 정치를 묵살(默殺)하지 않고 나쁜 사업가가 있다고 사업을 일축하지 않듯이, 우리는 하나님과 믿음에 관한 한, 가치 없는 것에서 귀한 것을 분리"해야 합니다.[135]

기독교인의 악행이나 비기독교인의 미덕을 무신론의 근거로 삼는 것은 비논리적임

러셀은 이렇게 주장했습니다.

> 나 자신은 도덕의 종교에 대한 의존도가 종교인들이 생각하는 만큼 그렇게 크다고는 생각하지 않는다. 오히려 나는 어떤 극히 소중한 미덕들은 교리를 받아들이는 사람들 속에서보다 이를 배격하는 사람들 속에서 더 잘 찾아보기 쉽다고까지 생각한다. 이것은 특히 진실성이나 지적 성실성의 미덕에 해당하는 말이라고 생각한다.[136]

물론 기독교인이 아닌 사람들 가운데도 인격적이고 슬기롭고 훌

---

134) Dallas Willard, 『온유한 증인』, 131.
135) Rice Broocks, 『신은 죽지 않았다』, 26, 28.
136) 『나는 왜 기독교인이 아닌가』, 98.

룽한 사람들이 있습니다. 그것은 역사적으로나 현실적으로 부정할 수 없을 것입니다. 그러나 그 가운데는 자신의 체면이나 자존심이나 명예나 어떤 신념 때문일 수도 있습니다. 특별히 기독교인이 아닌 사람들 가운데 훨씬 인격적이고 슬기롭고 훌륭한 사람들이 있다는 것은 하나님께서 이 세상을 다스리시기 위해 일반 은총으로 그들에게 그런 은혜를 주신 것입니다. 물론 기독교인들 가운데는 아직 신앙이 미숙한 사람들도 많고, 또는 아직 기독교인답지 못하며, 또는 독선적이며 광신적인 신자들도 있기에, 또는 기독교인들에 대한 남다른 기대 때문에 기독교인들에 대하여 실망할 수도 있을 것입니다. 그러나 기독교인들이 모두 그런 것도 아니고, 기독교인 가운데 인격적이고 슬기롭고 훌륭한 사람들도 얼마든지 있습니다.

그렇다면 러셀이 기독교인들이 대개 매우 악하다거나 기독교인이 아닌 사람들 가운데 훨씬 인격적이고 훌륭한 사람들이 있다고 주장하는 이유가 무엇일까요? 그것을 근거로 하나님이 없다고 반박하려는 것은 아닐까요? 그것은 "마치 내 아들이 실수하니까 나는 존재하지 않는다."라고 주장하는 것과 같은 궤변(詭辯, sophism)에 불과합니다.137) 물론 "이성적 인간이라면 끔찍한 악들을 마주했을 때 전능하고 전지하며 온전히 선한 인격체가 있어서 우리가 사는 세계를 감독하고 있다면 어떻게 이럴 수 있을까?" 반문하지 않을 수 없을 것입니다.138) 그러나 이 문제는 이미 앞에서 살펴본 바와 같이 자유의지에 의한 인간의 선택, 피조물로서의 인간이 가지는 한계와 연약함과 불완전성, 인격성의 도야 등과 연관된 것이라고 볼 수 있습니다.

---

137) Rice Broocks, 『신은 죽지 않았다』, 39,
138) Alvin Carl Plantinga, 『지식과 믿음』, 222.

또 기독인들이 저지른 "악과 잔인함, 어리석음, 위선을 지적하면서 기독교가 악일 뿐만 아니라 하나님을 믿는 것이 비합리적이라고 주장"한다고 하더라도 그 사실이 "하나님이 위대하지 않다거나 존재하지 않는다는 결론으로 이어질 수는 없는데", 왜냐하면 기독교인들의 악한 행동은 "기독교 자체가 나쁘다거나 하나님을 믿는 것이 나쁘다거나 하나님이 존재하지 않는다는 것을 증명"하는 것이 아니라, 다만 "인간 자체의 악한 본성 외에 아무것도 증명해 주지 않기" 때문입니다.[139] 팀 켈러(Tim Keller)는 그의 『하나님에 대한 이유(살아있는 신)』(*The Reason for God*)에서 이렇게 지적합니다.

> 불신자들 중에도 도덕적으로 모범이 되는 삶을 사는 이들이 많습니다. "기독교가 주장하는 모든 내용이 사실이라면, 모든 그리스도인들이 다른 누구보다도 더 나은 삶을 살아야 마땅하지 않습니까?" 이런 가설은 기독교가 실제로 가르치고 있는 내용에 대한 잘못된 믿음에 근거하고 있습니다. 기독교 신학은 소위 일반 은총을 가르쳐 왔습니다. 야고보서 1장 17절. 이 말씀은 누가 일을 하든 간에 선하고 지혜롭고 아름다운 모든 행위는 하나님의 능력으로 이루어진다는 뜻입니다. … 종교적인 신념이나 인종, 성, 다른 어떤 특성 등과 전혀 상관없이 세상을 풍요롭게, 밝게 보존해 줄 수만 있다면 모든 인류에게 그 선물들을 쏟아부어 주십니다. … 우리의 도덕적 열매들은 너무나 부족할 뿐만 아니라 늘 공로 구원이라는 잘못된 동기에 의해 움직입니다. … 교회에 정서적으로나 도덕적으로나 영적으로 아직 갈 길이 먼 미숙하고 상처투성이인 사람들이 가득하다는 뜻입니다. … "교회는 죄인들을 위한 병원이지, 성자들을 모셔 놓은 박물관이 아닙니다." … 이제, 상처투성이의 과거를 지닌 한 인물이 그리스도인이 되어 과거보다 훨씬 좋아진 성품을 소유하게 되었다고 상상해 보십시오. 그렇지만 자신과 달리 순탄한 삶을 살아서 종교적인 유대 관계의 필요성을 딱히 못 느끼는 사람에 비하면 여전히 그 사람은 불안하고 자기 훈련의 부족을 느낄 것입니다. 당신이 이 두 사람을 한 주간에 각각 만난다고 가정해보십시오. 각 사람의 삶의 출발

---

139) Anthony DeStefano, 『무신론자들의 마음속』, 99, 100.

점과 인생 여정을 알지 못하면, 당신은 그들을 만난 뒤 기독교가 별 소용이 없으며 그들이 주장하는 높은 기준에 전혀 부합하지 못한 삶을 산다고 속단할지 모릅니다. 누구보다 힘든 삶을 살았으며 '성격 테스트에서 점수가 낮은' 사람들이 하나님에 대한 필요성을 더 깊이 인식하고 기독교로 더 쉽게 회심하는 경우들이 종종 있습니다. 따라서 우리는 많은 그리스도인들의 삶을 비종교인들의 삶과 비교하려 해서는 안 될 것입니다.[140]

콜린스(Francis S. Collins)는 "긴 세월 동안 종교적 억압과 위선이 엄연히 존재했지만, 진지한 믿음을 추구하는 사람이라면 결점투성이인 인간의 행동 너머에 있는 진실을 바라볼 줄 알아야 한다."라며 다음과 같이 반문합니다.

몽둥이를 만드는 데 쓰였다는 이유로 참나무를 비난하겠는가? 거짓말이 전파되도록 내버려 두었다는 이유로 공기를 나무라겠는가? 5학년짜리 아이들이 연습도 제대로 안 하고 무대에 올린 모차르트의 '마술피리'를 보고 작품 자체의 질을 평가하겠는가? … 옆집의 살벌한 결혼생활만 보고 낭만적 사랑의 힘을 평가하겠는가?[141]

매들렌 렝글(Madeleine L'Engle)이 그의 『나보다 더 높은 곳에 있는 자유』(The Rock That Is Higher Than I)에서 지적한 '사실과 진실에 대한 설명'은 여기에 대하여 깊은 통찰을 할 수 있도록 도와줄 것입니다.

윌리엄 블레이크는 이렇게 말했습니다. "자명한 진리가 있는가 하면, 추론의 결과로 얻어지는 진리가 있다. 이성적인 진리는 예수님의 진리가 아니라 빌라도

---

140) Francis Collins, 『믿음』, 284-286.
141) Francis S. Collins, *The Language of God*, 이창신 옮김, 『신의 언어』 (파주: 김영사, 2017), 48.

의 진리이다." 우리 삶의 많은 부분은 빌라도의 진리 즉 이성적인 진리를 필요로 합니다. 그러나 그 진리를 위해 우리의 생명을 바치지는 않습니다. … 우리가 최고의 노력을 모두 기울인다면 과연 얼마나 합리적인 사람이 될 수 있을까요? 뉴턴 이후의 학문들이 알게 된 가장 큰 발견은 객관성이 사실상 존재할 수 없다는 점입니다. 무언가를 바라본다는 것은 곧 그것을 변화시키는 것이자 그것에 의해 변화를 받는 것을 뜻합니다. 그럼에도 불구하고 여전히 보편적인 오해, 착각이 존재합니다. 사실과 진실이 동일하다고 생각하는 것입니다. 절대 그렇지 않습니다! 우리가 사실을 받아들이려면 믿음이 필요하지 않습니다. 그러나 진실에 대해서는 믿음이 필요합니다.[142)

2) 기독교가 노예제도 폐지와 경제적 정의를 반대했고 자연법칙에 대해 유동적이며 분명하지 않다는 주장에 대한 검토

노예제도는 보편적인 것이었으며 노예제도 폐지에 앞장선 것은 기독교인들이었음

러셀은 "누구나 알다시피 교회는 할 수 있는 데까지 노예제도 폐지에 반대해 왔고, 오늘날 널리 선전된 약간의 예외를 가지고 경제적 정의를 위한 모든 운동을 반대하고 있다."라고 주장했습니다.[143)

과연 그럴까요? "기독교 역사에 가장 깊게 박힌 오점은 아프리카 노예무역"이지만, "노예제도는 오랜 세월 동안 형태를 달리해 가며 인류 문화 전반에 사실상 보편적이리만치 두루 퍼져 있던 제도"였고, "그것이 잘못이라는 결론을 처음 내린 이들 역시 기독교인들"이었으며, 그들이 노예제도를 폐지하자는 운동에 나선 동기는 "통상적인 인권에 대한 이해 때문이 아니라 하나님의 뜻에 어긋난다고 보았기" 때문이었습니다.[144) 소웰에 의하면, 노예제도를 폐지하는

---

142) Francis Collins, 『믿음』, 161-163.
143) 『나는 왜 기독교인이 아닌가』, 47-50.
144) Timothy Keller, 『하나님을 말하다』, 114, 115.

데 결정적인 역할을 한 것은 영국의 대각성 운동으로, 19세기 초에 기독교인들은 노예제도를 폐지하라고 의회에 압력을 넣었고, 결국 영국 군함을 이용해서 대서양을 통한 노예무역을 금지했습니다.145) "영국의 윌리엄 윌버포스와 미국의 존 울먼을 포함해 이루 헤아릴 수 없이 많은 기독교인 활동가들이 예수님의 이름으로 노예제도를 폐지하는 일에 삶을 송두리째 바쳤으며", "마틴 루터 킹 목사는 하나님의 도덕률과 성경을 앞세워 남부 백인 교회에 가득한 인종차별주의를 지적"했습니다.146)

　기독교를 비난하는 사람들은 예수님이 하나님이 되기 위해서는 윤리적으로 완벽해야 하지만, 반도덕적인 노예제도를 암묵적으로 인정함으로써 그렇지 못하다는 것이 입증되었고, 따라서 예수님은 하나님일 수 없다고 주장합니다.147) 그러나 그 당시에 노예제도는 D. A. 카슨 (Donald Arthur Carson)도 지적했듯이 군사적인 정복과 밀접한 관련을 맺고 있었고, 또 하나는 파산법이 없었기 때문에 많은 빚을 진 사람들은 빚을 갚는 역할을 하기도 했으며, 노예들 가운데는 저명한 박사들과 동등한 대우를 받으면서 주인의 가족들을 가르쳤던 경우도 있었고, 미국의 노예제도처럼 특정한 인종만 노예가 되는 것도 아니었습니다.148) 카슨도 지적한 바와 같이 당시의 유대 사회에서는 율법에 따라 희년마다 모든 사람이 자유민이 되었을 뿐만 아니라, 특별히 예수님의 목적은 노예제도를 포함한 사회제도 자체를 직접 개혁하기 위한 것이 아니라 사람들을 죄로부터 자유롭게 하기 위한 것이었고, 그것은 잘못된 사회제도의 개혁은 죄로부터 자유로운 변화

---

145) Lee Strobel, 『예수는 역사다』, 222.
146) Timothy Keller, 『하나님을 말하다』, 115, 117.
147) Lee Strobel, 『예수는 역사다』, 219.
148) Lee Strobel, 『예수는 역사다』, 220.

된 인간을 통하여 가능했기 때문입니다.149)

경제적 정의를 위한 운동들은
대부분 기독교의 시각에서 비롯되었음

"개인 재산, 개인 권리, 노동자의 권리, 노동조합 같은 개념이 모
두 일과 사회 정의에 관한 기독교의 시각에서 비롯되었고", "만인
이 평등하게 창조되었다는 개념은 성경에 뿌리를 두고 있으며",
"생명, 자유, 행복 추구의 권리처럼 하나님이 정해 주신 양도할 수
없는 권리가 있어서 왕의 그 어떤 명령보다도 우선한다는 개념은
기독교에서 발생"했습니다.150) "기독교 이전에는 가난한 자와 병자,
정신장애인, 신체장애인, 노인, 죽어가는 자들에 대한 사회적인 관
심이 없었지만" "기독교가 인간 존엄을 가르친 덕분에 이런 사회적
무관심이 사라졌으며", "이 세상의 질(質)을 개선하는 것 또한 기독
교 복음의 핵심"입니다.151) 기독교가 경제적 정의를 위한 모든 운
동을 반대했다는 러셀의 주장은 전혀 근거가 없습니다.

기독교는 자연법칙을 믿으면서 동시에 자유의지도 믿음

러셀은 "자연법칙에 대한 기독교도들의 태도는 이상스럽게도
유동적이며 분명하지 않다. 한편으로는 자유의지의 이론이 있어서
대다수 기독교도들이 이를 신봉하는데, 이 이론에 의하면 인간의
행동은 적어도 자연법칙에 좌우되어서는 안 된다는 것이다."라고

---

149) Lee Strobel, 『예수는 역사다』, 221.

150) Anthony DeStefano, 『무신론자들의 마음속』, 44.

151) Anthony DeStefano, 『무신론자들의 마음속』, 44, 45.

주장했습니다.[152]

과연 그럴까요? 기독교는 "하나님이 지속적으로 화약이 폭발할 힘을 가지고 있게 하고, 적절한 온도와 압력에서 점화될 경우 그 힘을 발휘할 성향을 지니게 하며", "식물과 동물, 그리고 인간의 신체가 비의도적으로 하는 행동들에 한하여 힘과 성향을 가지게 하고, 무생물들로 하여금 그들이 본래 가진 힘과 성향을 매 순간마다 가지고 있게 한다."라는 자연법칙을 믿으면서, 동시에 "제한적인 자유의지"를 가지고 "행동의 의도를 형성하는 것에 대해서는 간섭하지 않을" 뿐만 아니라 "우리가 가진 의도대로 세계에 영향을 행사할 수 있도록 보장"한다고 믿습니다.[153]

3) 기독교는 주로 공포에 그 기반을 두고 있다는 주장에 대한 검토

기원적 오류

러셀은 이렇게 주장했습니다.

> 종교는 원래, 주로 공포에 그 기반을 두고 있다고 생각한다. 그것은 어떤 의미에서는 알려지지 않은 것에 대한 공포이며, 또 어떤 의미에서는 이미 말씀드린 바와 같이 어려운 일과 남과 다투는 일이 있을 때 힘이 되어 줄 형(兄)이 있다고 느낌을 받고 싶은 심정이다. … 공포는 잔인성의 어버이이다. 따라서 잔인과 종교가 나란히 가는 것도 이상할 것이 없다. 왜냐하면 공포가 이 두 가지의 바탕이기 때문이다. … 과학은 인류가 그토록 오랜 세월을 두고 숨어 살아오던 비굴한 공포에서 우리를 벗어날 수 있게 도와줄 수 있다. …
> 히틀러와 소련 정부가 기독교를 거부한 것이 적어도 우리들의 문제의 일부의

---

152) 『나는 왜 기독교인이 아닌가』, 67.
153) Richard Swinburne, 『신은 존재하는가』, 39.

원인이 된다든지, 세계가 기독교로 돌아가면 우리들의 국제 문제들은 해결될 것이라고 결론을 내리는 것은 쉬운 일이다. 나는 이것을 공포에서 생겨난 철저한 망상으로 생각한다.[154]

그는 또 1962년 5월 13일 편지에서 이렇게 썼습니다.

사람들은 이 세상이 고난의 장소라는 것을 알고 있다. 그리고 다방면으로 두려워하고 있다. 그들은 자기들의 그러한 문제에 대처할 수 없다고 생각하고 있다. 그리고 또한 사고, 병, 죽음, 불행이 일어날 가능성이 충만하면서 자기들에게 적대적인 환경 속에서 고독이라는 공포와 대면할 수 없다고 생각하고 있다. 그 결과 그들은 신이라 명명하는 강력한 존재를 발명한 것이다.[155]

이러한 주장에 대하여 사하키안(William Sahakian)은 이렇게 지적합니다.

논리학자들은 이러한 주장을 기원적 오류의 예로 간주한다. 기원적 오류란, 어떤 사실의 기원에 관한 추측을 마치 객관적 명증(明證)인 양 착각하는 것을 뜻한다. 위에 예로 든 주장이 종교적 신념들의 기원에 관해 연구하는 심리학자 내지 역사가에게 있어서 흥미로울 수도 있다. 하지만 무신론자들이 그들의 주장을 입증하는 데 있어서는, 상기한 주장이 아무런 도움도 되지 못한다. 그리고 설령 신앙이 미개인들의 공포심과 밀접하게 연관되어 있다고 하더라도, 이 사실로 인해 하나님의 존재 혹은 신앙의 본질이 부인되지 않는다. 왜냐하면 오늘날의 학문들 중에는 마법이나 연금술에서 파생, 유래된 것들이 있지만, 그것들은 객관적 학문으로서 여전히 존재하고 있기 때문이다.[156]

---

154) 『나는 왜 기독교인이 아닌가』, 44, 45, 98.

155) Bertrand Russell, 『러셀의 철학 노트』, 33.

156) Josh Stewart McDowell & Don Douglas, *Understanding secular religions*, 이호열 옮김, 『세속종교』 (서울: 기독지혜사, 1987), 39.

오스 기니스(Os Guinness)가 그의 『진리를 위한 시간』(*Time of Truth*)에서 지적한 바와 같이 신앙을 갖는 이유는 다양하며 나름대로 합당한 이유가 있습니다.

유대인과 기독교인은 훌륭한 이유들에 근거해서 믿는 것이 아니라, 믿지 않으면 안 될 것 같은 두려움 때문에 믿는다고 힐난합니다. 신앙이 없으면 그들은 무의미함에 대한 두려움이나 알 수 없는 막연한 죄책감 같은 것들에 적나라하게 노출될 것이라고 장담합니다. 그러므로 신앙은 두려움을 막아내는 손 방패이자, 어둠 속에서 위안을 주는 휘파람에 불과하다고 폄하합니다. 하지만 이런 식의 주장은 근본적으로 진실이 아닐 뿐만 아니라 비이성적이고 불법적인 논증이며, 따라서 '믿을 수 없는' 주장이자 이 자체가 '나쁜 신앙'입니다. … 하나님에 대한 믿음을 소유한 사람들은 온갖 종류의 훌륭한 이유들이 있어서 신앙을 갖게 된 것이며, 그중에서도 단연 최고의 이유는 그들이 신뢰하는 신앙은 진실이라는 부정할 수 없는 최후의 절대적인 신념 때문입니다. … 오늘날 수많은 그리스도인들은 오히려 다른 이유들 때문에 믿습니다. 예를 들면, '신앙이 효과가 있기 때문에'(실용주의), '자신들의 경험상 진실이라고 느끼기 때문'(주관주의), 적어도 그 신앙이 '자신들에게는 진실'이라고 진정으로 믿기 때문에(상대주의), 등등 믿는 이유가 다양합니다.[157)]

4) 예수님이 지옥을 믿은 것은 도덕적으로 중대한 결점이라는 주장에 대한 검토

**만약 지옥이 없다면 궁극적으로
옳고 그른 아무것도 있을 수 없음**

러셀은 "정말 인간미가 넘치는 사람이라면 누구나 영원한 형벌을 옳게 보지 않을 것"이기 때문에 지옥이나 형벌을 믿는 것은 도

---

157) Francis Collins, 『믿음』, 142-144.

덕적으로 중대한 결함이며 사랑의 하나님이라면 그럴 수 없다고 주장했습니다.158)

과연 그럴까요? 만일 지옥이 없다면 어떠한 죄도 궁극적인 처벌이 없을 것이고, 반대로 만일 천국이 없다면 어떠한 선행에도 아무런 보상이 없을 것이기 때문에 조건과 상황만 주어진다면 어떤 행동도 마음대로 할 수 있을 것입니다. 그렇다면 지옥이나 형벌을 믿는 것이 도덕적으로 중대한 결함이 아니라 지옥이나 형벌을 믿지 않는 것이 오히려 도덕적으로 중대한 결함이 될 것입니다. 또한 하나님이 사랑의 하나님이라면 조건과 상황만 주어진다면 어떤 행동도 마음대로 할 수 있도록 버려두지 않을 것입니다.

"신앙이 없는 서구인들은 지옥을 말하는 기독교 교리에는 기분 나빠하면서 다른 뺨까지 돌려대며 원수를 사랑하라는 가르침에는 환호"하지만, 전통적인 사회에서는 "다른 뺨을 돌려대라."라는 식의 가르침은 "옳고 그름을 가리는 가장 깊은 본능을 거스르고", "그야말로 어불성설"이 되기 때문에 지옥과 하나님의 심판은 그들에게는 전혀 문제가 되지 않습니다.159) 만일 "전통사회에 속한 이들에게는 서구인들이 끌리는 기독교의 일면이 몹시 거북한 반면, 세속적인 서구인들에게는 견딜 수 없어 하는 측면에서는 도리어 매력을 느낀다면", "서구인들의 문화적 감수성이 기독교의 효용을 가르는 마지막 법정이 되어야 할 까닭이 있을까?" 반문하지 않을 수 없습니다.160) 기독교가 "어느 특정한 문화의 산물이 아니라 정말 초문화적인 하나님의 진리"라면, 그 진리는 "늘 변하고 항상 불완

---

158) 『나는 왜 기독교인이 아닌가』, 36.

159) Timothy Keller, 『하나님을 말하다』, 129.

160) Timothy Keller, 『하나님을 말하다』, 129.

전할 수밖에 없는" "모든 문화와 일정 부분 충돌 또는 불쾌한 느낌"을 주는 것은 피할 수 없을 것입니다.[161]

　기독교 신앙에 있어서 하나님은 사랑의 하나님인 동시에 공의의 하나님이기 때문에 사랑의 하나님이 또한 평안과 온전함을 깨트리는 악과 불의에 대하여 진노하시지도 않고 심판하시지도 않으신다는 것은 있을 수 없습니다.[162] 그러나 심판은 본래 하나님이 원하시는 것이 아닙니다. 하나님이 원하시는 것은 악인이 심판받는 것이 아니라 악에서 돌이키는 것입니다. 에스겔 33장 11절은 "주 여호와의 말씀에 나의 삶을 두고 맹세하노니 나는 악인의 죽는 것을 기뻐하지 아니하고 악인이 그 길에서 돌이켜 떠나서 사는 것을 기뻐하노라. 이스라엘 족속아, 돌이키고 돌이키라. 너희 악한 길에서 떠나라. 어찌 죽고자 하느냐 하셨다 하라."라고 지적합니다.

161) Timothy Keller, 『하나님을 말하다』, 129.
162) Timothy Keller, 『하나님을 말하다』, 130, 131.

Ⅳ

도킨스의
『만들어진 신』과
기독교

1 신비한 경험은 하나님의 존재와 아무런 관계도 없을까요?[1]

과학은 종교의 기적적인 요소를 실험실에서 다뤄질 수 없는 사안임을 입증할 뿐

도킨스(Clinton Richard Dawkins, 1941-)는 "과학자들과 합리주의자들도 흔히 자연과 우주를 대할 때 신비적이라고 할 만한 감정을 경험하지만, 그것은 초자연적인 믿음과 아무 관계도 없고", "그것은 아직 이해하지 못하는 자연현상들이라는 의미로만 초자연적인 현상"이라고 주장합니다.[2]

그 의도가 무엇일까요? 하나님의 존재를 입증하려면 그것이 "성공적인 과학적 가설"이 되어야 한다고 고집하기 위함일 것입니다.[3] 도킨스는 하나님의 존재를 입증하려면 성공적인 과학적 가설이 되어야 한다고 주장하지만, 과학은 본질상 "종교의 기적적인 요소가 오류임을 증명해 낼 수 없고 다만 그것이 실험실에서 다뤄질 수 없는 사안임을 입증할 뿐"입니다.[4] C. S.

---

1) "Ⅰ. 포이어바흐의 『기독교의 본질』과 기독교, 1. 기독교의 본질이 인간의 본질이 될 수 있을까요?, 5. 신을 투사해서 믿을 이유를 신앙과 이성의 상이점에서 찾을 수 있을까요?"를 참조 바람.

2) Richard Dawkins, *The God Delusion*, 이한음 옮김, 『만들어진 신』 (서울: 김영사, 2019), 23, 27, 이후로는 『만들어진 신』, 23. 등으로 표기함.

3) Alvin Carl Plantinga, *Knowledge and Christian Belief*, 박규태 옮김, 『지식과 믿음』 (서울: IVP, 2019), 159, 이후로는 Alvin Carl Plantinga, 『지식과 믿음』, 159. 등으로 표기함.

4) C. S. Lewis, *God in the Duck*, 홍종락 옮김, 『피고석의 하나님』 (서울: 홍성사, 2018), 171,

루이스는 기적에 대하여 이렇게 설명합니다.

> 산수 법칙은 외부의 간섭이 없다면 서랍에 얼마가 들어 있을지 절대적으로 확실하게 말해 줄 수 있지. 만약 도둑이 서랍에 손을 댔다면 물론 결과는 달라질 걸세. 그러나 도둑은 산수 법칙을 어긴 것이 아니라 영국법만 어긴 거지. 자, 자연법칙이란 이와 같은 게 아닐까? 자연법칙은 외부의 간섭이 없을 경우 어떤 일이 벌어질지만 말해주는 게 아닌가? 좋아. 마찬가지로 만약 자연 바깥에 무엇인가가 있고 그것이 간섭한다면, 과학자가 예측하는 사건들은 일어나지 않을 걸세. 그것이 우리가 말하는 기적이 될 걸세. 어떤 의미에서 그것은 자연법칙을 어기는 것이 아닐 걸세. 법칙은 아무것도 개입하지 않을 경우 어떤 일이 벌어질지 말해주지만, 무엇인가가 개입할지의 여부는 말해주지 못하네.[5]

하나님이 존재한다면, "다양한 종교적 신념들의 토대를 면밀히 살피고 따져서 그 가운데 이것저것, 또는 어느 하나가 가장 합리적임을 알아볼 수는 있을 것"이지만, 적어도 "실험실에 가져다가 실증적인 방법으로 분석할 수 있는 물건일 리가 없을 것"이고, 따라서 하나님에 대한 신앙은 그 어떤 경우에도 실험실에서 실증적으로 입증할 수 있는 성질의 것이 아닙니다.[6] 왜냐하면, 기독교 신앙은 인지 활동이지만 단지 인지 활동이 아니라 그 이상이며, "감정 및 의지와 모두 관련"이 되기 때문입니다.[7] 기독교 신앙이란 "어떤 논증에 따른 결론이나 다른 믿음들을 증거로 삼아 받아들이는 것"도 아니거니와 "이 믿음이 이런저런 현상을 잘 설명해주기 때문에 받아들이는 것"도 아닌데, 그 이유는 "특정한 기독교 믿음들은 실제

172, 이후로는 C. S. Lewis, 『피고석의 하나님』, 171. 등으로 표기함.

5) C. S. Lewis, 『피고석의 하나님』, 85, 86.

6) Timothy Keller, *The Reason for God*, 최종훈 옮김, 『하나님을 말하다』 (서울: 두란노, 2018), 198. 199, 이후로는 Timothy Keller, 『하나님을 말하다』, 198. 등으로 표기함.

7) Alvin Carl Plantinga, 『지식과 믿음』, 117.

로 이런저런 현상을 탁월하게 설명하지만, 이렇게 탁월한 설명을 제시하기 때문에 그런 것들을 믿는 것은 아니기 때문"입니다.[8] 또한 기독교 신앙이란 역사 연구에 따른 결과로 받아들이는 것이거나 종교적 경험에 따른 논증의 결과로 받아들이는 것이 아니라, 다만 "성령의 특별한 사역"이기 때문입니다.[9]

물론 종교적 경험이 하나님이라는 인격체가 존재한다는 것과 같은 어떤 구체적인 사실을 나타내거나 보여주는 것이 불가능하므로, 하나님의 존재를 종교적 경험을 통하여 입증하는 것이 불가능하다고 주장할 수도 있지만, 반드시 그런 결론만 가능한 것도 아닙니다.[10] 합리적이거나 과학적인 방법으로는 삶의 이론이나 세계관, 무신론을 비롯해 어느 것 하나도 제대로 증명할 수 없고, 기독교 신앙도 마찬가지로 이성으로 증명될 수는 없지만, 그렇다고 하더라도 비합리적인 것도 아닙니다.[11] 따라서 기독교 신앙도 과학적인 증명 방법인 후건증명(affirmation of the consequent)으로 증명할 수도 있습니다. 이 문제에 대하여 데이비드 엘턴 트루블러드(David Elton Trueblood)는 그의 『하나님의 지식』(*The Knowledge of God*)에서 다음과 같이 지적합니다.

> 우리는 제일 먼저 합리적이고 정확한 추론을 할 수 있습니다. 사람들이 살아계신 하나님을 알게 되면 우리는 그들에게서 두 가지 결과를 기대할 수 있습니다. 첫째로, 그들이 하나님에 관하여 말을 하며, 개인적인 차이점들을 필연적으로 인정한 뒤에는 자신들이 보고하는 내용에 대하여 실제적인 의견일치를 보이

8) Alvin Carl Plantinga, 『지식과 믿음』, 126.

9) Alvin Carl Plantinga, 『지식과 믿음』, 126, 132.

10) Alvin Carl Plantinga, 『지식과 믿음』 160, 161.

11) Alister E. McGrath, *Mere Apologetics*, 전의우 옮김, 『기독교 변증』 (서울: 국제제자훈련원, 2014), 160, 이후로는 Alister E. McGrath, 『기독교 변증』, 160. 등으로 표기함.

게 되리라는 추측을 합리적으로 해 볼 수 있습니다. 둘째로, 그들은 성품적인 면에서 새로운 특징들을 보이는데, 특히 기쁨, 평화, 용기, 이웃 사랑 등의 특징을 보이게 되리라는 추측을 합리적으로 해 볼 수 있습니다. 이것이 합리적인 추측이라고 여기는 이유는 하나님이 존재한다는 사실이, 정말로 그것이 사실이라면, 이 세상에서 가장 중요한 사실이기 때문입니다. 하나님의 사랑을 맛본 사람들은 예전보다도 훨씬 더 용기 있는 사랑을 삶 속에서 보여 줄 것이라고 우리는 자연스럽게 기대합니다. 완벽함을 기대한다는 말이 아니라, 전과는 다른 차별화된 경험을 기대한다는 뜻입니다. … '효력'을 발휘하는 모든 것들이 다 진리라고 우리는 주장하지 않습니다. 다만 진리에 속하는 모든 것들이 '효력'을 발휘하리라고 기대하는 것이 합리적이라고 주장할 따름입니다. 그러므로 우리가 종교적인 경험에서 비롯되는 도덕적 효과를 가리킬 때, 결정적인 증명으로 제시하는 것이 아니라, 정확하게 표현하자면 '후건증명(affirmation of the consequent)'과 관련하여 제시하고자 합니다. 모든 과학적 증명들이 이것에 의존하고 있으며, 또한 증거의 본체와 근접한 증명이 이것을 강화해 줍니다.[12]

신비한 경험은 하나님의 존재에 대한 합리적 증거가 될 수도 있음

기독교 신앙은 신비한 경험, 곧 기적을 경험합니다. 만일 하나님이 존재한다면 하나님은 자신이 세운 자연 질서에 자주 개입하지 않고 하나님 자신이 지속적으로 유지시키는 세상의 자연 질서를 통해서 우리와 교통할 것이지만, 때로는 직접적이고 개인적인 방식으로 우리의 기도에 응답하고 우리의 필요를 채워주기를 기대할 수 있을 것입니다.[13] 부모들은 그들 자신이 세운 규칙을 따라 자녀들을 양육하지만, 때로는 자녀들의 특별한 요구에 응답하기 위하여 그들 자신이 세운 규칙을 때때로 위반하기도 하는데, 그것은 부모

---

12) Francis Collins, *Belief: readings on the reason for faith*, 김일우 옮김, 『믿음』 (서울: 상상북스, 2011), 208-209, 이후로는 Francis Collins, 『믿음』, 208. 등으로 표기함.

13) Richard Swinburne, 『신은 존재하는가』, 185.

가 규칙의 제정자를 뛰어넘어 서로 소통하는 인격체이기 때문인 것과 같이, 하나님도 역시 같은 논리로 때로는 자신이 세운 자연 질서를 뛰어넘어 기적적인 방법으로 우리의 삶에 개입할 것이라고 충분히 기대할 수 있습니다.[14)]

　그러므로 기독교인들의 하나님 체험이 틀렸다는 증거가 없다면 우리의 오감을 일상적으로 신뢰해야 하듯이 종교적 감각을 신뢰하는 것 역시 그와 동등한 정도로 신뢰해야 할 것입니다.[15)] "색깔을 구별할 수 없는 사람이 존재한다는 사실은 색깔을 구별할 수 있다고 주장하는 대다수의 사람들이 틀렸음을 증명하는 것이 아니라 단지 그 사람이 색맹이라는 것을 나타낼 뿐이고", "특정한 조형물에서 멀리 떨어진 일부 여행객들이 그 조형물을 보지 못한다는 사실은 그 조형물을 볼 수 있다고 주장하는 대다수의 여행객들이 틀렸음을 의미하지 않는 것"과 같이, 명백한 반증이 없다면 사물을 보이는 대로 믿고 그것이 이 세상을 이해하는 인간의 기초적인 지식이기 때문에, 누군가의 하나님 경험이 틀렸다는 증거가 없다면 그 경험을 신뢰해야 할 것입니다.[16)] 특정한 유형의 경험을 해보지 못한 사람들은 그 유형의 경험을 해보았다고 주장하는 사람들의 경험이 속은 것이거나 착각했다는 증거가 없다면 믿어야 하듯이 다른 사람들이 보고하는 하나님 체험에 대해서도 똑같이 믿어야 할 것입니다.[17)] 따라서 "이 세계의 존재와 질서와 미세조정, 이 세계 안에 있는 의식적 존재인 인간, 인간이 자신과 타인과 세계에 대해 관계를 형성할 수 있게 하는 섭리적 기회, 인간의 필요와 기도에 대한

---

14) Richard Swinburne, 『신은 존재하는가』, 186.
15) Richard Swinburne, 『신은 존재하는가』, 207.
16) Richard Swinburne, 『신은 존재하는가』, 208, 209.
17) Richard Swinburne, 『신은 존재하는가』, 209.

응답으로써 또한 기독교의 토대로써 주어지는 기적들에 관한 역사적 증거들, 마지막으로 수많은 사람들이 증언하는 신의 임재에 대한 외견적 경험들"을 종합적으로 고려한다면, "신이 존재하지 않을 확률보다 신이 존재할 확률이 훨씬 높다."라고 믿는 것은[18] 충분히 합리적일 것입니다.

무신론은 그 타당성을 입증할 증거가 없음

무신론자들은 "하나님을 믿는 것은 단순히 틀린 것이거나 잘못 이해한 것이 아니라" 잘못된 것을 고집하는 "정신이상이나 다름이 없다."라고 주장하며, 그 이유는 "하나님은 볼 수도 느낄 수도 들을 수도 없고 하나님의 존재를 가리키는 그 어떤 지질학적 증거나 화석도 없으며 수학적으로도 증명할 수 없고, 하나님이 존재한다는 그 어떤 경험적, 과학적 증거도, 아무런 이성적 근거도 없기 때문"이라는 것입니다.[19]

물론 "초자연적인 현상을 배제하는 철학을 견지한다면 어떤 신비한 경험을 하더라도 그것을 기적으로 여기지 않을 뿐"만 아니라 그 모든 것을 환상이라고 말하지만, 그러나 초자연적인 실재에 대한 믿음은 경험으로 입증할 수도 없을 뿐만 아니라, 마찬가지로 반증할 수도 없습니다.[20] 그러므로 무신론자들이 기독교 신앙의 타당성을 입증할 증거를 내놓으라고 주장하는 것은 잘못된 것입니다. 그런 식이라면 그들조차도 자신들의 무신론에 대해서 그 어떤 타당

---

18) Richard Swinburne, 『신은 존재하는가』, 216,

19) Anthony DeStefano, *Inside the Atheist Mind*, 정성묵 옮김, 『무신론자들의 마음속』 (서울: 두란노, 2018), 17, 이후로는 Anthony DeStefano, 『무신론자들의 마음속』, 17. 등으로 표기함.

20) C. S. Lewis, 『피고석의 하나님』, 14, 15, 17.

성을 입증할 증거도 내놓을 수 없습니다. 왜냐하면 아무리 강한 합리주의라고 하더라도 스스로의 기준을 충족시킬 실증적 증거를 내어놓을 수도 없고, "실증적인 증거가 없이는 아무도 무엇인가를 믿어서는 안 된다는 것"을 실증적으로 입증해낼 수도 없기 때문입니다.[21] 합리주의는 완벽한 객관적인 증거를 갖는 것이 가능하다고 생각하지만, 실제로는 "인간은 저마다의 사고와 판단방식에 강하게 영향을 미치는 경험과 신념을 배경"으로 판단을 내리기 때문에, 모든 합리적인 인간들이 받아들일 만한 증거를 내어놓을 수는 없습니다.[22] 또한 "선악에 대한 인식, 죄에 대한 자각, 의와 심판, 양심의 고발들, 죽음에 대한 두려움, 화해의 필요성 같은 것들은 물질이나 에너지, 크기나 숫자와 마찬가지로 실제로 존재하고", "그런 것들은 이 세계와 인류, 삶과 역사를 지배하고 있기 때문에 엄청나게 중요한 실재들임"에도 불구하고 그런 것들을 과학적으로 증명하기 어렵다는 이유로 경멸하고 무시할 수는 없습니다.[23]

무신론자들이 과학의 이름으로 하나님도 없고 선이나 악도 없으며, 심판과 형벌도 없고 천국과 지옥도 없다고 단언한다면, 그것은 우리의 영원한 운명을 좌우하는 중요한 문제이기 때문에 그것에 대하여 "논란의 여지없이 충분하게 증명해 줄 증거"를 제시해야 하지만[24] 그들 중의 누구도 그렇게 할 수는 없습니다. 물론 무신론자들은 "과학으로 죄책과 형벌, 죽음과 내세에 관련하여 자신들이 원하는 주장을 할 수도 있겠지만", 우리의 영원한 운명을 좌우하는 중

---

21) Timothy Keller, 『하나님을 말하다』, 194.
22) Timothy Keller, 『하나님을 말하다』, 194.
23) Herman Bavinck, *De Zekerheid Des Geloofs*, 임경근 역, 『믿음의 확신』 (파주: CH북스, 2020), 25, 26, 이후로는 Herman Bavinck, 『믿음의 확신』, 25. 등으로 표기함.
24) Herman Bavinck, 『믿음의 확신』, 26.

요한 문제에 대하여 확신에 미치지 못하는 "빈약한 논거를 제시하고 우리에게 영원을 포기하라고 요구"한다면 그것은 무책임한 처사(處事)일 것입니다.25) 무신론자들이 모든 주장의 근거로 삼는 과학은 인간의 기원, 본질, 종말, 영혼과 같이 실증적으로 연구하고 해결할 수 없는 문제에 대해서는 어떤 역량과 힘도 없고, 따라서 과학은 "인간적이고 오류가 있을 수 있는 확신" 그 이상의 것을 제시할 수 없습니다.26)

또 "무신론자들은 지금까지 수많은 사람들이 하나님을 믿는 이유가 과학적 지식이 전혀 없는 안타까운 고대인들의 탓"이라고 주장하지만,27) 그러나 그들의 주장은 유신론에 반대하는 데 대한 신중하고도 논리적인 근거도 없고, 특히 그들의 말은 무례하고 근거 없는 독단만 가득할 뿐입니다.28) 왜냐하면 "인간은 전적으로 이념에 좌우"되고 이 "이념이라는 부분에서 가장 교만하고 완고해지기 일쑤"인데,29) 무신론도 일종의 이념으로써 그런 성격을 띠기 때문일 것입니다.

무신론은 지적 탐구의 결과가 아니라 신이 존재하지 않기를 바라는 의지의 소산

인간의 마음 가운데는 타고난 본능에 의한 "하나님에 대한 자각"(神意識, *sensus divinitatis*, the sense of divinity)이 있음에도 불구

---

25) Herman Bavinck, 『믿음의 확신』, 26, 27.

26) Herman Bavinck, 『믿음의 확신』, 27, 28.

27) Anthony DeStefano, 『무신론자들의 마음속』, 17.

28) Anthony DeStefano, 『무신론자들의 마음속』, 15.

29) Dallas Willard, *The Allure of Gentleness*, 윤종석 옮김, 『온유한 증인』 (서울: 복 있는 사람, 2016), 27, 이후로는 Dallas Willard, 『온유한 증인』, 27. 등으로 표기함.

하고[30] 무신론자들이 하나님의 존재를 부정하는 것은 그들의 "지적 인식의 결과라기보다는 오히려 의지의 결과로 보이는 것은" "당연하게 받아들여야 할 하나님에 대한 자각(神意識)을 일부러 부정해야 하기 때문"입니다.[31] 네이글(Ernest Nagel)은 "무신론이 지적 탐구의 결과가 아니라 하나님이 만든 우주, 하나님이 만들고 통치하고 지배하는 세계에 살고 싶지 않은 바람, 그의 희망에서 비롯되었다고 지적"합니다.[32] "하나님의 통치에 따르는 세계 속에서 살아간다면 나는 당연히 삶의 유일한 주인이 될 수 없기 때문에" "내가 내 삶의 주인이 되기를 원한다면" "하나님이 존재하지 않는 세계에서 살기를 희망할 수밖에 없을 것"이므로, 무신론은 이런 의미에서 "이론적 탐구의 결과라기보다는 신이 존재하지 않기를 바라는, 그래서 오직 나만이 내 삶의 주인이 되기를 희망하는 의지의 소산"일 것입니다.[33]

타고난 본능에 의한 하나님에 대한 자각은 "죄와 그에 따른 결과로 말미암아 훼손되거나, 약해지거나, 축소되거나, 억제되거나, 어두워지거나, 방해받을 때가 많거나 대부분"이기 때문에, 하나님을 자각하는 능력은 그 자체가 병들어서 정상적으로 작동하지 않습니다.[34] 따라서 "하나님을 믿는 믿음은 합리적인 능력이 제구실을 못한 결과"라는 무신론자들의 주장과는 반대로 무신론자들이 "하나님

30) John Calvin, *Institutes of the Christian Religion*, ed. John T. McNeil, tr. Ford Lewis Battles (Philadelphia: The Westminster Press, 1960), 1권 3장 1절: "There is within the human mind, and indeed by natural instinct, an awareness of divinity.", 이후로는 *Inst.*, 1.3.1. 등으로 표기함.

31) Richard Swinburne, *Is There a God?* 강영안·신주영 옮김, 『신은 존재하는가』 (서울: 복 있는 사람, 2020), 9, 이후로는 Richard Swinburne, 『신은 존재하는가』, 9. 등으로 표기함.

32) Richard Swinburne, 『신은 존재하는가』, 10.

33) Richard Swinburne, 『신은 존재하는가』, 11.

34) Alvin Carl Plantinga, 『지식과 믿음』, 80.

을 믿지 못하는 것은 타고난 본능에 의한 하나님에 대한 자각이 제 기능을 다하지 않아 생긴 결과"입니다.[35] 그러므로 "불신은 기능장애의 결과로, 혹은 올바르게 기능하지 못하는 고장 난 것으로, 합리적인 사유 능력이 방해를 받은 것"으로, "하나님 없는 세계에서 살고 싶은 욕망, 내가 예배하고 순종해야 할 대상이 없는 세상에서 살고 싶은 욕구의 결과"로 보아야 합니다.[36] 앨빈 플란팅가(Alvin Carl Plantinga)는 무신론의 동기에 대하여 다음과 같이 지적합니다.

> 내가 학자라면 나는 여러분보다 더 유명해지고 싶고, 따라서 여러분이 뭔가 주목받는 일을 하면 나는 질투가 나를 찔러대는 것을 느낀다. 나는 부자가 되고 싶다. 틀림없이 말하거니와, 중요한 것은 내가 얼마나 많은 돈을 가졌는지가 아니다. 중요한 것은 내가 여러분보다, 혹은 대다수 사람이나 다른 모든 사람보다 많이 가졌는가 하는 것이다. 하지만 그렇다면 여러분과 다른 모든 사람들은 내 욕구충족을 가로막는 방해자일 뿐이다. 이런 이유 때문에 나는 분개하며 여러분을 증오하게 될 수 있다. 그리고 하나님 자신이, 내 존재 자체의 근원이신 그분도 내게 위협일 수 있다. 자만에 겨워 자율과 자족을 향유하고픈 욕구에 빠진 나는 내 호흡 하나하나까지 의존해야 할 누군가가 있다는 것에, 그 누군가와 비교하면 나는 정말 미물에 불과하다는 것에 분개하게 될 수 있다. 그 때문에 나는 그를 증오하게 될 수 있다. 나는 누구에게도 신세지지 않고 자율적이고 싶다. 어쩌면 이것이 죄라는 상태를 낳은 가장 깊은 뿌리이며, 소원 충족이라는 무신론의 동기일 것이다.[37]

---

35) Alvin Carl Plantinga, 『지식과 믿음』, 80.

36) Alvin Carl Plantinga, 『지식과 믿음』, 91.

37) Alvin Carl Plantinga, 『지식과 믿음』 102.

2 진화된 창조적 지성이 출현할 수밖에 없으므로 신은 유해한 망상(妄想, delusion)일까요?

진화론이 기초한 실험적 연구의 빈약성

도킨스는 "진화된 존재인 창조적 지성이 출현할 수밖에 없으므로, 신이 우주를 설계하는 일을 맡을 수 없고", 따라서 "신은 유해한 망상"이라고 주장합니다.38) 그렇게 주장하는 이유는 "과학만이 유일한 진리의 원천"이라고 단정하고, "모든 것이 자연적 원인과 결과로 설명"된다는 "자연 중심의 자연주의"인 진화론의 신조에서 벗어나는 것을 받아들이지 않기 때문일 것입니다.39)

그러나 진화론, 특히 인간의 진화적 기원이 기초하고 있는 실험적 연구는 매우 빈약한 기초 위에 세워져 있습니다. 자연과학은 본질적으로 과학적 방법에 따라 사물 속에 숨어 있는 원리나 법칙을 찾아내고, 그것을 실험적으로 검증하여 누가 어디서 언제 실험을 하든 동일한 결과가 변함없이 나오는 재현성(再現性)을 가지고 있지만, 진화론은 실험의 대상이 될 수 없는 생명의 기원이나 진화에 대한 문제에 대하여 다루기 때문에 항상 '～상상했다, ～할 것이다, ～라고 생각된다, ～라고 추측된다, ～일 것이다, ～듯하다.'라고 추리에서 출발하여 추리로 끝나고, 따라서 과학이라고 말할 수

---

38) 『만들어진 신』, 51, 52.

39) Rice Broocks, *God's Not Dead*, 김지수 옮김, 『신은 죽지 않았다』(서울: 횃불북스, 2016), 19, 22, 이후로는 Rice Broocks, 『신은 죽지 않았다』, 19. 등으로 표기함.

도 없으며, 그 스스로 정설이 될 수 없는 한계를 지니고 있습니다.[40] 도킨스의 『지상 최대의 쇼』(Greatest show on earth: the evidence for evolution)에서 그런 단적인 예를 찾아볼 수 있습니다.

> 개울이 말라붙고, 이듬해가 되어서야 다시 물이 넘치는 환경을 상상했다. 그렇다면 평소 물에서 살지만, 땅에서도 잠시나마 살 수 있는 물고기들이 유리할 것이다. 당장 말라버릴 듯한 얕은 호수나 연못을 떠나 더 깊은 물로 옮김으로써 다음 우기까지 생존할 수 있을 테니 말이다. …
> 초기의 사지동물들은 발가락 수를 이러저러하게 달리 해보는 '실험'을 요즘보다 더 자유롭게 즐겼던 듯하다. 그러나 발생학적 과정의 어느 시점에서 다섯 개로 고정되었을 것이고, 한번 그 단계가 진행되자 다시 물리기 어려웠을 것이다. 물론 절대 불가능한 정도로 어려운 것은 아니다. 요즘도 가끔 발가락이 여섯 개인 고양이가 있고, 사람도 그렇다. 잉여의 발가락은 발생 중에 실수로 중복현상이 일어난 결과일 것이다.[41]

일반적으로 인용되는 진화의 증거들인 "화석화된 말의 계열, 점나방, 오리너구리, 시조새, 자연발생 법칙, 밀러와 우레이의 실험, 그리고 비교해부학은 단순히 밝혀지지 않은 가정이거나 잘못된 개념들"이고, 진화는 "화석 기록으로 증명되지도 않고 또한 오늘날 발견되지도 않으므로, 사실 진화론자들은 자기들의 의심스러운 가설을 지지하기 위한 어떤 실험적 증거들을 하나도 갖고 있지 못한 것"이나 다름이 없습니다.[42] 왜냐하면 진화에 대한 입증은 현재 접근 가

---

40) 크루소마을, "진화론은 거짓이다." 2011.10.16.09:39,
  https://cafe.daum.net/waterbloodholyspirit/MLXf/4?q=%EB%A7%88%EC%9D%B4%ED%81%B4%20%EB%8D%94%ED%84%B4

41) Richard Dawkins, *Greatest show on earth: the evidence for evolution*, 김명남 역, 『지상 최대의 쇼』 (파주: 김영사, 2009), 226, 452, 이후로는 Richard Dawkins, 『지상 최대의 쇼』, 226. 등으로 표기함.

42) Scoot M. Huse, *The Collapse of Evolution*, 정동수·유상수 역, 『진화론의 붕괴』 (서울: 말씀과

능한 증거들만을 가지고 직접 접근할 수 없는 지구의 과거 역사에 대한 사실들을 재구성할 수밖에 없고, 따라서 그러한 작업이 과연 정합성(整合性)을 가질 수 있는가 하는 한계에 부딪힐 수밖에 없기 때문입니다. "문자로 기록된 몇 천 년의 인류 역사는 진정한 진화가 일어났다는 단 하나의 실제적 예도 보여주지 않고 있으며", 그 누구도 진화를 실험하거나 관찰할 수 있는 위치에 있지 못하기 때문에 진화가 "실제로 일어났다는 것을 과학적으로 입증하는 것은 분명히 불가능"합니다.[43]

진화론자들은 작은 변화들이 오랜 세월을 통해 쌓이다 보면 더 큰 변화, 곧 진화가 이루어진다고 주장하지만, 그것은 작은 변화를 확장한 추론일 뿐이지 관찰될 수도 없고, 한 종류에서 다른 종류로의 변화, 곧 진화는 관찰된 적도 없습니다. 따라서 작은 변화들이 오랜 세월을 통해 쌓이다 보면 더 큰 변화, 곧 진화가 이루어진다는 주장은 관찰에 의한 것이 아니라 미미한 데이터를 이용한 매우 빈약한 근거 위에 세워진 진화론적 각본(脚本, scenario)에 불과합니다.

도킨스가 소개한 변화된 거피들의 반점, 우간다의 코끼리 상아, 도마뱀의 맹판, 렌스키의 박테리아들, 유인원과 인간 사이의 중간 형태들로 해석된 뼈들은 종(種)들이 환경 내에 적응한 사례들에 불과합니다. 거피들의 반점 무늬는 유전정보 내에서 나타난 현상으로 선호도나 다른 원인에 의해서 반점 무늬의 수가 변하거나 특정 개체의 수가 증가하거나 감소하는 지극히 자연적인 현상이고, 코끼리

만남, 1996), 166, 이후로는 Scoot M. Huse, 『진화론의 붕괴』, 166. 등으로 표기함.

43) Henry M. Morris, *The Bible and Modern Science*, 박승협 옮김, 『성경과 현대과학』(서울: 컴퓨터프레스, 1986), 43, 이후로는 Henry M. Morris, 『성경과 현대과학』, 43. 등으로 표기함.

의 상아도 작은 상아를 가진 방향으로 진화된 것이 아니라 사냥꾼들이 큰 상아를 가진 코끼리들을 잡아갔기 때문이며, 도마뱀의 맹판도 설정된 환경 시스템을 보여주고, 박테리아는 환경에 적응하여 변화된 것이지 다른 종류로 변화된 것이 아닙니다.[44]

과학적 방법은 일반적으로 현재 일어나고 있는 일들에 대한 관찰과 실험에 그 기반을 두고 있고, 따라서 현재 일어나고 있는 일들이 아닌 "오래전에 있었던 전 우주의 생성"에 관하여 과학적인 방법으로 관찰하고 실험을 한다는 것은 불가능하기 때문에 "생물체의 기원에 관한 이론을 과학적으로 증명한다는 것"은 애초부터 불가능한 일이었습니다.[45] 1971년도 판(版) 다윈의 『종의 기원』 서문에서 영국의 생물학자인 매튜스(L. H. Matthews) 역시 이 사실을 인정하고 있습니다.

> 진화는 생물학의 중심 지지력이며, 따라서 생물학은 증명되지 않은 이론 위에 세워진 과학이라는 아주 이상한 것이 되고 말았다. 그렇다면 이것은 과학인가? 아니면 믿음인가? 진화론에 대한 믿음은 특별한 창조에 대한 믿음과 똑같이 믿음의 범주에 속한다. 이러한 개념들은 모두 그것을 믿는 사람들이 진리라고 믿는 것들이지만, 그중 어떤 것도 지금까지 증명될 수는 없었다.[46]

진화론은 에너지 보존과 질 저하의 법칙에도 모순됨

진화의 기본 원리인 "점진적인 구성과 복잡화 그리고 발달개념"

---

44) 정재훈 · 길소희, 『종교가 되어버린 진화라는 상상』 (개정판) (서울: 창조과학미디어, 2016), 120-121, 이후로는 정재훈 · 길소희, 『종교가 되어버린 진화라는 상상』, 120. 등으로 표기함.

45) Scoot M. Huse, 『진화론의 붕괴』, 19.

46) L. H. Matthews, *The Origin of Species*, Introduction by Charles Darwin, J. M. Dent and Sons, Ltd., (London, 1971), 10, Scoot M. Huse, 『진화론의 붕괴』, 19에서 재인용.

은 "본질적으로 도무지 흔들릴 수 없도록 확립된 에너지 보존과 질저하의 법칙"과도 모순됩니다.[47] 과학의 기본원칙 중의 하나는 "만물에는 반드시 그 결과를 산출하는 원인이 있어야 한다는 인과 원칙"이고, 열역학 제1 법칙은 "우주에 관하여 과학자들이 만든 것 중에서 가장 강력하고 가장 기초적인 보편 개념"으로 "우주의 에너지는 생성이나 소멸이 되지 않고 전체 에너지양은 항상 일정하다." 라는 것이지만, 진화론의 우주의 기원에 대한 설명은 무(無)에서는 아무것도 나올 수 없다는 가장 강력하고 가장 기초적인 보편 개념에도 모순됩니다.[48] 전체 에너지양은 항상 일정하다는 열역학 제1 법칙은 에너지는 스스로 창조되거나 소멸되지 않는다는 흔들릴 수 없는 과학의 기본원칙이기 때문에, 이 원칙을 부정할 수 없는 한(限), 진화는 이 원칙에 의해 부정될 수밖에 없습니다.

파스퇴르(Louis Pasteur)는 1861년에 발표한 「자연발생설 비판」에서 발효가 미생물의 증식 때문이라는 사실을 실험적으로 밝혔고, 고깃국물에서 미생물이 증식하는 것은 자연발생의 결과라는 종래의 주장이 틀렸음을 증명함으로써 "자연 발생이란 개념이 완전히 깨어졌음에도 불구하고", 아직도 "생명이 없는 화학물질로부터 생명이 있는 유기체로의 발달"을 설명하기 위해 "무수히 많은 실험들이 행해지고 있는데", 그것은 열역학 제1 법칙에 어긋나기 때문에 애초부터 불가능한 일입니다.[49]

"우주의 시초에 어떤 일이 발생했는지에 관하여 아무런 일관된

---

47) Henry M. Morris, 『성경과 현대과학』, 43.
48) Joe Boot, *Time to search: discovering meaning and purpose in life*, 지명수 옮김, 『청년들아 무엇을 위해 살 것인가?: 청년들을 위한 기독교 변증』(서울: 선교 횃불, 2008), 91, 이후로는 Joe Boot, 『청년들아 무엇을 위해 살 것인가?: 청년들을 위한 기독교 변증』, 91. 등으로 표기함.
49) Henry M. Morris, 『성경과 현대과학』, 52.

아이디어도 없고 그 순간 물리법칙이 작동될 것인지 아닌지도 전혀 알 수 없는 상황"임에도 불구하고 대다수는 빅뱅 이론이 옳다고 여기지만, "열역학 제1 법칙에 의하면 물질을 창조해 내는 빅뱅은 에너지 보존 법칙에 어긋나기 때문에" 전혀 불가능합니다.[50] 빅뱅 가설은 "어떻게 한 번의 폭발로 정교하게 조정되고 질서 잡힌 은하들과 태양계, 달과 행성들이 생겨날 수 있었는지", "우주 안에 있는 엄청나게 많은 복잡하게 압축된 은하들과 별들의 동기"가 무엇인지, "은하들이 얼마나 빠르게 돌고 있는지", "왜 그것들이 그냥 떨어져 나가지 않고", "수억 광년 거리로 펼쳐진 중력 패턴에 따라 서로 연결되어 있는지", "단순히 어떻게 빅뱅으로 인하여 우리가 지금 관찰하는 이처럼 복잡한 시스템들이 만들어졌는지"를 설명할 수 없습니다.[51]

1850년에 물리학자 클로시우스(Clausius)가 밝혀낸 '열역학 제2 법칙'은 "자연에서 일어나는 현상들의 방향성을 설명하는 법칙"으로서 "무질서가 스스로 질서로 발전하는 일은 결코 일어날 수 없음"을 뜻하며, 따라서 "자연에서는 아무리 오랜 시간이 주어진다 하더라도 무질서가 스스로 질서로 발전하는 현상"은 절대로 일어날 수 없기 때문에, 이 법칙은 "시간이 지남에 따라 자연계의 무질서는 감소하고, 오히려 질서가 자발적으로 높은 수준으로 증가한다."라는 진화론이 기본적인 과학 법칙에도 위배되는 비과학적인 주장이라는 것을 명확하게 보여줍니다.[52]

열역학 제2 법칙에 의하면 "모든 유기물질은 시간이 흐름에 따

50) Joe Boot, 『청년들아 무엇을 위해 살 것인가?: 청년들을 위한 기독교 변증』, 92, 93.

51) Joe Boot, 『청년들아 무엇을 위해 살 것인가?: 청년들을 위한 기독교 변증』, 95.

52) 한윤봉, "오랜 시간이면 진화가 일어날까?", newspower, 2020.10.09.,
   http://www.newspower.co.kr/sub_read.html?uid=47438,

라 자연발생적으로 퇴화되어, 원시 생명체의 발생과 정반대되는 쪽으로 작용"하므로, "과학자들은 원시 대기에 산소가 존재했다면, 유기화학 법칙에 따라 산소가 있는 곳에는 생명체 안에서 발견되는 분자들의 구성 물질들이 생기는 것을 불가능하게 하고, 오히려 진화를 방해했을 것이라는 데 동의"하지만, "만일 산소가 없었다면, 오존층도 있을 수 없고, 오존층이 없었다면 태양의 자외선 때문에 대양에서 발생하는 원시 생명체는 다 파괴되었을 것"이기 때문에 초월적인 하나님의 존재를 전제하지 않고는 최초 생명체의 발생에 대하여 어떤 가능성도 말할 수 없습니다.53)

멘델의 유전법칙, 자연도태설, 라마르크의 용불용설, 돌연변이, 종들 간의 해부학과 생리학상의 유사성, 발생학상의 발달, 모두 진화를 부정함

멘델(Gregor Johann Mendel)의 유전법칙도 "모든 변이들이 어떤 일정한 한계 안에서 일어나며, 최소한 그 조상 중의 어느 한편에도 존재하지 않았던 유전이 그 개체에 나타날 수 없다는 것을 보여주었고", "오늘날에 와서는 세포라고 해서 모두 같은 것이 아니며, 다양한 종류의 세포는 근본적으로 다르다는 것"이 알려졌습니다.54) "자연도태에 의해 새로운 종(種)을 형성한다고 생각되는 우연 발생적인 소규모 변이들은 모두 이미 그 부모 모두에게나 어느 한 편에 있었던 유전 인자들의 새로운 결합이지 그 이외의 것은 아니기" 때문에 "자연도태는 새로운 종을 창출하는 것이 아니라, 실제로는 이미 존재해 있는 것들을 보존하는 방향으로만

---

53) Joe Boot, 『청년들아 무엇을 위해 살 것인가?: 청년들을 위한 기독교 변증』, 101.
54) Henry M. Morris, 『성경과 현대과학』, 56.

움직일 뿐임"을 입증합니다.[55)

뿐만 아니라 "자연도태는 그 성질상 새로운 종의 기원에 있어서 거의 무한에 가까운 수의 과도기적 형태가 필요하지만", "그러한 무수히 많은 과도기적 형태들은 화석에 의해서 입증되지 않고 있으며" 오히려 "화석들은 거의 대부분 서로 분명히 구별되는 형태들만 드러내 보여주고 있을 뿐"입니다.[56) 만일 모든 생물이 진화를 계속하여 오늘에 이른 것이 사실이라면 현존하는 생물들은 이미 수천만 년에서 수억 년을 경과한 생물종들일 것이고, 그렇다면 무척추에서 척추로, 어류에서 양서류로, 양서류가 파충류로, 파충류가 조류와 포유류로, 설치류와 같은 포유류에서 유인원으로, 유인원이 사람으로 진화하는 현상이 무수히 발견되어야 하지만, 최근 수천 년간 그런 진화를 입증할 만한 일은 전혀 발견되지 않고 있습니다.[57)

진화론에서 최초로 제기된 중요한 주장은 "외계의 영향으로 인한 변이(變異)나 용(用), 불용(不用)에 의한 기관의 발달 또는 퇴화 등의 변화가 유전된다."라는 라마르크(Jean-Baptiste de Monet, chevalier de Lamarck)의 용불용설(用不用說)인데, 이 이론은 실험과 유전학의 발달에 의해 그 그릇됨이 완전히 입증되었기 때문에, "자연도태(自然淘汰)라는 다윈의 이론에도 똑같은 결론"을 내릴 수밖에 없습니다.[58)

이러한 사실들로 말미암아 거의 모든 진화론자들은 "진화가 조그만 변이의 축적에 의해서 일어나는 것이 아니라, 돌연변이라 불

---

55) Henry M. Morris, 『성경과 현대과학』, 58.

56) Henry M. Morris, 『성경과 현대과학』, 59.

57) 크루소마을, "진화론은 거짓이다." 2011.10.16.09:39,
https://cafe.daum.net/waterbloodholyspirit/MLXf/4?q=%EB%A7%88%EC%9D%84%ED%81%B4%20%EB%8D%B4%ED%84%B4

58) Henry M. Morris, 『성경과 현대과학』, 55.

리는 갑작스럽고 비교적 규모가 큰 유전적 변화에 의해 일어날 것이라고 결론"을 내리게 되었지만, "유전정보는 매우 안정되어 있기 때문에 돌연변이가 일어나는 경우는 매우 드물고", "돌연변이로 말미암은 진정한 변종들은 자연계에서 비교적 희귀하게 발생되고 있으며, 그것들은 발생되었다 하더라도 보통은 그냥 사라져버리는 경향이 있는데", 그 이유는 "이제까지 관찰되어온 진정한 모든 돌연변이들이 병적이거나 중성(中性)이었기 때문"입니다.[59] 돌연변이들은 "거의 언제나 열성으로 나타나고 있고", "돌연변이가 생존을 위한 투쟁에서 살아남는 데 전혀 도움이 되지 못한다는 것"과 "하나의 새로운 종의 형성에 하나가 아닌 수천의 돌연변이들이 필요하다는 사실"과 "이 세상에는 엄청난 수의 식물과 동물의 종들이 있다는 사실"을 고려해볼 때, 돌연변이에 의해 진화가 이루어지고 있다고 생각하는 것은 아무런 근거도 없다는 것을 알 수 있습니다.[60]

퇴화기관들에 근거한 오래된 논증도 진화의 증거가 될 수 없는데, 그 이유는 "일반적으로 열성으로 쳐지는 돌연변이적 결과"로 볼 수도 있기 때문입니다.[61] 최근에는 모든 생명체에는 유전자 수리장치(DNA-repair system)가 있어 돌연변이에 의해 유전자 구조가 손상을 받으면 재빨리 응급조치를 하며, 이차, 삼차적 방법을 동시에 동원하여 파손된 유전기구를 수리한다는 사실이 밝혀졌기 때문에, 모든 생물은 변화(진화)가 아니라 자기 종을 영원히 불변하게 보존하려는 방향으로 상시(常時) 작동하고 있다고 보는 것이 훨씬 과학적이라고 볼 수 있습니다.[62]

---

59) Henry M. Morris, 『성경과 현대과학』, 59, 60.

60) Henry M. Morris, 『성경과 현대과학』, 61.

61) Henry M. Morris, 『성경과 현대과학』, 62, 64.

62) 크루소마을, "진화론은 거짓이다." 2011.10.16.09:39,

또 서로 다른 종들 간의 해부학과 생리학상의 유사성이 진화의 증거라고 주장하지만, "모든 척추동물의 골격 구조는 그 구조를 이용하는 각각의 척추동물에 적절하도록 특별히 조정된 디자인의 한 형태"라고 보는 것이 더 논리적일 것이며, "인간을 포함한 모든 포유동물들이 다소간 동일한 물리적 기능들을 가지고 있기 때문에 그러한 기능들을 담당하는 구조가 유사하다."라는 것은 당연할 뿐입니다.[63]

"어떤 유기체의 발생학상의 발달이 그 유기체의 지나간 과거의 진화론적 발달 과정의 응축된 반복"이라는 주장도 진화의 증거가 될 수 없는데, 그 이유는 "배(胚)의 발달 초기에는 서로 다른 종들, 심지어 서로 다른 과(科)들의 배들 사이에도 유사점들이 아주 많지만", "배(胚)들은 모두 극히 작은 하나의 생식 세포에서 출발하며, 한동안은 필연적으로 유사한 방향을 따라 발달해야 하기 때문에 그와 같은 유사점들이 기대될 수 있을 뿐"이므로 "모든 생명체의 각 단계에서의 경이적인 배의 성장은 진화론을 지지해주는 것이 아니라, 실제로는 위대한 설계자에 대하여 풍부하게 입증"할 뿐입니다.[64]

화석들도 진화를 입증할 수 없음

"화석들이 언제나 진화를 암시해주고 있다는 진술들이 빈번히 행해지고 있지만", "지질학적 연대의 수억만 년 동안에 수많은 종

---

https://cafe.daum.net/waterbloodholyspirit/MLXf/4?q=%EB%A7%88%EC%9D%B4%ED%81%B4%20%EB%8D%94%ED%84%B4

63) Henry M. Morris, 『성경과 현대과학』, 62.

64) Henry M. Morris, 『성경과 현대과학』, 64-67.

들이 절대 불변의 안정된 형태를 유지해 오고 있고", "현대의 수많은 종들은 화석으로 발견된 종들의 형태보다 고등한 것이 아니라 퇴화한 형태라는 것이 분명하며", "화석에서는 수많은 속(generg)들과 종(species)들뿐만 아니라 강(phyla), 목(order), 과(family)들도 어떤 예비적 형태나 과도기적인 형태를 거치지 않고 아주 갑자기 나타나고 있다."라는65) 사실은 화석이 진화를 입증하는 근거가 될 수 없다는 것을 분명하게 보여줍니다.

진화론자들이 예비적 형태나 과도기적인 형태, 또는 중간단계의 화석이라고 주장했던 대표적인 화석은 소위 '시조새'인데, *Creation Truth*, 2011년 7월호와 9월호에 의하면 1982년 시조새에 대한 국제회의에서 시조새는 완전한 새(조류, 鳥類)로 결론이 났고, 시조새 화석이 발견된 퇴적층보다 6천만 년이나 오래된 퇴적층에서 완전한 새의 화석이 발견됨으로써 중간단계인 시조새보다 훨씬 오래된 새가 존재했다는 것이 입증되었으며, 시조새의 깃털도 파충류의 비늘에서 진화된 것이 아니라 다른 새들과 동일한 것으로 밝혀졌습니다.66)

선캄브리아기의 박테리아나 캄브리아기인 4~6억 년 전에 살았다는 달팽이나 미국의 블랙힐즈(Black Hills, South Dakoda)의 쥐라기 암석층(5억 년 전)에서 발견되었다는 불가사리의 화석도 지금 것과 동일하고, 미국(일리노이주)에서 발견된 바퀴벌레의 화석이나 발트해에서 발견된 화석(3천만 년 전)은 모두 오늘의 바퀴벌레와 동일하며, 2억 5천만 년 전의 거미와 지네, 신생대 제3기의 시신세(5천만 년 전)에 살았다는 박쥐의 화석도 지금과 동일하고, 식물의

---

65) Henry M. Morris, 『성경과 현대과학』, 68-70.

66) 정재훈·길소희, 『종교가 되어버린 진화라는 상상』, 122-123.

경우도 실루리아기의 고사리류, 현화식물류, 백악기에 갑자기 나타났다는 수많은 식물류는 벌써 수천만 년에서 수억 년이 흘렀지만 지금의 것과 변한 것이 없습니다.[67]

중생대 백악기 말, 약 6,500만 년 전에 전멸한 것으로 생각되었던 실라칸스가 1938년 아프리카 동남부 인도양에서 살아있는 상태로 처음 포획되어 '라티메리아 칼룸나에(Latimeria chalumnae)'라고 명명된 적이 있고, 그 후 지금까지 코모로 제도에서 약 200마리 이상 잡혔으며, 1991년 모잠비크 해협에서 전장 30.8~35.8cm인 26개체의 태아를 가진 전장 179cm의 암컷이 잡혔고, 1997~98년 사이에 인도네시아 해역에서도 실라칸스가 잡혔으며, 1998년에 잡힌 개체에는 '라티메리아 메나도엔시스(Latimeria menadoensis)'라는 학명이 붙여졌고, 이 어류는 영어로 'coelacanth(실라칸스)'라고 부르는데, 이것은 화석에 붙여졌던 'Coelacanthus(코엘라칸투스)'라고 하는 속명을 영어로 표현한 것입니다.[68]

진화론자들이 기대했던 것과는 다르게 실라칸스의 지느러미는 다리로 바뀌지 않은 채, 예나 지금이나 동일한 모습이었고, 오르도비스기(4억 5천만 년 전)에 살았다는 개맛(lingula)과 투구게(horseshoe crab), 그리고 데본기(4억 년 전)에 출현했다는 폐어(lung fish)도 옛날과 같은 모습으로 세 종류가 살고 있다는 사실도 확인되었으며, 데본기에 멸종한 것으로 알려진 갈라치아(Nepillina galathiae)라는 연체동물은 지금도 아카펄크 트랜치(중앙아메리카)

67) 크루소마을, "진화론은 거짓이다." 2011.10.16.09:39,
　　https://cafe.daum.net/waterbloodholyspirit/MLXf/4?q=%EB%A7%88%EC%9D%B4%ED%81%B4%20%EB%8D%B4%ED%84%B4

68) 김익수, "살아있는 화석, 실라칸스의 최근 이야기", Daum 백과,
　　https://100.daum.net/encyclopedia/view/176XX58800727

의 심해(해저 3,500m)에서 잡히고 있고, 조개의 조상이라는 앵무조개는 필리핀의 팔라오섬에서 잡히고 있으며, 쥐라기(1억 6천만 년 전)에 살았다는 소나무가 호주의 월레미공원(Wollemi National Park)에서 자라고 있다는 사실이 최근에 확인되었고, 1억 3,500만 년 전에 멸종되었다던 투아타라(Tuatara)라는 부리 머리를 가진 파충류도 뉴질랜드에 살고 있으며, 5만 년 전에 멸종된 것으로 알려진 바다거북(라바라크롬 엘세야가)도 현재 호주의 북부해안에서 살고 있는 모습이 발견되었습니다.[69]

진화론은 모든 생물이 한 조상에서 장기간에 걸쳐 서서히 고등한 방향으로 진화해 왔다고 주장하고 있고, 다윈도 언젠가 보다 많은 화석들이 발굴되면 수없이 많은 중간 종들이 나타날 것으로 예측했기 때문에, 반드시 두 지층 사이에는 중간 종(中間種, transitional form)이 수없이 있어야만 하지만, 덴튼(Micheal Denton)이 조사한 결과에 의하면 "현재, 육상 척추동물의 329과(科)의 79.2%(261과), 조류를 제외할 경우 87.6%, 연체동물의 50%가 화석으로 발견되었지만", "중간 형태는 여전히 수수께끼로 남아 있으며 한 세기가 지난 지금까지도 중간 형태가 보이지 않는다는 것은 화석 기록에서 읽을 수 있는 주요한 특징"입니다.[70]

진화론자들은 "선행인류(先行人類)로 분류되는 화석"으로 진화를 입증하려고 하지만, "1891년과 1892년 자바에서 발견"된 피데칸드로푸스 에렉투스(직립원인)는 "두개골 상부 일부와 좌대퇴골의 일부분, 세 개의 어금니로 구성되어 있는데", "한 군데서 발견된 것이

---

69) 조선일보, 1996.06.02.

70) 크루소마을, "진화론은 거짓이다." 2011.10.16.09:39,
    https://cafe.daum.net/waterbloodholyspirit/MLXf/4?q=%EB%A7%88%EC%9D%B4%ED%81%B4%20%EB%8D%B4%ED%84%B4

아니라 반경 약 25피트 안에서 따로따로 발견"된 것으로 "원래의 두개골은 체구가 작은 여자의 것으로 간주(看做)되기에 이르렀고, 대퇴골은 그 형태에 있어서 완전한 인간의 것으로 널리 인정을 받게 되었으며, 치아는 원숭이의 것으로 추정되었고, 다른 유골들과는 전혀 같은 부류에 속하지 않는 것"으로 밝혀졌습니다.[71] 또 "네안데르탈인은 원래 하나의 두개골 상부와 다른 몇 가지 것들을 조작"한 것으로 "두개골 상부는 여러 방면의 전문가들에 의해 어떤 원인(猿人)이나 흑인, 백치 또는 오늘날의 카자흐인이나 고대의 게르만인의 것으로 증명되었고", "네안데르탈인의 유골이 발견된 이후 유럽과 지중해 주위의 다른 지점들에서 그 유골의 조각들이 많이 발견되었으며", "현대인들 가운데서도 완전히 네안데르탈인과 같은 형태"가 자주 나타나고 있습니다.[72] "북경인 역시 처음에는 하나의 중요한 '연결고리'로서 환호를 받았지만", "1929년에 최초로 북경 근교의 동굴 속에서 발견된 여러 개체들의 것이 분명히 조작되었음"이 밝혀졌습니다.[73] "1926년 자바에서 발견된 코끼리의 무릎 뼈가 한동안 피데칸드로푸스의 새로운 두개골로 환호 받았고", "1922년 네브라스카에서 발견된 헤스페로피데쿠스의 치아는 인간의 기원이 고대임을 입증해주는 증거로 널리 인정을 받았기 때문에 1925년 테네시에서 있었던 그 유명한 '진화론 재판'에서 진화론자들에 의해 전문가의 증언으로 소개되기까지 하였으나, 2년 후에 보다 완전에 가까운 유골이 발견되었으며, 그 치아를 포함한 유골은 한 멸종된 돼지의 것임이 증명되었고", "콜로라도인이라 불렸

---

71) Henry M. Morris, 『성경과 현대과학』, 73-74.

72) Henry M. Morris, 『성경과 현대과학』, 75.

73) Henry M. Morris, 『성경과 현대과학』, 75.

던 한 가설적인 원인(猿人)도 한 개의 치아로 조작되었는데, 후에 마과(馬科)에 속한 것으로 밝혀졌고", "콜로라도에서 발견되어 한동안 박물관에서 원인의 두개골로 전시된 바도 있었던 두개골도 실제로는 불과 몇 년 전에 매장된 한 애완용 원숭이의 두개골이었고", "시애틀 부근에서 발견된 한 뼈는 고대인의 비골(fibula)로 확인된 바 있었는데, 결국에는 곰 뒷다리의 일부분이라는 것이 드러났고", "필트다운인은 최근까지 인간 진화에 있어서 가장 중요한 서너 개의 '연결고리'들 중 하나로 간주되어 왔으나, 오늘날에는 그것이 한 영리한 속임수였다는 것"이 공식적으로 확인되었습니다.74)

특별히 "진화라는 가정이 화석의 순서를 완전히 임의로 정(定)하는 데 사용되었고, 그 결과에 의한 화석의 순서가 진화에 대한 증명으로 발전"한 "순환 논리"는 "결국 진화에 대한 주된 증거는 진화에 대한 가정"이라는 것을 보여줍니다.75) "암석층의 형성이 방사능 연대 측정법을 기초로 해서 만들어진 것이 아니라 그 암석층에 포함된 화석의 종류(특히 표준 화석들)에 의해 정리되고 연대가 매겨진다는 사실"은 매우 충격적이며, "멕시코, 뉴멕시코, 애리조나, 미주리, 켄터키, 일리노이, 그 외 미국 내 몇몇 지역들에서 발견된 현생인류와 공룡의 자국들은" 지질 연대표가 잘못된 것이라는 것을 보여줍니다.76) 지질 연대표에 따르면, "삼엽충은 인류의 출현이 있기 약 2억 3천만 년 전에 소멸된 것으로 추측"되지만, "1968년 7월 1일, 마이스터(William Meister)는 미국의 유타주에서 신발을 신은 채 화석화된 사람의 발자국 안에서 삼엽충 몇 개를 발견했고", "지

74) Henry M. Morris, 『성경과 현대과학』, 77-78.
75) Scoot M. Huse, 『진화론의 붕괴』, 35.
76) Scoot M. Huse, 『진화론의 붕괴』, 37-38.

질학자인 버딕(Clifford Burdick)은 맨발을 하고 있는 아이의 발자국 중의 한 곳에서 압축된 삼엽충 한 개를 발견함"으로써 인류가 삼엽충과 함께 살았다는 것을 알게 되었습니다.[77]

　"지각으로부터 약 3분의 2되는 지점인 선캄브리아기에서 발견된 화석의 기록에는 생명체의 형태가 전혀 존재하지 않음을 보여주지만", "그다음 단계인 캄브리아기 암석들에서는 수십억 개의 진보된 형태의 생명체(무척추동물들)의 화석들이 나타나고", "화석의 기록은 생명체들이 대단한 다양성과 복잡성과 풍부함 속에 갑작스럽게 나타났음"을 보여주는데, 이것은 분명히 "점진적인 유기체의 진화가 아니라 초자연적인 창조에 대한 증거"라고 보는 것이 훨씬 더 합리적이라는 것을 보여줍니다.[78] "엄격하게 점진주의적인 설명은 다윈의 이론이 요구하는 것"이며, "그것은 다윈주의의 핵심이자 정신"이지만, 그런 식의 "종(種)의 분화에 관한 실험적 증거는 존재하지 않고" "만약 종들이 그 근본적인 속성상 한계를 넘어서 변할 수 없다면", "무작위적인 변이와 자연선택은 종들을 변화시킬 수 없다."라는 것을 보여줄 뿐입니다.[79]

방사능 연대 측정법은 화석을 통한 진화를 입증하는 데 한계를 드러냈음

　방사능 연대 측정법의 가정들도 문제가 많아 화석을 통하여 진화를 입증하는 데 한계를 드러냈습니다. 왜냐하면 방사능 연대 측정법은 첫째로 "암석은 처음에 파생된 원자를 그 안에 포함하지 않

---

77) Scoot M. Huse, 『진화론의 붕괴』, 40.

78) Scoot M. Huse, 『진화론의 붕괴』, 64.

79) David Berlinski, 『무신론의 과학적 위장』, 214, 215.

고, 오직 모원자(母原子, parent atoms)만을 포함하고 있다."라고 가정하지만, "파생된 원자들이 모두 지각 안에 넓게 분포되었음이 밝혀졌고, 이 같은 파생된 원자들이 초기에 그런 암석 안에 존재하지 않았다는 것을 절대적으로 확신할 길이 없으며", 둘째로 "그 후에 어떠한 모원자나 파생된 원자도 그 암석에 더해지거나 그 암석으로부터 제거되지 않았다."라고 가정하지만, "암석이 가열되거나 재구성됨으로써 파생 원자나 모원자의 이동이 있을 수 있고, 암석을 통한 물의 침투는 이런 원자들의 이동이나 다른 지역에서의 재침전의 원인이 될 수 있으며", 셋째로 "방사능 감쇄율이 일정하게 유지된다."라고 가정하지만, "최근의 연구에는 어떤 조건들(중성미자나 중성자에 노출되는 것과 같은)이 방사능 감쇄율을 변화시킬 수도 있음"을 보여주었기 때문입니다.[80]

또 "탄소-14 방법에 의해 달팽이들은 23,000년경의 것으로 추정되었고, 자라나고 있는 나무로부터 얻어낸 목재는 1만 년이나 된 것으로 추정되었으며", "칼륨-아르곤 방법에 의해 200년도 채 안된 하와이섬의 용암이 약 30억 년이나 된 것으로 추정"되었습니다.[81] 방사성탄소 동위원소(C-14)의 반감기는 5,730년이기 때문에 "10만 년이 지나면 유기체 화석 샘플에는 방사성탄소가 없어야 하고", 따라서 "진화론자들의 '지질 시대표'에 의하면 중생대(2억~7천만 년 전)에 번성했다던 공룡들의 화석에서는 방사성탄소(C-14)가 남아 있으면 안 되지만", "6,500만 년 전에 멸종했다는 공룡뼈 화석에서 잔류 방사성탄소가 존재하고", "측정된 방사성탄소 연대는 대략 2만 년에서 4만 년 범위에 속하는 것"으로 나타납니다.[82]

---

80) Scoot M. Huse, 『진화론의 붕괴』, 42.
81) Scoot M. Huse, 『진화론의 붕괴』, 43.

또한 "생명체가 가지고 있는 유기물 분자들은 생물이 죽으면 쉽게 분해되거나 변질되기 때문에 오랜 기간 동안 남아 있을 수 없다."라는 것이 과학적 사실이지만, "수억 수천만 년 이상 오래되었다는 공룡 화석에 아직도 단백질, 연부조직, 근육, 적혈구, 세포와 같은 유기물질들이 남아 있다는 사실은 공룡들이 멸종된 시기가 그렇게 오래되지 않았음을 뜻하며", 나아가 '지질 시대표가 역사적, 과학적 사실이 아님'을 보여줍니다.[83]

확률적으로도 진화는 불가능

"1부터 20까지 번호가 매겨진 20장의 카드를 잘 섞어서 일렬로 내려놓았을 때 1부터 20까지 순서대로 놓일 확률은 2,432,902,008, 176,640,000번 중의 단 한 번이고", "단지 200개의 부품으로 구성

82) 한윤봉, "공룡 나이의 진실은 무엇인가?" newspower, 2021.03.05.,
   http://www.newspower.co.kr/sub_read.html?uid=48847

83) 한윤봉, "공룡 나이의 진실은 무엇인가?" newspower, 2021.03.05.,
   http://www.newspower.co.kr/sub_read.html?uid=48847; 공룡화석에 대한 연구결과들
   ● 2007년에 미국의 노스캐롤라이나 주립대학교의 메리 슈바이처(Mary Schweitzer) 박사팀은 6천8백만 년 된 티라노사우루스렉스 공룡뼈 화석을 산성용액에 녹였는데, 미네랄 성분들은 다 없어지고, 탄력이 있는 연부조직(soft tissue), 단백질, 혈관, 적혈구, 손상되지 않는 세포를 발견했으며, 8천만 년 되었다는 오리주둥이 공룡화석 뼈에서도 동일하게 혈관, 연부조직, 세포 등이 반복적으로 발견하였다(Science 316 (5822): 277-280, 2007).
   ● 2007년: 미국 노스다코타에서 발견된 6천7백만 년 되었다는 공룡(오리주둥이 하드로사우르스) 미라에 피부, 근육, 인대 등 연부조직이 남아 있었다(BBC News, Amazing find of dinosaur 'mummy', 3 December, 2007).
   ● 2013년: 1억 9천만 년 전 초기 쥐라기의 배아 공룡 뼈에 아직도 남아있는 유기물질을 발견하였다(Nature 496 (2013): 210-214).
   ● 2014년: 남부 칠레의 토레스델파인 국립공원에서 깊은 해양 경사 채널에 묻혀 있던 1억 5천만~1억 년 전 어룡 화석에 연부조직이 남아 있었다(Science Daily, June 4, 2014).
   ● 2015년: 런던의 자연사박물관이 보유하고 있는 8개의 공룡화석에서 적혈구와 단백질 섬유들이 발견되었다는 연구 결과가 <네이처 커뮤니케이션>지에 보고되었다(Nature Communications 6, (2015): 7352).
   ● 2020년: 오리주둥이 공룡 화석에서 단백질, 염색체, 공룡 DNA의 화학적 표지자(chemical markers)의 증거를 발견했을 때, 연구자는 이렇게 말했다. "도저히 믿을 수가 없었어요. 심장이 멎는 줄 알았어요."(National Science Review 7 (2020): 815-822).

된 매우 단순한 시스템이 우연히 발생할 확률은 무려 788,657,867,
364,790,503,552,363,213,932,185,062,295,135,977,687,173,263,294,
742,533,244,359,449,963,403,342,920,304,284,011,984,623,904,177,
212,138,919,638,830,257,642,790,242,637,105,061,926,624,952,829,
931,113,462,857,270,763,317,237,396,988,943,922,445,621,451,664,
240,254,033,291,864,131,227,428,294,853,277,524,242,407,573,903,
240,321,257,405,579,568,660,226,031,904,170,324,062,351,700,858,
796,178,922,222,789,623,703,897,374,720×10^{16}번 중의 단 한 번인
셈이며", "미국 항공우주국(NASA)이 행한 최근의 연구에 의하
면, 생명체로 분류될 수 있는 가장 기초적인 형태의 단백질 분자
는 적어도 400개의 아미노산으로 연결되어 있다는 것이 밝혀졌
고", "골레이(Golay)는 복제하기에 가장 간단한 단백질 분자가
형성될 수 있는 확률은 10의 450승분의 1이라는 것을 증명했으며,
와이송(Wysong)은 가장 작은 자기 분열을 할 수 있는 어떤 물질을
위해 단백질과 DNA가 형성될 확률은 10^{167626}임을 계산하였고",
"뇌의 피질은 특별한 계획에 따라 정교하게 정돈된 10,000,000,000
개 이상의 세포들로 구성되어 있으며, 세포 한 개 한 개는 그것만
으로도 환상적으로 복잡하게 이루어져 있는데", "수학자들은 일반
적으로 10^{50}번의 경우의 수 중에서 단 한 번만 일어날 확률을 갖고
있는 사건을 0의 확률, 즉 불가능한 것"이라고 봅니다.[84]

월터 L. 브래들리(Walter L. Bredley)는 『생명 기원의 신비』에서
"우주의 모든 탄소를 지구에 가져와, 가능한 가장 빠른 속도로 화
학반응이 일어나게 하고, 십억 년을 놓아둔다고 할지라도, 하나의
제대로 작동하는 단백질 분자가 우연히 만들어질 성공 확률은 10

---

84) Scoot M. Huse, 『진화론의 붕괴』, 97-102.

의 60승 분의 일에 불과하다."라고 지적합니다.[85]

두노위는 "3,000개의 원자로 형성된 전형적인 단백질이 우연히 만들어질 확률은 2.02×10^{231} 분의 1로서 실제로는 0이며", "혹시 그 원소를 빛의 속도만큼 빠르게 뒤섞는다고 하더라도 그것이 생명을 만들어내기 위한 단백질 분자가 되는 데는 10×10^{234} 억 년이 걸리는데, 지구상의 생명체는 20억 년밖에 존재하지 않았다."라고 말합니다.[86]

라비 자카리아스(Ravi K. Zacharias)는 "진화는 마치 하나님에 대한 믿음을 무너뜨리기 위해 그 개념을 상정하기만 하면 되는 것처럼 내세워진 허수아비와 같다."라고 지적하면서 다음과 같은 사실을 소개했습니다.

> 프린스턴 대학의 고등연구소에 있는 도널드 페이지는 이 우주가 생명체가 살기에 적합한 형태를 우연히 취했을 확률은 $10,000,000,000^{124}$분의 1이라고 추산했다. … 천문학자 프레드 호일과 찬드라 위크라마싱은 우리 행성의 표면 어디에나 있는 아미노산으로부터 하나의 단일 효소가 우연히 형성될 확률은 10^{20}분의 1임을 발견했다. 나아가 그들은 이렇게 언급한다. "문제는 약 2천 개의 효소가 있으며, 한 번의 우연한 시도로 그것들을 모두 얻게 될 확률은 $(10^{20})^{2000}$분의 1, 곧 10^{4000}분의 1에 불과하다는 것이다. 이는 온 우주가 유기물 수프로 이루어져 있다고 해도 발생할 수 없는 터무니없이 적은 확률이다." 그리고 생명체의 형성 과정에서 이것은 그저 한 단계에 지나지 않는다.[87]

---

85) Joe Boot, 『청년들아 무엇을 위해 살 것인가?: 청년들을 위한 기독교 변증』, 105.

86) Bernard Ramm, *The Christian View of Science and Scripture*, (Grand Rapids: Wm. B. Eerdmans, 1954), 148, Paul E. Little, *Know way you believe*, 편집부 譯, 『이래서 믿는다』 (서울: 생명의 말씀사, 1992), 22에서 재인용.

87) Ravi K. Zacharias, *End of reason*, 송동민 옮김, 『이성의 끝에서 믿음을 찾다』 (서울: 에센티아: 베가북스, 2016), 46, 43, 이후로는 Ravi K. Zacharias, 『이성의 끝에서 믿음을 찾다』, 46. 등으로 표기함.

살펴본 바와 같이 생물학적 진화는 확률적으로도 불가능합니다. 더구나 "생물학적 진화에 앞서 화학적 진화가 선행되어야 하는데, 자연에서 우연히 무기물에서부터 유기 분자가 만들어지고 원시세포가 만들어지는 '화학적 진화'는 결코 화학적으로 일어날 수 없고", "화학적 진화가 사실이라고 가정하더라도, 단세포 원시 생명체가 오랜 시간 동안에 변이의 축적과 자연선택으로 다양한 종류의 생명체로 진화한다는 생물학적 진화는 결코 일어날 수 없기"[88] 때문에, 진화는 과학적으로 받아들일 수 없는 주장입니다. 누구도 부인할 수 없는 과학적 사실은 "아미노산에서부터 단백질이 합성되는 과정은 자발적으로 일어나지 않고", "생명체에 필요한 모든 단백질은 유전정보에 따라 합성되며, 유전정보는 저절로 만들어지지 않는다." 라는 것입니다.[89]

생명 형태들의 놀라운 완벽함에 대한 진화론적 설명의 한계

"이 지구에는 시간당 100km를 달릴 수 있는 치타, 17년간 잠을 잘 수 있는 곤충들, 45분 동안이나 물속에 머물 수 있고 500m나 잠수할 수 있는 웨델 물개(Wedell seals), 자신의 팔을 먹으면 또 새로운 것이 자라곤 하는 8개의 팔을 갖고 잉크를 쏘는 낙지, 물을 5m나 쏘아 벌레를 잡는 사수어(射水魚), 시간당 230km의 속도로 먹이를 덮치는 송골매 등"이 존재하는데, 이렇게 "복잡하고 다양하고 아름다우며 질서 있는 생명 형태들의 놀라운 완벽함은 생명체에 대한 진

88) 한윤봉, "창조 6일과 과학, 창조 여섯째 날, 인류의 조상", newspower, 2021.09.24., http://www.newspower.co.kr/sub_read.html?uid=50512&section=sc4&section2=,

89) 한윤봉, "생명체가 자연 발생할 확률은 얼마인가?" newspower, 2020.12.18., http://www.newspower.co.kr/sub_read.html?uid=48136&section=sc9&section2,

화론적 설명을 완전히 무용지물로 만들어버리기에 충분"합니다.[90]

도킨스는 "진화는 인류의 생물학적 복잡성과 기원을 설명하기에 부족함이 없으니 하나님이 끼어들 필요가 없다고 주장"하지만, 그런 주장은 "신앙을 거듭 엉뚱하게 묘사함으로써, 과학 영역에서 그가 그토록 소중히 여기는 이성에 근거하여 논리적 주장을 폈다기보다는 매몰찬 사적 견해를 무심코 드러낸 꼴이 되었다."라고 말할 수 있는데, 그것은 "진화론이 출현했다고 해서 하나님의 창조 계획을 부정할 수 있는 것은 아니기" 때문입니다.[91] 그는 "종교는 반이성적"이기 때문에 "망상"이라고 주장하는데, 물론 이성적 주장으로는 하나님의 존재를 증명하는 데 한계가 있지만, "아우구스티누스(Augustinus Hipponensis)에서 아퀴나스(Thomas Aquinas)와 루이스(Clive Staples Lewis)에 이르기까지 진지한 사상가들은 신에 대한 믿음이 지극히 타당하다는 것"을 이미 충분히 증명해 보였습니다.[92]

물질만 가지고는 어떤 것을 선택하거나 결정하거나 행동하거나 노력하는 생명의 기원을 설명할 수 없음

무신론자든 진화론자든 의식이 없는 물질이 어떤 것을 선택하거나 결정하거나 행동하거나 노력한다고 주장할 수는 없습니다. 단순히 화학적이거나 복합적인 물질이 이기적일 수도 있다고 주장하는 한 그것은 과학일 수 없을 것이며 극단적으로 말한다면 정신 나간 주장

---

90) Scoot M. Huse, 『진화론의 붕괴』, 106.
91) Francis S. Collins, *The Language of God*, 이창신 옮김, 『신의 언어』 (파주: 김영사, 2017), 168, 이후로는 Francis S. Collins, 『신의 언어』, 168. 등으로 표기함.
92) Francis S. Collins, 『신의 언어』, 168.

일 것입니다. 선택하거나 결정하거나 행동하거나 노력하거나 이기적이려면 의식이 있는 생명이어야 하는데 그 생명은 물질로는 그 기원을 설명할 수 없습니다. 그것은 과학적 방법을 뛰어넘는 문제입니다.

종교는 신의 존재, 삶의 의미와 가치의 본질 같은 질문들을 다루는 것으로서 모두 과학적 방법의 범위 너머에 있고, 이러한 문제들은 합리적인 논쟁에 모두 열려 있지만, 종교가 실증적 개념이 아니라는 점에서 과학적 분석이 이 질문에는 열려 있지 않습니다.[93] 앤토니 플루(Antony Flew)는 물질만 가지고는 생명의 기원을 설명할 수 없다는 사실을 다음과 같은 비유로 설명합니다.

이런 비유로 시작해 보자. 위성 전화 한 대가 외딴 섬의 해변에 떠내려갔다. 그리고 그 섬에는 현대 문명과 접촉해 본 적이 없는 부족이 산다. 원주민들은 번호판의 숫자를 가지고 놀다가 어찌어찌하여 여러 번호를 연속으로 누르게 되었고 거기서 다른 목소리를 듣게 된다. 처음에 그들은 그 소리가 정체 모를 장치에서 나오는 소음이라고 생각한다. 그런데 부족의 과학자 몇몇이 똑같은 복제품을 조립해서 그 숫자들을 누르자, 똑같은 목소리를 듣게 된다. 이제 결론은 명백해 보인다. 크리스털과 금속과 화학물질을 이런 식으로 조립하면 인간의 음성처럼 들리는 소리를 만들게 된다. 그 음성은 이 장치의 특성일 뿐이다.

그런데 이 부족의 한 현인이 과학자들을 소집해 토론을 벌인다. 그는 이 문제에 대해 골똘히 생각하여 다음과 같은 결론에 이르렀다고 말한다. "이 도구에서 나오는 음성은 우리와 같은 사람들의 것이 분명하네. 다른 언어로 말하고 있을 뿐, 그들은 살아있고 의식이 있는 사람들이라네." 현자는 그 음성을 전화기의 특성으로 치부하지 말고 어떤 신비한 통신망을 통해 그들이 다른 인간들과 '접촉'할 가능성을 연구해야 한다고 주장한다. 그런 식으로 점점 더 깊이 연구하다 보면 그들의 섬 너머에 있는 세계를 더 깊이 이해하게 될지도 모른다고 말한다.

그러나 과학자들은 현인을 비웃으며 이렇게 말한다. "보세요, 이 기계에 손상

---

93) Alister E. McGrath, *Science & religion: a new introduction* (2nd ed.), 정성희 · 김주현 역, 『과학과 종교 과연 무엇이 다른가?』 (서울: LINN, 2013), 187, 이후로는 Alister E. McGrath, 『과학과 종교 과연 무엇이 다른가?』, 187. 등으로 표기함.

을 가하면 더 이상 소리가 들리지 않습니다. 그러니까 그 음성은 리튬과 회로판과 발광 다이오드의 독특한 결합으로 만들어지는 소리에 불과한 겁니다."[94)

물질적 일원론에 바탕을 둔 진화론적 무신론의 문제점

"진화론이 독점해 온 생각의 흐름들과 그 생각의 흐름들 위에 세워진 체계들은 초자연적인 요소들에 대한 아무런 고려 없이 오로지 자연의 불변하는 법칙과 내재적 능력만으로도 전체 세상 즉 인간, 종교, 도덕성 등을 설명하기 위한 언어로 사용되었다."라는 점에서 심각한 문제를 가지고 있습니다.[95)

진화론은 자연주의인데 자연주의는 어떤 것도 자연법칙을 거스를 수 없다고 보기 때문에 자연법칙을 벗어나는 초자연적인 것은 받아들이지 않습니다. 이런 입장에서는 "하나님이 존재한다는 주장은 무수히 많은 다른 주장과 더불어 하나의 완전히 자의적인 비과학적 가설"로 볼 수밖에 없을 것이고, 또한 "종교를 과학과 경쟁하는 종교적 세계관으로", "다양한 종교를 서로 경쟁하는 관계로" 이해할 것입니다.[96) 이러한 진화론적 자연주의에 바탕을 둔 무신론은 물질적 일원론에 바탕을 두는 세계관으로 우주 전체가 오로지 자연법칙으로만 설명되는 물질이라고 보는데, 이러한 물질적 일원론은 심각한 문제를 가지고 있습니다. 이에 대하여 마르쿠스 가브리엘(Markus Gabriel)은 이렇게 지적합니다.

---

94) Antony Flew, *There is a God*, 홍종락 옮김, 『존재하는 신』 (서울: 청림출판사, 2011), 99, 100, 102, 이후로는 Antony Flew, 『존재하는 신』, 99. 등으로 표기함.

95) Herman Bavinck, *Philosophy of revelation*, 박재은(해제) 역, 『계시철학』 (군포: 다함, 2019), 77.

96) Markus Gabriel, *Warum es die Welt nicht gibt*, 김희상 옮김, 『왜 세계는 존재하지 않는가』 (파주: 열린책들, 2017), 170, 171, 이후로는 Markus Gabriel, 『왜 세계는 존재하지 않는가』, 170. 등으로 표기함.

우리는 언제나 동일한 인물 마거릿 대처를 30년 전과 마찬가지로 이야기할 수 있다. 비록 그녀는 물리적 동일성을 전혀 가지지 않지만, 그래도 이와 상관없이 우리는 동일한 마거릿 대처를 거론한다. … 생선을 먹을 때와 스테이크를 먹을 때는 부분적으로 전혀 다른 입자를 가짐에도 여전히 나는 나다. … 지금 나를 이루고 있는 입자는 내가 존재하기 전에 이미 다른 구성으로 존재해 왔다. 그러니까 논리적으로 우리는 우리 몸과 같은 게 아니다. 물론 그렇다고 몸 없이도 존재할 수 있다는 결론이 나오는 것은 아니다. 한 마디로 물질적 일원론은 틀렸다. 무수히 많은 대상이 존재하며, 이 대상은 우리를 엄밀하게 지시할 수 있고, 그 논리적 동일성은 물질적 성분과 철저하게 구분되어야만 한다는 이유에서 틀린 것이다.[97]

"빛의 속도가 일정하다는 것은 자연발생적인 생물 진화보다 훨씬 더 참된 사실이 될 것이라고 주장"되었지만, "진공 상태에서는 빛의 속도가 일정하지 않을 수 있기" 때문에 "이제는 아인슈타인이 세운 건물마저도 의문시되고 있고", "진화 가설 자체가 항상 진화한다는 사실을 생각한다면, 도대체 진화에 대해서 우리가 무엇을 믿어야 하는가?" 반문하지 않을 수 없습니다.[98]

실증주의적 사고의 심각한 문제점

도킨스의 입장은 과학을 통해서 설명할 수 있고 검증할 수 있는 것만을 현실 혹은 실재(reality)로 인정하며, 그것을 넘어서는 것은 신을 포함하여 모든 것을 망상으로 간주하는 매우 단순한 실증주의적 사고에 바탕을 두고 있습니다.[99] 실증주의적 사고에 의하면 학

---

97) Markus Gabriel, 『왜 세계는 존재하지 않는가』, 174, 177, 178.

98) Joe Boot, 『청년들아 무엇을 위해 살 것인가?: 청년들을 위한 기독교 변증』, 77, 78.

99) 김균진, "도킨스의 '만들어진 신', 그 타당성과 문제점", 「신학논단」 제53집 (연세대학교 신과대학 연합신학대학원, 2008. 9): 114, 이후로는 김균진, "도킨스의 '만들어진 신', 그 타당성과

문의 가장 확실한 방법은 수학적 방법이고, 모든 것이 수학적 분석의 대상이 됨에 따라서 모든 것이 물질과 같은 위치에 놓이게 되었습니다. 하지만 하나님은 수학적 방법에 근거한 과학을 통해 검증될 수 있는 물리적 현실이 될 수 없습니다.[100] 베르그송(Bergson)은 "과학은 죽이는 것이다."라고 비판하면서, 과학적 분석이 현상을 바르게 설명할 수도 없을 뿐만 아니라 왜곡시킬 수 있다는 점을 지적했고, 파스칼(Pascal)도 '수학적 논리' 위에는 '마음의 논리'가 있음을 강조하며 과학적 분석이 전부가 될 수 없음을 시사했습니다.[101] 도여베르트(H. Dooyeweerd)는 과학은 하나님께서 창조하신 복잡하고도 조화롭게 통일을 이루고 있는 현상의 일부만을 다루기 때문에 과학은 제한적이고, 과학의 객관성이란 하나의 허구요 모든 과학 이론 뒤에는 종교적 전제가 숨어있다고 밝혀 과학 지식의 주관성을 지적했습니다.[102] 일찍이 러셀은 평생을 수학적 방법에 의해 확실한 지식을 추구했지만 결국 그런 방법에 대하여 회의적인 결론을 내렸습니다. 그는 이렇게 고백했습니다.

나는 무엇보다 수학에서 확실성을 찾을 수 있다고 생각했다. 그러나 스승들이 받아들이라고 하는 수많은 수학적 증명들이 오류투성이임을 알았고, 수학에서 확실성을 찾아내려면 지금까지 안전하다고 여겼던 기초들보다 더 견고한 기초들에 입각한 새로운 종류의 수학에서나 가능하다는 것을 깨달았다. 그러나 작업이 진행될수록 코끼리와 거북이의 우화가 머리에서 떠나지 않았다. 수학의 세계를 받쳐주는 코끼리를 세웠으나 흔들리는 것을 발견했고, 코끼리가 넘어지지 않도

문제점": 114. 등으로 표기함.

100) 김균진, "도킨스의 '만들어진 신', 그 타당성과 문제점": 115.

101) 손봉호, 『現代精神과 基督敎的 知性』 (4판) (서울: 성광문화사, 1986), 205, 이후로는 손봉호, 『現代精神과 基督敎的 知性』, 205. 등으로 표기함.

102) 손봉호, 『現代精神과 基督敎的 知性』, 206.

록 받쳐줄 거북이를 세우기 시작했다. 그러나 코끼리와 마찬가지로 거북이도 안전하지 못했고 결국 20여 년의 각고 끝에, 수학적 지식을 의심의 여지없게 만드는 길에서 내가 할 수 있는 일은 더 이상 없다는 결론에 이르렀다.[103]

수학적 방법에 근거한 과학을 통해 하나님의 존재를 검증할 수 없다는 이유로 하나님이 존재하지 않는다고 주장하는 것은 과학을 통하여 충분히 설명되거나 검증될 수 없는 현실, 예를 들면 삶의 의미와 보람, 죄책감, 삶의 만족감 등이 어떻게 구성되었고, 왜 이런 느낌이 드는지, 어떤 과정을 통하여 이런 느낌들이 생성되는지를 과학적 데이터로 설명하거나 검증하기 어려운 현상들이 엄연히 존재한다는 사실을 무시하는 것입니다.[104] 물론 전자기기를 통하여 뇌파를 분석함으로써 이러한 현상들에 대한 증거들을 수학적 공식으로 나타내고자 시도할 수도 있고 그런 시도가 어느 정도 가능할 수도 있겠지만, 그러나 만일 인간의 감정과 의지, 도덕적 판단과 행동양식, 사회적 관습 등을 뇌파 분석이나 과학적 실험을 통해 검증하고 수학적 공식으로 그 결과를 설명할 수 있다면, 인간은 인격적인 존재가 아니라 기계와 같은 존재라고 보아야 하는 심각한 문제가 발생할 것입니다.[105]

실증주의는 과학을 통해서 설명할 수 있고 검증할 수 있는 것만을 의미 있는 것이라고 주장하지만, 그러한 주장은 그것의 범위나 경계를 초월하거나 포괄(包括)하는 소위 메타적 기준에 의해서 정당화될 수 있을 때만 의미를 가질 수 있습니다. 그것은 괴델(Kurt Gödel)의 정리에 의해서도 분명하게 결론을 내릴 수 있습니다. 괴델

103) Bertrand Russell, *Bertrand Russell autobiography*, 송은경 옮김, 『러셀 자서전』 (하) (서울: 사회평론, 2003), 558-559.
104) 김균진, "도킨스의 '만들어진 신', 그 타당성과 문제점": 115.
105) 김균진, "도킨스의 '만들어진 신', 그 타당성과 문제점": 115.

은 1931년 '괴델의 정리'를 발표함으로써 수학계와 논리학계에 큰 충격을 주었는데, 그 내용을 요약하면 어떤 형식화된 체계의 논리적 진리는 그 체계 자체에 의해서는 증명될 수 없고, 한 형식적 체계의 진리는 그 체계를 초월한 더 광대한 체계에 의해서만 확정될 수 있다는 것입니다.106) 그리고 그러한 과정은 무한히 소급될 수밖에 없고 그 결과는 신이라고 하는 최종의 궁극적인 절대 기준에 다다를 수밖에 없기 때문에, 결국 실증주의를 통해 신을 부정하려는 시도는 역설적으로 신의 존재를 긍정하는 결론에 이르게 됩니다.

소크라테스는 "내 생각에는 많은 사람들이 어둠 속에서 더듬어 찾다가 엉뚱한 것을 집어 들고서는, 그것이 원인이라고 이름을 붙이는 것처럼 보이네. … 하지만 사람들은 그런 것들이 가능한 한 최선의 방식으로 놓여 있게 하는 힘을 찾으려고 하지도 않고, 그 힘이 신적이라는 것도 생각하지 않으며…"라고 지적합니다.107)

진화가 하나님이 존재하지 않는다는 것을 증명한다는 주장은 과정을 작인과 혼동하는 것

진화론은 "단지 생명이 변해 온 과정을 추정할 뿐", "생명이 어떻게 왜 시작되었는지는 설명해주지 못함"에도 불구하고, "생명이 발전해 온 기제를 과학적으로 설명한 뒤 느닷없이 그것이 생명 자체의 기원에 관한 설명이라는 황당한 주장을 펼치면서" "진화가 하나님이 존재하지 않는다는 점을 증명한다고 주장"하는 것은 "철학적 표현을 빌자면", 그것은 "과정을 작인(作因, agency)과 혼동하는 것"입니다.108) "생물학적 진화론으로부터 무신론을 끌어내

---

106) 손봉호, 『現代精神과 基督敎的 知性』, 236.
107) Francis Collins, 『믿음』, 174-175.

는 진화무신론의 논리가 지닌 가장 결정적인 약점은 자연과학의 방법론적 자기 제한의 일환인 방법론적 자연주의와 과학의 영역을 훨씬 넘어선 이데올로기적 입장으로서의 형이상학적 자연주의를 구분하지 못하고 혼동하는 것"입니다.[109] 마이클 폴(Michael Paul)은 새로운 무신론을 다룬 소책자에서 한 가지 예를 통해 이렇게 반문합니다.

> 우리가 집의 한 방 안에 혼자 있는데 옆방에서 갑자기 불이 켜지면 대개 "누가 불을 켰지?"라고 묻게 된다. 배우자 혹은 자녀 혹은 침입자가 불을 켰는지 알고 싶어진다. … 그런데 우리가 전기기사에게 "왜 불이 켜진 거죠?"라고 물으면 분별력 없는 전기기사라면 이렇게 대답할 수도 있다. "불이 켜진 것은 전압이 낮은 전류가 에너지를 전구 안의 이온 가스로 옮겨 가스 원자들을 고(高)에너지 궤도로 올렸다가 다시 낮춰 에너지를 복사의 형태로 다시 발산했고, 그 에너지가 전구 튜브 안을 덮은 형광체를 자극시켜 빛이 발산된 겁니다." 자, 이 전기기사는 무엇을 한 것인가? "누가 불을 켰나?"라는 질문에 답한 것인가? 아니면 "빛이 발산되는 과학적 과정은 무엇인가?"라는 질문에 답한 것인가?[110]

앤서니 데스테파노는 이 문제에 대하여 이렇게 반문합니다.

> 만약 『햄릿』의 모든 등장인물이 힘을 합쳐 일련의 과학적 실험을 하면 그 희극의 페이지들 속에 있는 어느 장소에서 윌리엄 셰익스피어를 발견할 수 있을까? … 초콜릿 케이크의 요소들이 그 케이크 안의 다른 모든 요소에 대한 과학적 실험을 한다면 그 케이크를 구운 사람을 찾을 수 있을까? …
> 오직 '과학적' 실재만이 유일한 실재인가? 그렇다면 사랑이나 행복, 비극, 희

---

108) Anthony DeStefano, 『무신론자들의 마음속』, 102, 103.
109) 김정형, 『창조론: 과학시대 창조신앙』 (서울: 새물결플러스, 2020), 389-390.
110) Anthony DeStefano, 『무신론자들의 마음속』, 102.

망 같은 현실은 무엇인가? 문학이나 음악, 미술 같은 현실은 어떠한가? 상식이나 직관 같은 현실은 어떻게 보아야 하는가? 역사나 믿을 만한 증언 같은 현실에 대해서는 어떻게 설명할 것인가? 영적 세계와 같은 현실은 실재하는가? 이모두가 존재하지 않는 허상인가?[111]

---

111) Anthony DeStefano, 『무신론자들의 마음속』, 104.

3 기독교는 배타적이며 그것은 증거가 전혀 없기 때문일까요?

신학에 대한 무지하고 피상적인 지식

도킨스는 "기독교의 삼위일체설은 조금 다를 뿐인 견해들에 대해 유독 심한 적대감을 보이는데 그 이유는 그 신학적 견해들을 지지하는 증거가 전혀 없어서일 것"이라고 주장하면서, "그런데도 기독교 중 로마가톨릭교회는 삼위일체에 여신(女神)인 마리아가 합류하였으며 그것도 모자라 그 만신전(萬神殿)에는 성인들과 천사들도 포함되어 있다."라고 비판합니다.[112] 그는 또 기독교가 "성적(性的) 속박과 까맣게 탄 고기 냄새와 경쟁 관계에 있는 신들에 대한 우월성과 자신이 택한 부족의 배타성에 병적으로 집착하는 유대교의 종파"로서 "덜 무자비하며 덜 배타적이지만 기독교 역시 칼을 통해 퍼졌다."라고[113] 주장합니다.

과연 그럴까요? 도킨스는 기독교의 주장들은 신학적 견해를 지지하는 증거가 전혀 없다거나 "과학 등 다른 학문 분야들과는 달리 신학은 1,800년 동안 발전이 없었다."라고[114] 근거도 없는 주장을 하는 등 신학에 대해서 무지하고 피상적인 지식을 갖고 있습니다.

---

112) 『만들어진 신』, 56, 57.

113) 『만들어진 신』, 60, 61.

114) 『만들어진 신』, 56.

맥그라스(Alister McGrath)도 이에 대해서 "신학에 대한 도킨스의 지식은 매우 피상적이고 부정확하며 때로는 대충 때우는 식이다."라고 지적합니다.115) 김균진도 도킨스의 『만들어진 신』에 대하여 이렇게 지적합니다.

> 이 책은 학문적으로 깊이 있는 책이 아니다. 이 책은 자연과학에 대한 깊은 통찰을 제시하지도 못하지만, 그가 주장하는 무신론을 깊이 있게 개진하지도 못한다. 이 책은 사려 깊은 학자의 깊이 있는 전문 서적이 아니라, 저널리스트의 대중 강연 원고들을 묶어 놓은 것에 불과하다는 인상을 준다.116)

테리 이글턴(Terry Eagleton)도 도킨스에 대하여 이렇게 평가합니다.

> 자신이 속하지 않은 학문의 분야들이 어떻게 돌아가고 있는지까지 웬만큼 파악하고 있는 세속의 많은 학자가 신학의 전통적인 주장과 교리에 대해서는 한심할 정도로 조잡하고 유치한 수준의 지식만을 내두르곤 하는 게 사실이다. 본디의 교리는 자기네가 말한 바와 같은데 현대에 와서 … 바뀌었다고 멋대로 생각한다. … 여러 면에서 아무리 빈틈이 없는 사람이라고 하더라도 어느 구석 엔가는 엄청난 편견에 아주 쉽게 빠져버리는 주제나 대상이 있게 마련이다. 다른 주제에 대해서는 섬세한 분별력을 역설하는 자유주의적 합리주의자들이 하나님과 관련해서는 멋대로 조잡하게 논리를 펴고 마음껏 떠벌려도 되는 걸로 알고 있다.117)

---

115) Alister E. McGrath, *Dawkins' God: genes, memes, and the meaning of life*, 김지연 옮김, 『도킨스의 신』 (서울: SFC출판부, 2005), 163, 이후로는 Alister E. McGrath, 『도킨스의 신』, 163. 등으로 표기함.

116) 김균진, "도킨스의 '만들어진 신', 그 타당성과 문제점": 97-98.

117) Terry Eagleton, *Reason, faith, and revolution: reflections on the god debate*, 강주헌 옮김, 『신을 옹호하다-마르크스주의자의 무신론 비판』 (서울: 모멘토, 2011), 72, 74, 75, 이후로는 Terry Eagleton, 『신을 옹호하다-마르크스주의자의 무신론 비판』, 72. 등으로 표기함.

도킨스는 "종교의 모든 긍정적인 기능들을 무시하고 문제점만 제시할 뿐 성경과 하나님에 관한 이해도 매우 일방적이고 피상적"이며, "학문의 역사에서 볼 때, 도킨스의 과학적 무신론은 전혀 새로운 것도 아니고, 학문적 깊이를 결여"하고 있습니다.[118] 그는 또 "경솔하게 다른 대안들을 모두 무시"해 버리고, "자신에 대한 개인적 비판을 자연과학 전체에 대한 비판으로 보이게 하며", "엄격한 증거에 토대를 두는 학문적 방법에 신경 쓰지 않고 아무 거리낌 없이 호전적으로 논쟁"을 일삼습니다.[119] 맥 그래스는 도킨스의 주장에 대해 이렇게 평가합니다.

> 도킨스는 증거에 기초한 사고가 있어야 할 자리에 터보엔진을 단 강력한 수사와 사실들을 선별적으로 교묘히 조작하는 것으로 채우면서 그저 무신론적 달변의 지옥불 설교 같은 것을 내어놓았다. 놀랍게도 『만들어진 신』에는 과학적인 분석이 드물다. 대신 대부분 오래된 무신론자들의 저술로부터 빌려온 종교에 대한 광범위한 문화비평들과 유사 과학적 추정들로 가득 차 있다. …
> 그 사실처럼 여겨지는 것들은 최대한의 영향력을 얻기 위해 적절히 과장되고 논증을 이루는 것처럼 여겨지게 하기 위해 느슨하게 배열되어 있다.[120]

물론 도킨스의 주장 가운데 성모 마리아와 성인들과 천사들에 관한 지적은 바르다고 볼 수 있습니다. 철저한 성경적 기독교인들이 보기에도 "로마가톨릭교회의 신념은 창조자와 피조물 사이에 존재하는 엄연한 구분(피조물이 아무리 거룩하다 해도 뛰어넘을

---

118) 김균진, "도킨스의 '만들어진 신', 그 타당성과 문제점": 100, 114.

119) Alister E. McGrath, 『도킨스의 신』, 37.

120) Alister E. McGrath & Joanna Collicutt McGrath, *Dawkins' Delusion*, 전성민 옮김, 『도킨스의 망상-만들어진 신이 외면한 진리』 (파주: 살림출판사, 2010), 20, 24, 이후로는 Alister E. McGrath & Joanna Collicutt McGrath, 『도킨스의 망상-만들어진 신이 외면한 진리』, 20. 등으로 표기함.

수 없는 구분)을 위협"하는 것으로, "다신론을 부활시키는 것"과 같습니다.121)

배타적인 것은 무조건 틀린 것이란 주장은 잘못

도킨스도 다른 무신론자들과 마찬가지로 기독교가 자기들에게만 구원이 있다는 '배타적인 주장'을 하고 있다고 비판하는데, 기독교가 배타적인 것은 물론 맞습니다. 그러나 배타적인 것은 무조건 잘못된 것일까요? 그런 주장을 하는 사람들은 '종교는 결국 모두 같은 신을 믿고 있다는 것을 전제'하고, 따라서 종교의 교리적 차이는 대수롭지 않다고 주장하지만, 그런 주장은 잘못된 것입니다. 왜냐하면 그런 주장은 종교를 피상적으로 본 것일 뿐이지 구체적으로 보면 종교마다 전혀 다른 신을 믿고 있고 심지어 인격적인 신을 믿지 않는 종교들도 있기 때문입니다.

그들은 종교를 '앞을 보지 못하는 사람이 코끼리를 더듬는 것'에 비유하면서 종교마다 부분적일 뿐이라고 주장하는데, 그렇다면 그것은 각각의 종교인들은 모두 앞을 보지 못하는 사람들이지만 '자신들은 코끼리 전체를 본다고 가정'하는 것과 같으므로, 따라서 그들은 자신들이 자기중심적이고 오만하다는 것을 보여줄 뿐입니다.122) "믿음에 관해서는 어떤 주장이든 배타적이며", 따라서 "모든 종교를 똑같은 사고방식으로 보는 게 타당하다."라는 무신론자들의 주장 또한 하나의 믿음일 뿐이기 때문에 역시 배타적이기는 마찬가지입니다.123)

---

121) C. S. Lewis, *Mere Christianity*, 장경철·이종태 옮김, 『순전한 기독교』 (서울: 홍성사, 2019), 12, 이후로는 C. S. Lewis, 『순전한 기독교』, 12. 등으로 표기함.

122) Timothy Keller, 『하나님을 말하다』, 45, 46.

123) Timothy Keller, 『하나님을 말하다』, 48.

절대 진리를 주장하는 기독교는 특정한 믿음들을 가리켜 이단이라거나 사이비(似而非)라고 구분하고, "교리적이고 도덕적인 경계를 넘어서는" 특정한 믿음들이 공동체에 들어오는 것을 용납하지 않기 때문에 "주민들을 통합하기보다 분열"시킴으로써 "시민의 자유를 위협"한다는 비난을 받기도 합니다.124) 또 "문화에 따라 현실을 보는 시각이 다를 수 있음을 인정하지 않기 때문"에 "구성원들을 노예로 만들거나 기껏해야 어린애 취급함"으로써 "기독교는 사회통합과 문화적인 적응성, 심지어 참다운 인간성을 해치는 것처럼 보인다."라는125) 비판을 받기도 합니다. 하지만 이런 비판은 "진리와 공동체, 기독교와 자유의 본질에 얽힌 오류"에 근거하고 있습니다.126) 어떤 공동체든지 그들 나름의 공공의 신념을 가지고 있기 때문에 그 신념에 어긋나는 사람들을 아무 제한 없이 받아들일 수는 없고, 따라서 "어떤 공동체도 완전히 포용적일 수 없듯이" 기독교도 마찬가지로 "공동체의 구성원이 되는 것은 누구에게나 열려 있는 것이 아니라 특정한 신념들을 받아들여야" 가능합니다.127) 다른 인간 공동체와 기독교는 "양쪽 다 구성원들끼리 공유하고 있는 확신들을 기초로 삼고 있으며 그 믿음은 포용하고 배척할 상대를 가르는 경계선으로 작용함"에도 불구하고, 세상 모든 공동체는 "고유한 확신을 좇아 구성원들에게 적용되는 확고한 기준"을 지켜간다고 해도 아무 문제가 없고 기독교만 문제가 되는 것처럼 비판을 한다면 그것은 참으로 불공평한 처사(處事)일 것입니다.128)

---

124) Timothy Keller, 『하나님을 말하다』, 77.
125) Timothy Keller, 『하나님을 말하다』, 78, 79.
126) Timothy Keller, 『하나님을 말하다』, 79.
127) Timothy Keller, 『하나님을 말하다』, 82, 83.
128) Timothy Keller, 『하나님을 말하다』, 83, 84.

또 "기독교가 지극히 이질적인 여러 문화 속으로 세계 주요 종교들과 비교할 수 없을 만큼 깊이 파고 들어갈 수 있었던 비결은" "모든 기독교 신앙에는 그 형태와 상관없이 한사코 지키는 핵심적인 가르침들이 엄연히 존재함"에도 불구하고 "특정한 문화 속에서 그 절대적인 신조들을 표현하는 방법과 형식에는 커다란 자유가 허용"되었기 때문입니다.[129] 이로 볼 때 기독교만이 유독 배타적이며, 그러므로 틀렸다고 비난하는 것은 공정하지 못합니다.

또 기독교의 배타성은 "무엇을 믿고 어떻게 행할지 선택할 자유를 제한하여 개인의 성장과 잠재력을 가로막는다."라고 비난하지만, "자유란 오직 구속과 제한이 없다는 식"으로 정의할 수는 없습니다.[130] 팀 켈러(Timothy Keller)는 실제로 구속과 제한이 자유의 통로가 되는 경우를 예를 들면서 이렇게 반문합니다.

> 음악적인 재능을 타고났다면, 몇 년이고 피아노를 치는 연습을 거듭해야 할지 모른다. 이는 자유를 구속하고 제한하는 행위다. … 하지만 달란트를 지닌 이들에게 이런 규율과 제한은, 그렇게 하지 않으면 묻혀 버릴 능력을 남김없이 발휘할 수 있게 해준다. … 다른 일들을 성취하는 더 풍성한 자유를 스스로에게 부여하기 위해 특정한 일을 하는 자유를 일부러 포기한 것이 아닌가?[131]

기독교가 배타적인 정당한 이유

"다른 종교들이 구원을 추구하는 방식으로 제시하는 길과 예수님의 복음이 설명하는 방법 사이에는 심오하고도 근본적인 차이가 있는데" 그것은 바로 "다른 주요 종교는 창시자, 곧 구원의 길을

---

129) Timothy Keller, 『하나님을 말하다』, 89.
130) Timothy Keller, 『하나님을 말하다』, 91.
131) Timothy Keller, 『하나님을 말하다』, 91.

보여주는 스승들이 있지만, 기독교는 오직 예수님만이 구원의 길"이기 때문에,132) 이런 면에서 기독교는 다른 종교와는 구별되는 배타성을 가집니다.

다른 종교들은 자신이 스스로 구원을 얻으려는 노력이고 따라서 그들 종교의 창시자는 구원자가 아니라 스승이고 모델일 뿐입니다. 그런 면에서 일반 종교들은 "세상에서 벌어지는 다른 일들과 마찬가지로 그 밑바탕에는 자기를 확장하려는 욕구가 깔려있고", "이것이 바로 지상에서 일어나는 대다수 폭력과 범죄, 전쟁의 원인이고", "힘 있고 돈 많은 이들이 가난한 이들의 어려움에 그토록 냉담한 까닭이며", "가정이 해체되는 가장 핵심적인 요인"이기도 합니다.133) 이런 자기중심성은 우월감과 자기의(自己義), 교만으로 몰아가는데, 이런 모습은 물론 잘못된 기독교 안에도 있습니다. 그것은 예수님보다 자신의 선한 의지를 더 깊이 신뢰하여, 표면적으로는 예수님을 따라가지만, 실제로는 직접 자신을 구원하려고 노력하는 것이며, 그 결과는 역설적으로 예수님의 복음을 부정하는 것으로 '기독교 형식을 띤 다른 종교'라고 할 수 있는데, 그것은 "성경의 규칙을 어기는 방식만이 아니라 모두 지키는 식으로도 예수님을 마다할 수 있기 때문"입니다.134) "선행을 쌓아 이른바 셀프 구원에 이르고자 하면 평생 이루 헤아릴 수 없을 만큼 많은 도덕적 행동을 낳을 수 있지만, 내면에는 자기 의로 가득 차서" "독선적이고 배타적이며 불안정하고 분노하는 도덕주의자"가 될 수밖에 없습니다.135) 그들은 자신이 주인이 되는 자아(自我)의 종살이를 하면서도

---

132) Timothy Keller, 『하나님을 말하다』, 272.
133) Timothy Keller, 『하나님을 말하다』, 273.
134) Timothy Keller, 『하나님을 말하다』, 275.
135) Timothy Keller, 『하나님을 말하다』, 276, 278.

"구원을 얻지 못할까 두려움으로 마지못해 순종하지만", 진정한 기독교인은 그런 도덕주의가 잘못되었음을 잘 알고 하나님의 주인 되심에 "흔쾌히 복종하는 삶"을 삽니다.136) 그런 면에서 성경적 기독교는 다른 종교나 무늬만 기독교인 이단 사이비에 대하여 배타적일 수밖에 없습니다.

만일 기독교가 사람들이 짐작할 수 있는 종교이거나 인간이 기대하고 예상하는 것과 같은 종교의 이념을 제시한다면, 그 기독교는 인간이 만들어 낸 종교일 것이지만, 기독교는 전혀 그렇지 않습니다.137) 그런 면에서 기독교인이 된다는 것은, 기독교가 다른 종교와 차이를 보이는 부분에서 기독교는 옳고 다른 종교들은 틀렸다고 생각한다는 의미이고, 물론 그것이 "틀린 답 중에도 비교적 정답에 근접한 답이 있다."라는 것을 부정하는 것은 아니지만, 그 이유는 '맞는 답은 하나이며 나머지는 다 틀린 답'이기 때문입니다.138) 따라서 기독교는 배타적일 수밖에 없고, 그 배타성은 당연하고 정당할 수밖에 없습니다.

다신론이 유일신론보다 더욱 관대하다는 주장은 역사적으로 전혀 신빙성이 없음

무신론자들은 "한 하나님을 믿는 신앙은 전형적인 불관용의 융통성이 없는 정신을 보여주는 반면에", "다신론을 믿는 신앙은 신들이 여러 형태와 많은 수로 나타나기를 기대하기 때문에 보다 호의적이고 절충적인 개방성을 지녔다고 주장"하지만, "다원주의(多

---

136) Timothy Keller, 『하나님을 말하다』, 279.

137) C. S. Lewis, 『순전한 기독교』, 77.

138) C. S. Lewis, 『순전한 기독교』, 70.

元主義)의 개념도 없었고, '다양성'에 대한 헌신이나 예배의 자유도 없었던 문화에 '다원적 가치들'이 있다고 생각하는 것"은 한마디로 시대착오적일 것입니다.139) 예를 들면, "로마는 그 자체의 종교적 기질을 다르게 표현한 신조들, 그래서 결국 쉽게 흡수될 수 있는 그런 신조들에는 관대했지만", "로마 자체의 신앙심에 반대되거나 그들의 종교적 감성에 낯설거나 그 자체의 거룩한 전제들에 명백히 위협적인 그런 믿음들과 실천들에 봉착하면, 로마는 지나친 폭력으로 대응하였고", 로마제국의 이런 입장은 "이국풍으로 보이는 다른 이방 종교들"에 대해서도 마찬가지였습니다.140)

"다신론이 유일신론보다 종교적 차이점들에 대해 더욱 관대하다."라는 주장은 역사적으로 전혀 근거가 없으며, 그것은 "서로 다른 시대와 장소에 따라서 유대인들과 이방인들이 기독교인들을 박해했고, 이방인들이 유대인들과 기독교인들을 박해했으며, 그리고 기독교인들이 이방인들과 유대인들을 박해했고", "이방인들이 다른 이방인들을 박해했으며, 유대인들은 다른 유대인들을, 기독교인들은 다른 기독교인들을 박해했다."라는 사실에서 확인할 수 있습니다.141) 근대에 와서는 어떤 무신론자들은 모든 박해자 가운데서 누구보다도 배타적으로 지금껏 가장 야만에 찬, 살인적인, 많은 박해를 자행한 자들이었음에도 불구하고 무신론자들은 자신들의 그런 배타성에 대해서는 문제 삼지 않고 있습니다.142) 그것은 한 마디로 "내로남불"143)에 해당할 것입니다.

---

139) David Bentley Hart, *Atheist Delusion*, 한성수 옮김, 『무신론자들의 망상』(고양: 한국기독교연구소, 2016), 204, 206, 이후로는 David Bentley Hart, 『무신론자들의 망상』, 204. 등으로 표기함.

140) David Bentley Hart, 『무신론자들의 망상』, 207.

141) David Bentley Hart, 『무신론자들의 망상』, 208, 209.

142) David Bentley Hart, 『무신론자들의 망상』, 209.

4 신가설(神假說)은 과학적 가설일까요?

피조물에 적용되는 물리적 개념을 들어 하나님을 언급하는 것은 과학적이지 않음

도킨스는 "창조하는 초지성체(超知性體)의 존재 여부는 분명 과학적 질문이며, 기적의 진위도 마찬가지로 하나하나 과학적 질문"이고, "신의 문제가 영원히 과학의 영역 너머에 있는 것은 아니다."라고 주장하면서, "신학자가 상상할 수 있는 그 어떤 것도 신과 흡사한 수준에 이른 초인(超人)들의 외계문명도 있을 수 있고", "그렇다면 가장 진보한 SETI(외계 지적 생명체 탐사 프로젝트) 외계인은 어떤 의미에서 신이 아닐까? 그들은 어떤 의미에서 초인이긴 해도 초자연은 아닐까?"라고[144] 반문합니다.

그는 "신가설(神假說)은 엄연한 과학적 가설이고, 확률론적 접근을 통해 신 존재의 개연성을 따져볼 수 있다."라고 주장하면서, "이를 위해 먼저 신가설을 정의하고, 이 가설의 다양한 형태(다신교, 일신교, 자연신교 등)를 살펴보고, 무신론도 아니고 유신론도 아닌 부류에 속하는 불가지론자를 무신론으로 끌어들이기 위해 시도"했습니다.[145]

---

143) "내가 하면 로맨스, 남이 하면 불륜"이라는 뜻의 신조어.
144) 『만들어진 신』, 95, 115-118.

과연 그럴까요? 칸트의 관점에서 보면 "우리의 개념은 오직 현상계에만 적용되며, 실재(實在)의 세계에는 적용되지 않기 때문"에 "우리의 하찮은 지성"은 "우리 훨씬 위에 계시거나, 우리 너머에 계시는 지극히 탁월한 실재"이신 하나님께 도달할 수 없고, "우리는 현상계에 관해서는 생각할 수 있어도 사물 자체의 세계에 대해서는 생각할 수 없기 때문"에 "사물 자체"에 속하는 하나님에 대해서는 현상계를 다루는 과학의 한계를 넘어섭니다.[146]

"창조주인 하나님을 말하면서 시공간적인 제약을 받는 피조물에 적용되는 물리적 개념을 들어 하나님을 언급하는 것"이 과연 과학적이라고 말할 수 있는지 의문을 가질 수밖에 없는데, 그 이유는 "오직 시공간적인 제약을 받는 존재라는 개념을 하나님의 존재에 대하여 사용하는 것은 적절하지 않기" 때문입니다.[147] 현대 신학계의 거성인 독일의 신학자 폴 틸리히(Paul Johannes Tillich)도 1960년 일본에서 한 강연에서 신에 대한 이런 식의 사고가 문제가 있음을 이렇게 지적했습니다.

> 존재라고 하는 말은 시간과 공간 속의 존재자에 대하여 사용됩니다. 다른 행성이나 태양계 속에 존재하기도 하고, 깊은 바다에 다른 동물이 존재하기도 하는 것을 증명하는 것처럼, 신이라고 하는 존재자가 존재하는 것을 증명할 수 있다고 한다면, 그와 같이 증명될 수 있는 존재는 분명히 신은 아니며 이 세계의 일부일 것입니다. 그런 식으로 우리가 존재한다고 말할 수 있는 신은 실상은 신이 아니며, 신 이하의 상상적 존재자일 뿐입니다.[148]

---

145) 이정순, 『신을 묻는다』 (서울: 대한기독교서회, 2019), 156, 이후로는 이정순, 『신을 묻는다』, 156. 등으로 표기함.

146) Alvin Carl Plantinga, 『지식과 믿음』, 22, 27.

147) 이태하, 『종교의 미래』 (파주: 아카넷, 2015), 45.

148) Paul Tillich, *Theology of Culture*, 이계준 옮김, 『문화와 종교』 (서울:전망사, 1984), 47.

경험적인 관찰이나 실험은 칸트의 지적처럼 엄밀한 보편성을 주지 못하고, '(귀납에 의거하여) 오직 가정된 비교적인 보편성만을 주고, 인간의 경험적 인식조차도 바로 경험으로부터 생겨나는 것이 아니라 (감각) 인상들을 통해 수용한 것과 (순전히 이 감각 인상들의 야기로) 자신의 인식 능력이 자기 자신으로부터 산출한 것의 합성'입니다.149) 따라서 "자연법칙, 목적론적 구조를 가진 생명, 그리고 우주의 존재는 그 자체의 존재뿐만 아니라 세계의 존재를 설명하는 초월적 지성의 빛 아래에서만 설명될 수 있고", "신에 대한 발견은 실험과 방정식을 통해서가 아니라, 실험과 방정식이 보여주는 구조를 이해함으로써만 가능"합니다.150)

도킨스는 눈을 만든 설계자가 있다면 그는 멍청이라며 눈의 비합리적인 기능을 조롱하지만,151) 그가 불합리한 도구라고 말하는 눈을 이용한 관찰은 그가 가장 신뢰하는 일반적인 과학적 방법으로 널리 사용하고 있습니다. 물론 그는 세심한 추론이 실제 관찰보다 훨씬 믿음직할 수 있다고 반론하지만, 추론하기 위해서는 어떤 사실이 필요하고, 사실을 구성하기 위해서는 또다시 관찰의 도움을 받을 수밖에 없기에 결국 추론도 객관성을 가질 수 없습니다.152) 칸트의 지적대로 과학적 발견들은 첫째로 순수한 사실들을 다루는 것이 아니라 이미 관찰자에 의해서 해석되고, 그것을 관찰하는 과학자 역시 지식적인 경향, 사전 상태, 그리고 자기 나름대로의 배경, 곧 전제와 편견을 가지고 있으며, 둘째로 과학은 오직 관찰과 실험이 가능한 것에만 실증적으로 접근할 수 있고, 이것을 넘어서

---

149) Immanuel Kant, *Kritik der reinen Vernunft*, 백종현 옮김, 『순수이성비판 1』 (서울: 아카넷, 2006), 215-216.

150) Antony Flew, 『존재하는 신』, 161.

151) Richard Dawkins, 『지상 최대의 쇼』, 471.

152) 정재훈·길소희, 『종교가 되어버린 진화라는 상상』, 62.

는 것, 즉 비실증적이고 수치로 환산할 수 없는 것에 관해서는 어떤 추론도 허용하지 않기 때문에, 과학으로 모든 것을 입증하거나 설명하려는 시도는 잘못된 것입니다.[153) "과학자의 인식은 과학자 자신의 가설에 입각한 기획(企劃)된 인식"일 뿐만 아니라 "가설의 성격"을 벗어날 수 없고, 따라서 그것은 "변경될 수도 있고 폐기될 수도 있으므로" "과학적 인식만이 확실한 신뢰성을 가질 수 있다." 라고 주장하거나 "과학적 검증이 인간의 모든 현실의 진위를 가리는 유일한 기준"이라고 생각한다면 그것은 잘못된 것입니다.[154)

토머스 키다(Thomas E. Kida)가 그의 『생각의 오류』(*Don't believe everything you think*)에서 지적한 바와 같이 우리의 인식은 우리의 기대에 영향을 받고 특별히 우리의 욕망에 더 강력한 영향을 받기 때문에[155) 고도로 발달한 측정 도구가 있고, 아무리 객관성이 높은 측정 결과를 얻어낸다고 하더라도 측정 결과를 해석하는 단계에서 또다시 개인 생각의 틀이 작용하기 때문에 현상을 있는 그대로 객관적이고 정확하게 인식할 수 없는 한계가 있습니다.[156)

도킨스의 무신론은 전제와 편견을 가지고 "자신의 신념이나 기대와 일치하는 정보는 쉽게 수용하지만, 자신의 신념과 어긋나는 정보는 그것이 아무리 객관적이고 올바른 정보라도 무시하거나 거부해 버리는 심리적 편향성"을 가지기 때문에 확증편향(確證偏向)이며, 따라서 비과학적입니다.[157)

153) Alister E. McGrath, 『과학과 종교 과연 무엇이 다른가?』, 187

154) 김균진, "도킨스의 '만들어진 신', 그 타당성과 문제점": 120.

155) Thomas E. Kida, *Don't believe everything you think,* 박윤정 역, 『생각의 오류』 (서울: 열음사, 2009), 24.

156) 정재훈·길소희, 『종교가 되어버린 진화라는 상상』, 75.

157) 이영직, 『행동 뒤에 숨은 심리학』 (고양: 스마트비즈니스, 2018), 56-57, 이후로는 이영직, 『행동 뒤에 숨은 심리학』, 56. 등으로 표기함.

하나님의 존재를 전제하지 않는
양적 접근에 의거하는 물리과학의 한계

물리과학은 "실재를 양적(量的) 접근에 근거하여 이해하고자 하는 노력"이고, 따라서 "어떤 방식으로든지 측정될 수 있는 것만이 의미가 있을 뿐"이기 때문에, 만일 과학적으로 측정될 수 있는 신이 있다면 그 신은 초월적 존재가 아니라 양적(量的) 접근에 근거하여 이해할 수 있는 사이비 신, 즉 '신'이라고 잘못 불린 '세속적인 실재'에 불과할 것입니다.158) 물리과학은 "세계에 내재하는 측정 가능한 인자(因子)들의 지배를 받는 물질적 실재에만 관계하기를 원하고" "세계를 초월하는 실재성, 즉 초월적 신은 완전하게 그 범위를 넘어서기" 때문에, 물리과학은 "신의 세계를 세계 내의 한 대상으로 한 물리적 원인으로 환원"시킬 수밖에 없고, 따라서 "초월적 신을 거부하고 일종의 무신론을 고백"할 수밖에 없습니다.159) 이처럼 물리과학이 가지는 근본적인 약점은 신이든 어떤 의미 있는 현상과 대상에 대해서든 물리과학으로 검증할 수 없다면 무의미하다고 결론지을 수밖에 없다는 점입니다. 우리가 명심해야 할 것은 과학은 "관찰과 경험에서 도출(導出)된 추론에 의지할 수밖에 없고", "삶과 과학에서 도출된 추론은 틀릴 수 있기에" "잠정적으로만 지지할 수 있으며", "위험 요소를 내포하는 가설을 세우지만, 이 기반 위에서 우주에 대한 관찰과 경험에서 시작해 추론으로 우주를 낳았을 개연성이 가장 큰 원인은" "기껏해야 참일 확률이 가장 높은 설명이지 반박할 수 없을 만큼 확실한 설명"은 될 수 없다는 사

---

158) William A. Luijpen & Henry J. Koren, *Religion and atheism*, 류의근 옮김, 『현대 무신론 비판』 (서울: 기독교문서선교회, 2005), 15, 이후로는 William A. Luijpen & Henry J. Koren, 『현대 무신론 비판』, 15. 등으로 표기함.

159) William A. Luijpen & Henry J. Koren, 『현대 무신론 비판』, 31.

실입니다.160) 그러므로 양적 접근에 근거하는 물리과학으로 양적 접근을 초월하는 신의 문제를 다룰 수 있다고 전제하는 것은 모순된 것입니다.

인간의 경험 가운데는 '신의 존재를 전제해야만 설명할 수 있는 다섯 가지 현상'이 있는데, "첫째, 우리가 경험하는 물리적 세계에 담긴 합리성", "둘째, 생명, 즉 자율적으로 행동할 수 있는 능력", "셋째, 인식할 수 있는 힘, 바로 의식", "넷째, 개념적 사고, 즉 언어에 담긴 것과 같은 의미 있는 상징을 표현하고 이해할 수 있는 힘", "다섯째, 의식과 사고, 행동의 중심인 인간 자아"입니다.161) 앤토니 플루(Antony Flew)는 "의식과 사고가 순전히 물리적인 작용일 뿐이라고 말하는 것"이 얼마나 사리에 맞지 않는지 다음과 같이 비유를 들어 설명합니다.

> 잠시 눈앞에 대리석 테이블이 있다고 생각하는 것이다. 1조 년, 아니 무한한 시간이 주어진다면, 이 테이블은 갑자기 또는 서서히 의식(意識)을 갖게 되고, 주위 환경을 인식하게 되며, 사람처럼 자기 정체성을 인식하게 될 수 있다고 생각하는가? 테이블은 의식 있는 상태의 특성을 하나도 갖고 있지 않다. 무한한 시간이 주어진다 해도 결코 그런 특성을 획득할 수 없다. 생명의 기원에 관한 무모한 시나리오에 동의하는 사람이라고 하더라도, 대리석 조각이 특정 조건들만 주어지면 개념(概念)들을 만들어 낼 수 있다는 말은 잠시 정신이 나가야만 할 수 있는 말일 것이다.162)

---

160) John Bowker, *GOD: A Very Short Introduction*, 이재만 옮김, 『신』 (서울: 교유서가, 2017), 53, 54.

161) Antony Flew, 『존재하는 신』, 167, 168.

162) Antony Flew, 『존재하는 신』, 168-169.

과학만능주의는 합리적이지 않음

"무신론자들은 신비라는 개념을 무시"하고 "세상이 오직 물질로만 이루어졌다."라고 믿기 때문에 "우리의 생각, 꿈, 열정, 사랑, 미움, 미덕, 죄, 슬픔, 예술, 영생의 갈망 같은 인생의 모든 것이 순전히 생화학적인 반응과 아원자입자(亞原子粒子) 운동의 결과"라고 주장하는데, 그것은 합리적 사고가 아니라 거의 미신입니다.163) 왜냐하면 만일 무신론자들의 주장이 옳다면 도킨스가 다윈주의를 믿는 것은 "머릿속에 특정한 화학물질이 있기 때문"이며, 만일 그의 머릿속에 "다른 화학물질이 삽입되면 그의 믿음도 변할 수 있을 것"이라는 말이 될 것이기 때문입니다.164) 앤서니 데스테파노는 무신론자들의 과학만능주의가 얼마나 심각하게 그릇된 추론을 하는지 구체적으로 예를 들어 설명합니다.

> "존 스미스는 차를 갖고 있지 않다. 그래서 존 스미스는 가난하다." … 존 스미스가 가난하다는 것이 사실이라고 해도 차를 갖고 있지 않다는 것이 그 사실을 증명해 주지는 못한다. 그는 차를 임대해서 사용할 수도 있다. 그의 나이가 열 살밖에 되지 않아서 차를 살 수 없을 수도 있다. 그가 도시에 살며 늘 대중교통을 이용하기 때문에 차가 필요하지 않을 수도 있다. 오히려 너무 부자라서 매번 리무진과 기사를 부를 수도 있다. 그가 부자지만 탈세로 감옥에 있을 수도 있다. 그가 운전을 무서워할 수도 있다. 존 스미스가 차를 소유하지 않는 데 대해서는 여러 가지 합당한 이유가 있을 수 있다. 그런데도 그가 가난하다고 단정하는 어리석은 사람들이 있다. 그들은 지금 부족만이 이 상황에 대한 합당한 설명이라고 생각한다. 그중 가장 조잡하고 모순된 추론은 '허수아비' 논법이다. 허수아비 논법은 적의 입장을 쉽게 반박할 수 있도록 지나치게 단순화하거나 과장

---

163) Anthony DeStefano, 『무신론자들의 마음속』, 26.

164) Phillip E. Johnson, *Defeating Darwinism by opening minds,* 과기원창조론연구회 옮김, 『다윈주의 허물기』 (서울: 한국기독학생회 출판부, 2000), 92.

하거나 왜곡시키는 것이다. 쉽게 말해, 가볍게 쓰러뜨릴 수 있도록 가짜 허수아
비를 만드는 것이다.[165]

　　"과학적으로 설명하거나 증명할 수 있는 것만 믿을 수 있다는 주
장"은 "모든 합리적인 지식을 과학적 형태의 지식으로 축소시키는"
과학만능주의인데, 이러한 과학만능주의의 "과학을 통해서만 진실
에 도달할 수 있다는 주장"은 "경험적으로 관찰하거나 실험적으로
증명할 길이 없는" "그 자체가 비과학적"인 것이며, 따라서 결국
무신론자들의 주장은 과학적인 증거에 근거하는 것이 아니라 과학
적으로 증명하거나 재현할 수 없는 그들의 믿음에 전적으로 근거하
고 있다는 것을 보여줄 뿐입니다.[166]

　　무언가가 실재(實在)로 존재한다는 사실은 "우리의 경험을 통해
서 인식하고 파악하게 되며", 그 과정에서 "관찰(실험)과 이론을 통
해 존재를 파악해가는 과학의 방법과 그 결과"는 꼭 갖추어야 할
중요한 도구가 될 수 있지만, 그것은 "필요 충분한 도구"가 될 수
는 없습니다.[167] 왜냐하면 과학은 자연을 관찰하고 실험하여 검증
된 것만을 진리로 받아들이기 때문에 반복적으로 관찰하거나 실험
할 수 없는 초자연적인 사건들은 진리로 받아들일 수 없으며, 이것
은 바로 과학이 가지고 있는 구조적인 한계이기 때문입니다. 과학
적으로 관찰하거나 분석할 수 없는 것, 즉 과학의 범위 밖에 있는
것도 분명히 존재하고, 따라서 과학적으로 증명되지 않았다고 해서
거짓이라고 단정 지을 수는 없으며, 과학적으로 입증할 수 없는 것

---

165) Anthony DeStefano, 『무신론자들의 마음속』, 93, 94.

166) Anthony DeStefano, 『무신론자들의 마음속』, 162-164.

167) 우종학, "우주가 던지는 질문", 강영안·우종학, 『대화』 (서울: 복있는사람, 2019), 18, 이후로
　　는 우종학, "우주가 던지는 질문", 『대화』, 18. 등으로 표기함.

이라 하더라도 유의미한 사실들과 내용들은 얼마든지 있습니다.

신의 존재는 "인류가 겪어 온 그리고 현재 수많은 사람들이 체험하는 일반적인 경험"이라고 말할 수 있지만, 그것을 과학으로 증명하거나 반증할 수 없는 것은 "신은 과학으로 정의하고 검증할 수 있는 대상이 아니며" "자연 세계를 초월하는 존재"이기 때문입니다.168) 과학주의 무신론은 과학적 방법으로 입증할 수 없는 신을 과학적 방법으로 규명하려고 시도하는 것이기 때문에 그 시도 자체가 이미 잘못된 것이며, 따라서 신의 존재도 과학적 방법으로 입증할 수 있다고 전제하는 그 전제 자체가 하나의 망상에 지나지 않습니다. 과학만능주의는 이성을 절대화하거나 합리주의를 이데올로기화하는 것과 마찬가지로 하나의 망상이거나 궤변이거나 미신이 될 수 있습니다. 자연과학의 문제들은 자연과학의 방법론과 양식에 따라 다루는 것이 당연하지만, 인간의 정신과 사회의 문제들, 더 나아가 미(美), 윤리, 종교의 문제들은 그것들 각각의 대상에 적합한 고유한 방법론과 양식에 따라 다루는 것이 맞습니다.169) 칸트가 이미 지적했듯이 '순수한' 또는 이론적인 이성은 한계들을 가지고 있기 때문에, 공간과 시간 안의 어떤 대상처럼 존재하지 않는 초월적인 존재인 하나님을 자연과학적 증명 능력을 지닌 관찰과 인식의 대상처럼 증명하는 것은 불가능합니다.170)

"존재하는 것들과 만나는 경험은 데이터로 정량화할 수 있는 과학적 경험을 포함"하지만, 거기에 국한되지 않고 초월할 수도 있기 때문에, 존재에 대한 경험은 단지 과학적인 경험으로 제한할 수는

---

168) 우종학, "우주가 던지는 질문", 강영안·우종학, 『대화』, 21.

169) Hans Küng, *Was Ich Glaube*, 이종한 옮김, 『나는 무엇을 믿는가』 (서울: 분도출판사, 2021), 168, 이후로는 Hans Küng, 『나는 무엇을 믿는가』, 168. 등으로 표기함.

170) Hans Küng, 『나는 무엇을 믿는가』, 172.

없습니다.171) 위대한 예술작품을 보고 놀라운 감동을 하는 것과 같은 경험은 과학적으로 증명하거나 반증하지 못한다고 하더라도 그 경험이 거짓이거나 허구가 되거나 상상의 산물이 될 수 없는 것은 "존재하는 대상과 만나는 실재에 대한 경험은 과학으로 탐구되는 영역을 넘어 훨씬 다면적이고 다층적"이기 때문입니다.172) 그러므로 우리는 데이비드 엘턴 트루블러드(David Elton Trueblood)가 그의 『하나님의 지식』(*The Knowledge of God*)에서 지적한 다음의 말을 진지하게 고려해야 할 것입니다.

> '증명'이란 용어의 현대적인 용법은 주로 존 스튜어트 밀의 글들로부터 유래했습니다. 그가 생각할 때 증명이란 먼저 가설로부터 확실한 사실들을 유추한 뒤 나중에 이런 사실들을 실제적으로 발견하는 과정을 의미했습니다. 사실들이 가설과 일치하는 것을 보여준다고 해서 그것이 진실임을 증명했다고 말할 수는 없습니다. 발견된 사실들을 설명할 수 있는 또 다른 가설이 어째서 존재할 수 없는지를 보여주지 않는 한 증명했다고 말할 수 없다는 뜻입니다.173) … 예컨대, 정부가 선하고 정의롭다면, 시민들은 반란을 일으키지 않을 것이다. 따라서 특정 나라들의 정부는 선하고 정의롭다고 주장할 수 있다는 식입니다. 하지만 혁명을 일으키지 못하는 다른 요인들이 존재할 수도 있습니다. 이를테면, 군사 독재가 너무 심해서 반란을 절대 일으킬 수 없는 경우도 있을 수 있습니다.174)

뉴턴(I. Newton)의 물리학을 넘어선 아인슈타인(Albert Einstein)의 새 물리학, 유클리드(Euclid)의 기하학을 뒤엎은 뉴만(Newman)

---

171) 우종학, "우주가 던지는 질문", 강영안 · 우종학, 『대화』, 22.
172) 우종학, "우주가 던지는 질문", 강영안 · 우종학, 『대화』, 22.
173) 원인에서 결과를 찾는 것이 아니라, 역으로 결과에서 원인을 찾는 식은 앞의 조건과 뒤의 결과를 서로 치환할 수 있다는 것을 전제하는 데 그것은 가장 보편적인 오류로서 후건긍정(affirmation of the consequent)의 오류임.
174) Francis Collins, 『믿음』, 204-205.

등의 비(非)유클리드기하학, 애덤 스미스(Adam Smith)의 경제학을 부정한 케인스(John Neville Keynes)의 경제학 등은 과학이론의 잠정성(暫定性)을 인정하지 않을 수 없게 했습니다.175) "새로운 데이터가 나오거나 새로운 이론이 등장하면 과학의 내용은 바뀔 수 있기 때문에" "과학은 절대적 진리일 수 없고", "잠정적이고 가변적"이며, 따라서 "과학은 우주의 작동원리와 인과관계를 파악하는 데는 매우 효과적"이며 "자연이라는 존재를 파악하는 유용한 도구"이지만, "유일한 도구가 아니라 하나의 도구"로서 "우주의 의미나 삶의 목적을 파악하는 일에는 매우 제한적"이며 "데이터를 얻을 수 있는 자연 세계에 국한"될 뿐입니다.176)

또 과학만능주의자들이 주장하는 실험과 검증을 통해 증명하는 객관성이라는 것은 과학자들이 항상 완전하게 객관성을 유지할 수 있다는 것을 전제하지만, 그러한 전제는 이상일 뿐 현실은 그럴 수 없습니다. 왜냐하면 과학적 지식이라는 것은 이미 관찰자에 의해 해석된 지식일 수밖에 없고, 그 지식은 관찰자인 과학자의 지식적인 경향이나 사전 상태, 개인적인 배경에 의한 전제나 편견으로부터 완전히 자유로울 수 없기 때문입니다.

경험의 제한성, 이성의 한계, 과학의 한계

"존재하는 모든 것은 시간의 함수로 연속적으로 존재"하지만, "우리의 경험은 단편적이고 불연속적"이기 때문에 "인간의 경험은 불완전"할 수밖에 없고, "더욱 심오한 측면에서 우리는 경험의 배

---

175) 손봉호, 『現代精神과 基督敎的 知性』, 205, 206.
176) 우종학, "우주가 던지는 질문", 강영안·우종학, 『대화』, 63, 64.

반을 마주하기도 하며", "경험하는 많은 것이 이중성"을 가지고 있습니다.177) 빛은 "파동이기도 하고 입자이기도 하지만", "파동과 입자는 매우 다른 특성이 있기에" 이 말은 모순된 표현이지만, 그럼에도 현대물리학은 "빛이 파동이기도 하고 입자이기도 하다."라는 것을 보여줍니다.178) 그것은 "빛의 이중성"인데, 빛뿐만 아니라 사람들도 "자신의 자유의지로 모든 것을 결정하고 그에 따라 행동하지만, 그렇게 모인 사건들을 통해 하나님은 역사를 주관하고 이끄는" 이중성이 있습니다.179) "경험의 다면성과 실재의 다층성, 그리고 경험의 배반은 인간의 경험이 갖는 제한성과 이성의 한계를 보여주고", "과학만이 실재를 파악하는 유일한 도구가 아님"을 다시 한 번 분명히 확인시켜줍니다.180)

공자는 제자들에게 "예전에 나는 나의 눈을 믿었다. 그러나 나의 눈도 완전히 믿을 것은 못 되는구나. 그리고 나는 나의 머리도 믿었다. 그러나 나의 머리도 믿을 것이 못 되는구나. 너희는 보고 들은 것이 꼭 진실이 아닐 수도 있음을 명심하거라."라고181) 말한 적이 있습니다. 오만한 과학만능주의보다는 우리가 보고 들은 것이

---

177) 우종학, "우주가 던지는 질문", 강영안 · 우종학, 『대화』, 68.

178) 우종학, "우주가 던지는 질문", 강영안 · 우종학, 『대화』, 68.

179) 우종학, "우주가 던지는 질문", 강영안 · 우종학, 『대화』, 68, 69.

180) 우종학, "우주가 던지는 질문", 강영안 · 우종학, 『대화』, 69.

181) 이영직, 『행동 뒤에 숨은 심리학』, 48-49: "공자가 제자들과 함께 진나라로 가던 도중 양식이 떨어져 일주일 동안 아무것도 먹지 못한 적이 있었는데, 아끼는 수제자 안회가 겨우 쌀을 구해와 밥을 지었다. 배가 고팠던 공자는 밥이 다 되었는지 궁금해서 부엌을 들여다보다가, 안회가 밥솥 뚜껑을 열고 밥을 한 움큼 먹고 있는 모습을 보고 깜짝 놀랐다. 제자 가운데서도 도덕 수양이 가장 잘되어 아끼는 안회였기 때문이었다. 공자는 크게 실망하여 자신의 방으로 들어갔다. 이윽고 안회가 밥이 다 되었다고 하자, 공자가 말했다. '안회야! 내가 방금 꿈속에서 선친을 뵈었는데 밥이 되거든 먼저 조상에게 제사를 지내라고 하더구나.' 밥을 몰래 먹은 안회를 뉘우치게 하려는 의도였다. 그러나 그 말을 들은 안회는 곧장 무릎을 꿇고 말했다. '스승님! 이 밥으로는 제사를 지낼 수 없습니다. 제가 뚜껑을 여는 순간 천장에서 흙덩어리가 떨어졌습니다. 스승님께 드리자니 더럽고 버리자니 아까워 제가 그 부분을 먹었습니다.' 공자는 안회를 잠시나마 의심한 것이 부끄럽고 후회스러워 다른 제자들에게 이렇게 말했다고 한다."

꼭 진실이 아닐 수도 있다는 것을 명심하는 것, 곧 경험의 제한성, 이성의 한계, 과학의 한계에 대하여 인정하는 겸손이 오히려 더 합리적일 수 있을 것입니다.

또한 "어떤 분과(分科) 과학을 하든지 자신이 하는 분과 과학을 통하여 현실 전체를 설명해보려는 경향", 곧 "여러 겹, 여러 층, 여러 면의 현실을 결국 하나의 측면으로 모두 설명해보려는 경향"이 있는데, 그것은 마치 "탁자 옆면만 보고 탁자 전체를 보았다고 하는 것"과 같이 일방적이고 단편적일 가능성과 한계가 있습니다.[182] 도킨스를 비롯한 무신론자들의 주장도 그와 같아서 인간을 포함한 인간을 둘러싸고 있는 세계의 매우 다층적이고 다면적이며 다양함을 어떤 특정 과학이나 관점에서 단면적으로 해석함으로써 편협함이 드러날 수밖에 없으므로, 이는 한 마디로 군맹무상(群盲撫象)[183]이라고 표현할 수밖에 없을 것입니다.

과학적 확신은 아무리 확고해 보인다고 하더라도 언제나 인간의 논증을 토대로 하므로, 이후의 더 나은 연구에 의해서 언제든지 부정될 수 있습니다.[184] "과학적 방법은 측정과 검증이 가능한 자료에 기초하여 결론을 도출할 때 사용"되고, "그런 결론은 검증되었으므로 확인 가능한 지식으로 간주(看做)되지만, 그런 식으로 처리될 수 없는 것은 무엇이든지 통하지 않기" 때문에 "이런 관점은 문제점이 많고", "과학적 방법이 사용되지 않는 지식도 있을 뿐"만

---

182) 강영안, "왜 무엇이 존재하는가", 강영안 · 우종학, 『대화』, 101.

183) 이영직, 『행동 뒤에 숨은 심리학』, 47-48: 인도의 경면왕이 맹인들에게 코끼리의 모습을 가르쳐주기 위해 그들을 불러 코끼리를 만져보고 모습이 어떤지 말하도록 했는데, 상아를 만진 맹인은 무 같다고 했고, 귀를 만진 맹인은 키 같다고 했으며, 머리를 만진 맹인은 돌 같다고 했고, 코를 만진 맹인은 절구통 같다고 했으며, 다리를 만진 맹인은 기둥 같다고 했고, 배를 만진 맹인은 독 같다고 했으며, 꼬리를 만진 맹인은 새끼줄 같다고 했다는 것이다. 이를 군맹무상(群盲撫象)이라고 하는데, 이는 자신이 경험한 일부를 전체로 확대하여 해석하는 오류를 비유한 것이다.

184) Herman Bavinck, 『믿음의 확신』, 37.

아니라, "위키피디아(*wikipedia*)의 '폐기된 과학 이론'에서 수없이 확인할 수 있는" 바와 같이 과학적 지식의 상당 부분은 결국 잘못된 것으로 밝혀집니다.[185] 왜냐하면 "과학자들은 자신들의 방법이 하나라고 말하지만 한 과학의 방법은 다른 과학들에는 통하지 않고", "방법이란 언제나 해당 주제에 얽혀 있으며", "삶 전반을 다룰 때는 단일한 과학적 방법이란 존재하지 않고", 또한 "참으로 선한 사람이 되는 법을 말해줄 수 있는 과학이나 과학적 방법은 하나도 존재하지 않는 것"은 "과학은 그런 주제를 다룰 수 없고", "어떤 질문들은 수량화할 수 없으며", "결국 과학은 훨씬 방대한 지식의 한 부분"에 지나지 않기 때문입니다.[186]

과학은 규칙성을 전제하고, 따라서 반복적이고 실험 가능한 것만을 다룰 수 있기 때문에 과학이 다루기 힘든, 기껏 제한적으로만 다룰 수 있는 분야도 많습니다. 과학이 미술작품에 대하여 할 수 있는 것은 색의 농도와 물감의 화학적 성분과 명암 등을 분석하는 것일 뿐, 미술작품이 주는 아름다움과 감동을 분석하는 데는 한계가 있습니다. 음악에 대해서도 마찬가지로 음의 파장과 소리의 고저 등은 분석할 수 있겠지만, 음악의 아름다움을 해석하고 그 가치를 분석하는 데는 한계가 있습니다. 그런데도 미술이나 음악이 주는 아름다움과 감동이나 가치를 무시하지는 않습니다. 그러나 유독 종교에 대해서는 과학적으로 분석하는 데 한계가 있다는 이유로 무시하거나 낮게 평가한다면 그것은 잘못된 것이 아닐까요? 모든 것을 과학적으로 분석이 가능하다고 생각하고 그렇지 않은 것은 마치 가치가 없는 것처럼 여기는 것은 과학에 대한 맹신에 불과한 것이 아닐까요? 이 세상과 우리의 삶은 과학만으로는 분석할 수 없을 만

---

185) Dallas Willard, 『온유한 증인』, 23, 24.
186) Dallas Willard, 『온유한 증인』, 24.

큼 더 넓고 크다는 것을 부정하는 것이 과연 옳을까요? 더구나 그동안의 과학적 발전을 통하여 과학적 지식이라는 것이 완전한 것이 아니라는 것이 계속 입증되고 있음에도 그런 태도를 계속 견지한다는 것은 어이(어처구니)없는 태도가 아닐까요? 과학은 발견된 것들 가운데서 타당할 가능성을 제시할 뿐, 결코 결정적이고 완성된 진리를 입증하는 것은 아닙니다.

하나님의 존재를 부정하기 위해 성경을 공격하는 것은 그릇된 추론

무신론자들은 성경이 오류로 가득하다고 주장하는데, 그러한 주장들은 고고학적 발견 등을 통하여 사실이 아니라는 것이 계속하여 밝혀지고 있으며,187) 혹 성경의 오류를 증명할 수 있다고 하더라도, "그것이 하나님이 존재하지 않음을 증명해 주지 못하는" 것은, "실제로 성경을 받아들이지 않고도 하나님을 믿는 사람들이 전 세계적으로 수없이 많을" 뿐만 아니라 "성경이 오류라는 것은 특정 교단들의 오류일 뿐 하나님의 존재를 부정하는 것은 아니기" 때문입니다.188) "성경의 정확성과 하나님의 존재라는 두 명제는 논리적으로 연결되어 있지 않음"에도 불구하고 "수많은 무신론자들은 하나님의 존재를 반박하기 위해 성경을 공격하지만, 그것은 어디까지나 그릇된 추론"으로 "마치 존 스미스가 차가 없기 때문에 가난하다고 말하는 것"과 같습니다.189)

---

187) 무신론자들이 지적한 성경의 오류가 사실이 아니라는 것에 대해서는 "Ⅲ. 러셀의 『나는 왜 그리스도인이 아닌가』와 기독교, 3. 예수님이 역사적으로 존재했다는 사실은 알 수 없을까요?"를 참조 바람.

188) Anthony DeStefano, 『무신론자들의 마음속』, 94, 95.

189) Anthony DeStefano, 『무신론자들의 마음속』, 95; "4. 신가설은 과학적 가설인가?, 과학만능주의는 합리적이지 않음" 참조 바람.

5 하나님은 원인으로부터 벗어나 있다는 가정은 매우 부당할까요?[190]

인과성이라는 범주는 초월적인 유효성을 가질 수 없음

도킨스는 "토마스 아퀴나스(Thomas Aquinas)의 다섯 가지 신 존재 증명은 아무것도 증명하지 못하는 데다 공허하기까지 하다."라고 평가절하(平價切下)하면서 "그 가운데 부동(不動)의 원동자(原動者), 원인 없는 원인, 우주론적 증명 이 세 가지는 같은 것을 그저 달리 말한 것이므로 하나로 묶어서 생각할 수 있는 것으로 모두 회귀(回歸) 개념에 의존하며 신을 불러내 회귀를 종식시킨다."라고 주장합니다.[191] 그는 "그것들은 신 자신이 회귀로부터 벗어나 있다는, 매우 부당한 가정을 하고 있다."라고 비판하면서, "비록 무한 회귀의 종식자를 독단적으로 생각해 낸 뒤, 단순히 이름이 필요하다는 이유로 거기에 이름을 붙이는 수상쩍은 사치를 부린다고 하더라도, 그런 종식자에게 일반적인 신의 속성들을 부여할 이유가 전혀 없다."라고 주장합니다.[192]

그는 또 "전지(全知)와 전능(全能)이라는 개념은 논리적으로 상

---

190) "Ⅲ. 러셀의 『나는 왜 그리스도인이 아닌가』와 기독교, 2. 하나님의 존재는 증명할 수 없으므로 하나님이 존재한다는 것을 믿을 수 없을까요?, 1) 우주론적 논증의 타당성" 참조 바람.
191) 『만들어진 신』, 122.
192) 『만들어진 신』, 123.

호 양립할 수 없다는 점을 지적"하면서, "만일 신이 전지하다면 그는 자신이 전능을 발휘하여 역사의 경로에 개입하여 어떻게 바꿀지를 이미 알고 있어야 하지만, 그러나 그것은 그가 이미 개입하겠다고 이미 마음먹은 것을 바꿀 수 없다는 의미이며, 따라서 그가 전능하지 않다는 뜻"이라고 주장합니다.[193]

과연 그럴까요? "인과성이라는 범주가 초월적인 유효성을 가질수 있다는 증거는 더 이상 존재하지 않는데", 그 이유는 "인과성의 범주는 존재하는 세계에서야 비로소 힘을 가질 수 있고, 실재성이 아직 증명되어야 하는 세계에서는 그렇지 못하기 때문"입니다.[194] "학문이 근접한 원인을 통한 사물들의 인식에 존재한다면, 지혜는 이와 대비적으로 제일 원인을 통한 사물들의 인식에까지 확장된다는 아리스토텔레스의 구분은 일찍부터 통상적으로 인정"되어왔고 오늘날까지도 유효합니다.[195]

만약 모든 것이 원인이 있다면 하나님도 원인이 있어야 한다는 주장은 시간을 전제로 한 것이므로 시간이라는 개념이 없어지면 원인이라는 개념도 설 자리가 없어지기 때문에, 만일 하나님이 존재한다면 하나님은 시간과 공간을 초월하는 존재일 수밖에 없고, 그렇다면 모든 것이 원인이 있다면 하나님도 원인이 있어야 한다는 주장은 성립될 수 없습니다. 적어도 하나님을 시간과 공간 속에 존재한다고 생각하지 않는 한 하나님을 원인 개념으로 설명할 수는 없는데, 그 이유는 원인은 시간과 연결되어 있어서 하나의 사건은 또 다른 사건의 원인과 결과의 관계이기 때문입니다.[196] 만일 하나

---

193) 『만들어진 신』, 123.

194) Herman Bavinck, *Christelijke Wereldbeschouwing*, 김경필 옮김, 『기독교 세계관』(군포: 다함, 2020), 87, 이후로는 Herman Bavinck, 『기독교 세계관』, 87. 등으로 표기함.

195) Herman Bavinck, 『기독교 세계관』, 106.

님이 존재한다면 하나님은 다른 원인에 의해 생겨나는 피조물과는 다르게 다른 어떤 원인으로도 말미암지 않아야 합니다. 하나님이 다른 어떤 원인으로 말미암는다면 그 하나님은 하나님일 수 없으므로, 하나님도 어떤 원인에 의해서 존재해야 한다는 주장은 논리적으로 모순될 수밖에 없습니다.

하나님이 하나님 되려면 모든 것으로부터 자유로워야 하고, 만일 그렇지 않다면 하나님일 수 없으므로, 하나님이 자연법칙을 만들었다면 하나님도 거기에 지배를 받아야 한다고 주장하는 것은, 하나님을 자연법칙에 지배를 받는 대상으로 가정하고 그렇다면 하나님일 수 없다고 하는 논리를 펴는 것이기 때문에, 그런 식의 주장은 하나님의 존재를 부정하기 위해 만들어 낸 억지일 뿐입니다.

인과관계의 필요성을 배제한다면, 자연법칙은 불가능

초자연적 영역을 부정하는 세계관을 가진 자연주의자들은 우주에 시작이 있었다고 하는 현대 우주론의 시작에 대한 개념이 매우 불편하겠지만, 오늘날 대부분은 우주, 그리고 시간 자체가 빅뱅(우주대폭발)에 의해서 시작되었다고 믿습니다. 분명한 것은 "모든 것은 스스로 시작됐거나 아니면 그것을 초월하는 무엇인가에 의해서 시작"되었는데, 만일 모든 것이 원인 없이 존재한다는 것을 과학이 보여줄 수만 있다면 "제일 원인으로서의 하나님은 필요가 없어질 것"이지만, 그러나 무신론 과학자들은 인과관계의 필요를 배제해놓고 자연법칙을 말할 수는 없기 때문에[197] 초월하는 무엇인가에 의

196) Antony Flew, 『존재하는 신』, 157, 158.
197) Rice Broocks, 『신은 죽지 않았다』, 87, 91.

해서 모든 것이 시작되었다는 것을 부정할 수 없습니다. 따라서 과학에 근거해서 하나님의 존재를 부정할 수는 없습니다. 만일 그렇게 한다면 과학 자신의 기반을 스스로 약화시켜 과학의 신뢰성을 떨어지게 하거나 아예 과학의 근거를 허물게 되기 때문입니다. 이것이 과학적 무신론이라고 자처하는 사람들의 딜레마(dilemma)입니다. 그래서 플라톤(Plato)은 일찍이 이렇게 지적했습니다.

> 별들이 지금 운행하듯이 그처럼 거대한 체계들이 똑같은 속도로 쉬지 않고 어떻게 돌 수 있는가? 그리고 어떤 존재가 그들을 돌게 할 수 있는가? 내 주장은, 신이 그 동인(the cause)임에 틀림이 없으며, 신 외에는 다른 어떤 방법으로도 그런 일이 결코 가능할 수 없다는 것일세.198)

우주에 시초가 있다는 빅뱅 이론과 창조론은 매우 자연스러운 연계가 있음

원인이 없이 존재하는 것은 없고, 우연도 궁극적으로는 우연이 있게 하는 원인이 없이는 있을 수 없으며, 그 원인의 원인을 무한하게 거슬러 올라갈 수는 없기 때문에 궁극적인 원인인 최초의 원인을 가정하지 않을 수 없습니다. 이것을 부정하는 것은 마치 "쓰러지는 도미노를 보면서도, 다른 도미노를 쓰러뜨린 첫 번째 도미노가 없다고 주장"하는 것과 같이 잘못된 것입니다.199) 또 이 궁극적인 원인인 최초의 원인이 하나님일 수밖에 없다고 생각하는 것은, 만일 하나님이 존재한다면 그 하나님은 무한하고 완전하고 전지하고 전능한 존재일 수밖에 없기 때문입니다. 또 최초의 원인은

---

198) Francis Collins, 『믿음』, 59.

199) David Berlinski, *The Devil's Delusion*, 현승희 옮김, 『무신론의 과학적 위장』 (가평: 행복우물, 2008), 85, 이후로는 David Berlinski, 『무신론의 과학적 위장』, 85. 등으로 표기함.

창조의 능력과 의지가 있지 않으면 안 될 것이며, 또 우주의 원인이 되는 우주 밖의 초월적 존재이지 않으면 안 되기 때문에 이 최초의 원인은 인격적 존재일 수밖에 없고, 그렇다면 기독교에서 말하는 하나님일 수밖에 없습니다.[200] 이 문제에 대하여 존 로크(John Locke)는 그의 『신의 존재에 대한 우리의 지식에 관하여』(*Of Our Knowledge of Existence of God*)에서 이렇게 지적했습니다.

> 어떤 실제적인 존재가 있으며, 무존재는 어떤 실제적인 존재를 낳을 수 없다는 것을 안다면, 영원부터 가치 있는 존재가 있었다는 것은 너무나 확실한 논증입니다. 영원부터 존재하지 않았던 사물이 존재했고, 존재하기 시작했다는 것은, 곧 다른 무엇인가가 그것을 낳았다는 뜻이 됩니다. … 지식을 전적으로 결여한 채 맹목적으로 지각없이 행동하는 존재가 지적인 존재를 낳는다는 것은 마치 삼각형이 두 개의 직각보다 더 큰 세 개의 각을 만드는 것만큼이나 불가능합니다. 삼각형 두 개의 직각보다 더 큰 각들을 소유한다는 개념이 모순되듯이, 무감각한 질료가 감각과 인식과 지식을 스스로 만들어낸다는 생각도 모순되기 때문입니다.[201]

적어도 정통 우주론자들은 "우주가 폭발의 표출로서 존재하게 되었다."라는 빅뱅 이론을 믿고, "우주에 시초가 있다는 사실과 우주를 창조한 이가 있다는 가설 사이에는 매우 자연스러운 연계"가 있으며, "이 연계는 너무나도 명백해서" "그것이 무엇을 의미하는지는 의문이 제기될 수도 있지만", 이 연계 자체는 부정할 수 없습니다.[202] 그러므로 "빅뱅 우주론에 관해 알려진 사실들은 토마스 아퀴나스가 제기한 주장에 대한 반론이 경험적으로 근거가 없다는

---

200) Doug Powell, 『빠른 검색 기독교 변증』, 55-56.

201) Francis Collins, 『믿음』, 106-107.

202) David Berlinski, 『무신론의 과학적 위장』, 85, 87.

것"과 "하나님의 존재에 대한 가설과 현대 우주론의 사실들은 조화를 이룬다는 것"을 분명하게 보여줍니다.203)

"시간 속에서는, 현재의 완결된 어떤 상태에서 시작하여 궁극적 원인을 향해 거슬러 올라가는 무한한 연쇄적 원인이 존재할 수 없는데", 왜냐하면 "만약 그 연쇄 원인이 무한하다면, 우리는 절대로 현재에 도달하지도 못했을 것"이고, "아무것도 없는 곳에서는 무언가가 나올 수도 없으며", "따라서 무언가가 존재하기 위해서는 최소한 스스로 존재하고 그 존재가 다른 무언가로부터 파생되지 않은 상태가 있어야만" 하기 때문입니다.204)

"만약 우주가 어느 시점에서 존재하지 않았다면, 그것은 완전히 무(無)에서 나타난 것"이라고 보아야 하는데, 왜냐하면 "비존재에서 존재를 설명할 수 있는 것이 무(無) 말고 다른 것이 없기 때문"입니다.205) "무(無)에서 무언가가 나타난다는 것은 불가능하기에, 우주가 존재하도록 무언가가 작용했어야 하고", "그것은 필연적이며", "그 필연적인 것은 하나"여야 하고, 그리고 여기에 적합한 것은 원인이 없고 영원한 것이어야 한다면 그것은 하나님이 아닐까요?206)

무신론자들은 "더없이 복잡하면서도 아름답고 조화로우며 질서정연한 이 우주가 무(無)에서 저절로 생겨났으며", "구조가 혼돈에서, 생명이 무생명에서, 의식이 무의식에서, 이성이 비이성에서 나왔다."라고 주장하지만, "논리와 상식은 무에서 유가 나올 수 없다."라는 것이 "너무도 자명(自明)"하기에 "우주를 구성하는 물질은 저절로 존재할 수 없고", 반드시 어떤 최초 원인이 있어야만 합니

203) David Berlinski, 『무신론의 과학적 위장』, 87, 96.
204) Ravi K. Zacharias, 『이성의 끝에서 믿음을 찾다』, 164.
205) David Berlinski, 『무신론의 과학적 위장』, 103.
206) David Berlinski, 『무신론의 과학적 위장』, 103.

다.207) 무신론자들은 "빅뱅 이전에 아무것도 존재하지 않았다."라고 믿지만, 그렇게 믿는 것은 결국 "어떤 종류든 대폭발을 촉발시킨 초월적인 존재가 있다고 인정"하는 꼴이 되기 때문에 빅뱅 이론은 하나님의 존재를 부정하기보다는 오히려 뒷받침해 주는 이유가 됩니다.208)

대폭발 우주론은 폭발에 대한 기본적인 상식들은 "폭발물질은 스스로 존재할 수 없으며, 폭발의 결과는 종류와 크기에 상관없이 항상 무질서"하고, "폭발로 생긴 무질서는 아무리 오랜 시간이 주어진다고 하더라도 스스로 질서로 발전하지 않으며", "최고 수준의 질서와 아름다움과 조화는 폭발을 통해서 만들어지지 않고", "빅뱅우주론은 시간이 지남에 따라 우주의 무질서는 증가한다는 열역학 제2법칙에 위배된다."라는209) 폭발에 대한 기본적인 상식들 때문에 다음과 같은 과학적인 문제점들을 가지고 있습니다.

1) 우주에 존재하는 모든 에너지와 물질을 어떻게 작은 특이점에 가둬둘 수 있나?

2) 특이점에 갇혀 있는 최초의 에너지와 물질의 총량은 얼마이며, 어떻게 존재하게 되었으며, 왜 갑자기 폭발했는가?

3) 우주공간에서 가벼운 미립자들이 모여서 질량이 큰 무거운 별들이 만들어질 수 있을까?

4) 별이 만들어지는데 필요한 중력은 어떻게 만들어졌을까? 과학적 사실은 뜨거운 미립자들이 팽창하여 응축할 경우, 응축 입자들 간의 충돌과 상호작용 때문에 운동에너지가 증가한다. 운동에너지가 증가하면 온도가 증가

---

207) Anthony DeStefano, 『무신론자들의 마음속』, 164, 168.

208) Anthony DeStefano, 『무신론자들의 마음속』, 169.

209) 한윤봉, "대폭발로 우주가 만들어질까? (2)" newspower2021/04/02
http://www.newspower.co.kr/sub_read.html?uid=49061&section=sc9&section2=한윤봉 교수의 \

하고, 온도가 증가하면 압력이 증가한다. 압력이 증가하면 수축이 일어나지 않고 오히려 팽창한다. 따라서 열린 우주 공간에서 중력이 우연히 만들어지는 일은 결코 일어나지 않는다.

5) 회전하는 은하계가 어떻게 만들어졌을까? 우주에 있는 천억 개 이상의 은하계들은 시계방향 또는 반시계방향으로 일정한 질서를 가지고 회전하고 있다. 폭발이 우주공간에서 일어났다면, 폭발물질들은 모든 방향으로 분산되기 때문에 질서 있게 회전하는 회전체가 만들어지지 않는다.210)

오늘날 천체물리학자들은 "빅뱅에 필요한 에너지는 어떻게 존재하게 되었으며, 왜 폭발하였는지", "폭발 후에 우주의 최고 수준의 질서를 유지하는 미세조정이 우연히 저절로 가능한지", "은하계를 구성하고 있는 물질 중에는 정체를 알 수 없는 물질(즉, 암흑 물질)이 약 80%이며, 암흑 물질의 존재를 인정하지 않으면 은하와 별들의 운동을 설명할 수 없는데, 암흑물질은 도대체 무엇인지", "우주의 팽창 속도가 점점 빨라지고 있는데, 우주의 가속 팽창을 일으키는 정체불명의 에너지(즉, 암흑 에너지)는 도대체 무엇인지"를 풀지 못하고 있습니다.211) 이 문제를 푸는 방법은 하나님의 존재를 전제하지 않고는 불가능합니다.

물리적 세계는 "자체 바깥에 자체보다 먼저 존재한 어떤 부분"이 없으면 존재할 수 없고, "배후의 원인들이 무한하다면 결코 마지막 도미노에 도달할 수 없기" 때문에, "시리즈의 원인들 중 최초의 것은 반드시 독립적이어야 하며, 따라서 물리적 사건이나 자연적 사물이어서는 안 된다."라는 것을 알 수 있습니다.212) 왜냐하면 "물리

---

210) 한윤봉, "대폭발로 우주가 만들어질까? (2)" newspower2021/04/02
   http://www.newspower.co.kr/sub_read.html?uid=49061&section=sc9&section2=한윤봉 교수의 \
211) 한윤봉, "대폭발로 우주가 만들어질까? (1)" newspower, 2021/03/26
   http://www.newspower.co.kr/sub_read.html?uid=49004&section=sc9&section2=한윤봉 교수의 \

적 세계의 창조는 그 자체 바깥의 뭔가에 의존하며, 원인이 없는 그 최초의 원인은 자연과 비교하여 초자연적이고 독립적"이어야 하기 때문입니다. 또한 "재료가 결과물로 바뀌려면 지성이 그것을 구상하고 만들지" 않으면 안 되기 때문에 "물리적 세계의 배후에 창의적 지성이 있다."라는 것을 부정할 수 없습니다.[213]

무신론은 기원에 대해 설명할 수 없음

도킨스는 "신이 인간을 만들었다면 신은 누가 만들었는가?"라고 질문하지만, "신은 누가 만든 존재가 아니라 스스로 존재"하기에 그런 질문은 별 의미가 없습니다.[214] 반면, 무신론자들에게 "물질이 인간을 만들어냈다면 그 물질은 누가 만들었는가?"라고 질문할 때 물질이 영원 전부터 존재했다고 답변한다면 그 답변은 하나님이 영원 전부터 스스로 존재했다는 답변과 비교할 때 별반 다르지 않기 때문에 과학적인 답변이 될 수 없고, "우주가 어째서 자연법칙으로 설명되며 수학적 특성을 갖는지에 관한 질문도 "우주가 수학적 특성을 갖는 것은 자연스러운 일이고, 그것은 자연 세계의 특성일 뿐이다."라고 답변한다면 그것은 "원래 그런 것"이라는 말처럼 만족스럽지 못합니다.[215]

그러므로 인간 지성의 기원이나 우주와 인간을 포함하는 이성적이고 수학적인 특성을 갖는 그 원리의 기원을 무신론은 설명할 수 없고, "많은 우주 중에 인류를 탄생시킬 특별한 조건과 역사를 갖

---

212) Dallas Willard, 『온유한 증인』, 80, 81.
213) Dallas Willard, 『온유한 증인』, 82, 85.
214) 우종학, "우주가 던지는 질문", 『대화』, 71.
215) 우종학, "우주가 던지는 질문", 『대화』, 71, 72.

는 우주가 하나쯤 있어도 문제가 되지 않는다."라는 다중우주론도 "과학적인 경험적 증거를 현재 제시하지 못하고 있으며, 수학적으로도 완성된 이론이 아니기" 때문에216) 인간의 기원이나 이성적이고 수학적인 특성을 갖는 그 원리의 기원을 설명할 수 없습니다. 만일 "우주가 수많은 우주 중의 하나이며 빅뱅은 단지 우주가 시작되는 시점이라는 다중우주론의 설명을 받아들인다고 하더라도" 그렇다면 '그 수많은 우주는 어떻게 기원했는가?'라는 질문은 여전히 남을 수밖에 없습니다.217) 모든 물질적 대상은 대통일 이론에 따라 동일한 보편적인 힘과 성향을 가진다는 사실은 그 질서에는 더욱 깊은 원인이 있다고 믿을 만한 강력한 근거를 제공하지만, 과학은 왜 모든 대상이 동일한 힘과 성향을 가지고 있는지 설명할 수 없습니다.218)

도킨스의 주장은 이미 러셀에 의해 제기된 것입니다. 러셀은 "모든 것은 원인이 있고, 따라서 제1 원인이 틀림없이 존재한다."라는 주장은 모순되는데, 그 이유는 만일 무엇인가가 원인을 가지고 있다면 제1 원인은 어떻게 원인을 가지지 않는지가 문제가 되기 때문이라는 것입니다.219) 또 만일 신(神)이 자기-원인적인 원인이라면 그 전체 논증이 의거하는 인과성의 원리는 거짓이며, 왜 유일하게 그러한 원인이 있어야만 하는지 반문했습니다.220)

러셀의 반문은 새로운 것이 아니라 이미 흄(David Hume)이 제기

---

216) 우종학, "우주가 던지는 질문", 『대화』, 73.

217) 우종학, "우주가 던지는 질문", 『대화』, 73, 74.

218) Richard Swinburne, 『신은 존재하는가』, 96, 97, 123.

219) A. C. Grayling, *Bertrand Russell*, 우정규 옮김, 『러셀』 (서울: 시공사, 2000), 151, 이후로는 A. C. Grayling, 『러셀』, 151. 등으로 표기함.

220) A. C. Grayling, 『러셀』, 151.

했던 것입니다. 흄은 "모든 것이 스스로의 원인으로 존재한다고 보면 되는데 왜 갑자기 조건 없이 존재하는 궁극적 원인을 끌어들여야 하느냐"라고 반문했지만, 우주의 근원에 대하여 과학자들조차도 "빅뱅 이론"과 같이 시작이 있었다고 말하듯이 시작이 있었고, 그 시작은 원인이 없이는 불가능합니다.221) 흄은 또 "세상에 존재하는 것이 이미 영원 속에 존재"하는 것이라면 굳이 세상의 시작을 논할 필요가 없다고 주장했지만, 그것은 "시간으로부터 초월한 영원을 시간의 연장으로 보는 오류를 범한 것"으로 시간과 공간 안에 존재하는 것을 무한과 영원 안에 존재하는 것과 같은 것으로 인식하는 것은 잘못입니다.222) 또 흄은 "세상에 존재하는 모든 것이 원인이 있다면, 왜 꼭 하나의 원인이라는 것만을 생각해야 하느냐"라고 반문했지만, 근본적인 원인이 여러 가지라면 그것은 궁극적이고 절대적인 존재를 상대적인 존재로 인식하는 오류를 범하게 됩니다.223)

신의 존재에 대해 아무것도 증명할 수 없다면 아무것도 증명할 수 없음

도킨스는 "어떤 고려사항 때문에 신이 있음직하지 않을 수도 있다."라고 가정하는데, 그렇다면 "다른 고려사항에 따르면 신이 있음직하게 될 수도 있다."라는 말이 되고, 그가 옹호하는 추론은 "신의 존재에 대해 아무것도 증명할 수 없다는 것"인데, 그렇다면 "그것은 아무것도 증명할 수 없다."라는 말이 됩니다.224) "신이 비개연적

---

221) 김성원, 『신은 허구의 존재인가?』 (서울: 대한기독교서회, 2003), 333, 334, 이후로는 김성원, 『신은 허구의 존재인가?』, 333. 등으로 표기함.

222) 김성원, 『신은 허구의 존재인가?』, 333, 334.

223) 김성원, 『신은 허구의 존재인가?』, 333, 335.

224) David Berlinski, 『무신론의 과학적 위장』, 167.

이라서 신이 존재하지 않는다고 선언"한다면, "우주도 비개연적이라서 우주가 존재하지 않는다고 결론을 내릴 수도 있다는 사실"을 도킨스는 간과하고 있지만, 발생하지 않을 것 같은 사건들이라고 하더라도, 또 자주 발생하지는 않을지라도, 발생할 수 있기에 확률적으로 하나님이 존재할 가능성이 희박하다고 해서 신이 존재하지 않을 것 같다고 말할 수는 없습니다.225)

일단 과학자들이 다중우주의 개연성을 하나님이 존재할 개연성과 비교하기 시작하면, 그들은 경험 과학의 분야를 뒤로 제쳐놓고 철학적 추측의 영역으로 진입하게 되는데, 이 영역에서는 과학적 실험으로 누가 옳은지를 정할 수 없기에 누구나 자신이 원하는 대로 믿을 수밖에 없습니다.226) 그러므로 네이글이 지적한 대로 무신론은 지적 탐구의 결과가 아니라 하나님이 만든 우주, 하나님이 만들고 통치하고 지배하는 세계에 살고 싶지 않은 바람, 그의 희망에서 비롯된 것입니다.227) 하나님의 통치에 따르는 세계 속에서 살아간다면 당연히 자신이 삶의 유일한 주인이 될 수도 없고, 그 결과 자기 마음대로 살 수도 없는, 곧 하나님께 종속된 삶을 살아야 한다는 결론에 도달할 수밖에 없습니다. 따라서 무신론은 과학적 연구의 결과가 아니라 자신이 주인이 되어 자기 마음대로 살려고 하는 의지의 결과일 수밖에 없습니다.228)

---

225) David Berlinski, 『무신론의 과학적 위장』, 168, 169.

226) Phillip E Reynolds Johnson & Mark John, *Against all gods*, 홍병룡 옮김, 『유신론과 무신론이 만나다: 21세기 새로운 무신론의 도전에 답하다』 (서울: 복 있는 사람, 2011), 22, 이후로는 Phillip E Reynolds Johnson, & Mark John, 『유신론과 무신론이 만나다: 21세기 새로운 무신론의 도전에 답하다』, 22. 등으로 표기함.

227) Richard Swinburne, 『신은 존재하는가』, 10.

228) Richard Swinburne, 『신은 존재하는가』, 11.

6 설계 논증과 자연선택에 의한 진화론 중 어느 쪽이 옳을까요?

설계 논증 대(對) 진화론

도킨스는 "창조론자들은 생명이 지구에 출현할 확률이 고물 야적장을 휩쓰는 태풍에 운(運) 좋게 보잉 747을 조립해낼 확률과 별 다를 바 없다는 호일의 논증을 선호하는데, 그것은 비개연성 논증의 남용(濫用)으로서 정략적으로 지적 설계라는 세련된 옷을 입고 위장을 하는 것과 차이가 없다."라고 주장합니다.229) 그는 "우리 우주가 설계되었고 게다가 설계자가 우리의 생각을 읽고 전지(全知)한 조언과 용서와 구원을 제공한다면, 설계자 자신은 어떤 누적적인 승강기나 기중기, 아마도 다른 우주의 변형된 다윈주의의 최종 산물일 것이 분명"한 것은, "설계자 가설은 즉시 '설계자는 누가 설계했는가?'라는 더 큰 문제를 제기하지만, 다윈과 그 후계자들은 경이로운 통계적 비개연성과, 설계된 듯한 모습을 한 생물들이 어떻게 단순한 것에서 시작하여 서서히 점진적으로 진화했는지를 보여주기 때문"이라고 주장합니다.230) 그는 또 이렇게 주장합니다.

---

229) 『만들어진 신』, 174, 175.
230) 『만들어진 신』, 242, 245.

비개연성 논증은 복잡한 것들이 우연을 통해 출현할 수 없다고 말하지만, 흄 같은 철학자들은 생명의 비개연성이 반드시 생명이 누군가에 의해 설계되었다는 의미는 아니며, 그저 대안을 떠올릴 수 없다는 의미임을 간파했기 때문에, 다윈주의를 깊이 이해하면 설계가 우연의 유일한 대안이라는 손쉬운 가정에 신중한 태도를 보여야 하며, 서서히 복잡성이 증가해 가는 계단을 찾아야 한다는 것을 알게 된다.[231]

그는 "통계적 비개연성이 클수록 우연이 해답일 가능성은 그만큼 적어지는 것은 사실이지만, 비개연성이 높아질수록 지적 설계도 더욱 설득력이 없어지는 것"은 "설계자 자신의 기원이라는 더 큰 문제를 제기하기 때문"이라고 주장합니다.[232] 그런데도 비개연성이 개연성이 될 수 있는 이유는 "자연선택이 누적적인 과정이며, 그 과정이 비개연성이라는 문제를 작은 조각들로 나누고, 각 조각은 약간 비개연적이긴 해도 심한 정도는 아니며, 이 약간 비개연적인 사건들이 연속해서 쌓이면 그 최종 산물들은 아주 비개연적 즉, 우연이 도달할 수 없을 정도로 비개연적이 된다."라고 주장합니다.[233]

과연 그럴까요? "신이라는 개념이 우주 설계의 답이 되기에는 너무 복잡"하므로 받아들일 수 없다는 주장은 "복잡한 지적 인간인 화가가 그림보다 더 복잡할 것이기 때문에, 그 화가에 의해서 그림이 그려졌을 리가 없다는 말과 같이" 모순됩니다.[234] 세포, 장기, 수백만의 복잡한 종들이 자연발생으로 존재할 확률은 극도로 희박(稀薄)하기 때문에, 생물학자들은 자연선택에 마치 신과 같은(절대적인) 특성을 부여해야 하고, 생명의 기원과 무수히 복잡한 종들의

---

231) 『만들어진 신』, 176.

232) 『만들어진 신』, 186, 187.

233) 『만들어진 신』, 189.

234) Rice Broocks, 『신은 죽지 않았다』, 118.

놀라운 발달을 설명하기에는 무작위 발생확률이 너무나 희박하기 때문에, 모든 변화가 작은 단계로 분해될 수 있다는 논쟁으로 그들의 주장을 정당화합니다.235) 그러나 "생명이 단순한 생명체에서 복잡한 유기체로 서서히 진화한다는 주장은 화석의 기록으로도 입증되지 않았고", "생명체는 화석 기록에 급작스럽게 나타났을 뿐"만 아니라(캄브리아기 폭발), "미세한 변화만 있고 그 상태로 유지"된다는 것은 "생명체가 그 자체로 변화하는 환경에 맞추고 적응하는 유전자 수용 능력으로 설계됐으나 완전히 다른 생물로 변하는 능력에 있어서는 한계가 있다."라는 사실을 보여줄 뿐입니다.236) 최근 "생명이 지질학상으로 짧은 시간에 지구에서 기원되었고", "생명의 기원이 생물 발생 이전 분자들의 자연적 공급 없이 발생"했다는 발견으로 "생명의 기원에 대한 자연주의적 모델"이 잘못된 것이라는 사실이 드러났습니다.237)

"유기체 안의 많은 구조는 모든 부분이 한꺼번에 존재해야 하며 그렇지 않으면 기능하지 못하기" 때문에, "자연선택이 모든 생명체를 설명할 수 있다는 주장은 이 원칙에 따라 실험될 때 실패"할 수밖에 없고, 또 "거의 모든 장기, 생물학적 과정들과 세포 조직들이 제대로 작동하기 위해서는 모두가 동시에 필요한 복합적인 부분들로 구성되어야 가능하기" 때문에, "한 번에 한 부분씩 더해지고 수정되는 단계별 과정"으로는 발달시킬 수 없습니다.238) 물론 이에 대응하여 생물학자들은 "세포의 다른 부분으로부터 비슷한 것들을 빌려와 새로운 구조를 형성하도록 합친다."라고 주장하지만, 그것

---

235) Rice Brooks, 『신은 죽지 않았다』, 118.
236) Rice Brooks, 『신은 죽지 않았다』, 126, 129.
237) Rice Brooks, 『신은 죽지 않았다』, 129.
238) Rice Brooks, 『신은 죽지 않았다』, 120.

은 마치 "문 버팀쇠의 나무, 시계의 용수철, 그리고 철사 옷걸이를 빌려다가 쥐덫을 만드는 것과 같이" 우연의 배열 같은 사건은 개연성이 전혀 없기 때문에 그런 주장은 억지에 불과합니다.[239]

도킨스는 "설계처럼 보이는 현상이 실제로는 아주 단순한 출발점에서 시작하여 점차 단계적으로 자연적인 진보를 거쳐 좀 더 복잡하고 좀 더 우아하며 좀 더 적응력 있는 완전성을 향해 가는 진화 덕분에 생긴 것"이고, "그것들을 수백만 년에 걸쳐 모두 더해보면, 인간의 뇌와 열대 우림과 같은 있을 법하지 않은 괴물들을 얻게 될 것"이기 때문에 다윈의 설명이 설계 논증을 영원히 잠재웠다고 주장하지만, DNA를 복제하는 과정에서 임의의 오류들이 축적되어 만들어졌다는 사실을 실험적으로 검증하라면, 그것은 불가능합니다.[240] 진화론자들은 "변이의 축적은 유전자 집단 안에 다양한 유전적 변이를 축적시키기 때문에 진화가 일어난다고 주장"하지만, "DNA 손상이 생기면 세포주기(cell cycle) 검사와 전사 프로그램이 활성화되고, 손상된 DNA를 복구하는 수리(repair) 시스템이 세포주기를 멈추고 손상된 DNA를 복구한다는 것"과 "DNA 손상이 수리할 수 없을 정도로 심하면, 세포는 종의 유지를 위해 스스로 죽고 만다(세포 사멸, apoptosis)."라는 최근에 밝혀진 과학적 사실은 "변이가 축적되어 다른 종류의 생물로 진화하기 위해서는 손상된 DNA 복구 시스템과 세포 사멸 기능이 있으면 안 되기 때문"에 "'변이의 축적'에 의한 진화"라는 진화생물학자들의 주장은 근본적으로 잘못되었다는 것을 보여줍니다.[241] 2015년에 토마스 린달(Tomas Lindahl), 폴 모드리치(Paul

---

239) Rice Broocks, 『신은 죽지 않았다』, 120, 121.

240) Phillip E Reynolds Johnson & Mark John, 『유신론과 무신론이 만나다: 21세기 새로운 무신론의 도전에 답하다』, 19, 20.

241) 한윤봉, "변이의 축적으로 진화가 일어날까?" newspower, 2021/01/08

Modrich)와 아지즈 산자르(Aziz Sancar)는 "세포가 손상된 DNA를 어떻게 복구하고 유전자 정보를 보존하는지를 밝혀낸 공로로 노벨화학상을 공동 수상"했습니다.242) 또한 유전법칙에 의하면, "생명체마다 유전적인 장벽(genetic barrier)이 있기 때문에 변이가 오랜 시간 동안 축적된다 하더라도 유전적 특성이 전혀 다른 새로운 종류의 생명체는 나타나지 않으며", 따라서 "유전법칙과 손상된 DNA 수리 시스템과 세포 사멸 기능은 '변이의 축적'에 의한 진화를 부정하는 과학적 사실"이 되었습니다.243)

크기나 수가 가능성이나 중요성에 서로 연관된다는 가정은 특이한 감정의 문제일 뿐

도킨스는 "생명의 발생은 오직 한 번만 일어났어야 했기 때문에 그것은 극도로 비개연적인 사건으로 대다수 사람들이 생각하는 것보다 훨씬 더 있을 법하지 않은 일이었지만, 그것은 오히려 우리가 존재하기에 딱 맞는 상황에 우리가 존재한다는 사실에 대해 설계와 무관한 합리적인 설명을 제공한다."라고 주장합니다.244) 그는 또 "터무니없는 정도의 낮은 확률일지라도 생명이 출현할 행성은 10억 개"나 되고, "설령 생명이 자연적으로 발생할 확률이 가장 비관적으로 추정한 값을 받아들인다고 해도, 이 통계적 논증은 설계가 그

---

http://www.newspower.co.kr/sub_read.html?uid=48344&section=sc9&section2=한윤봉 교수의 \
242) 한윤봉, "변이의 축적으로 진화가 일어날까?" newspower, 2021/01/08
http://www.newspower.co.kr/sub_read.html?uid=48344&section=sc9&section2=한윤봉 교수의 \
243) 한윤봉, "변이의 축적으로 진화가 일어날까?" newspower, 2021/01/08
http://www.newspower.co.kr/sub_read.html?uid=48344&section=sc9&section2=한윤봉 교수의 \
244) 『만들어진 신』, 210, 213.

틈새를 채운다는 가정을 철저히 무너뜨리는" 것은 "우리는 행성의 수를 볼 때 가능성이 엄청나게 많다고 가정함으로써 생명의 기원이라는 독특한 문제를 다룰 수 있고", "일단 행운이 한 번 주어지면 자연선택이 나머지 일을 떠맡기" 때문에 "설계는 누적적인 과정이 아니라서 그것이 대답해주는 것보다 더 큰 질문을 야기"하므로 생명에 대한 설명이 되지는 못한다고 주장합니다.245)

  과연 그럴까요? 그는 터무니없는 정도의 낮은 확률일지라도 생명이 출현할 행성은 10억 개나 되기 때문에 생명이 자연적으로 발생할 확률이 가장 비관적으로 추정한 값을 받아들인다고 해도, 행성의 수를 볼 때 가능성이 엄청나게 많다고 가정함으로써 생명의 기원이라는 독특한 문제를 다룰 수 있다고 주장함으로써 하나님의 존재를 부정하려고 합니다. 그러나 그것은 "크기나 수가 가능성이나 중요성에 서로 연관된다는 것"을 가정하는 것이며, 만일 그렇다면 "크기의 차이가 커지면 중요도의 차이도 커지고 크기의 차이가 작아지면 중요도의 차이도 작아진다는 뜻일 수밖에 없는데", "제정신인 사람이라면 아무도 그렇게 생각하지 않을 것"이며, 그것은 단지 "어떤 것의 절대적인 크기가 일정 지점에 도달할 때 크기의 우월함에 대해 가지는 특이한 감정의 문제"일 뿐입니다.246)

  우주상수는 "우주의 팽창을 조절하는 숫자"인데, "만약 우주상수가 지금보다 더 크다면 우주는 지나치게 빨리 팽창했을 것"이고, "지금보다 작다면 너무 일찍 붕괴했을 것"이며, "그렇다면 살아있는 체계들이 출현하도록 허용하지 못했을 것"입니다.247) 콜린스

---

245) 『만들어진 신』, 215, 216, 218, 219.
246) C. S. Lewis, 『피고석의 하나님』, 38.
247) David Berlinski, 『무신론의 과학적 위장』, 129, 130.

(Francis Collins)는 이렇게 지적합니다.

> 기본적으로, 물질과 에너지의 작용을 묘사하는 간단한 수학 법칙들은 값을 측정할 수 없는 불변수 즉 상수들을 포함합니다. … 지난 50여 년간 수리물리학자들은 이런 상수들의 미세한 변화들의 결과들을 조사해 왔습니다. 그 결론은 깜짝 놀랄 만합니다. 만약 이런 상수들 중에 그 어느 것이 미세할 정도로 변화한다면, 어떤 형태의 생명체든 간에 그것을 보존할 수 있는 우주가 더 이상 존재하기가 불가능하다는 결론에 이르렀습니다. 따라서 우리의 우주는 단지 운 좋은 우연의 산물이라고 생각할 수 없습니다.[248]

천체물리학자들에 의하면, "생명체를 만드는 우주가 있으려면 세밀하게 미세 조정되어야 하는 (중력과 같은) 물리적 상수와 (엔트로피와 같은) 양(quantities)이 있어야 하는데",[249] 만일 그렇다면 "중력이나 소립자 간의 상호작용이 지금과 비교해 10의 40제곱분의 1만 달랐어도 우주가 폭발적으로 팽창해 은하들이나 우주가 붕괴했을 것이며", "중력 상수와 자기장 상수 그리고 양성자 질량과 전자의 질량 간의 결합 비율이 지금과 비교해 10의 39제곱분의 1만 달랐어도 현재와 같은 태양은 형성될 수 없었을 것"입니다.[250] "유기적인 생명체가 존재하려면, 기초적인 규칙성과 물리학의 상수들이 극단적이리만치 좁은 범위 안에서 한데 어우러지는 값을 가져야 가능"하기에 "우연히 이렇게 눈금이 정확히 맞아떨어질 가능성은 너무나 희박해서 통계적으로는 무시해도 좋을 것"입니다.[251] "유기적인 생물체가 발생한 우주에 어쩌다 보니 들어와 살게 된다

248) Francis Collins, 『믿음』, 16, 17.
249) Rice Broocks, 『신은 죽지 않았다』, 94.
250) Alister E. McGrath, 『기독교 변증』, 168.
251) Timothy Keller, 『하나님을 말하다』, 208.

는 게 기술적으로 불가능한 일이 아닐 수도 있고", "우주의 미세조정에 일종의 설계에 따라 진행되었음을 입증하기도 힘들 것"이며, "창조주 없이 생명체가 우연히 생길 수도 있지만", 그것은 가능성이 거의 없는 매우 희박한 가정임에도 불구하고 그 가정을 절대적인 사실이라고 믿는다면 그것이 과연 합리적이고 타당한 주장인지 반문하지 않을 수 없습니다.252) 그렇다면 과학의 이름으로 우주가 우연히 생겼다고 주장하면서, 그러므로 하나님은 존재하지 않는다고 주장하는 것은 과학이 아니라 과학자의 종교적 신념이며 사이비(似而非) 과학일 것입니다.

"지구상에 탄소를 근간으로 하는 생명체가 존재하는253) 까닭은 물리적이고 우주적인 여러 힘과 매개변수가 정밀하게 균형을 이루

---

252) Timothy Keller, 『하나님을 말하다』, 211.

253) 크루소마을, "진화론은 거짓이다." 2011.10.16.09:39,
https://cafe.daum.net/waterbloodholyspirit/MLXf/4?q=%EB%A7%88%EC%9D%B4%ED%81%B4%20%EB%8D%B4%ED%84%B4: "화학이 밝혀낸 특정 원소들의 무기화학적인 역할들도 설계의 강력한 증거이다. 모든 생명체의 골격을 구성하고 있는 비금속성의 탄소(C)는 모든 종류의 원자들과 결합할 수 있는 연쇄(catenation)능력을 가지고 있다. 이러한 성질 때문에 핵산, 단백질, 섬유소와 같은 생명구성성분들이 존재하게 된다. 이러한 탄소는 지구상에 0.017%, 모든 생명체의 9~10%를 차지하고 있을 뿐이지만, 탄소가 없이는 생명이 유지되지 못 한다. 비금속 주족원소인 산소(O_2)도 특이한 분자구조를 하고 있다. 산소를 제외한 비금속 주족원소는 짝수개의 전자쌍으로 있을 때만 안정하므로 모두 공유전자를 가지고 있으나, 산소만이 두 개의 비공유전자(unpaired electron)를 가지고 있다. 그럼에도 불구하고 산소는 화학적으로 안정하며 어느 곳에나 존재한다. 이러한 비공유 결합이 없다면 산소가 혈관 속으로 들어가 헤모글로빈과 결합할 수 없을 것이다. 아연(Zn)은 시스테인이나 히스티딘과 같은 아미노산과 결합할 때 손가락처럼 행동하면서 DNA의 위치를 인식하도록 한다. 이를 아연손가락단백질(Zinc finger protein)이라 한다. 이 밖에 생리작용에 중요한 역할을 하는 원소들(Na, K, Cl, Mg, Ca)도 생리작용에 적합하도록 설계되어 있다. 자연계에서 합성되는 20종의 아미노산들은 예외 없이 L-형만 만들어지는 반면, 오탄당(ribose)은 D-형만 만들어진다. 수많은 당류 중에 오직 간단한 구조를 가진 D-형 오탄당만이 핵산의 구성성분으로 작용하고 있다. 핵산의 단량체인 모노뉴클레오타이드를 연결하고 있는 에스텔 결합은 오직 인산염에 의해 연결되어 있다. 이 인산염은 결합의 정확도가 뛰어나며 체내의 화학에너지인 ATP, GTP 등의 구성성분이 되기도 한다. 모든 생명체의 70%를 차지하고 있는 물의 구조(H_2O)는 화학결합보다 약한 수소결합을 하고 있다. 그럼에도 불구하고 액체(물), 고체(얼음), 기체(수증기)의 구조를 잘 유지하게 한다. 이러한 모든 화학적 구조들은 섬세하게 설계된 것임을 보여준다. 더구나, 물(H_2O)은 수소(H) 두 분자와 산소(O) 한 분자로 구성되어 있으나, 이들을 분리하면 물의 성질은 없어지고 가스 성분만 남을 뿐이다."(에드워드 부드로, "기초화학: 창조의 증거", 「창조」 121호, 2000년, 17-21).

기 때문"이며, 따라서 "이러한 힘의 크기와 매개변수 중에 어느 하나가 지금과 조금이라도 달랐다면, 균형은 무너졌을 것이며 생명체는 생겨나지 않았을 것"입니다.254) "미세조정이 내포하는 뚜렷한 유신론적 의미를 피하려는 한 가지 시도는 우리의 우주가 수많은 우주 가운데 하나일 뿐이라는 다중우주를 상정하는 것"인데, 이 관점은 "우리의 영역에서 나오는 물리학 법칙들이 다중우주 전체에 어떻게 적용될 수 있을지 알 수 없기" 때문에 우리의 영역에 대한 관찰을 토대로 하는 다중우주에 대해서는 아무런 결론도 끌어낼 수 없습니다.255) 물론 이러한 논증이 기독교만이 진리임을 입증할 수는 없겠지만, 초월적이고 인격적이며 지적인 설계자가 존재한다는 것을 받아들이지 않고 단지 자연주의적 설명으로는 한계가 있다는 것과 성경에 묘사된 하나님만이 이 논증에 적합하다는 것을 보여줍니다.256)

좀처럼 줄어들지 않는 과학의 틈새와 불완전성 논쟁의 문제

도킨스는 진화한 기관들은 뛰어나고 효율적이지만 종종 결함도 보이는데 그것은 그 기관들이 진화된 것일 경우 예상되는 일이며, 설계된 것일 경우에는 예상할 수 없다고 주장하지만(불완전성 논쟁),257) "과학이 발전하면서 처음엔 불완전한 설계로 여겨졌던 부분들, 즉 조상에게 물려받은 쓸모가 없다고 여겨졌던 것들조차도 (맹장과 충수, 편도선, 갑상선, 사랑니, 꼬리뼈, 귀를 움직이는 근육,

---

254) Alister E. McGrath, 『기독교 변증』, 168.
255) Alister E. McGrath, 『기독교 변증』, 170.
256) Doug Powell, 『빠른 검색 기독교 변증』, 74, 89, 90.
257) 『만들어진 신』, 209.

고래의 뒷다리 등) 결국 아주 잘 만들어져 명확한 목적이 있는 것으로 밝혀지기 때문"에 불완전성 논쟁은 점점 힘을 잃고 있습니다.258) 맹장과 충수는 면역계에 중요한 역할을 하고 있고, 편도선은 감염으로부터 보호하는 기능이 있으며, 갑상선은 영아기와 유년기의 정상적인 신체 발육을 위해 필수적이고, 꼬리뼈는 다리와 아래 근육을 연결해 몸의 균형을 잡아주는 역할을 하여 편안하게 앉을 수 있게 하는 등의 역할이 밝혀졌습니다.259)

그는 창조론자들이 과학의 틈새를 찾고 그것들을 기본적으로 지적 설계가 채운다고 주장하지만,260) "과학이 발달하면서 수많은 자연의 특성들이 왜 우리 인간을 염두에 두고 설계되었는지 설명하기가 더욱 힘들어지고", "세포의 정교함이 더 이해될수록 자연주의적 기원은 더 타당해 보이지 않게 되는" 등 그 틈새는 좀처럼 줄어들지 않고 있습니다.261) "서양 과학은 틈새를 메우면서 진행되어왔지만, 그러는 동안 다시 여기저기 틈새를 만들어냈고" 그 과정은 끝이 없으며, 물질계가 더 많이 연구되고 우리가 그 원리들을 더 풍부하게 이해할수록 "자연계가 나타내는 것과 우리가 구현하는 것 사이의 틈새"는 더 커질 수밖에 없습니다.262) 예를 들면, 아인슈타인은 "맥스웰(James Clerk Maxwell)의 전자기장이론을 해석할 때 나오는 어떤 변칙들을 수용하기 위해서 특수상대성이론을 만들어냈고", "특수상대성이론은 곧바로 일반상대성이론으로 이어졌지만", "일반상대성이론은 양자역학에 모순"되는, "이 둘이 서로 맞지 않

---

258) Rice Broocks, 『신은 죽지 않았다』, 125.

259) 정재훈·길소희, 『종교가 되어버린 진화라는 상상』, 297.

260) 『만들어진 신』, 198.

261) Rice Broocks, 『신은 죽지 않았다』, 122, 123.

262) David Berlinski, 『무신론의 과학적 위장』, 209, 231.

는, 물질계에 관한 가장 거대한 관점"이 된 사실은 "이해는 높아졌지만, 그 때문에 편차는 훨씬 커졌다는 것"을 잘 보여줍니다.263)

자연선택은 어떤 의지적 힘이 전제되기 때문에 자연과학 방법론의 결정론과 모순

자연선택은 "어떤 의지적 힘이 전제되는 것"이기 때문에 "단세포의 아메바가 다세포로 진화된 것이 자연선택이었다고 하면 도대체 그 선택이 어디서 오느냐" 하는 문제가 발생합니다.264) 예를 들면, 코끼리가 강아지풀을 먹이로 선택한다고 할 때 그 행위는 본능에서 오는 자연선택이기 때문에 가능하겠지만, 강아지풀(식물)이 코끼리(동물)로 진화되는 과정은 자연선택이 가능하지 않기 때문에, "누적의 힘을 믿는 도킨스의 믿음은 과학적이지도 않고", 그야말로 미신적이라고 말해야 할 것입니다.265)

또 만약 "환경이 인간이 어떻게 만들어지고 어떻게 행동하는지 제어한다면, 인간은 유전자 결정론이 말하는 식으로 태어날 수 없는데", 그것은 "자연과학 방법론의 핵심이자 정신"인 "결정론"과 모순되기 때문입니다.266)

또한 "생명의 모든 다양성을 동반한 놀라운 구조들을 생산한 모든 공로는 자연선택에 주어지고, 시스템상의 어떤 고장이나 불발은 다 설계자가 부재(不在)하는 증거로 삼는 것"은 "인간의 실수나 오

---

263) David Berlinski, 『무신론의 과학적 위장』, 210.
264) 정승원, "리처드 도킨스의 『만들어진 신』 비판", 현창학 편, 『현대사회의 이슈』 (수원: 합신대학원출판부, 2013), 57, 이후로는 정승원, "리처드 도킨스의 『만들어진 신』 비판", 57. 등으로 표기함.
265) 정승원, "리처드 도킨스의 『만들어진 신』 비판", 57.
266) David Berlinski, 『무신론의 과학적 위장』, 201, 202.

류 또는 환경적 영향으로 인한 붕괴를 지성의 불완전성으로 우기는 것"에 지나지 않기 때문에267) 잘못된 것입니다.

진화론은 생명의 기원 자체도 설명할 수 없고 신이 망상이라는 것도 증명할 수 없음

과학계에서는 "신을 배제하고 생명을 설명할 그 무엇인가를 찾고 있었고", 다윈은 그들에게 자연선택이라는 신의 대체물을 제시했는데, "자연선택이란 종(種)에서 개별 간의 작은 차이들을 서서히 선별하여 다른 것을 이기고 살아남는 눈먼 과정(blind process)"으로 "시간이 지나면서 더 큰 사이즈의 종에서 유익한 차이들이 더 지배적으로 나타나, 이런 작은 변화들이 시간이 흐르며 축적되어 결국 그 종을 극적으로 변형하게 한다는 주장"입니다.268)

과연 그런 주장이 타당할까요? "돌연변이와 결합된 자연선택은 모든 종의 출현뿐만 아니라 생명의 모든 다양성의 해석처럼 보이지만", "모든 생명이 원인 없는 자연 과정에 의해 공통 조상으로부터 왔다는 결정적 증거는 없으며", 물론 "상당한 비율의 DNA 유전자를 공유하는 인간과 침팬지 간의 주목할 만한 연관성이 있고",269)

---

267) Rice Broocks, 『신은 죽지 않았다』, 125.

268) Rice Broocks, 『신은 죽지 않았다』, 108.

269) 한윤봉, "사람과 침팬지의 DNA는 99% 동일한가?", newspower, 2021. 01. 22. http://www.newspower.co.kr/sub_read.html?uid=48471&section=sc9&section2=한윤봉 교수의 \, : "진화론에서는 프뤼퍼(Prüfer) 박사팀이 <네이처>지에 보고한, 보노보(Bonobo) 침팬지(피그미 침팬지라고도 함)와 사람의 유전체 염기서열을 해독한 결과 98.7%가 동일하다는 연구결과와 후지야마(Fujiyama) 박사팀이 인간과 침팬지의 DNA를 비교한 연구에서, 19만 8천 개 이상의 염기를 비교하여 평균 98.77%의 동일성과 1.23%의 차이가 있음을 <사이언스>지에 보고한 근거로 사람과 침팬지의 DNA는 거의 동일하기 때문에 공통 조상으로부터 진화했다고 주장합니다. 그러나 이들 연구는 첫째, 논문의 연구자들은 사람과 보노보 침팬지의 '유전체 전부'를 비교한 것이 아니라 염기서열이 침팬지와 사람의 유전체 중에서 '고도로 유사한 유전체'의 일부 영역만을 선택하여 비교하였고, 후지야마 연구팀은 인간과 침팬지의 19만 8천개 염기를 비교하였으나 그것은 전체 게놈의 1% 미만에 해당하는 숫자에 불과합니다. 둘째, 그들은 염

"인간의 배아는 동물계의 다른 배아 형태와 매우 흡사하지만", "종들 간의 이러한 유사점들은 '공통 조상으로부터'의 결과가 아니라, 오히려 오직 '공통 설계자로부터'의 결과인 것"입니다.270) 미생물학자 마이클 덴턴(Michael Denton)이 지적한 바와 같이 자연도태 혹은 돌연변이(유전적 오류)라는 수단으로 인하여 동물의 종이 근본적으로 다르게 발달한 예는 전혀 없습니다.271)

도킨스는 "유전자들이 우리의 몸과 마음을 창조했다."라고 주장하지만, "유전자에 관한 어떤 정확한 개념 속에도 일련의 생화학물질들이 무언가를 창조하도록 해주는 그 무언가가 존재하지 않기 때문에", "우리의 몸과 마음이 유전자에 의해서 창조되었다는 주장은 우리의 몸과 마음이 조물주에 의해서 만들어졌다는 주장보다 훨씬 덜 그럴듯한 명제"입니다.272) 따라서 "생물학적인 발전과 전이 과정을 설명하는 진화 메커니즘은 생명의 기원 자체도 설명할 수 없을 뿐만 아니라", "초자연적, 지성적, 인격적 창조주 하나님의 존재

기서열 해독할 때, DNA를 이루고 있는 염기들의 삽입이나 삭제를 포함하지 않고 치환만을 고려했다는 점인데, 그것은 염기치환에 의한 돌연변이 부분만을 대상으로 해독했음을 뜻합니다. 안자이(Anzai)와 그의 연구팀은 삽입과 삭제를 포함하면, 사람과 침팬지의 유전자 일치도는 98.6%가 아니라 86.7%라고 2003년의 미국과학한림원 프로시딩(PNAS)에 보고하였고, 2005년에 워터슨(Waterson) 박사팀은 <네이처>지에 침팬지 게놈과 인간 게놈은 전체 27억 개의 시열 중 24억 개, 즉 88.9%만이 같으며 11.1%의 차이가 있음을 보고하였는데, 그에 따르면 유전체 전체를 대상으로 유전체를 해독하면, 그 차이는 매우 큼을 알 수 있습니다. 만일 전체 유전체 중에 1%의 차이가 있다면, 유전체에는 30억 개의 염기쌍이 있으므로 사람과 침팬지 사이에는 3천만 개의 다른 DNA 염기쌍이 있기 때문에, 유전 정보의 조그만 차이는 생물학적 모양과 구조와 기능과 형질에 커다란 차이로 나타난다는 점을 고려하면, 3천만 개는 결코 작은 숫자가 아닙니다. 예를 들어 자전거, 자동차, 비행기의 부품들 중에 유사한 주요 부품들만을 선택하여 분석하면 유사성이 매우 높지만, 자전거와 자동차와 비행기를 동일하다고 할 수 없는 이유는 사용된 부품들의 조그마한 차이가 각 운송장비의 능력에 커다란 차이를 주기 때문입니다. 마찬가지로 유전체의 일부 영역만을 선택하여 유사성을 비교하고, 비교 결과를 바탕으로 생물체들의 공통 조상을 주장하는 것은 설득력이 매우 빈약합니다."

270) Rice Broocks, 『신은 죽지 않았다』, 108, 111.

271) David A. Noebel, *Understanding the Time*, 류현진·류현모 옮김, 『충돌하는 세계관』 (서울: 디씨티와이북스, 2019), 528, 이후로는 David A. Noebel, 『충돌하는 세계관』, 528. 등으로 표기함.

272) David Berlinski, 『무신론의 과학적 위장』, 225.

자체가 망상"이라는 것도 증명할 수 없습니다.273)

다윈은 "화석이 풍부한 지층이 캄브리아기 단층들 아래에 있을 것이라고 믿었고, 그것이 없으면 과학은 정당하게 이론 전체를 거부할 것이다."라고 여겼지만, "지질학에서는 이 화석이 풍부한 지층을 찾아내지 못했으며", 그는 또한 "화석 기록에 과도기적인 형태들이 나타나지 않는 한, 그의 이론이 붕괴될 것이라고 예측"했지만, 화석에 있어서 과도기적인 형태들이 나타나지도 않기 때문에, 다윈의 진화론은 마땅히 폐기(廢棄)되어야 합니다. 다윈은 그러한 사실을 예상이나 하듯 이렇게 말했습니다.

> 지구에서 과거에 존재해 왔던 진화의 중간 형태의 다양한 종들은 진정 엄청난 숫자일 것이 분명하다. 그렇다면 어째서 모든 지질학적 구조물과 모든 단층이 그러한 중간화석으로 가득 채워지지 않은 것인가? 지질학은 분명히 그렇게 미세하게 눈금 매겨진 유기적 사슬을 드러내지 않고 있다. 그리고 어쩌면 이것이 나의 이론에 관해 주장할 수 있는 가장 명백하고 엄숙한 반론인지도 모른다.274)

273) 정일권, 『우상의 황혼과 그리스도』 (서울: 새물결플러스, 2014), 156, 이후로는 정일권, 『우상의 황혼과 그리스도』, 156. 등으로 표기함.

274) David A. Noebel, 『충돌하는 세계관』), 530.

7 종교는 문화적 산물일까요?

"밈"이라는 개념은
"모든 종교의 믿음들은 근거가 없다."라는 편견

도킨스는 "밈(meme)"이라는 단어를 사용하여 "다윈의 진화론, 즉 자연선택론이 유전자 세계에서도 일어나고 있는 것처럼 종교라는 문화적 산물에서도 일어난다."라는 것을 보여주고자 시도합니다.[275] 그는 "일부 종교 개념들은 일부 유전자들처럼 절대적인 장점 때문에 생존하고, 일부 종교 개념들은 이미 밈 풀(meme pool)에서 다수를 이루고 있는 다른 밈들과 화합하고 밈복합체(meme complex 또는 memeplex)의 일부가 됨으로써 생존한다."라고 주장합니다.[276]

"밈(meme)"이라는 단어는 "문화적인 유전의 단위 또는 전달 단위"의 의미로 원래 "모방"이라는 말에 해당하는 그리스어 "mimeme"에서 유래하며, 유전자를 뜻하는 "진(gene)"과 발음을 유사하게 만든 것으로, 밈은 또한 기억이라는 뜻을 지닌 프랑스어 "메메(meme)"와도 관련이 있습니다.[277]

---

275) 『만들어진 신』, 303.
276) 『만들어진 신』, 303.
277) 이정순, 『신을 묻는다』, 168.

도킨스의 밈 이론은 문화적 유전자가 생물학적 유전자와 "유비적(類比的)"이라고 주장하지만, 밈이 생물학적 유전자와 유비적이라는 주장은 지나친 비약입니다. 왜냐하면 유전자는 생물학적, 화학적, 물리학적으로 잘 정의될 수 있고 실험을 통해 검증할 수도 있는 관찰 가능한 실체이지만, 밈은 도킨스 자신도 "아마도 뇌 속에 존재하고 있을 것"이며 "유전자를 볼 수 있을 기회만큼 보지 못한다."라고[278] 인정하듯이 밈은 눈먼 신뢰의 대상에 불과하기 때문입니다. 그는 신은 검증이 가능하지 않기 때문에 눈먼 신뢰의 대상이라고 비아냥거렸지만, 사실 그의 밈 이론이야말로 눈먼 신뢰의 대상이며, 따라서 그야말로 비아냥 받아 마땅한 주장에 불과합니다. 인간 문화는 정보를 전달할 수 있는 책, 의식(儀式), 제도, 구전(口傳) 등의 명확한 수단을 가지고 있으므로, 굳이 그 개념 자체가 매우 모호하고 경험적 근거도 없으며 검증받을 수도 없는 밈 이론으로 설명하는 것은 타당성이 전혀 없습니다.[279]

도킨스는 믿음이란 "순전히 수동적 백치(白痴) 행위"이며, 그 이유는 "그 전제를 믿는 사람들이 그토록 태연하게 확신하기 때문에 그들 가운데 아무도 그 전제에 대해 어떤 체계적인 고려를 해보려고 하지 않기 때문"이라고 주장하면서, 여기에 "밈"이라는 개념을 끌어들이는데, 그 저의(底意)는 "모든 종교의 믿음들은 근거가 없다."라는 것을 말하기 위함일 것입니다.[280]

그러나 신앙에는 그에 따르는 부담과 희생과 기대가 있기에 대부분은 믿음의 전제에 대하여 나름대로 깊이 고민하고 어떤 체계적인

---

278) Richard Dawkins, *Devil's chaplain*, 이한음 역, 『악마의 사도』 (서울: 바다, 2005), 145.

279) 정진우, "과학적 무신론에 대한 과학적 유신론 비판연구 - Richard Dawkins와 Alister E. McGrath를 중심으로 -", (미간행 박사학위 논문, 호서대학교대학원, 2011), 115-116.

280) David Bentley Hart, 『무신론자들의 망상』, 30.

고려를 하기 때문에 '신앙이란 순전히 수동적 백치 행위'라고 주장하는 것은 좀 심하게 말한다면 천치(天痴)나 할 일입니다. 또 그는 일종의 종교체험이란 것이 존재할 수도 있다는 점을 전혀 고려하지 않지만, "어떤 사람들은 과감히 기독교의 철학적 혹은 신비적 전통들의 광활한 바다에 나가보기도 하고, 또한 많은 사람들이 기적들, 꿈들, 혹은 그들의 삶 속에 일어난 분명한 은총의 작용들이나 심미적인 도취, 이상스러운 황홀감, 또는 성령의 임재에 대한 직관 등"을[281] 통해 신앙에 발을 들여놓거나 신앙에 더 깊이 들어가기도 합니다.

어느 특정 종교의 배경이 그 신앙을 계속 유지한다는 보장은 없음

도킨스는 "어디에서 태어났느냐에 따라 종교가 결정"된다고 주장하지만, 그것이 "어느 정도 사실일지라도 그것이 전부가 아닌 것"은, "어느 특정 종교의 배경에서 태어났어도, 스스로 생각하여 다른 세계관을 고려할 나이가 되면 신앙을 계속 유지한다는 보장도 없고", "초대 신앙인들의 체험은 그들이 태어난 문화나 그들의 부모들이 양육했던 방식의 결과가 아니었으며", 특별히 기독교 신앙의 경우에는 모두 태어난 특정 종교를 완전히 뒤집지 않으면 불가능하다는 것만 보아도 그것을 확인할 수 있습니다.[282] 기독교가 처음 출발한 이스라엘에서는 물론이고, 그 후 기독교가 소아시아와 로마, 그리고 전 세계로 전파되면서 지역마다 모두 그들이 태어난 특정 종교를 완전히 뒤집지 않으면 기독교 신앙을 받아들일 수 없었습니다.

---

281) David Bentley Hart, 『무신론자들의 망상』, 32, 33.
282) Rice Broocks, 『신은 죽지 않았다』, 6, 7.

필자도 태어난 종교적 배경은 무속이었고, 초등학교 3학년 때에 이사한 후부터는 철저하게 유교와 불교적 환경에서 자랐기 때문에 고등학교 3학년 때에 기독교 신앙을 받아들일 때는 그동안의 종교적인 모든 것을 완전히 뒤집지 않을 수 없었습니다. 그 과정은 '순전히 수동적 백치(白痴) 행위', 기독교 신앙의 전제에 대하여 어떤 체계적인 고려도 해보지 않고 태연하게 확신한 것이 아니었습니다. 왜냐하면 유교적 제사 문화 속에서 종손(宗孫)으로서, 그리고 기독교 신앙을 가진 사람이 거의 없는 가족들과 이웃들과 친구들과의 인간관계 가운데 있었기에, 그에 따르는 부담과 비난과 희생을 감수하면서까지도 기독교 신앙을 받아들이는 것은 결코 태연한 확신, 절대로 '순전히 수동적 백치(白痴) 행위'일 수 없었기 때문이었습니다.

도킨스의 주장은 "인간의 올바른 사고와 행동을 방해하는" "우리의 마음속에 숨어 있으면서도 우리가 의식하지 못하는 편견과 고정관념", 이른바 "마인드 버그(mind bugs)"로써 자신이 경험한 한두 가지를 가지고 진리인 것처럼 확대해서 해석한 오류에 불과합니다.[283]

또 그는 "종교는 유아적이라는 것, 즉 인간이 성숙함에 도달하면 사라져야 하는 유치한 망상"이며, 유아 시절의 종교적 환경에 의해서 한 개인의 종교가 결정된다고 주장하지만, "왜 그렇게 많은 사람들이 인생 후반기에 신을 발견하게 되는지, 그리고 이것이 후퇴, 타락, 혹은 퇴화 같은 것을 의미한다고 결코 생각하지 않는지를 설명"할 수 없습니다.[284]

---

283) 이영직, 『행동 뒤에 숨은 심리학』, 64-65.
284) Alister E. McGrath & Joanna Collicutt McGrath, 『도킨스의 망상-만들어진 신이 외면한 진리』, 32, 33.

도킨스의 주장은 일종의 ‘휴브리스(hubris)’가 아닐까 하는 의구심이 듭니다. 왜냐하면 동물행동학자, 진화생물학자 및 대중과학 저술가로서의 세속적인 성공과 명성으로 인해 지나친 자신감과 오만으로 자신의 주장이 무조건 옳다는 심리 상태에서 무신론을 전개하기 때문입니다.285)

---

285) 이영직, 『행동 뒤에 숨은 심리학』, 71-72.

8 도덕의 뿌리는 신이 아니며 종교 없이도 선하게 살 수 있을까요?[286]

도덕률이 인간들이 만들어내는 것이라면
무엇이든 다수의 의견으로 결론이 날 것

도킨스는 "도덕이 종교로부터 나오는 것이라면, 양측의 도덕은 분명히 달라야 하지만", 무신론자와 종교인의 판단에 통계적으로 의미 있는 차이가 없다는 하우저와 싱어의 결론을 들어 "선하거나 악하기 위해서 신을 필요로 하지 않는다."라고 주장합니다.[287] 그는 또 "신의 감시를 받지 않을 때도 자신이 선한 사람으로 남아 있을 것임을 인정한다면, 선하려면 신이 필요하다는 주장은 치명적으로 훼손하게 될 것"이며, "설령 우리가 도덕적이 되기 위해 신이 필요하다는 것이 사실일지라도, 그것은 신의 존재 가능성을 높이는 것이 아니라, 단지 신의 존재를 더 바람직하게 만드는 것일 뿐"이라고 주장합니다.[288]

과연 그럴까요? 만일 하나님이 없다면 "모든 사람들이 지켜야 할 초월적인 도덕은 있을 수도 없고", "선과 악은 그저 환상이고 인간이 만들어 낸 독단이 될 것이며", "초월하는 신이나 도덕적 원칙의

---

286) "Ⅱ. 니체의 『안티크리스트』와 기독교, 2. 기독교 도덕은 이기적이고 환상에 지나지 않으며 디오니소스적인 것이 건강한 대안일까요?"를 참조 바람.

287) 『만들어진 신』, 342, 343.

288) 『만들어진 신』, 345, 350.

342 포이어바흐, 니체, 러셀, 도킨스의 지성적 무신론과 기독교

근원 없이 무엇이든 다수의 의견으로 결론이 날 것"입니다.289) 만일 하나님이 없다면 특정한 행동은 도덕적이고 그 밖의 다른 행동은 비도덕적이라고 판단할 방법이 전혀 없을 것이고, 인간의 행동 기준은 자신이 원하는 것에 지나지 않을 것이며, 그렇다면 "스스로의 주관적이고 독단적인 도덕 감정을 법제화할 권리"는 다수에게 있게 되어 투표로 소수를 제거할 권리가 있다는 뜻이 되고 말 것입니다.290) 그러나 만일 다수에게 투표로 소수를 제거할 권리가 있다는 주장이 잘못이라면, "다수는 소수를 말살하지 말아야 할 도덕적 의무를 지닌다는 기준"은 어디서 온 것인지를 하나님이 없이는 말할 수 없을 것입니다.291) 또 "옳고 그름을 초자연적으로 가려 줄 정상의 표준"이 없다면, "약자에 대한 강자의 폭력이 완전히 자연스러운 현상"임에도 불구하고 유독 인간에게만 "강자가 약자를 짓밟는 게 잘못"이라고 주장할 근거도 없을 것입니다.292)

만일 하나님이 없다면 "절대 어겨서는 안 될 초월적인 법, 객관적인 도덕"은 존재할 수 없을 것이고, 그렇다면 도덕은 마치 "입맛에 맞는 아이스크림을 고르는 것처럼 취향과 편의에 따라 변하는 상대적인 개념일 뿐 모든 사람에게 구속력을 갖는 객관적인 명령이 될 수 없기" 때문에 "절대 권력을 손에 넣은 무신론자가 잔인한 행동을 원해도 그것을 자제할 초월적인 의무가 없게 될 것"입니다.293) 따라서 옳고 그름을 따지는 도덕 법칙은 "인간들이 만들어낸 것이 아니라 현실로 존재하는 것임이 틀림없고", 그렇다면 "인

---

289) Rice Broocks, 『신은 죽지 않았다』, 57.
290) Timothy Keller, 『하나님을 말하다』, 243.
291) Timothy Keller, 『하나님을 말하다』, 243.
292) Timothy Keller, 『하나님을 말하다』, 246.
293) Anthony DeStefano, 『무신론자들의 마음속』, 123.

간의 행위라는 일상적 사실들 너머에는 아주 명백하게 실재하는 무언가가 존재한다는 것이 사실이며", "만일 배후의 무언가가 존재한다면" 그것은 하나님일 수밖에 없습니다.294)

하나님의 감시를 받지 않을 때도 자신이 선한 사람으로 남아 있을 것임을 인정한다면, 또 선하려면 하나님이 필요하다는 주장은 치명적으로 훼손하게 될 것이라고 믿는다면, 도킨스는 형법의 존재를 설명해야 할 것이고, 만일 그렇지 않다고 믿는다면 왜 법적 강제가 끝나는 곳에서 도덕적 강제가 불필요한지도 설명해야 할 것입니다.295) 만일 도덕적 명령들이 하나님의 의지로부터 나오지 않는다면, 그리고 그것들이 어떤 의미에서 절대적이지 않다면, 당위성의 문제는 단순히 사람들이 결정할 문제가 될 것이고, 그밖의 다른 판단의 근거는 없기에, 이는 '하나님이 존재하지 않는다면 무슨 일이든 허용된다.'라는 말을 다르게 표현한 것에 불과할 것입니다.296)

무엇이 선하고 무엇이 악한가에 대한 도덕적 진리들이 있다면 전지(全知)한 존재는 그 진리들이 무엇인지 알 것이고, 또 유신론이 주장하는 바와 같이 하나님이 본질적으로 영원히 전능하고 전지하며 완전히 자유롭다면 그는 도덕을 포함하여 다른 모든 것을 궁극적으로 설명하는 존재가 될 것입니다.297)

---

294) C. S. Lewis, 『순전한 기독교』, 50, 51, 52.
295) David Berlinski, 『무신론의 과학적 위장』, 48.
296) David Berlinski, 『무신론의 과학적 위장』, 54, 55.
297) Richard Swinburne, 『신은 존재하는가』, 41, 48.

도덕은 친족 이타주의와 호혜적 이타주의만으로
설명할 수 없음

도킨스는 "인간은 신이나 종교 없이도 선하게 살 수 있다."라는[298] 주장의 근거를 친족 이타주의와 호혜적 이타주의에 두고 있습니다. 그는 "다윈주의 논리는 생명의 계층 구조에서 살아남아 자연선택이라는 여과지를 통과하는 단위가 이기적 경향을 지닐 것"이지만, "유전자가 생물이 이타적으로 행동하도록 영향을 미침으로써 자신의 이기적 생존을 도모하는 상황들"도 있다고 주장하면서, 그 첫째는 "자신의 친족을 선호하도록 각 생물을 프로그램하는 유전자는 통계적으로 자신의 사본들에 혜택을 줄 가능성은 높이고 그런 유전자는 친족 이타주의가 표준이 될 정도까지 유전자 풀(gene pool)에서 증가할 수 있다."라는 것이고, 그 둘째는 "호혜적 이타주의('네가 내 등을 긁어주면 나도 긁어주마')가 있다."라는 것입니다.[299] 그리고 여기에 "이차적인 구조물로, 특히 언어와 소문을 지닌 인간 사회에서 중요하게 여기는 평판"과 "지배나 우월의 선전"을 위해 이타적이고 도덕적으로 행동할 수 있다고 주장합니다.[300] 요약하면, 서로에게 이타적이고 관대하며, 도덕적이 되려는 타당한 다윈주의적 이유가 "유전적 친족 관계라는 특수한 경우"와 "받은 호의에 보답을 하고, 보답을 예견하면서 호의를 베푸는 호혜성", "관대하고 친절하다는 평판을 얻음으로써 누리게 되는 다윈주의적 혜택", "과시적 관대함의 진정한 광고의 역할"이라는 것입니다.[301]

---

298) 『만들어진 신』, 318.

299) 『만들어진 신』, 326, 327, 328.

300) 『만들어진 신』, 330, 331.

301) 『만들어진 신』, 332, 333.

과연 그럴까요? 그는 "혈족을 위해 자기를 희생하는 이타적인 행동은 주인공 가족이나 친족의 생존을 크게 높이는 결과를 가져왔으며 자연히 그의 유전 형질을 지닌 후손들이 더 많아졌다."라고 주장하는데, 진화의 목적에 적합하기 위해서는 동족 이외에는 누구에게든지 적대적인 반응을 보이는 것이 마땅하지만, 일반적으로 사람들은 이해관계가 밀접한 동류나 동족이 아닌 다른 누군가를 위해서 희생하는 이타적인 행동을 하는 것이 옳다고 받아들입니다.302) 일반적으로는 전혀 모르는 사람이거나, 심지어 자신의 적이라고 하더라도 생명의 위협을 받는 것을 보면 바로 도움을 주거나 만일 그렇게 하지 못한다면 양심의 가책을 느끼게 되는데, 이러한 사실을 어떻게 "자연선택 과정의 결과"로, "목숨을 부지하고 유전자를 후손에 전달할 가능성이 훨씬 줄어들게 마련인 행동"을 할 수 있는지 설명할 수 없을 것입니다.303) 여기에 대해 "이타적인 행동을 하는 당사자도 다른 이들로부터 간접적인 상호 유익을 얻는다고 주장"하지만, 그것으로는 간접적인 상호 유익을 기대할 수 없는 상대에게나 적에게 이타적인 행동을 하는 동기가 무엇인지를 설명할 수 없습니다.304)

도덕을 다만 "진화의 압박에서 나온 결과라고 주장"하는 사람들은 "이타적 행동을 다원식 선택에 내재한 긍정적 가치를 바탕으로 설명"하고자 하지만, "아무런 보상을 받지 못해도 남을 돕는 아가페(αγάπη), 즉 사심(私心)이 없는 이타주의"를 "개인의 이기적 유전자가 영원히 살아남을 목적으로 그런 일을 했다고 설명"하는 것은

---

302) Timothy Keller, 『하나님을 말하다』, 235.
303) Timothy Keller, 『하나님을 말하다』, 235.
304) Timothy Keller, 『하나님을 말하다』, 236.

불가능할 것입니다.305) 에드워드 윌슨(Edward Osborne Wilson) 같은 사회생물학자들은 "이타주의를 실천하는 자에게 간접적으로 종족 번식의 이익이 돌아간다는 점을 들어 이타주의를 설명"하고자 하지만, 이런 주장과는 달리 인간이 아닌 소위 영장류를 관찰해보면 오히려 정반대의 상황이(가령 새로 우두머리가 된 수컷 원숭이는 훗날 자기 새끼의 앞날을 위해 다른 새끼들을 제거하는 경우) 나타납니다.306) 또 "이타주의에는 간접적 상호이익이 존재해서 진화의 시기가 오면 이타주의를 실천한 자가 이익을 본다."라는 주장도 하지만, 이러한 주장은 "아무도 모르게 사소한 양심적 행동을 하는 인간의 동기"를 설명할 수 없습니다.307) 또 "어느 집단의 구성원이 이타적 행동을 하면 그 집단 전체에 이익이 돌아간다는 주장"도 있지만, "자연선택은 주민 전체에 한꺼번에 적용되지 않는다는 점에 대해서는 이미 공감대가 형성"되었습니다.308) 위험에 처한 사람을 볼 때, 자신의 목숨이 위태로울지라도 도움을 주어야 한다는 양심의 소리는 동물의 본능적 행동과는 근본적으로 다르고, 이타주의가 가져다주는 집단적 이익에 관한 진화론적 주장이 성립하려면 집단 밖에 있는 개체를 향해서는 적대적 반응을 나타내야 하지만, 양심의 소리는 그렇지 않습니다.309)

305) Francis S. Collins, 『신의 언어』, 31, 33.
306) Francis S. Collins, 『신의 언어』, 33, 34.
307) Francis S. Collins, 『신의 언어』, 34.
308) Timothy Keller, 『하나님을 말하다』, 236.
309) Francis S. Collins, 『신의 언어』, 34, 35.

도덕률은 단순히 본능 중 하나도 아니고 교육을 통해 주입된 사회적 관습도 아님

인간들이 다툰다는 것은 무엇이 옳고 그른가에 대한 "일종의 합의된 법칙이나 규칙"을 전제하지 않고는 불가능합니다.[310] 옳고 그름이라는 합의된 법칙이나 규칙이 존재하지 않는다고 믿는 사람이라고 하더라도, 자기 입장에 반대되는 행동을 하거나 자기에게 한 약속을 어기는 사람에 대해서는 옳지 못하다고 주장하는 것은 이 사실을 입증합니다.[311] 왜냐하면 옳고 그름이란 것이 없다면, 옳고 그름에 대하여 변명하거나 비난할 수는 없을 것이기 때문입니다.[312]

여기에 대하여 반론을 제기하는 사람들은 도덕률이란 집단본능에 불과하다고 주장하지만, "남을 돕고 싶은 욕구를 느끼는 것과 자기가 원하든 원하지 않든 도와야 한다고 느끼는 것"은 전혀 다른 일입니다.[313] 예를 들어 "위험한 지경에 처한 어떤 사람이 도움을 요청하는 소리가 들려온다고 할 경우", "당장 달려가 도우려는 욕구(집단본능)와 위험을 피하려는 욕구(자기보존본능)" 외에, "그 두 본능 사이에서 판단을 내리며 그 가운데 어느 본능을 따라야 할지 결정"하는 이것은 그 두 본능과는 다른 것입니다.[314] "도덕률이 단순히 본능 중 하나가 아님을 알 수 있는 또 다른 하나"는, "만약 사람의 마음속에 두 가지 본능이 있다면, 그 두 가지가 충돌할 때는 강한 쪽이 이겨야 마땅하지만", "도덕률을 가장 선명하게 의식하는 순간에는 대개 둘 중에 더 약한 본능 편을 들어야 할 것 같은

---

310) C. S. Lewis, 『순전한 기독교』, 26, 27.

311) C. S. Lewis, 『순전한 기독교』, 30.

312) C. S. Lewis, 『순전한 기독교』, 32.

313) C. S. Lewis, 『순전한 기독교』, 35.

314) C. S. Lewis, 『순전한 기독교』, 35.

느낌을 받는데", "이처럼 한 본능을 다른 본능보다 강화하려 드는 것"은 도덕률이 분명히 본능에서 나오는 행동이 아니기 때문입니다.315) 도덕률이 단순히 본능 중 하나가 아님을 알 수 있는 또 다른 하나는 "언제나 선하며 언제나 옳은 행동 규범에 일치하는 충동 하나를 우리의 내면에서 짚어낼 수 있어야 하지만", "그런 충동은 없고" "어떤 본능에 대해서든지 때로는 억누르며 때로는 북돋우라는 명령을 도덕률로부터 받는다는 사실"입니다.316)

"도덕률이란 교육을 통해 주입된 사회적 관습에 불과하다."라는 반론도 있지만, "민족마다 다른 도덕들을 생각할 때, 어느 한쪽의 도덕이 다른 쪽의 도덕보다 더 낫거나 못하다는 판단을 내리거나, 또는 어떤 도덕은 이전보다 낫게 변화되었다고 생각"하는 것은 "어떤 도덕이 다른 도덕보다 더 좋다고 말하는 것"이며, 그것은 "어떤 기준에 견주어 그중에 어느 것이 그 기준에 더 가까운가를 견준 것"이기 때문에 "두 도덕을 견준 기준은 그 두 도덕과 다른 제3의 것일 수밖에 없으며", 따라서 "실제로 그 두 도덕을 참 도덕이라 할 만한 것과 비교함으로써, 사람의 생각에 좌우되지 않는 진정한 옳음이라는 것이 존재하며, 어떤 도덕관은 다른 것보다 그 진정한 옳음에 가깝다는 사실을 인정"한 셈이 됩니다.317)

누구든지 "마치 전쟁이 아니라 평화를 추구하는 것이, 거짓말하기보다는 진실을 말하는 것이, 파괴하기보다 보살피고 양육하는 것"이 더 옳다고 생각하고, "이런 선택은 가치가 있고, 어떤 방식으로 살지 결정하는 것이 대단히 중요하다."라고 생각한다면, 그런 생

---

315) C. S. Lewis, 『순전한 기독교』, 35, 36.
316) C. S. Lewis, 『순전한 기독교』, 36.
317) C. S. Lewis, 『순전한 기독교』, 39, 40.

각이 어디에서 비롯되었는지에 대하여 우리가 할 수 있는 것은 "이 모든 일이 담긴 의미를 생각지 않고 무작정 외면하든지" 아니면 "하나님의 존재를 인정하는 것", 둘 중의 하나여야 할 것입니다.318)

도덕적인 세계 질서에서는 인과성을 고려하지 않는 것처럼 보이는 힘이 존재

사람들은 "개인적인 신념이나 확신을 떠나 반드시 따라야 할 일종의 도덕적인 기준이 존재한다."라고 믿으며, 또한 사람마다 문화마다 윤리적인 가치들은 상대적이라고 교육을 받아 왔을지라도 "실생활에서는 어쩔 수 없이 특정한 원리들을 절대 기준으로 대접하게 마련이며, 그것을 토대로 가치 기준을 공유하지 않는 이들의 행동을 판단"하는데, 그런 이유는 "인간의 한계를 초월한 표준이 존재한다고 믿기" 때문일 것입니다.319) 만일 하나님도 존재하지 않고 인간이 단지 동물로부터 진화되었다면, "누군가의 권리를 침해하는 것을 잘못"이라고 주장할 수도 없을 것이고, 동물들의 약육강식에 대하여 비난하거나 그것을 막지 못한 것에 대하여 죄책감이 들지 않는 것과 동일하게 인간에 대해서도 약자의 권리가 유린(蹂躪)당하는 것에 대해서도 비난하거나 인권을 믿고 지지할 이유도 없을 것이고 그것을 막지 못한 것에 대하여 죄책감을 가질 이유도 없을 것입니다.320) 그러나 그런 인간은 없습니다. 바빙크는 이렇게 지적합니다.

---

318) Timothy Keller, 『하나님을 말하다』, 248, 249.

319) Timothy Keller, 『하나님을 말하다』, 233, 234.

320) Timothy Keller, 『하나님을 말하다』, 231.

어떤 것도 우연히 일어나지 않으며, 모든 것은 그 원인을 가지지만 … 도덕적인 세계 질서에서는 그러한 인과성을 고려하지 않는 것처럼 보이는 힘이 우리 앞에 나타나며 … 이 도덕적인 힘은, 우리가 우리의 무능과 무지를 호소하더라도 들어주지 않고, 어떤 변명과 눈가림도 받아들이지 않으며, 선한 의도들과 엄숙한 약속들로도 만족하지 않습니다. … 우리는 이러한 도덕적인 힘의 요구가 정당하다는 것을 마치 본능적으로 알기 때문에, 우리 스스로도 항상 다른 사람들을 그러한 도덕적 이상에 따라 판단합니다.[321]

만일 이 도덕적 이상이 "일종의 자기기만"이거나 "요술에 대한 믿음이거나 정신착란자들의 망상과도 같이 인간 정신의 병리학에 속하는 것들"이라고 말할 수 있다면, 무신론자들의 도덕적 판단 또한 일종의 자기기만이거나 요술에 대한 믿음이거나 정신착란자들의 망상이 아니라고 변명할 수 없을 것입니다.[322]

---

321) Herman Bavinck, 『기독교 세계관』, 172, 173.
322) Herman Bavinck, 『기독교 세계관』, 174, 186.

9 종교의 이름으로 행해진 해악들이 기독교가 허구라는 증거일까요?[323]

종교인들의 악행은 인간 자체의 악한 본성 외에 아무것도 증명해 주지 않음

도킨스는 "대단히 많은 사람들의 정신을 지배하는 절대론은 언제나 강력한 종교 신앙에서 비롯되며, 그것이 종교가 악의 세력이 될 수 있다는 주요 근거가 된다."라고 주장하면서, "구약성경에 나오는 불경죄에 가해지는 가혹한 형벌, 1922년 영국에서 존 윌리엄 고트가 예수를 어릿광대에 비교했다는 불경죄로 9개월의 중노동을 선고받은 일, 1967년까지 영국에서 다른 누구에게도 아무런 해를 끼치지 않고 성인들 사이에 동의에 따라 이루어지는 사적인 행위인 동성애를 범법행위로 취급한 일" 등을 예로 들었습니다.[324] 물론 이런 주장을 하는 저의는 그가 종교에 적대적일 수밖에 없다고 주장하기 위함일 것입니다.

그는 "종교는 신앙이기 때문에 존중받아야 한다는 원칙을 우리가 받아들이는 한, 빈 라덴과 자살 테러범들의 신앙에 대한 존중을 유보하기가 어렵기에, 극단주의 신앙이 아닌 신앙 자체를 반대하

---

323) "Ⅲ. 러셀의 『나는 왜 그리스도인이 아닌가』와 기독교, 4. 기독교인들이 대개 매우 악해서 모든 방면의 진보와 개선을 가로막는 일을 했을까요?"를 참조 바람.

324) 『만들어진 신』, 434, 435, 436, 439.

라."라고 경고하면서, 그 이유에 대하여 "온건한 종교의 가르침은 비록 그 자체로는 극단적이지 않아도 극단주의로 이어지는 공개 초청장"이며, "진정으로 유해한 것은 그 어떤 정당화도 요구하지 않고 어떤 논증에도 견디지 못하기 때문에, 악인 신앙 자체에 대해 '의문을 품지 않는 신앙이 미덕'이라고 아이들에게 가르치는 행위"라고 주장합니다.325)

과연 그럴까요? 도킨스는 대단히 많은 사람들의 정신을 지배하는 절대론은 언제나 강력한 종교 신앙에서 비롯된다고 주장하지만, 사실은 절대론의 형태를 띤 모든 사고방식이 종교적 신앙의 모습을 띨 뿐입니다. 물론 많은 경우 절대론은 종교 신앙에서 비롯된다고 볼 수도 있지만 언제나 그렇다고 말할 수는 없으며, 다만 종교적 신앙의 모습을 띨 뿐이기 때문에 그런 의미에서 본다면, 도킨스의 과학적 무신론도 절대론이며, 따라서 일종의 종교적 신앙의 모습을 띤다고 보아야 할 것입니다. 또 절대론이 종교 신앙에서 비롯된다는 사실이 '종교가 악의 세력이 될 수 있는 주요 근거'가 된다는 주장은 '절대론은 악'이라고 전제하고, 모든 것을 상대주의적 관점에서 보아야 한다는 것인데, 그런 관점은 시시비비(是是非非)의 기준을 다만 다수에 의해 결정해야 한다는 주장으로, 앞에서 살펴본 대로 이론적으로나 현실적으로도 받아들일 수 없습니다.

무신론자들은 "수 세기 동안 종교인들이 저지른 악과 잔인함, 어리석음, 위선을 지적하면서 종교가 악일 뿐만 아니라 하나님을 믿는 것이 비합리적이라고 주장"하는데, 종교인들이 저지른 악과 잔인함, 어리석음, 위선이 '하나님이 위대하지 않다거나 존재하지 않는다는 것'을 증명한다는 주장은 논리적으로 모순입니다.326) 왜냐

---

325) 『만들어진 신』, 467-468, 470.

하면 종교인들의 악행은 "인간 자체의 악한 본성 외에 아무것도 증명해 주지 않으며", "그것은 종교 자체가 나쁘다거나 하나님을 믿는 것이 나쁘다는 점을 증명하지 못하기" 때문입니다.327) 과학이 "인류에 해로웠기 때문에", 또는 과학의 "파괴적인 잠재력 때문에" 과학 자체가 나쁘다고 말할 수 없는 것처럼, 종교에 대해서도 마찬가지의 논리로 말하는 것이 맞습니다.328) 무신론자들은 자신들의 주장이 옳다면 그것을 입증할 수 있는 논증들을 내놓아야 하지만, 그렇게 하는 대신에 종교 역사에서 잘 알려진 폐해들을 열거하는데, 그것은 무신론이 옳다는 것을 입증하는 것과는 아무 상관도 없을 뿐만 아니라, 종교의 폐해들이 신은 존재하지 않는다는 증거도 될 수 없습니다.329)

기독교 국가들이 "종교재판이나 아프리카 노예무역을 통해 제국주의의 폭력, 억압을 제도화"한 것은 역사적 사실이지만, 20세기 중엽 전체주의, 불교와 신도의 영향이 깊이 스민 문화를 배경으로 성장했던 일본의 군국주의나 이슬람도 엄청난 억압과 폭력을 행했으며, 온갖 제도 종교나 신에 대한 믿음 자체를 철저하게 배격했던 20세기 러시아와 중국, 캄보디아의 공산정권들은 모두 신앙의 그림자가 조금도 드리워지지 않았음에도 불구하고 기독교의 이름으로 행해진 것과는 비교할 수 없을 정도의 억압과 폭력을 행했습니다.330) 이러한 사실은 "종교는 폭력적"이고 "종교는 모든 것을 망치는" "모든 악의 뿌리"이며, "본질적으로 또는 필연적으로 위험하

---

326) Anthony DeStefano, 『무신론자들의 마음속』, 99.

327) Anthony DeStefano, 『무신론자들의 마음속』, 100.

328) Anthony DeStefano, 『무신론자들의 마음속』, 101.

329) Antony Flew, 『존재하는 신』, 25.

330) Timothy Keller, 『하나님을 말하다』, 104, 105.

며 폭력을 양산해 내는 성향을 지니고 있으며", "특히 종교 경전, 즉 코란이나 성경 안에 종교의 폭력성을 입증할 수 있는 많은 근거가 들어 있다."라는 무신론자들의 주장이 허위(虛僞)라는 것을 보여주고, 일부 잘못된 종교를 구분하고 비판하는 것은 옳지만 종교 전체를 반대하기 위해 일반화하는 것은 잘못된 것이며, 모든 종교에 존재하는 종교 극단주의자들이 특정 종교 전체를 대변하는 것으로 매도(罵倒)하는 것 또한 잘못된 것이라는 것을 확인해 줍니다.[331]

또 무신론자들은 "세속적인 사회가 어떤 형태의 신앙으로 형성된 사회보다도 그 본성상 훨씬 더 관대하고 덜 폭력적이라고 전제"하지만, "세속적인 통치의 근대라는 시대가 계산할 수 없는 크기의 비율로 인간의 역사상 가장 터무니없이 폭력적이고 야만적이었다는 사실을 감안(勘案)"한다면, 그들의 전제는 근거가 없다는 것을 알 수 있습니다.[332] 무신론자들이 "기독교의 2천 년은 전혀 모르고, 고작 십자군 전쟁이나 가학적 종교재판, 죄에 빠진 사실들 몇 가지, 심지어 기독교의 유죄를 증거하는 전설들만을" 확대하여 그것이 기독교의 전부인 것처럼 왜곡하여 일반화하는 것은 잘못된 것입니다.[333]

20세기와 21세기 초에 발생한 대규모 인명 피해(제1차 세계대전 1,500만 명, 러시아 내전 900만 명, 제2차 세계대전 5,500만 명, 모택동 정권 4,000만 명 등)는 인간의 악행에 대하여 다시 한번 깊이 생각하지 않을 수 없게 합니다.[334] 도킨스는 이러한 역사적 악행에 대하여 무신론을 믿기 때문에 그렇게 행동한 것은 아니라고 단언하지만, 유대인 대학살이야말로 과학적 무신론과 무관하다고 말할 수

---

331) 이정순, 『신을 묻는다』, 20.
332) David Bentley Hart, 『무신론자들의 망상』, 37.
333) David Bentley Hart, 『무신론자들의 망상』, 42.
334) David Berlinski, 『무신론의 과학적 위장』, 37.

없고, 공산정권 아래에서 저질러진 악행들도 역시 무신론과 무관하지 않습니다.335) 라비 자카리아스는 '중세시대의 기독교인들이 쌓아 올린 반유대주의가 이후 나치에 의한 홀로코스트를 낳았다.'라는 해리스 등의 주장에 대하여 이렇게 반문합니다.

> 히틀러의 영적인 여정에 관해 읽어본 적이 있는가? 히틀러가 심령술에 손을 대던 일에 대해서는 어떤가. 그는 히틀러가 개인적으로 니체의 저서를 스탈린과 무솔리니에게 선물했다는 사실도 알고 있는가? 그는 나치의 주동자 아돌프 아이히만이 뉘우치기를 거부하고, 하나님에 대한 믿음을 부인하면서 남긴 마지막 말을 읽어보았는가? 그는 나치 조직이 얼마나 많은 러시아인을 살해했는지 알고 있는가? 그는 아우슈비츠의 가스 처형실 중 한 곳에 다음과 같은 히틀러의 문구가 새겨져 있었던 일을 기억하는가? "나는 양심이 결여된 젊은이들, 오만하고 냉혹하며 무자비한 젊은이들의 세대를 키우고 싶다." 강한 자가 살아남기 위해서는 약한 자를 멸절시키는 일이 유익하다는 것과 '적자생존', 곧 무신론적 진화론의 자연선택설이 가르치듯 "그것이 자연의 의도"라는 것이 히틀러의 요점이었음을 그도 알고 있는가? 홀로코스트에 관련된 이 표지 중 어떤 것도 기독교를 그 원인으로 가리키지 않는다.336)

"어떤 색맹에게는 초록색이 붉은색의 인상을 주기는 해도, 초록색이 결코 붉게 만드는 것은 아닌 것"과 마찬가지로 종교나 정치가 "살인을 위한 핑계로 선택되는 경우"가 있지만, 평화로운 종교나 정치는 사람을 죽이지 않습니다.337) 어떤 사람들은 "그들의 신앙이 그렇게 하라고 분명히 명령"하기에 죽이고, 어떤 사람들은 "신앙이 죽이지 말라고 명령"했음에도 불구하고 죽이고, 또 어떤 사람들은

---

335) David Berlinski, 『무신론의 과학적 위장』, 40, 41.
336) Ravi K. Zacharias, 『이성의 끝에서 믿음을 찾다』, 67-68.
337) David Bentley Hart, 『무신론자들의 망상』, 34.

"신앙을 갖지 않고 그래서 모든 일이 허용"되기에 죽입니다.[338] 사실 "종교적 확신이 살인을 위한 강력한 이유를 제공"할 수도 있지만, "종교적 확신이 살인을 거부하거나, 자비롭게 되거나, 평화를 찾는 유일하고도 강력한 이유를 제공"하기도 하는데, 그 이유는 "종교적이든 비종교적이든 이런 것들은 문화적인 변수(變數)들이지만, 사람을 죽이는 것은 인간의 상수(常數)이기 때문"입니다.[339]

유일신이라고 부를 만한 것을 위해
전쟁을 벌인 것은 예외적인 것에 불과

무신론자들은 "기독교의 윤리적인 유일신론이 대부분의 전쟁에 책임이 있다."라고 주장하지만, 역사상 대부분의 전쟁은 "수많은 신들을 위한 전쟁"이거나 그런 신들과 연관된 "정치 이데올로기를 위한 전쟁"이었고, 유일신을 위해 전쟁을 벌인 예는 소수였으며, 종교적 확신이 폭력의 원인이었던 경우가 없다고 말할 수 없지만, 일반적으로는 종교는 "살인을 거부하고 자비를 베풀며 평화를 찾는 더 강력한 이유"를 제공했습니다.[340]

데이비드 벤틀리 하트(David Bentley Hart)가 지적한 바와 같이 근대 초기의 "국가들 사이에 서로 죽이는 더욱 거대한 규모의 충돌들로 나타난" 종교전쟁들은 "지역 군주들이 종교적 충성, 불안, 혐오감을 사용해서 단지 그런 충돌의 구실로 삼은 것"일 뿐, "그런 충돌의 원인들, 결과들, 동맹들은 신앙과는 아무런 관계가 없었는

---

338) David Bentley Hart, 『무신론자들의 망상』, 34.

339) David Bentley Hart, 『무신론자들의 망상』, 35, 36.

340) 이정순, "현대 무신론자들의 종교비판은 어째서 망상인가?"(David Bentley Hart, 『무신론자들의 망상』에 대한 서평), 『신을 묻는다』, 289.

데", 그 이유는 "당시의 어느 군주도 단지 그의 신앙 때문에 다른 사람들에게 전쟁을 걸 사람"은 없었기 때문입니다.[341] 16세기 후반에 프랑스에서 벌어진 종교전쟁들은 "주로 프랑스 왕권을 놓고 몇몇 귀족 가문들이 벌인 투쟁"이었고, 그다음 20년간의 전쟁들도 "다른 전쟁들과 상당 부분 마찬가지로 이데올로기의 충돌"이었으며, "1618년에 시작된 30년 전쟁은 보헤미아의 왕 페르디난트가 자신의 영토 안에서 로마가톨릭의 획일성을 강화하여 자신의 지배를 확고하게 만들려고 시도한 것"이었고, 가장 참혹했던 1635년부터 1648년까지는 "주로 두 로마가톨릭 가문 사이의 투쟁, 즉 새로운 국가 절대주의의 옹호자였던 부르봉 가문(개신교 동맹들과 함께)과 옛 제국 체제의 옹호자였던 합스부르크 가문(로마가톨릭 연맹들과 함께) 사이의 투쟁"으로 동맹 체결은 "정치적 이해관계를 위한 노선을 따른 것이지, 신앙고백을 고수하기 위한 노선을 따른 것"이 아니었습니다.[342] 물론 기독교인들이 자신들이 속한 사회 자체의 잔인성이나 폭력을 완전히 제거하지 못한 것이 사실이지만, "독일의 죽음의 수용소, 소련의 강제노동수용소, 강요된 기아, 혹은 근대의 전쟁이 보여준 극도의 잔혹함", 북한의 수용소 등에 비교될 만한 그런 악들을 저지르거나 키워내지는 않았습니다.[343]

말콤 글래드웰의 『블링크』(Blink)에 이런 이야기가 나옵니다.[344] 아프리카 출신의 흑인 청년 디알로는 어느 날 성폭행범을 추격하던 경찰과 마주쳤고, 신분을 밝히라는 경찰의 요구에 신분증을 꺼내기 위해서 말없이 주머니에 손을 집어넣는 순간 경찰은 그 청년이 총

---

341) David Bentley Hart, 『무신론자들의 망상』, 159, 161, 164.
342) David Bentley Hart, 『무신론자들의 망상』, 165, 167, 169, 170.
343) David Bentley Hart, 『무신론자들의 망상』, 189.
344) 이영직, 『행동 뒤에 숨은 심리학』, 67.

을 꺼내려는 행동으로 알고 총을 41발이나 난사했습니다. 경찰은 백인보다 흑인에게 2배나 많은 총을 쏘는 경향이 있다는 한 실험의 결과를 보면, 이는 흑인에 대한 편견이 만들어낸 비극일 가능성이 크다고 말할 수 있을 것입니다. 도킨스의 주장은 다분히 기독교에 대한 편견에서 나온 잘못된 것일 가능성이 농후(濃厚)합니다.

기독교의 해악들은 복음의 원리들을 불완전하게 적용하고 실천하는 데서 비롯된 것들

도킨스는 "기독교라는 이름으로 심각한 해악이 저질러졌다는 점"을 들어 기독교가 허구라고 주장하지만, "종교의 이름으로 저질러진 악행들이 결코 신앙의 진실을 의심하는 근거가 될 수는 없고", 그러한 악행들은 다만 인간 본성의 문제이며, "진실이라는 순수한 물이 담긴 녹슨 물병에 의문"을 던질 뿐입니다.345) 물론 기독교 역사에 내부의 부패상과 죄악이 존재했다는 것을 부정할 수 없지만, 그것은 "메시지의 문제라기보다는 연약한 인간들의 문제"였습니다.346)

기독교의 이름으로 저지른 그 모든 해악 때문에 기독교를 허구라고 주장하거나 비난하는 것은 마치 "몽둥이를 만드는 데 쓰였다는 이유로 참나무를 비난하거나", "거짓말이 전파되도록 내버려 두었다는 이유로 공기를 나무라거나", "연습도 제대로 안 하고 무대에 올린 모차르트의 마술피리를 보고 작품 자체의 질을 평가하거나", "옆집의 살벌한 결혼생활만 보고 낭만적 사랑의 힘을 평가하는 것"이 논리적 모순인 것처럼, 자유의지를 이용해서 도덕법을 거부하고

---

345) Francis S. Collins, 『신의 언어』, 169-171.
346) 정일권, 『우상의 황혼과 그리스도』, 312.

악을 행한 것을 근거로 하나님을 탓하거나 기독교가 허구라고 주장하는 것은 논리적으로 잘못된 것입니다.[347]

교회가 때때로 인간을 억압하는 주체 노릇을 해 온 역사적 사실에 대해서는 부정할 수 없지만, 기독교 신앙의 근거인 성경은 "종교적으로 불의를 뒷받침하는 행태를 분석하고 과감하게 비판하는 도구가 되어 왔고", 따라서 역사적으로 교회가 보여 준 악행들은 성경의 원리들을 "불완전하게 적용하고 실천하는 데서 비롯된" 것입니다.[348] 성경은 그 안에 "신앙을 남용하는 일들이 벌어질 것"과 그에 대해 "어떻게 대처해야 하는지"를 처음부터 가르쳐 왔고", 그에 따라 기독교의 역사에는 "자정 능력을 보여주는 놀라운 사례들"이 있으며, 따라서 "기독교의 이름으로 불의를 행했다는 것"은 기독교가 허구라는 뜻이 아니라 성경의 가르침에 "진실하게 반응하지 않았다."라는 것을 보여줄 뿐입니다.[349]

무신론자들은 "성경이 노예제도를 옹호하고 여성의 억압을 지지한다."라고 주장하지만, 신약성경이 기록된 1세기 로마제국에서는 "노예는 말 그대로 재산이었던 신세계의 노예"와는 다르게 노예들과 일반 자유인들 사이에 "별 차이가 없었고", "노예들도 사회를 이루는 다른 구성원들과 조금도 분리되지 않고 여느 시민들처럼 그렇게 살았으며", "재정적인 면에서도 자유 노동자들과 같은 임금을 받았으므로 특별히 더 가난할 이유가 없었을 뿐만 아니라" "개인적으로 몸값을 치를 만한 재물을 모을 수도 있었고", 특별히 "평생 노예로 사는 경우"는 거의 없었습니다.[350] 또한 "아프리카 노예무

---

347) Francis S. Collins, 『신의 언어』, 48, 49.

347) Francis S. Collins, 『신의 언어』, 48, 49.
348) Timothy Keller, 『하나님을 말하다』, 111.
349) Timothy Keller, 『하나님을 말하다』, 111, 120.
350) Timothy Keller, 『하나님을 말하다』, 180, 182.

360 포이어바흐, 니체, 러셀, 도킨스의 지성적 무신론과 기독교

역은 납치에서 시작되었고 납치에 기대어 명맥을 유지"했지만, "성경은 인간을 납치해서 노예로 팔아넘기는 것에 대하여 이유를 가리지 않고 불법"으로 규정하며(디모데전서 1장 9-11절, 신명기 24장 7절), 따라서 "초기 기독교인들은 1세기 노예제도를 완전히 폐지하자는 운동을 펼치지 않았으나, 성경의 가르침과 단 한 점도 들어맞는 구석이 없는 신세계 노예제도와 맞닥뜨린 훗날의 그리스도인들은 맹렬하게 저항"했습니다.351)

반면 무신론자들은 어떠했을까요? 헤켈(Ernst Haeckel)은 파푸아뉴기니 원주민이 유인원과 사람의 중간단계라고 발표했고, 헉슬리(Thomas Henry Huxley)도 흑인은 백인과 동등하지 않다고 공개적으로 선언했으며, 갤튼(Galton)은 우수종인 백인 위주로 인종을 개량해야 한다고 주장했고, 나치는 1933년 전당대회에서 진화론을 당의 지도 이념으로 채택했습니다.352) 생물학자 랜디 손힐(Randy Thornhill)과 인류학자 크레이그 T. 팔머(Craig T. Palmer)가 2000년에 쓴 『강간의 자연사: 성적 강제 행위의 생물학적 기초』라는 책에서는 강간이 생식의 성공을 극대화하려는 진화론적 적응 현상이라고 했고, 스티븐 핑거(Steven Pinker)는 「뉴욕 타임스」에 젊은 여성의 영아 살해 문제에 대해 '신생아가 병들었거나 그 생존이 불확실할 경우에는 손실을 감수하고 가장 건강한 아이들을 선호하거나 나중에 다시 시도할 수 있다.'라고 진화론적으로 해석하는 글을 실었습니다.353) 이러한 사실들은 진화론의 무신론적 사

351) Timothy Keller, 『하나님을 말하다』, 183.
352) 임번삼, 『창조과학 원론: 잃어버린 생명 나무를 찾아서 (하)』, (개정판) (서울: 한국창조과학회, 2007), 140-141.
353) Nancy Randolph Pearcey, *Total truth*, 홍병룡 역, 『완전한 진리』 (서울 : 복 있는 사람, 2006), 394-400.

고가 인종차별, 노예제도, 강간, 인간 사육과 청소, 폭력과 독재를 정당화하는 근거가 되고 있다는 것을 부정할 수 없을 것입니다.

기독교가 역사적으로 "하나님의 이름"을 이용해서 자행한 악에 대하여 겸허히 반성하는 것은 마땅하지만, 분명한 것은 기독교라는 이름으로 행해지는 모든 것이 반드시 다 기독교적인 것은 아니라는 사실입니다.354) 왜냐하면 "역사적인 힘으로서의 종교는 단지 선하지도 않고 단지 악하지도 않으며, 인간 본성을 모든 차원에서 단순히 반영"하기 때문입니다.355)

악과 고통이 존재한다는 사실도 기독교가 허구라는 근거가 될 수는 없음

"인간에게 선택권을 주고 좋고 나쁜 성품을 계발할 가능성을 부여하는 환경은 굉장한 가치가 있고", "도덕적 성품의 계발을 허용하는 세상이 그렇지 않은 세상보다 훨씬 가치가 크기" 때문에 하나님께서 그것을 얻도록 고난과 악을 허용하십니다.356) 하나님은 결코 범죄를 인정하시거나 실현하시거나 요구하시지 않지만, "온전한 도덕성을 길러주면서 악을 허용하지 않는다는 것은 불가능"하고, 선한 성품은 "악을 언제라도 선택할 수 있는 세상"에서나 가능하며, "선택권을 주지 않으면서 선한 성품의 사람을 빚어내는 것이 불가능"한 것은 "선택의 역량도 성품의 일부이기 때문"에 하나님은 악과 고통을 허용하십니다.357)

---

354) Edward K. Boyd, 『어느 무신론자의 편지』, 30.

355) David Bentley Hart, 『무신론자들의 망상』, 368.

356) Dallas Willard, 『온유한 증인』, 130, 131.

357) Dallas Willard, 『온유한 증인』, 131.

"요셉의 경우, 하나님께서 혹독한 고난의 세월을 허락하지 않았더라면, 절대로 사회 정의를 세우고 영적인 상처를 치유하는 영향력 있는 일꾼이 되지 못했을 것이며", "어떤 이들은 몸이 아파 고생했던 일을 돌아보며 개인적 성장과 성숙에 반드시 필요했던 시간이었음을 고백"합니다.358) "하나님의 시점에서 보자면, 온갖 고통과 고난에 그만한 이유가 있으리라는 가정도 얼마든지 가능"하기에 악과 고통은 오히려 하나님의 존재를 드러내는 증거가 될 수 있습니다.359) 프랭클(Viktor E. Frankl)은 그의 『영혼을 치유하는 의사』(*Arztliche seelsorge*)에서 이렇게 지적합니다.

> 고통의 의미 역시 경고에 있다. 생물학적 의미에서도 이미 통증은 의미 있는 파수꾼이자 경고자이다. 정신적, 영적 영역에서도 고통은 비슷한 기능을 한다. … 고통을 겪는 한 우리는 정신적으로 생동감을 유지한다. 그렇다. 우리는 고통 속에서 성숙하고, 성장한다. 고통은 우리를 풍요롭게 하고 강하게 한다. … 고통이 곧 성취가 될 수 있음은 일상적인 감정으로도 낯설지 않다. 일상을 살아가는 평범한 인간 역시 다음과 같은 일을 십분 공감할 것이다. 여러 해 전 영국의 보이스카우트가 모범 단원들을 표창했는데, 불치병으로 병원에 누워 있으면서도 용감하고 의연하게 고통을 견뎠던 세 소년에게 상이 돌아갔다. 그렇게 그들이 고통을 감수하는 행동이 다른 보이스카우트들의 성취보다 더 모범적인 성취로 인정받은 것이다. … 정말로 의미가 없는 삶은 없다. 인간 실존에서 부정적으로 보이는 측면들, 특히 고통, 죄, 죽음이 엮어내는 비극적인 3화음은 올바른 태도나 자세로 이에 마주할 때 긍정적인 성취로 변화될 수 있다.360)

라비 자카리아스는 이렇게 반문합니다.

---

358) Timothy Keller, 『하나님을 말하다』, 62.

359) Timothy Keller, 『하나님을 말하다』, 63.

360) Viktor E. Frankl, *Arztliche seelsorge*, 유영미 옮김, 『영혼을 치유하는 의사』 (파주: 청아출판사, 2018), 182, 185, 361.

CIPA(선천성 무통각증 및 무한증) – 전 세계적으로 대략 100여 명이 앓고 있는 희소병 시파병을 앓고 있는 아이를 가진 부모들의 기도 제목은 단 하나, '자기 자녀가 고통을 느끼는 것'이다. 이 유한한 세상에서 우리의 제한된 지식으로도 고통이 지닌 단 한 가지 유익함을 이해할 수 있다면, 우리에게 유익한 것과 해로운 것이 무엇인지를 일깨우시려고 하나님이 이 의식을 우리에게 심어주셨다고 볼 수 있지 않겠는가? 때로는 그 실례들이 참혹할 수도 있지만, 우리는 그 속에서 잔혹한 행위를 분별해 내며 비극적인 일에 맞서는 도덕 체계를 볼 수 있지 않은가?[361]

우리는 다음과 같은 소크라테스의 말에서도 고통이 반드시 무익한 것만은 아니라는 것을 알 수 있습니다.

쾌감은 그 반대인 것으로 보이는 고통과 아주 기묘하게 연관되어 있지. 이 둘이 어떤 사람에게 동시에 존재하는 경우는 거의 없네. 하지만 사람이 둘 중 하나를 붙잡으면, 다른 한쪽도 거의 언제나 붙잡게 된다네. 마치 이 둘은 하나의 머리를 가진 두 개의 몸처럼 말이야. … 나는 족쇄 때문에 다리에 고통을 느꼈었네. 그런데 족쇄에서 풀려난 지금은 이렇게 고통에 뒤이은 쾌감을 느끼는 것을 보니, 그런 일은 내게도 해당하는 것 같네.[362]

무신론자들은 "하나님이 세상을 본래 완벽하고 아무런 악이나 고통이나 죽음이나 고난이 없이 만드셨다면, 현재의 상태는 어째서 이러한가?"라고 반문하지만, "성경은 우리에게 주어진 자유가 오용되었기 때문에 악이 세상에 들어왔다고 말씀"하며, "도덕적 행위나 도덕적 선택은 자유"를 전제로 합니다.[363] 만일 "왜 하나님은 악의

---

361) Ravi K. Zacharias, 『이성의 끝에서 믿음을 찾다』, 91-92.
362) Πλάτων, Ἀπολογία Σωκράτους, 박문재 옮김, 『소크라테스의 변명·크리톤·파이돈·향연: 플라톤의 대화편』 (파주: 현대지성, 2019), 94-95.
363) Joe Boot, 『청년들아 무엇을 위해 살 것인가?: 청년들을 위한 기독교 변증』, 212.

가능성이 없는 세계를 만드시지 않았습니까?"라고 묻는다면, 그것은, "하나님은 마땅히 도덕적 자유가 없는 세상, 즉 인류를 비인간적인 로봇 같은 존재로 만드셔야 했다고 말하는 것과 같고", "하나님께서 그 피조물들에게 도덕적 자유를 강제로 부여하시는 일은 도덕적으로 옳지 않으며", 그렇게 "가설적인 악이 없는 세계를 만드시는 것은 인간의 자유라는 더 큰 선을 상실하는 일"이 되기 때문에 하나님께서는 "자유로운 세계, 따라서 의미 있는 세계를 창조하시되 그 세계 안에서 사람들이 언제나 선을 택하도록 보증하신다는 것"은 이치에 맞지 않습니다.364) 만일 "하나님께서 잘못된 선택들로 인하여 생기는 모든 악한 결과를 변화시키고자 개입하셨다면, 우리의 삶은 환상에 불과한 것이 되고, 우리는 인과관계를 전혀 알지 못하는 미성숙한 사람이 되어 우리의 행위에 대하여 아무런 책임도 지지 못하게 될 것"입니다.365) "성경의 하나님과 악의 존재는 서로 모순되지 않으며", "고통을 허용하신 것은 선한 목적을 이루는 하나님의 지혜"가 됩니다.366) "자유롭기 때문에 우리는 행위에 대하여 도덕적 책임을 져야 하고, 궁극적으로 다른 누구에게 책임을 전가할 수 없는데", "그것이 바로 하나님의 도덕적 통치 아래 있다는 의미"이며, 또 그것이 바로 "인류의 첫 부모가 에덴동산에서 누렸던 자유"였습니다.367)

"사랑의 하나님"이란 표현 속에는 그분이 "자유의 하나님"이란 의미가 들어 있는데, 그것은 자유가 없이는 사랑을 가질 수 없기 때문이며, 인간은 자유의지를 지닌 존재로 창조되었기 때문에 선을

364) Joe Boot, 『청년들아 무엇을 위해 살 것인가?: 청년들을 위한 기독교 변증』, 215, 216.

365) Joe Boot, 『청년들아 무엇을 위해 살 것인가?: 청년들을 위한 기독교 변증』, 216.

366) Joe Boot, 『청년들아 무엇을 위해 살 것인가?: 청년들을 위한 기독교 변증』, 221-222.

367) Joe Boot, 『청년들아 무엇을 위해 살 것인가?: 청년들을 위한 기독교 변증』, 223.

선택할 능력과 그 반대인 악을 선택할 가능성도 가지고 있습니다.368) 우리가 자유의지로 저지른 악, 심지어는 하나님의 이름으로 저지른 악에 대해서 우리는 책임을 져야 하는데, 그것은 하나님께서 인간을 그저 하나님이 미리 계획하신 프로그램에 따라 행동하는 로봇처럼 여기시지 않는다는 뜻입니다.369)

"하나님은 오직 한 방식으로만 행동하도록 프로그램된 로봇이나 컴퓨터를 창조하시지 않았고", "육체와 동시에 영(靈)으로 이루어진, 선과 악 중 어느 것을 선택할지 스스로 결정할 능력을 지닌 인간을 만드셨으며", "천사라고 불리는 영적인 존재들도 자유의지를 갖고 있었고, 그들이 창조되었을 때 그들 중 일부가 그 의지로 하나님께 반기를 들었으며", 이 타락한 천사들 혹은 악마들은 "인간들이 자유를 남용하도록, 우리가 하나님의 뜻을 저버리기만 하면 원하는 모든 힘을 가질 수 있다고 믿도록, 기만전술을 펼쳤다는 것"을 성경은 알려줍니다.370) 따라서 악의 발생은 하나님이 존재하지 않아서가 아니라 인간의 자유의지와 타락한 천사의 역할이라고 말할 수 있습니다.

또 "만일 인간이 모든 악에서 자유로운 존재라면 또 다른 하나님이 될 수밖에 없을 것"이지만, "인간은 하나님의 피조물이라는 한계성"을 갖기 때문에 "모든 죄 이전에 근원적인 불완전성에 놓여 있고", 그로 인하여 생기는 악이 발생할 수밖에 없습니다.371)

"자연도태라는 진화론의 메커니즘은 죽음, 파멸, 약자에 대한 강자의 폭력 따위에 의존하고", 그것이 "모두 완벽하게 자연스러운

---

368) Edward K. Boyd, 『어느 무신론자의 편지』, 29.

369) Edward K. Boyd, 『어느 무신론자의 편지』, 29.

370) Anthony DeStefano, 『무신론자들의 마음속』, 191, 193.

371) 원석영·이태하·장성민. "신과 종교, 선한 신과 악은 양립 가능한가", 서양 근대철학회 편, 『서양 근대철학의 열 가지 쟁점』 (파주: 창비, 2004), 370.

일"이라고 주장하면서도 진화론을 바탕에 둔 "무신론자들은 도대체 무엇을 근거로 자연계가 몹시 그릇되고 불공정하며 부당하다고 판단"하는지 반문하지 않을 수 없으며, 만일 "그렇다면 판단의 근거로 삼을 만한 자연계를 벗어난(초자연적인) 표준의 존재를 염두에 두고 있다는 뜻"이 되기 때문에 악과 고통의 문제는 "하나님을 믿는 데 걸림돌이 되는 만큼 하나님을 믿지 않는 데에도 마찬가지로 큰 장애물"이 될 수밖에 없습니다.372)

하나님은 우리 자신에 대한, 또한 서로에 대한 그리고 이 세상에 대한 큰 책임을 부여하시고, 이를 통해 하나님 자신의 고유한 창조적 활동, 곧 이 세상을 어떠한 세상으로 만들어갈지를 결정하는 활동에 우리가 참여할 수 있도록 하고, 우리의 삶을 가치 있게, 또한 우리 자신과 서로에게 유익을 줄 수 있도록 만들고자 하시는데, 그렇게 하려면 하나님이 악을 허용하지 않고서는 우리에게 이런 좋은 것들을 온전히 줄 수가 없습니다.373) 인간에게 그러한 자유의지를 허락하는 하나님은 필연적으로 그 가능성을 야기(惹起)하게 되며, 악의 발생 여부를 자신의 고유한 통제 밖에 두는 이유는, 하나님이 우리에게 자유의지를 주면서 우리가 항상 올바른 방식으로 그것을 사용하도록 보장한다고 가정하는 것은 자기모순이며, 따라서 논리적으로 불가능하기 때문입니다.374) 따라서 악과 고통이 존재한다는 사실도 기독교가 허구라는 근거가 될 수는 없습니다.

372) Timothy Keller, 『하나님을 말하다』, 65.

373) Richard Swinburne, 『신은 존재하는가』, 161.

374) Richard Swinburne, 『신은 존재하는가』, 162.

참고문헌

1. 국내서

姜大石. 『니체와 현대철학』. 서울: 한길사, 1989.

_____. 『니이체의 현대철학』. 서울: 한길사, 1986.

_____. 『니체 평전』. 광주: 한얼미디어 · 한즈미디어, 2005.

_____. 『망치를 든 철학자 니체 vs. 불꽃을 품은 철학자 포이어바흐』. 파주: 들녘, 2016.

_____. 『무신론자를 위한 철학』. 서울: 중원문화, 2015.

_____. 『유물론과 휴머니즘』. 서울: 이론과 실천, 1991.

_____. 『유물론의 과거와 현재: 우리에게 필요한 철학』. 서울: 밥북, 2020.

강영계. 『철학의 끌림』 (개정증보판). 서울: 멘토, 2011.

강영안·우종학. 『대화』. 서울: 복 있는 사람, 2019.

길희성. 『인문학의 길: 소외를 넘어서』. 서울: 철학과현실사, 2020.

_____. 『하나님을 놓아주자』. 서울: 도서출판 새길, 2009.

김기호. 『(God's lawyer) 오해와 이해: 기독교 신앙에 대한 오해를 넘어 이해로 나아가는 여정』. 파주: 동명사, 2017.

김남준. 『하나님의 도덕적 통치』. 서울: 생명의말씀사, 2007.

김병훈·한윤봉. 『성경적 창조론이 답이다: 진화론과 유신진화론에 대한 신학자와 과학자의 답변』. 수원: 합신대학원출판부, 2019.

김성영. 『조직신학 성구사전』. 서울: 크리스챤서적, 2007.

김성원. 『신은 허구의 존재인가?』. 서울: 대한기독교서회, 2003.

김영한. 『현대신학과 개혁신학』. 서울: 도서출판 대학촌, 1990.

김용규. 『신, 인문학으로 읽는 하나님과 서양문명 이야기』. 서울: 한국기독학생회 출판부, 2018.

김정형. 『창조론: 과학시대 창조신앙』. 서울: 새물결플러스, 2020.

김종배. 『신비한 인체 창조 섭리』. 서울: 국민일보사, 1993.

김진석. 『소외되기-소내되기-소내하기』. 파주: 문학동네, 2013.

_____. 『소외에서 소내로』. 서울: 개마고원, 2004.

김현태. 『철학과 신의 존재』. 서울: 철학과 현실사, 2003.

김형석. 『어떻게 믿을 것인가』. 고양: 도서출판 이와우, 2016.

_____.『왜 우리에게 기독교가 필요한가』. 서울: 두란노, 2018.

_____.『삶의 한가운데서 영원의 길을 찾아서』. 파주: 열림원, 2020.

김호환.『철학적 신학적 인간학』. 서울: 도서출판 엠마오, 1992.

문석호.『기독교 신앙의 의미 이해』. 서울: 기독교문서선교회, 1999.

박도식 편.『가톨릭 교리 사전』. 서울: 가톨릭출판사, 1998.

박윤선.『성경주석 창세기』~『성경주석 요한계시록』(2판). 서울: 영음사, 1987-1989.

박정희.『욕망의 메타포』. 파주: 한국학술정보, 2020.

박홍순.『한 문장으로 시작하는 철학수업』. 서울: 웨일북, 2019.

손봉호.『나는 누구인가』(중판). 서울: 샘터, 1988.

_____.『볼 수 없는 인간』(중판). 서울: 샘터, 1988.

_____.『現代精神과 基督敎的 知性』(4판). 서울: 성광문화사, 1986.

송영옥.『세뇌된 사람들』. 서울: 나침반社, 1994.

송정근.『기독교적 인간학』. 서울: 성광문화사, 1993.

안정수.『마르크스와 프로이트를 넘어서』. 서울: 을유문화사, 1993.

안명준 편.『칼빈신학 2009』. 서울: 성광문화사, 2009.

윤광원.『무슨 재미로 사세요?』. 파주: 한국학술정보, 2019.

_____.『성경해석 바로잡기 500』. 파주: 한국학술정보, 2019.

_____.『영원을 준비하고 계시나요?』. 파주: 한국학술정보, 2019.

_____.『존 칼빈의 자기부정의 렌즈로 본 신앙생활의 핵심』. 파주: 한국학술
정보, 2009.

이석호.『근세·현대 서양윤리사상사』. 서울: 철학과 현실사, 2010.

이어령.『지성에서 영성으로』(개정판). 파주: 열림원, 2010.

이어령·이재철.『지성과 영성의 만남』. 서울: 홍성사, 2012.

이영직.『행동 뒤에 숨은 심리학』. 고양: 스마트비즈니스, 2018.

이정순.『신을 묻는다』. 서울: 대한기독교서회, 2019.

이태하.『종교의 미래』. 파주: 아카넷, 2015.

임번삼.『창조과학 원론: 잃어버린 생명나무를 찾아서 (상·하)』(개정판). 서울:
한국창조과학회, 2007.

임희완.『서양사의 이해』. 서울: 박영사, 2003.

정영도.『칼 야스퍼스의 '니체와 기독교' 읽기』. 서울: 세창미디어, 2016.

정동호.『니체』. 서울: 책세상, 2014.

정성욱.『(티타임에 나누는) 기독교 변증』. 서울: 홍성사, 2014.

정은일.『신(神)의 발자국』. 서울: 쿰란출판사, 2011.

정일권.『문화막시즘의 황혼』. 서울: CLC, 2020.

_____. 『십자가의 인류학』. 대전: 대장간, 2015.
_____. 『예수는 반신화다』. 서울: 새물결플러스, 2017.
_____. 『우상의 황혼과 그리스도』. 서울: 새물결플러스, 2014.
정재현. 『신학은 인간학이다: 철학 읽기와 신학하기』. 칠곡: 분도출판사, 2003.
정재훈·길소희. 『종교가 되어버린 진화라는 상상』 (개정판). 서울: 창조과학
      미디어, 2016.
조한규. 『그리스도교 신론 연구』. 서울: 서강대학교 출판부, 2019.
秦敎勳. 『哲學的 人間學硏究 1』. 서울: 經文社, 1986.
최순영. 『니체와 도덕의 위기 그리고 기독교』. 서울: 철학과 현실사, 2012.
한국대학생선교회 엮음. 『C.C.C. 10단계 성경교재』. 서울: 순출판사, 2003.
현창학 편. 『현대사회의 이슈』. 수원: 합신대학원출판부, 2013.
허호익. 『안티기독교 뒤집기』. 서울: 동연, 2015.
홍일립. 『인간 본성의 역사』. 서울: 한언, 2017.
서양근대철학회. 『서양근대철학의 열 가지 쟁점』. 파주: 창비, 2004.

2. 외국서

Calvin, John. *Institution of the Christian Religion.* ed. John T. McNeil.
      trans. Ford Lewis Battles. Vol. 1~4. Library of Christian Classics.
      Philadelphia: The Westminster Press, 1960.
_____. *The Ages Digital Library Commentary* (the whole volume). Books
      for the Ages, AGES Software, 1998.

3. 번역서

Aquinatis, S. Thomae. *Summa theologiae.* 鄭義采 譯. 『神學大全 1, 第1部
      第1問題~第12問題』. 서울: 바오로딸, 2002.
Aristoteles. *Metaphysica.* 김진성 옮김. 『형이상학』. 서울: 이제이북스, 2010.
Armstrong, Karen. *Case for God.* 정준형 옮김. 『신을 위한 변론』. 서울:
      웅진씽크빅, 2013.
Aslan, Reza. *God: a human history.* 강주헌 옮김. 『인간화된 신』. 서울: 세종서적, 2019.
Baggini, Julian. *ATHEISM.* 강혜원 옮김. 『무신론이란 무엇인가』. 서울: 동문선, 2007.
Balibar, Étienne. *Cinq études du matérialisme historique.* 배세진 옮김. 『역사
      유물론 연구』. 서울: 현실문화: 현실문화연구, 2019.

Banks, Robert. *And man created God: is God a human invention?* 김은홍 옮김. 『그리스도인을 위한 무신론 사용설명서』. 서울: 새물결플러스, 2014.

Bavinck, Herman. *Christelijke Wereldbeschouwing.* 김경필 옮김. 『기독교세계관』. 군포: 다함, 2020.

_____. *De Zekerheid Des Geloofs.* 임경근 역. 『믿음의 확신』. 파주: CH북스, 2020.

_____. *Philosophy of revelation.* 박재은(해제) 역. 『계시철학』. 군포: 다함, 2019.

_____. *Gereformeerde Dogmatiek 1~4.* 박태현 역. 『개혁교의학 1~4』. 서울: 부흥과개혁사, 2013~2014.

Berlinski, David. *The Devil's Delusion.* 현승희 옮김. 『무신론의 과학적 위장』. 가평: 행복우물, 2008.

Blamires, Harry. *The Christian Mind, How Should Christian Think?* 황영철 옮김. 『그리스도인은 어떻게 사고해야 하는가?』. 서울: 두란노서원, 1988.

Boice, James Montgomery. *Foundations of the Christian Faith.* 지상우 역. 『기독교강요 교리설교(상)』. 서울: 크리스챤 다이제스트, 2005.

_____. *Foundations of the Christian Faith.* 지상우 역. 『기독교강요 교리설교(하)』. 서울: 크리스챤 다이제스트, 2005.

Boot, Joe. *Time to search: discovering menning and purpose in life.* 지명수 옮김. 『청년들아 무엇을 위해 살 것인가?: 청년들을 위한 기독교 변증』. 서울: 선교횃불, 2008.

Botton, Alain de. *RELIGION FOR ATHEISTS: A non believer's guide to the uses of religion.* 박중서 옮김. 『무신론자를 위한 종교』. 서울: 청미래, 2011.

Bouwsma, W. J. *John Calvin: A Sixteenth Century Portrait.* 이양호·박종숙 역. 『칼빈』(재판). 서울: 도서출판 나단, 1993.

Bowker, John. *GOD: A Very Short Introduction.* 이재만 옮김. 『신』. 서울: 교유서가, 2017.

Boyd, Edward K. & Boyd, Gregory A. *Letters from a skeptic.* 정옥배 옮김. 『어느 무신론자의 편지』. 서울: 미션월드 라이브러리, 2006.

Broocks, Rice. *God's Not Dead.* 김지수 옮김. 『신은 죽지 않았다』. 서울: 휫셔북스, 2016.

Brown, Colin. *Philosophy and the Christian faith.* 문석호 譯. 『철학과 기독교 신앙』. 서울: 기독교문서선교회, 1989.

Buber, Martin. *Problem des Menschen.* 윤석빈 옮김. 『인간의 문제』. 서울: 길, 2007.

Cassirer, Ernst. *Essay on man.* 최명관 옮김. 『인간이란 무엇인가』(개정판). 서울: 창, 2008.

Chesterton, Gilbert Keith. *Orthodoxy.* 윤미연 옮김. 『오소독시: 나는 왜 그리스도인이 되었는가』. 서울: 이글리오, 2003.

Collins, Francis S. *Belief: readings on the reason for faith.* 김일우 옮김. 『믿음』. 서울: 상상북스, 2011.

_____. *The Language of God.* 이창신 옮김. 『신의 언어』. 파주: 김영사, 2017.

Craig, William Lane. *On guard: defending your faith with reason and precision.* 오성만·임상만·이찬휴·이준희·윤상일·안웅 옮김. 『복음주의 변증학: 정교한 이성을 통하여』. 서울: CLC(기독교문서선교회), 2019.

Cragg, Gerald R. & Vidler, Alec R. *Church and the age of reason 1648-1789, Church in an age of revolution 1789 to the present day.* 송인설 옮김. 『근·현대교회사』. 서울: 크리스챤다이제스트, 1999.

Dawkins, Richard. *Selfish gene.* 홍영남 옮김. 『이기적 유전자』. 서울: 을유문화사, 2002.

_____. *The God Delusion.* 이한흠 옮김. 『만들어진 신』. 서울: 김영사, 2019.

_____. *Devil's chaplain.* 이한흠 역. 『악마의 사도』. 서울:바다, 2005.

_____. *Greatest show on earth: the evidence for evolution.* 김명남 역. 『지상 최대의 쇼』. 파주: 김영사, 2009.

DeStefano, Anthony. *Inside the Atheist Mind.* 정성묵 옮김. 『무신론자들의 마음속』. 서울: 두란노, 2018.

Eagleton, Terry. *Reason, faith, and revolution: reflections on the god debate.* 강주현 옮김. 『신을 옹호하다-마르크스주의자의 무신론 비판』. 서울: 모멘토, 2011.

Eglinton, James. *Herman Bavinck in Preaching and Preachers.* 신호섭 옮김. 『헤르만 바빙크의 설교론』. 군포: 도서출판 다함, 2021.

Engels, Friedrich. *Ludwig Feuerbach und der Ausgang der klassischen deutschen Philosophie.* 강유원 옮김. 『루트비히 포이어바흐의 독일 고전철학의 종말』. 서울: 이론과 실천, 2008.

Ferrell, Vance. *Evolution handbook.* 홍지연·장준익 옮김. 『(과학으로 본) 진화론의 허구』. 서울: 말씀보존학회, 2012.

Feuerbach, Ludwig Andreas. *Das Wesen des Christentums.* 강대석 역. 『기독교의 본질』. 서울: 한길사. 2011.

_____. *Vorlesungen über das Wesen der Religion.* 강대석 옮김. 『종교의 본질에 대하여』. 파주: 한길사, 2006.

Flew, Antony. *There is a God.* 홍종락 옮김. 『존재하는 신』. 서울: 청림출판사, 2011.

Frame, John M. *History of western philosophy and theology.* 조계광 옮김. 『서양철학과 신학의 역사』. 서울: 생명의말씀사, 2018.

_____. *We are all philosophers: a Christian introduction to seven fundamental questions.* 송동민 옮김. 『우리는 모두 철학자입니다: 생각하는 그리스도인을 위한 일곱 가지 핵심 질문』. 서울: 복 있는 사람, 2020.

Frankl, Viktor E. *Ärztliche seelsorge.* 유영미 옮김. 『영혼을 치유하는 의사』. 파주: 청아출판사, 2018.

Gabriel, Markus. *Warum es die Welt nicht gibt.* 김희상 옮김. 『왜 세계는 존재하지 않는가』. 파주: 열린 책들, 2017.

Geisler, Norman L. *Introduction to philosophy.* 위거찬 역. 『宗敎哲學槪論』. 서울: 기독교문서선교회, 1993.

Girard, René. *Origines de la culture.* 김진식 옮김. 『문화의 기원』. 서울: 기파랑, 2006.

Goldin Ian. & Muggah Robert. *Terra incognita: 100 maps to survive the next 100 years.* 추서연·권태형·금미옥·김민정·김화진·유병진·유선희·유지윤·이은경·이지연·이효은·임민영·정훈희 옮김. 『앞으로 100년: 인류의 미래를 위한 100장의 지도』. 서울: 동아시아, 2021.

Grayling, A. C. *Bertrand Russell.* 우정규 옮김. 『러셀』. 서울: 시공사, 2000.

Grün, Anselm. & Halík, Tomás. ed. Nonhoff, Winfried. *Gott los werden?: Wenn Glaube und Unglaube sich umarmen.* 모명숙 옮김. 『신이 없는 세상』. 서울: 분도출판사, 2018.

Guinness, Os. *Fool's Talk: recovering the art of Christian persuasion.* 윤종석 옮김. 『풀스 톡』. 서울: 복 있는 사람, 2016.

Hans-Martin, Sass. *Ludwig Feuerbach.* 정문길 옮김. 『루드비히 포이에르바하』. 서울: 문학과 지성사, 1993.

Haeffiner, Gerd. *Philosophische anthropologie.* 김의수 옮김. 『철학적 인간학』. 서울: 서광사, 1996.

Harari, Yuval Noah. *Homo deus: a brief history of tomorrow.* 김명주 옮김. 『호모 데우스: 미래의 역사』. 파주: 김영사, 2017.

Harnack, Adolf von. *Wesen des Christentums.* 오흥명 옮김. 『기독교 본질』. 서울: 한들출판사, 2007.

Hart, David Bentley. *Atheist Delusion.* 한성수 옮김. 『무신론자들의 망상』. 고양: 한국기독교연구소, 2016.

Heidegger, Martin. *Nietzsche 1~2.* 박찬국 옮김. 『니체 1~2』. 서울: 길, 2012.

Hirschberger, Johannes. *Geschichte der Philosophie.* 강성위 옮김. 『서양철학사 하권, 근세와 현대』. 서울: 이문출판사, 1987.

Huse, Scoot M. *The Collapse of Evolution.* 정동수·유상수 역. 『진화론의 붕괴』. 서울: 말씀과 만남, 1996.

Jackson, Roy. *Nietzsche: a beginner's guide.* 이근영 옮김. 『30분에 읽는 니체』. 서울: 중앙M&B출판, 2003.

Johnson, Phillip E. *Defeating Darwinism by opening minds.* 과기원창조론 연구회 옮김. 『다윈주의 허물기』. 서울: 한국기독학생회출판부, 2000.

Johnson, Phillip E Reynolds. & John Mark. *Against all gods.* 홍병룡 옮김. 『유신론과 무신론이 만나다: 21세기 새로운 무신론의 도전에 답하다』. 서울: 복 있는 사람, 2011.

Kant, Immanuel. *Kritik der reinen Vernunft.* 백종현 옮김. 『순수이성비판 1』. 서울: 아카넷, 2006.

Keller, Timothy. *The Reason for God.* 최종훈 옮김. 『하나님을 말하다』. 서울: 두란노, 2018.

Kenny, Anthony. *Ancient philosophy.* 김성호 옮김. 『고대철학』. 파주: 서광사, 2008.

Kern, Walter. *Atheismus, Marxismus, Christentum Beiträge zur Diskussion.* 김진태 옮김. 『무신론, 마르크스주의, 그리스도교』. 서울: 가톨릭대학 출판부, 2009.

Kida, Thomas E. *Don't believe everything you think.* 박윤정 역. 『생각의 오류』. 서울: 열음사, 2009.

Küng, Hans. *Existiert Gott?* 성염 옮김. 『신은 존재하는가 -1-』. 칠곡: 분도 출판사, 1994.

_____. *Was Ich Glaube.* 이종한 옮김. 『나는 무엇을 믿는가』. 서울: 분도 출판사, 2021.

Lee, Francis Nigel. *Origin and destiny of man.* 이승구 옮김. 『(성경에서 본) 인간』. 서울: 토라, 2006.

Lee, Strobel. *The Case for Christ.* 윤관희·박중렬 옮김. 『예수는 역사다』. 서울: 두란노, 2017.

Lewis C. S. *Abolition of man.* 이종태 옮김. 『인간폐지』. 서울: 홍성사, 2006.

_____. *Christian reflections.* 양혜원 옮김. 『기독교적 숙고』. 서울: 홍성사, 2013.

_____. *God in the Duck.* 홍종락 옮김. 『피고석의 하나님』. 서울: 홍성사,

2018.

_____. *Mere Christianity*. 장경철·이종태 옮김. 『순전한 기독교』. 서울: 홍성사, 2019.

_____. *Miracles*. 이종태 옮김. 『기적: 예비적 연구』. 서울: 홍성사, 2008.

_____. *Weight of glory*. 홍종락 옮김. 『영광의 무게』. 서울: 홍성사, 2008.

Little, Paul E. *Know way you belive*. 편집부 譯. 『이래서 믿는다』. 서울: 생명의말씀사, 1992.

Löwith, Karl. *Von Hegel zu Nietzsche*. 강학철 옮김. 『헤겔에서 니체에로』 (7판). 서울: 민음사, 1993.

Lucado, Max. *Because of Bethlehem: love is born, hope is here*. 윤종석 옮김. 『베들레헴 그날 밤: 사랑이 태어나고, 희망이 다가오다』. 서울: 바람이 불어오는 곳, 2020.

Luijpen, William A. & Koren, Henry J. *Religion and atheism*. 류의근 옮김. 『현대 무신론 비판』. 서울: 기독교문서선교회, 2005.

McDowell, Josh. & Sterrett, Dave. *Is the Bible true really?: a dialogue on skepticism, evidence, and truth*. 오세원 옮김. 『(물을 건 묻자) 청춘을 위한 기독교 변증』. 서울: 국제제자훈련원, 2012.

McDowell, Josh. & Stewart, Don Douglas. *Understanding secular religions*. 이호열 옮김. 『세속종교』. 서울: 기독지혜사, 1987.

McElveen, Floyd C. *Compelling Christ*. 윤종석 옮김. 『안 믿을 수 없는 예수』. 서울: 두란노, 1992.

McGrath, Alister E. *Dawkins' God: genes, memes, and the meaning of life*. 김태완 옮김. 『도킨스의 신』. 서울: SFC출판부, 2007.

_____. *Mere Apologetics*. 전의우 옮김. 『기독교 변증』. 서울: 국제제자훈련원, 2014.

_____. *Science & religion: a new introduction*. 2nd ed. 정성희·김주현 역. 『과학과 종교 과연 무엇이 다른가?』. 서울: LINN, 2013.

_____. *Mere theology*. 안종희 옮김. 『삶을 위한 신학: 모든 이를 위한 기독교 신학 입문』. 서울: 한국기독학생회출판부, 2014.

_____. *Passion for truth*. 김선일 옮김. 『복음주의와 기독교적 지성』. 서울: 한국기독학생회출판부, 2011.

McGrath, Alister E. & McGrath, Joanna Collicutt. *Dawkins' Delusion*. 전성민 옮김. 『도킨스의 망상-만들어진 신이 외면한 진리』. 파주: 살림출판사, 2010.

Meeter, H. Henry. *The Basic Ideas of Calvinism*. 박윤선·김진홍 역. 『칼빈주

의 기본사상』. 서울: 개혁주의신행협회, 2003.

Mondin, Battista. *Antropologia filosofica.* 허재윤 옮김.『인간: 철학적 인간학 입문』. 서울: 서광사, 1996.

Morris, Henry M. *The Bible and Modern Science.* 박승협 옮김.『성경과 현대과학』. 서울: 컴퓨터프레스, 1986.

Mouw, Richard J. *Distorted truth: what every Christian needs to know about the battle for the mind.* 박일귀 옮김.『왜곡된 진리』. 서울: CUP, 2021.

Naugle, David K. *Worldview.* 박세혁 옮김.『세계관 그 개념의 역사』. 서울: CUP, 2018.

Nicholi, Armand M. *Question of God.* 홍승기 옮김.『루이스 대 프로이드』. 서울: 홍성사, 2011.

NIETZSCHE, Friedrich. *Der Antichrist.* 나경인 옮김.『안티크리스트』(개정판). 서울: 이너북, 2008.

Noebel, David A. *Understanding the Time.* 류현진·류현모 옮김.『충돌하는 세계관』. 서울: 디씨티와이북스, 2019.

Paterculus, Velleius. *Report of Filate.* 구영재 역.『빌라도의 보고서』. 서울: 아가페출판사, 2009.

Pearcey, Nancy Randolph. *Total truth.* 홍병룡 역.『완전한 진리』. 서울 : 복 있는 사람, 2006.

Peursen, Corlnelis Anthonie Van. *Lichaam-Ziel-Geest.* 손봉호·강영안 옮김.『몸·영혼·정신: 철학적 인간학 입문』. 서울: 서광사, 1985.

Plantinga, Alvin Carl. *Knowledge and Christian Belief.* 박규태 옮김.『지식과 믿음』. 서울: IVP, 2019.

Πλάτων. *Ἀπολογία Σωκράτους.* 박문재 옮김.『소크라테스의 변명·크리톤·파이돈·향연: 플라톤의 대화편』. 파주: 현대지성, 2019.

Powell, Doug. *Holman quicksource guide to Christian apologetics.* 이용중 옮김.『빠른 검색 기독교 변증』. 서울: 부흥과개혁사, 2007.

Russell, Bertrand. *Bertrand Russell autobiography.* 송은경 옮김.『러셀 자서전』 (하). 서울: 사회평론, 2003.

_____. *Bertrand Russell's Best by Bertrand Russell.* 이순희 옮김.『나는 무엇을 보았는가』. 서울: 비아북, 2011.

_____. ed. Feinberg, Barry. & Kasrils, Ronald. *Dear Bertrand Russell.* 최혁순 옮김.『러셀의 철학노트』. 서울 : 범우사, 1990.

_____. *History of Western philosophy.* 서상복 옮김.『서양철학사』. 서울:

을유문화사, 2009.

_____. *Religion and Science*. 김이선 옮김.『종교와 과학』. 파주: 동녘, 2011.

_____. *Why I Am Not a Christian*. 이재황 옮김.『나는 왜 기독교인이 아닌가』. 파주: 범우사, 2015.

Russell, Peter. *From science to God*. 김유미 옮김.『과학에서 신으로: 의식의 신비 속으로 떠나는 한 물리학자의 여행』. 파주: 북하우스, 2007.

Saunders, T. Bailey. *Professor harnack and his oxford critics*. 김재현·김태익 옮김.『기독교 본질 논쟁: 하르낙 교수와 그의 옥스퍼드 비평가들』. 대구: 한티재, 2017.

Sire, James W. *The Universe Next Door: A Basic Worldview Catalog*. 김헌수 역.『기독교 세계관과 현대사상』. 서울: 한국기독학생회출판부, 1985.

Stern, J. P. *Friedrich Nietzsche*. 이종인 옮김.『니체』. 서울: 시공사, 2003.

Stevenson, Leslie. *Seven theories of human nature*. 임철규 역.『인간의 본질에 관한 일곱 가지 이론』. 서울: 종로서적, 1993.

Strobel, Lee. *Case for Christ*. 윤관희·박중렬 옮김.『예수는 역사다』. 서울: 두란노, 2002.

Swinburne, Richard. *Is There a God?* 강영안·신주영 옮김.『신은 존재하는가』. 서울: 복 있는 사람, 2020.

Taylor, Kenneth Nathaniel. *Next steps, for new Christians*. 이영근 옮김.『위대한 결단, 그 이후』. 서울: 두란노, 1991.

Thilly, Frank. *History of philosophy*. 김기찬 옮김.『틸리 서양철학사: 소크라테스와 플라톤부터 니체와 러셀까지』. 파주: 현대지성, 2020.

Tillich, Paul. *CHRISTIANITY and the encounter of the WORLD RELIGIONS*. 정진홍 역.『기독교와 세계종교』. 서울: 大韓基督敎書會, 1987.

_____. *Theology of Culture*. 이계준 역.『문화와 종교』. 서울: 전망사, 1984.

Twain, Mark. *What is man?* 노영선 옮김.『인간이란 무엇인가: 시대를 뛰어넘어 인간을 토론하다』. 서울: 이가서, 2011.

Van Til, Cornelius. *Apologetics*. 이창우 역.『기독교 변증론』. 서울: 기독교문화협회, 1994.

_____. *Defense of the faith*. 신국원 역.『변증학』(3판). 서울: 기독교문서선교회, 1985.

Vitz, Paul C. *Faith of the fatherless: the psychology of atheism*. 김요한 옮김.『무신론의 심리학』. 서울: 새물결플러스, 2012.

Voltaire, *Examen important de milord bolingbroke ou le tombeau de fantasme*. 고선일 옮김.『광신의 무덤』. 서울: 바오출판사, 2019.

Wells, David F. *No place for truth, or, Whatever happened to evangelical theology?* 김재영 옮김.『신학 실종: 세속화된 복음주의를 구출하라』. 서울: 부흥과개혁사, 2011.

Willard, Dallas. *The Allure of Gentleness.* 윤종석 옮김.『온유한 증인』. 서울: 복 있는 사람, 2016.

Williams, Rowan. *Christ on trial: how the gospel unsettles our judgement.* 민경찬·손승우 옮김.『심판대에 선 그리스도: 우리의 판단을 뒤흔드는 복음에 관하여』. 서울: 비아타임교육, 2018.

Yandell, Keith E. *Christianity and philosophy.* 이승구 옮김.『기독교와 철학: 종교철학 입문』. 서울: 이컴비즈넷, 2007.

Zacharias, Ravi K. *End of reason.* 송동민 옮김.『이성의 끝에서 믿음을 찾다』. 서울: 에센티아: 베가북스, 2016.

4. 논문 및 기타

강대석. "폭풍처럼 몰아친 책『기독교의 본질』". Feuerbach, Ludwig Andreas. *Das Wesen des Christentums.* 강대석 역.『기독교의 본질』. 서울: 한길사, 2011: 23.

강대석. "포이어바흐와 종교철학". Feuerbach, Ludwig Andreas. *Vorlesungen über das Wesen der Religion.* 강대석 옮김.『종교의 본질에 대하여』. 파주: 한길사, 2006: 33-35.

강영안. "왜 무엇이 존재하는가". 강영안·우종학.『대화』. 서울: 복있는사람, 2019: 127.

강학순. "신앙과 이성-기독교 철학적 관점-".「신학지평」제12집 (2000년 봄·여름호): 144-148.

곽철근. "칼 바르트 이해를 위한 현대 자유주의 신학 연구".「진리논단」제13호 (2006): 45-46.

김균진. "도킨스의 '만들어진 신', 그 타당성과 문제점".「신학논단」제53집. 연세대학교 신과대학 연합신학대학원 (2008): 97-137.

김웅래. "무신론자들의 신".「누리와 말씀」제38호. 인천가톨릭대학교 복음화연구소 (2015. 12): 200.

김익수. "살아 있는 화석, 실라칸스의 최근 이야기". Daum 백과. https://100.daum.net/encyclopedia/view/176XX58800727

박종균. "도킨스의 과학적 무신론에 대한 유신론적 답변".「기독교사회윤리」제22집 (2011): 103-133.

박찬국. "인간은 자신을 초극해야 하는 존재다". 소광희 외 13인.『인간에 대한 철학적 성찰』. 서울: 문예출판사, 2005: 323-324.

박해정. "뇌과학이 본 인간 이해".「개혁정론」2021. 04. 30. http://reformedjr.com/board05_04/28320 (본 논문은 2021년 4월 22일 오후 2시 남서울교회당에서 진행된 "고신 설립 70주년 컨퍼런스 2차 세미나"에서 발제된 것임.)

우종학. "우주가 던지는 질문". 강영안·우종학.『대화』. 서울: 복있는사람, 2019: 18.

윤광원. "정암 박윤선 박사의 생애와 성경해석방법". 안명준 외.『칼빈신학과 한국신학』. 서울: 도서출판 기쁜 날, 2009: 431-468.

_____. "John Calvin의 *Abnegatio Nostri*의 관점에서 본 주일성수".「칼빈연구」제7집 (2010): 201-202.

_____. "John Calvin의『로마서주석』에 나타난 이성과 계시에 대한 이해". 안명준 편.『칼빈신학 2009』. 서울: 성광문화사, 2009: 151.

원석영·이태하·장성민. "신과 종교, 선한 신과 악은 양립 가능한가". 서양근대철학회.『서양근대철학의 열 가지 쟁점』. 파주: 창비, 2004: 360-363.

이덕휴. "포이에르바하의 기독교 본질 비판". mokpojsk님의 블로그. 2006. 05. 06. https://blog.naver.com/mokpojsk/130004146020.

이오갑. "칼빈의 종말론".「말씀과 교회」30호 (2001): 34-71.

이정석. "칼빈의 이성관".「국제신학」2권. 국제신학대학원대학교(2000): 152.

정승원. "리처드 도킨스의『만들어진 신』비판". 현창학 편.『현대사회의 이슈』. 수원: 합신대학원출판부, 2013: 55.

정재현. "믿음과 삶".「제6회 한국기독자-불자교수 공동학술대회 자료집」(2011): 20.

조선일보, 1996년 06월 02일자.

최상욱. "니체와 종교". 정동호 외.『오늘 우리는 왜 니체를 읽는가』. 서울: 책세상, 2006: 431-439.

크루소마을. "진화론은 거짓이다." 2011. 10. 16. 09:39. https://cafe.daum.net/waterbloodholyspirit/MLXf/4?q=%EB%A7%88%EC%9D%B4ED%81%B4%20%EB%8D%B4%ED%84%B4

한윤봉. "공룡 나이의 진실은 무엇인가?". newspower. 2021. 03. 05. http://www.newspower.co.kr/sub_read.html?uid=48847.

_____. "대폭발로 우주가 만들어질까? (2)". newspower. 2021. 04. 02. http://www.newspower.co.kr/sub_read.html?uid=49061&section=sc9&section2.

_____. "대폭발로 우주가 만들어질까? (1)". newspower. 2021. 03. 26.

http://www.newspower.co.kr/sub_read.html?uid=49004&section=sc9&
section2.

_____. "변이의 축적으로 진화가 일어날까?". newspower. 2021. 01. 08.
http://www.newspower.co.kr/sub_read.html?uid=48344&section=sc9&
section2.

_____. "사람과 침팬지의 DNA는 99% 동일한가?". newspower. 2021. 01. 22.
http://www.newspower.co.kr/sub_read.html?uid=48471&section=sc9&
section2.

_____. "생명체가 자연 발생할 확률은 얼마인가?". newspower. 2020. 12. 18.
http://www.newspower.co.kr/sub_read.html?uid=48136&section=sc9&
section2.

_____. "오랜 시간이면 진화가 일어날까?". newspower. 2020. 10. 09.
http://www.newspower.co.kr/sub_read.html?uid=47438.

_____. "창조 6일과 과학; 창조 여섯째 날, 인류의 조상". newspower. 2021. 09. 24.
http://www.newspower.co.kr/sub_read.html?uid=50512&section=sc4&
section2.

Tomás Halík. "죽은 신, 광인의 연설". ed. Grün, Anselm. & Halík, Tomás. &
Nonhoff, Winfried. *Gott los werden?: Wenn Glaube und Unglaube sich
umarmen.* 모명숙 옮김. 『신이 없는 세상』. 서울: 분도출판사, 2018: 26.

NAS Exhaustive Concordance, https://biblehub.com/

Strong's Concordance, https://biblehub.com/

윤광원

인생에 대한 허무로 불교, 도교, 안식일교회, 통일교 등등을 전전(轉轉)하다가 1977년 늦은 가을에 예수님을 인격적으로 만났습니다.

평택고등학교 등에서 철학, 사회, 윤리-도덕 등을 가르쳤고, 평택대학교 등에서 기독교 개론, 조직신학, 칼빈신학, 기독교 철학, 기독교윤리, 비교종교학, 초대교회사 등을 강의했습니다.

"John Calvin의 신학에서 *Abnegatio Nostri*"(*Abnegatio Nostri* in the Theology of John Calvin)라는 논문으로 박사학위(조직신학)를 받았습니다.

칼빈의 성경주석들과 설교집들과 『기독교강요』, 바빙크의 『개혁교의학』과 저술들, 박윤선의 성경주석들과 논문들을 통하여 철저하게 성경 중심의 개혁주의 신앙인 성경을 '신앙의 제일 규범(*Prima fidei regula*)'이 아닌 '유일한 규범(*Sola fidei regula*)'으로 받아들이게 되었습니다.

1997년 8월 31일, 대한예수교장로회(합동) 영성교회를 개척하여 섬기고 있습니다.

저서로는 『존 칼빈의 자기부정의 렌즈로 본 신앙생활의 핵심』, 『안 보면 영원히 손해 볼 성경해석 바로잡기 500』, 『무슨 재미로 사세요?』, 『영원을 준비하고 계시나요?』, 편집 및 공저로는 『칼빈신학과 한국신학』, 『성육신 목회 플랫폼 처치』, 공저로는 『칼빈신학 2009』 등이 있습니다.

포이어바흐, 니체, 러셀, 도킨스의
지성적 무신론과 기독교

초판인쇄   2022년 6월 30일
초판발행   2022년 6월 30일

지은이   윤광원
펴낸이   채종준
펴낸곳   한국학술정보㈜
주 소   경기도 파주시 회동길 230(문발동)
전 화   031) 908-3181(대표)
팩 스   031) 908-3189
홈페이지   http://ebook.kstudy.com
E-mail   출판사업부 publish@kstudy.com
출판신고   2003년 9월 25일 제406-2003-000012호

ISBN   979-11-6801-499-2 93230